中近世の家と村落

—フィールドワークからの視座—

遠藤ゆり子 著

JN244172

岩田書院

目 次

序章 本書の視角と構成——7
第一節 本書の視角……7
1中世・近世の村落 7 2百姓の家と村 9
3多元的な生存・生活保障システム 14
第二節 本書の構成……15
第一部 村を歩く —多元的な生活・生存保障システム—
第一章 名主屋敷と寺地の交換伝承をたどる——27
—武蔵国榛沢郡荒川村の考察—
はじめに……27
第一節 村の概要……29
1地理的位置 29 2研究状況 31
第二節 荒川村という地域社会—フィールドワークからのアプローチ—……33

1川端・中央・只沢地区　33　2川端地区の復元　34
3中央地区の復元　38　4只沢地区の復元　40　5小括　44
第三節　村の再開発と村の形成―名主屋敷と村寺の寺地交換伝承をたどる―……46
1宿の開発と田畠の再開発―伝承の背景―　46
2村の開発と村の維持　51
おわりに……57
第二章　株のある村―丹波国和知荘安栖里村の考察―――63
はじめに……63
第一節　村の概観……65
1景観　65　2村と区　67　3家　71
第二節　株と講……80
1株の調査報告　80　2講の調査報告　88　3株・講の考察　89
おわりに……93
第三章　産金と肝煎家の氏神――――99
―陸奥国東磐井郡津谷川村平原の雷神社―
はじめに……99

第一節　産金と雷神社……101
第二節　畠山家と雷神社……105
第三節　平原・古金生の講と雷神社……106
第四節　祭礼の貸し借り……109
第五節　親類中と雷神社……113
おわりに……118

第四章　水利調査からみた村落―和泉国木島地域の村落―　123

はじめに……123
第一節　木島地域の水利……125
1木島地域　125　2木島地域の水利　127
第二節　木島地域の用水―木島井（A・B・C・D）水系・永寿池水系―……130
1用水の取水口（堰）と概況　130　2木島井（A・B・C）用水　131
3木島井（D）用水　141　4永寿池水利　142
第三節　橘池・丹後池・三ツ池・呑波池と水間村……143
1概況　143　2橘池・丹後池　145
第四節　谷田池と三ツ松上代地域・平池灌漑地域……148
1概況　148　2谷田池　149　3平池　150

第五節　森ノ大池・追辺池と三ツ松下代・森……………（増山智宏）151
1概況　151　2追辺池　151　3森ノ大池　153
第六節　集原池・鳥の池・二ツ池と名越・清児……………（増山智宏）154
1名越　154　2清児　158　3名越・清児水利の特徴　161
第七節　小括……………………………………（遠藤・増山智宏）165
1用水　165　2溜池　166
おわりに……………………………………………………（小林一岳）167

第二部　宗門帳からみた村落　—近世前期上野国緑埜郡三波川村を事例として—

第五章　縁組みと奉公契約——————————————175
はじめに……………………………………………………175
第一節　三波川村の概要と宗門帳……………………………178
1三波川村の概要　178　2宗門帳の体裁　180
第二節　宗門帳からみた三波川村………………………183
1縁組み・奉公関係の分析と整理　183　2三波川村の縁組み動向　187
3奉公契約の動向　190
おわりに……………………………………………………194

表1～9 202 地図1～3 254

第六章 村と小村―宗門帳の考察― 261

はじめに 261

第一節 各小村の考察 261

1妹ケ谷 261 2竹谷戸 267 3犬塚 269 4大内平 272 5平滑 276

6南郷 280 7大奈良 282 8日向 286 9月吉 289 10塩沢 291

11金丸 293 12久々沢 296 13雲尾 299 14大沢 302 15下三波川 305

16小平 310 17琴辻 313

第二節 宗門帳からみた三波川村 316

1檀家関係 316 2村内における年貢負担のあり方 319

3地親―家抱関係 322

おわりに 327

第七章 生業からみた村落 333

はじめに 333

第一節 村の生業―山での暮らし― 334

1農業・産業 340 2山の利用―薪・秣― 341

第二節　村を越えた山利用―百姓持ち分の山とその利用―……343
1もつの木沢の利用　343　2千之沢の利用　345
第三節　三波川村における御荷鉾山―領主の役割と名主の役割―……352
1耕作と山利用　353　2山利用と領主の役割　361
3村による山の維持と名主の役割　362
第四節　鹿・猪狩りと村々―村を越えて守る山の生活―……364
おわりに―「三波川村」である理由―……367
第八章　村落とイエ――373
はじめに……373
第一節　生業とイエ……373
第二節　他村への移住とイエ……377
1親類の牢人―小平甚平家の事例―　377
2身代無き親類の親子―大沢西善院の事例―　380　3小括　383
おわりに―家族・親族と村、その歴史的特色―……385
あとがき……391
初出一覧……394

序章　本書の視角と構成

第一節　本書の視角

本書は、フィールドワーク調査の成果を踏まえ、近現代から近世、さらに中世後期にまで遡って、村落を支える百姓の家がもつ血縁・地縁をはじめとするさまざまな関係性、百姓の家がつくり出した多様で多元的な諸集団・諸組織に注目することで、村落の実態に迫ろうと試みたものである。その際は、村落の内部構造を静態的に分析するだけではなく、村落の内外へと展開する動向を動態的に捉え、時々の歴史的条件に規定された意義を検討した。特に、それらのさまざまな関係性や諸集団・諸組織による、相互補完的な側面や対立状況を考察しつつ、立体的で動態的な村落社会像、地域社会像を描くよう努めた。

まずは、本書における村落の理解、近現代から近世・中世へと対象を広げて取り上げる理由、また百姓の家と村落、多元的に展開する諸集団・諸組織について、それぞれの研究史を整理した上で、本書の課題を述べていきたい。

1　中世・近世の村落

石田善人氏は、中世村落の村落共同体としての側面を見出そうとするなかで、荘園の枠にとらわれない惣・惣村の成立意義に注目し、その指標を惣有財産・地下請・惣掟または自検断の存在に求めた(1)。この指摘を受けて、勝俣鎮夫氏は地下請・村請の意義を捉え直し、百姓が個々としてではなく、村・町という集団を作って領主と対峙していたことが重要であり、戦国時代は自立した村・町を単位とした社会体制、村町制が形成された時期だとした(2)。

勝俣氏の村請制論が、村・町と領主の関係を収取という契約によって成り立つ、「「御恩」と「奉公」」に似た「相互交換的関係」と見なしたものであったため、領主の存在は村・町にとっての役割から位置づけることが可能になった。その意義に注目し、主体的な村・町の実態と、それらに対する領主の機能を考察し、村・町の特質が自力にあることを究明していったのが藤木久志氏である(3)。さらに藤木氏は、村・町が成立したとされる戦国時代が、災害・飢饉と戦争が連関しつつ慢性化した時代であったことを明らかにし、村・町が人々にとっての「生命維持装置」としての側面を持ち、領主の機能も人々の生存問題から捉えられることを示したのである(4)。このような村落論の研究史的意義について、蔵持重裕氏は「村の成立を農民的小経営の一般的成立如何の問題に帰結」させる「実証的な隘路から解放した」と位置付けている(5)。

村落の実態が明らかになるにつれて、池上裕子氏は石田氏が提唱した惣有財産・地下請・惣掟または自検断といった指標を見出せるか否かではなく、もっと広く自力の村であることをもって、惣村・村落と見なすべきだと指摘した(6)。さらに蔵持氏は、対領主・対村町といった地域社会との関係において、「法人格の自立した村落」であることに惣村・村落の特色があると見て、それを「国家的村落」と表現している(7)。これらは、そもそもなぜ村落は惣有財産・地下請・惣掟や自検断を必要とするに到ったのか、つまり村落の本質とは何かを追究していくべきことを指摘したものといえよう。

このような村落論は、従来の時代区分論にも一石を投じた。勝俣氏は、荘園制から村町制への転換期の端緒である戦国時代を「旧体制の破壊と近代への胎動の時代」と評価し、村町制を近代へと続く社会体制と見なすとともに、転換期の十五世紀から十七世紀半ばを一つの時代と捉えた(8)。藤木氏も、中・近世期における自力の村を追究した水本邦彦氏の研究成果を踏まえ(9)、中世から近世までの村落を研究対象に据え、その実態を明らかにしていく意義を説いた(10)。前述のように、村落論は領主の機能論でもあったため、その後は中近世移行期の領主論、大名権力論にも影響を与えることとなる(11)。また村落は孤立せず、時には村落同士の契約で軍事同盟的な村連合が結成されることも当初から指摘されており(12)、村町を基盤とする地域社会を描く地域社会論へと展開していった(13)。

現在は、中近世移行期という時代の捉え方も定着し、かつてのような中世・近世の時代区分によって、研究対象を限定しないことの有効性が認められているといえよう。本書が、近現代から近世、さらに中世後期へと遡及して百姓の家や村落などを考えようとするのも、これらの研究成果を踏まえてのことである。ただ、勝俣氏が戦国時代を歴史の転換期として近代までを見据えた時代認識を提示しつつ、段階的に捉えることで社会が転換していく意味が明確になると述べているように(14)、歴史的段階に応じた特色には注意を払っておきたいと思う。

2　百姓の家と村落

勝俣氏は、村落の公事が家役であることから、村落成立と百姓の家の確立は不可分の関係にあるとし、「家族共同体としての家」が永続的な百姓の家となり、百姓が家を維持するために「非常に強固な共同体」である村落を作り出し、家役を徴収する村請の村が成立したと指摘した(15)。村落成立と百姓の家成立が同一と見た勝俣氏の指摘を受けて、坂田聡氏は百姓の家の成立について検討を加え、家産・家名・安定的な家族・安定的な屋敷が、永続的な百姓の家成立の指標になると述べた(16)。そして家名の継承を確認できる時期などから、百姓の家の成立時期は上層百姓が十四世紀後半、中層百姓レベルは十六世紀末までと位置付けたのである。

蔵持氏も、同様に村落成立と百姓の家の相互関係に注目したが、家名の成立時期を追究した坂田氏の一九八九年度歴史学研究会大会報告に対しては、そもそもなぜ家名が必要になったかを問うべきだとし、対外的な顔として機能する「法的自立の最小単位集団」が百姓の家と見なせる、との見解を示した[17]。つまり、家産・家名などの指標によってではなく、対他家・対村・対地域・対領主との関係において法人格と見なされたことをもって、百姓の家と捉える理解だと思われる。その上で、勝俣氏が村・町の基礎単位は百姓の家であり、村・町は家に公事を賦課し、それを財源として百姓の家に支えられているとしたことに対しても、「なぜ村人は村落を支えたのか、村人の村落への期待と要求は何であるかが問題」だと述べた[18]。そして百姓の家が、存続することが困難な状況に到って、対他(領主・近隣地域)との関係において家々が結束し、村落を形成したと捉えたのである。

同じ頃、田中克行氏も十四世紀の菅浦を事例に、大浦との争いが激化するなかで、特権階層のみではない訴訟費用の在家均等負担、つまり村役賦課の原則を作り、全在家の連合体である「惣」(村)を成立させたことを明らかにした[19]。これも、百姓の家を保護する目的で、村が成立したと位置づけたものと評価できよう[20]。また田村憲美氏は、条件によっては中世前期においても、村落が形成されることを明らかにした[21]。このような田村氏による研究や、藤木氏が村・町を人々の「生命維持装置」と見なし、村・町が危機に対処するために機能する組織であると指摘したことを受けて、蔵持氏は村・町は危機という条件に規定されて組織され、解消されもするという、動態的な村・町の成立論を提示した[22]。かつては中世後期という時期に村落は成立したと見なされてきたが、これらの研究成果によれば、村落は条件規定的に成立すると捉えることができ、本書でもこの視角を継承したいと考える。

一方、近世村落について、大藤修氏は近世初期には未成熟であった小農民の「家」が確立する段階になると、小農民の「家」の存続が「村」共同体に支えられるようになり、「村」を結集の単位とし、「村」を守ることが求められたとした[23]。小農の「家」が自立した時期について、坂田氏による近世史研究者への批判に応えた渡辺尚志氏は、戦国時代にも上層百姓の家は形成されていたが、小百姓レベルで一般的に家が成立する時期は十七世紀後半前後だと考えられると述べた[24]。

この百姓の家と村落の成立時期に関する、中世史研究者と近世史研究者による意見の隔たりを踏まえて、稲葉継陽氏は、勝俣氏や蔵持氏ら中世史研究者の村・町論が、百姓の家の成立を所与の前提として立論するものだとして問題視した[25]。百姓の家の一般的な成立時期は十四世紀や十六世紀ではなく、渡辺氏らが明らかにしたように、十七世紀後半頃と見なすべきであり、百姓の家の成立を前提に村落の成立を論じることはできないと批判したのである。村の成立過程についても、個(家)の自立から団体(村)が形成されるのではなく、団体(村)の成立から個(家)が自立するとした水本氏の見解を支持し[26]、村の成立は「百姓の家の一般的成立を絶対条件とはしない」と述べたのである。

確かに、近世史研究者が明らかにしてきたように、近世初期に村落を構成する家と見なされなかった小百姓層の家が、十七世紀後半頃に自立し、村落が再構成される動向が認められる。だが、百姓の家の成立を家名・家産などの指標によってではなく、蔵持氏がいうように「法的自立の最小単位集団」の存在によって判断したならばどうであろうか。十四世紀段階の菅浦も、対大浦との争いの中で、「法的自立の最小単位集団」として家役を果たし得る集団＝家が菅浦内で認知され、それらの家によって構成される惣村へと変容したと考えられよう。このように、法人格としての百姓の家の存在を前提に、村落の成立について検討する視角は有効だと思われる。だが、どのような集団が一つの家と見なされるかについては、歴史的段階や地域性、政治動向を含めたさまざまな条件によって異なり、条件によって村落は再構成されると考えるべきではないだろうか。

稲葉氏による勝俣氏や蔵持氏らへの批判は、地域社会論シンポジウムの報告に対して、蔵持氏が村の存在を所与の前提として立論するものだと批判したことに応えたものであった[27]。だが、蔵持氏による百姓の家理解に拠るならば、やはり「中世社会における自力の主体はイエ」ではあったが、そのような「自立しているイエを規制」し、「私権や私有を制限」してでも「村落を形成しなければならなかった」理由を問うべきだとの批判は正鵠を射ていると思われる。そして百姓が家を持ちつつも、村落を形成する必要があった理由については、蔵持氏も田中氏も、他村との争いにあったということを明らかにしたといえよう。

筆者も、家名や家産などによって百姓の家の性質を問うことは重要な研究視角だと思っており、その意義を過小評価するつもりはない。だが本書では、そもそもそれらを必要とすることになった、百姓の家が家として認知されたことを重視する蔵持氏の家理解によって、百姓の家を捉え、村落と地域社会について検討を加えていきたい。それにより、史料上は家名や家産などの存在を確認できない地域においても、村落と家の問題を議論の俎上に載せることが可能になると考える。蔵持氏は、行政上の家と生活レベルの家を区別する視角も提示しているが[28]、この点にも配慮しておきたい。

特に近世においては、対領主との関係では認知されてはいないものの、村内においては小百姓の家も家として認知されつつあったことが窺え、その点も視野に入れた考察ができると考える。本書第二部では、近世前期の上野国三波《さんば》川《がわ》村を事例に、家抱と呼ばれる階層の家も取り上げた。同村に伝来する宗門帳では、家抱を抱える地親(百姓)層の家産としてではあろうが、家抱の家屋敷の大きさや馬数も書き上げられるなど、村落はそれらを把握していた。それらの家抱(小百姓)層の家が、地親(百姓)に付属する関係を維持した理由、その上で家抱の家も村落を支えなければならなかった理由を、追究する視角が示せるのではないだろうか。

その際に注目しておきたいのが、村には、百姓の「家」連合と親族結合としての「イエ」という二元的組織があり、それを結ぶ百姓の家族と家を保護する役割を求められて、政治的社会集団としての村・町は作られたとする蔵持氏の指摘である。(29) 百姓の家も小百姓の家も、親族結合としての「イエ」（以下、本書では親族結合を「イエ」と表記する）があり、それらに支えられて存続できたという側面があった。だが時には、村落を越えて展開する「イエ」の関係は、村落の結束のために規制される場合がある一方、逆に村落のために役立つことが求められる場合もあったと考えられる。このような百姓の家とイエ、小百姓層の家とイエ、そして村落による相互補完的関係と矛盾、それらが交錯しつつ展開する地域社会の実態に本書は迫りたいと思う。

大藤氏は、個々の百姓に対する「家」と「村落」による規制がなされた理由について、百姓にとって「家」と村落が、自らの生産・生活を保障するシステムとして形成され、機能したためだと指摘した。(30) その後の戦争・災害と飢饉研究の成果によれば、百姓の生産・生活の場は大変厳しい状況にあり、特に戦争の絶えない戦国時代は慢性的な飢饉状態にあったたことが明らかにされた。(31) 百姓の生産・生活だけではなく生存を保障するシステムとして、「家」と「イエ」、そして「村落」は形成され、機能したと考えられる。だからこそ、百姓の「家」と「イエ」だけでは生産・生活が危うくなれば、その内部にさまざまな矛盾を抱えつつも、村落として結束するという一種の暴力も強行され、(32) それは許容されたのであろう。このようにして村落の成立をもたらした、百姓の生産・生活の危機を招いた契機として、蔵持氏や田中氏は他村との対立があったと指摘したのである。そのような契機が頻発したであろう戦国時代には、村落が各地で成立し、確立していったと想定できよう。

3 多元的な生存・生活保障システム

村落を運営する百姓の家に視座を置き、百姓の家が創り出した生活や生存を支える社会集団を見渡すと、それは実に多様で、多元的に存在していた。村落の維持を目的とする集団ではないため、当然のことながら、それらは村落の成立をもって消滅するわけでもなく、それらの集団に所属する人々の生活・生存のために変容しつつ、必要とされれば存続し、不要となれば消え、新たに生まれたりもした。時には、前述した村落を越えて展開する百姓の「イエ」と村落のように、百姓の生存問題をめぐって対立することもあり、時には互いに補完し合うという関係も見せる。

本書は、いくつかのフィールドワーク調査の成果をまとめたものだが、調査では村落内、時には村落の枠を超えて展開していた、多様な社会集団の実態に迫ることができた。講や座などの宗教的組織、水利組合などの生業集団、地域的な組織としての組・廓・区・小村、同族組織とされる株、百姓の家と親族結合のイエなどがそれである。本書では、それらが百姓の生活・生存にとってどのような意味を持ち、村落の存続問題とどのように関わっていたのかを追究した。ただ、このような多様な社会集団と村落の関係性を分析する研究には、すでに多くの成果がある。

近世の株や寺院組織については竹田聴洲氏[33]、宮座については中世史では薗部寿樹氏、近世史では安藤精一氏らの研究があり[34]、本書と同様に講や座・生業集団・組・家・親族関係などの組織を総合的に考察したものとして、主に近世後期を対象とした渡辺尚志氏や町田哲氏の研究[35]、中世まで遡って分析した春田直紀氏の論考などがある[36]。

本書との関係についていえば、町田氏は村落の内部構造を把握し、村内の階層や運営の問題に注目するなど関心は異なっている。渡辺氏は、様々な地縁的・血縁的集団が相互に補完し合いながら、重層的に相互扶助を実現していたことや、村の有力者による困窮者への援助も、村や地域の規定性から理解すべきだとし、それらをセーフティーネットと位置づけている。百姓の家や村落の成立に関する見解など異なる点もあるが、具体的事象が明らかとなる近世後期を分析してきた渡辺氏の研究からは学ぶべき点が多かった。春田氏は、経済史の長谷部弘氏の提起を受けて、「多層構造論」的な村理解が有効だとし、村の多層的な共同性を考察した。ただ、多層的といえる側面もあるが、それらの組織は多元的に展開していたため、時には対立する場合もあり、複雑に絡み合うこともあったことが知られ、単なる重なりではなかったことも重要であろう。

本書は、従来の優れた研究に事例を追加したに過ぎないともいえるが、多様で多元的な社会システムと村落の有機的な関係性をフィールドワークから掘り起こすことによって、中世・近世の地域社会をより豊かに描いていくこととしたい。

第二節　本書の構成

第一部は、ある村を構成する百姓の家の視座から、その家が関わる諸集団・諸組織が、村落内部や村の枠を越えて多様にかつ重層的に展開する動向を、フィールドワーク調査によって明らかにし、立体的で動態的な村落像を描こうとしたものである。本書でいう百姓の家が関わる諸集団・諸組織とは、百姓の親族結合を意味するイエ、村内寺院の檀家や神社の氏子といった宗教的組織、村内の株・講・廓・地区や、区・組といった地縁・血縁集団、村内および村を越えて展開する水利組合等の生業集団である。それらの諸集団・諸組織が有機的につながりながら、百姓たちの生活や生業を支え、生存問題にも対応していた様子を考察した。何れの論考も、急速に変わり行く村の有り様を聞き取り、踏査した調査の成果報告に重きを置き、その上で近現代の情報から近世へ、さらに中世後期まで遡って検討しようと試みたものである。

第一章では、武蔵国榛沢郡荒川村（現埼玉県深谷市荒川）を素材として、有力家である持田家の動向を中心に、百姓の家々が織りなす諸集団・諸組織の有り様を考察し、戦国時代に村落として結束した意義を検討した。ここで考察したのは、村内にある三つの地区および地区内にある「廓」、「隣組」、「一家中」、講といった地縁・血縁、性差等によって結びついたものである。何れも村落と同様、百姓の家単位で構成され、講の参加者も家の男性代表者や家の女性代表者であった。これらを静態的に観察した村の構造論にとどめるのではなく、諸集団が果たした各家にとっての意義や、集団同士による相互扶助の実態に注目し、それらの機能が変容していく様子を考察した。

同村には、戦国時代からその存在を知られ、近世に幕府領名主となる持田家と、旗本領名主となる持田家があることから、従来の研究では村と持田家の関係が注目されてきた。だが本章では、まず村ありき、持田家ありきではなく、村の人々が創り出した、家を単位とする多様な社会システム（諸集団・組織）の展開を重視した。そのなかで、村の結束が必要とされ、持田家が村民の生活と生存問題に深く関与し、村寺を中興して村の成立に寄与するよう求められたことを論じたものである。

第二章では、近世の丹波国安栖里村（現京都府京丹波町）の旧家、およびそれらの家々と関わりの深い株・講を考察し、特に株の機能を注視して、株が村落内部で親族集団に類似する機能を果たすよう期待され、創出された可能性を指摘した。従来、同村の株は同族祭祀集団と位置付けられ、片山株は多くの同族祭が近世までしか辿れないなかで、中世まで遡れる希有な事例として注目されてきた。だが、中世から片山株が存在した根拠とされた片山家伝来の中世文書は、当初から同家に伝来したとは断言できず、やはり株は村が確立した十七世紀以降に形成されたと考えられる。

また、これまで注目されてこなかった他の株も調査対象とすることで、株構成員になる条件が、血縁や姻戚関係を結ぶことではなく、同じ名字を名乗り、同じ祖先を祀ることであり、株はあくまでも村落内における擬制的「同族」

集団であることを明らかにした。なお、他地域においても、他村から入った者が「頼み本家」を作る事例が知られるが、同様に理解できるのではないだろうか。

第三章は、産金を生業の一つとする陸奥国東磐井郡津谷川村（現岩手県一関市）に注目し、肝煎家の氏神であり、産業の振興と関わりの深い神社が、どのような地域や家に支えられてきたかを考察し、村の生業維持のあり方を検討したものである。同地域の産金業は、山の土中から金を採取するというもので、百姓が行う生業の一つであった。だが、土中から金を効率よく採取するには、山中に溜池を造るなどの土木工事が必要であり、溜池に貯水するための雨乞いの祈禱も重要であった。肝煎を務めていた畠山家の先祖は、中世の段階で溜池造成のための大規模工事を行い、修験者に雨乞いの祈禱をさせ、多くの産金を願って神社を建立したと伝えている。肝煎家の先祖が、村の生業のために果たした役割が大きかったことを窺える。

だが、同じ川を利用して産金業に携わっていたと思われる家々が、この神社の講や祭りを営むなど、産金と関わりの深い近隣地域によっても、肝煎家の氏神は支えられていた。さらに、講に参加する家が所在する地域と祭りで御輿が廻る地域が異なり、十八世紀には産金に携わる村内寺院が神社の祭りを執り行うなど、村の産業を支える地域や主体が変わっていく様子も知られる。産金業が停滞し、畠山家が肝煎を務めなくなっていた十九世紀には、村を越えて展開する畠山家の親類中が、神社の御輿修復を行うなど、同家と神社の危機に対応していたことも指摘できる。村の生業を支えるシステムの多様性と変容を追究したものである。

第四章は、五ケ村（水間・三ツ松・森・名越・清児）から成る和泉国木島《きのしま》地域（現大阪府貝塚市）の水利調査をもとに復元を行い、水利システムにおける各村の特色と村としての特徴、村々間に垣間見える対立関係と村同士のまとまりについて、その実態と意義を追究したものである。(37) 同地域の水利は、川からの用水と、天水を貯水する溜池、川から引いた水を貯水する溜池、これらが有機的に絡み合いながら展開していた。

溜池は、基本的に各村単位で所有・管理され、溜池の維持に村が大きな役割を果たしていた。ただ、溜池によっては村内の数家、または数村が共同で維持・管理する場合も確認でき、いくつもの生業集団がある中で、中心的役割を果たすものとして村があったと考えられる。そのような各溜池に引水しつつ、村を越えて流れる用水を利用し合い、共同で維持・管理する関係において、木島地域は一つのまとまりを見せていた。だが、五ケ村の間には水利用をめぐり、上流域の優位性が認められるなど、開発時における役割の違いがあったことも想定でき、中世の木島荘域に相当する木島地域の水利システムが成立していく過程についても、垣間見ることができた。残念ながら本調査後、同地域では大規模な溜池の統廃合が進められ、現在では水利のあり方は大きく変わり、村は村として溜池を維持・管理するという役割も終えたようだ。

なお、本章は約三年間に亘って実施した蔵持重裕氏を研究代表者とする「開発・環境の変化による山村・里村間の情報・交流と摩擦の研究」(平成十二年度〜平成十四年度科学研究費補助金　基盤研究(c)、課題番号一二六一〇三四四)における聞き取り調査や踏査の成果を、増山智宏氏(現私立立教高等学校教員)・小林一岳氏(現明星大学人文学部教授)とともにまとめたものである。調査には、多くの学生・協力者・共同研究者が参加し、地元の方々から多大なる協力を得た。

第二部は、十七世紀末における上野国緑埜郡三波川村(現群馬県藤岡市)という山村を事例に、村人の縁組みと奉公契約、生業のあり方を分析し、村内のみならず近隣の村々といった地域社会へと展開する村人のつながりを復元して、村に生きる人々の実態に迫ろうとしたものである。山村である同村は、いくつもの小村によって構成されるため、各小村ごとの特徴を追究することも視野に入れた。

戦国時代から江戸時代にかけて、三波川村の名主を務めていた飯塚家には、元禄五年（一六九二）に作成された宗門帳が伝来してる（「飯塚家文書」一九九四―一、群馬県立文書館編『群馬県立文書館収蔵文書目録　多野郡鬼石町飯塚家文書（1）』一九九三年）。本来宗門帳とは、誰がどの寺の檀家であるかを明確にするための帳面である。だが、同村の宗門帳は、屋敷の大きさや屋根の様子、各家が納入責務を負う石高もしくは貫高、家を構成する家族や下男・下女等に関する詳細な情報が記載されている。第二部は、この宗門帳を主な素材として、村落居住者の縁組み関係、イエの展開状況を復元し、それが誰にとってどのような意義を持っていたのかを追究した。

第五章は、元禄五年（一六九二）に三波川村で作成された宗門帳から明らかとなる、縁組み関係と奉公契約関係の動向を復元し、その意義を検討したものである。三波川村は、いくつもの小村によって構成され、村内身分として「地親」の「家抱」、寺院の「門前」と呼ばれる、研究史において「隷属農民」と位置づけられてきた人々が存在した。小村数は、時代を下るにつれて増加し、それは「家抱」集落の小村化の結果と考えられている。また宗門帳には各家の持高が記され、各家ごとのおおよその経済状況が知られ、下男・下女とその家族の存在を含めた家の構成員も復元できる。本章で縁組み・奉公関係を考察する際は、このような家ごと小村ごとの身分的・経済的特徴も考慮しつつ、村の縁組み・奉公関係をできるだけ立体的に描こうと努めた。

第六章では、宗門帳を主な素材として、元禄五年段階の三波川村内にある一七の小村ごとに、婚姻・養子関係、奉公・質物契約関係、檀家関係、地親―家抱関係等を考察し、それらが人々の生活に与えた影響、生きていく上でどのような意義を持ったかを考察した。各小村ごとに、個々の家の動向に注目し、特に、村全体と比較した各小村の特色、山村ならではの生業上の近隣村町との関わり、山中の道で結ばれて形成される生活圏などを抽出した。従来注目されてきた名主などの有力家や寺社の役割についても、その重要性を確認できたが、それ以外の組織と絡めて理解することで、より豊かな村の実像に迫ることができた。一方で、人々が生み出したそれらの組織のなかで、身分・階層差が村内に形成されていく様子も垣間見えた。なかでも、同村の研究史において注目されてきた、地親—家抱関係については、家抱であることのメリットを検討し、その関係性が形成された意義を考えた。

第七章では、山利用など三波川村の生業・生活上における近隣村との関わりを追究し、それが第五章・第六章でみた村(小村)居住者の縁組みや奉公先の村々と重なる場合が多いこと、また、村の生活と存続のために縁組み関係が機能したことを明らかにした。その際は、隣り合う村々が互いの生活を成り立たせようとするなかで生みだしてきた山利用のルールや、他村への入作・出作の意義についても考察を加えている。また、第六章でみたように、各小村や家によって、近隣の小村や三波川村を越えた地域社会との生活・生業上の関わりは様々である。だが、そのような小村群からなる三波川村が、特に御荷鉾山の利用をめぐっては政治的なまとまりをみせることに注目し、三波川村として結束していた理由に迫っている。

第八章では、一村を越えて展開する百姓の親族結合(イエ)と、村落との相互扶助と対立の関係について、その実態を考察した。特に、百姓の移住に注目し、移住者を出すイエや出身村が、移住先の小村や村落に対して、さらに移住先の小村が村落に対して、移住者の身元を保証することによって移住が成立する動向を明らかにした。またこれを踏まえ、戦国時代においては、戦争時の移住(移動か)のために百姓のイエが機能した可能性と、移住者の受け入れによって村落が戦場となるリスクがあったことを指摘した。それは、近世の移住が経済的理由によることが多く、また、移住先の村落が被るリスクも経済的なものが多かったと考えられることとは、性格を異にするといえる。百姓のイエと村落との関係性にも、歴史的性格の違いを見出せることを検討したものである。

註

(1) 石田善人「郷村制の形成」(同『中世村落と仏教』思文閣出版、初出一九六三年)。

(2) 勝俣鎮夫「戦国時代の村落—和泉国入山田村・日根野村を中心に—」(同『戦国時代論』岩波書店、一九九六年、初出一九八五年)。勝俣氏の村請制論については、志賀節子氏による批判があるように(志賀節子「和泉国日根庄入山田村・日根野村「村請」をめぐって」『史敏』五号、二〇〇八年)、再考すべき所もあるが、この点においては問題ないと考える。

(3) 藤木久志『村と領主の戦国世界』(東京大学出版会、一九九七年)。

(4) 藤木久志『戦国の村を行く』(朝日選書、一九九七年)、同『飢餓と戦争の戦国を行く』(朝日選書、二〇〇一年)ほか。

(5) 蔵持重裕「中世村落の視座」(同『中世村落の形成と村社会』吉川弘文館、二〇〇七年)。

(6) 池上裕子「戦国の村落」(『岩波講座　日本通史』第一〇巻、岩波書店、一九九四年)。

(7) 蔵持重裕「はしがき」(同『日本中世村落社会史の研究』校倉書房、一九九六年)。

(8) 勝俣鎮夫「はじめに—転換期としての戦国時代—」(同前掲註(2)書)。

(9) 水本邦彦『近世の郷村自治と行政』(東京大学出版会、一九九三年)。

(10) 藤木久志「移行期村落論」(同前掲註(3)書、初出一九八八年)。

(11) 藤木久志『豊臣平和令と戦国社会』(東京大学出版会、一九八五年)。

(12) 勝俣前掲註(2)論文。

(13) 歴史学研究会日本中世史部会ワーキンググループ「「地域社会論」の視座と方法」(『歴史学研究』六七四号、一九九五年)。

(14) 勝俣前掲註(8)論文。
(15) 勝俣前掲註(2)(8)論文。
(16) 坂田聡『日本中世の氏・家・村』(校倉書房、一九九七年)、同『家と村社会の成立—中近世移行期論の射程—』(高志書院、二〇一一年)。
(17) 蔵持重裕「村と家の成立をめぐって」(同前掲註(7)書、初出一九八九年)。
(18) 蔵持重裕「村落と家の相互扶助機能」(同前掲註(7)書、初出一九九二年)。
(19) 田中克行「惣と在家・乙名」(同『中世の惣村と文書』山川出版社、一九九八年、初出一九九六年)。
(20) 稲葉継陽「書評　田中克行著『中世の惣村と文書』」(同『日本近世社会形成史論—戦国時代論の射程—』校倉書房、二〇〇九年、初出一九九九年)。
(21) 田村憲美「荘園制の形成と民衆の地域社会」(遠藤ゆり子・蔵持重裕・田村憲美編『再考　中世荘園制』岩田書院、二〇〇七年)。
(22) 蔵持重裕『中世　村の歴史語り—湖国「共和国」の形成史—』(吉川弘文館、二〇〇二年)、同『中世村落の形成と村社会』(吉川弘文館、二〇〇七年)。
(23) 大藤修「幕藩制国家と家・社会」(同『近世農民と家・村・国家—生活史・社会史の視座から—』吉川弘文館、一九九六年)。
(24) 渡辺尚志「序章」(同『近世の村落と地域社会』塙書房、二〇〇七年)。
(25) 稲葉継陽「近世社会形成史研究の課題」(同前掲註(19)書)。
(26) 水本邦彦「共同体と村社会」(歴史学研究会・日本史研究会編『講座　日本歴史』5　近世1、東京大学出版会、一九八五年)。
(27) 稲葉前掲註(25)論文。
(28) 蔵持前掲註(18)論文。
(29) 蔵持前掲註(18)論文。
(30) 大藤修「近世における農民層の「家」意識の一般的成立と相続」(同前掲註(23)書、初出一九七三年)。
(31) 藤木久志『新版　雑兵たちの戦場　中世の傭兵と奴隷狩り』(朝日選書、二〇〇五年、初出一九九五年)、藤木久志編『日本中世気象災害史年表稿』(高志書院、二〇〇七年)ほか。
(32) 蔵持前掲註(22)『中世　村の歴史語り』。
(33) 竹田聴洲『民俗仏教と祖先信仰』(東京大学出版会、一九七一年)ほか。
(34) 薗部寿樹『日本中世村落内身分の研究』(校倉書房、二〇〇二年)、同『村落内身分と村落神話』(校倉書房、二〇〇五年)。安藤精一『近世宮座の史的研究』(吉川弘文館、一九六〇年)など。
(35) 町田哲『近世和泉の地域社会構造』(山川出版社、二〇〇四年)。渡辺尚志『近世村落の特質と展開』(校倉書房、一九九八年)、同『近世の豪農と村落共同体』(東京大学出版会、一九九四年)、同『百姓の力―江戸時代から見える日本―』(柏書房、二〇〇八年)、同『村からみた近世』(校倉書房、二〇一〇年)など。
(36) 春田直紀「地域社会の多層性とその歴史形成―阿蘇郡におけるムラの動態史―」(吉村豊雄・春田直紀編『阿蘇カルデラの地域社会と宗教』清文堂、二〇一三年)。
(37) 一九八〇年代以降、各地で展開された圃場整備などに対応した水利調査などの研究については、前田徹氏が景観復元研究としてその成果を整理している(「中世村落史研究の歩みと課題」荘園・村落史研究会編『中世村落と地域社会―荘園制と在地の論理―』高志書院、二〇一六年)。

第一部　村を歩く—多元的な生活・生存保障システム—

第一章　名主屋敷と寺地の交換伝承をたどる

―武蔵国榛沢郡荒川村の考察―

はじめに

「この家の土地は、（先祖が）北条氏邦に勤めるようになってから寿楽院と交換したのです。」

二〇〇二年九月、荒川村（現埼玉県花園町）の調査に入ってからすぐ、持田太加雄氏から、こんなお話をうかがった。(1)同家は、同村字川端に所在し、ほぼ代々、幕府領名主を務めていた家である。そして、持田家が敷地を取り替えたという寿楽院は、同家を含むほとんどの旧荒川村居住者が檀家となる村寺で、同家からは北に少し離れて位置している。「北条氏邦に勤めるようになって」のことだというから、それは戦国時代の話らしい。

荒川村の現地調査は、名主屋敷と村寺の敷地の取替え話というやや奇妙な、しかしとても魅力的な伝承に導かれながら始まった。その後、寿楽院住職高橋敬行氏から、同寺に隣接する荒川神社の森は、もともと持田太加雄家の所有地であったとうかがい、また戦後まもなく撮影された同村の航空写真に写る持田家と寿楽院の敷地面積が、ほぼ同じであったことは、太加雄氏のお話を裏付けるかのように思われた。さらに、川端には寺院のあった痕跡が色濃く残り、持田家敷地内の西側にある竹林からは墓石が出土したといい、宅地東方には「ダイモン」（大門）と称する場所も伝わるのである。現在、持田家の西方には「薬師堂」と呼ばれる数十基の青石塔婆が集められた地所があることからも、少なくとも川端の地に寺院があったことは確からしい。そして持田家の居宅建替え時には、天正三年（一五七五）の棟札が出たという話も伝わり、戦国の頃には同地に持田家があったと思われる。

だが、この伝承が事実を伝えるものだと断定することは、やや憚られた。なぜなら、確かに川端地区にも寺院があったことは窺えるのだが、その問題と、寺地と名主屋敷地の取替え話は、別問題の可能性もあるからだ。しかし、戦国時代を舞台とするこの謎めいた伝承には、中近世移行期の荒川村を知る上で重要な手がかりが隠されているようにも思われた。なお、同村には戦国時代までもう一つ寺院があったことが知られる。それが字後久保《うしろくぼ》（一説に坊屋敷）にあったという「アミダドウ（阿弥陀堂）」（以下、「阿弥陀堂」と記す）であった。同寺が所在した字後久保は只沢《ただざわ》という地区にある。そして同地区には、戦国時代に「両茂田《りょうもちだ》（両持田―筆者注）」として川端の持田家と並び称され、近世には旗本領名主を務めたもう一つの持田家がある。ちなみに只沢の持田家も、荒川村の他家同様、近世には寿楽院の檀家であった。

つまり、戦国時代の荒川村は有力な家として、川端・只沢両地区に少なくとも二つの持田家があり、それぞれの地区には戦国時代まで寺院が存在するなど、二つの小村からなっていたことが窺える。そして近世には、両家はそれぞれ幕府領名主・旗本領名主を務めながらも、ともに村寺寿楽院の檀家として所見されていくのである。本章は、戦国から近世にかけてのこのような村の動向に注目し、フィールドワークの成果を踏まえて名主屋敷と村寺の敷地交換伝承をたどりつつ、中近世移行期の荒川村について検討を加えることとしたい[2]。

第一節　村の概要

1　地理的位置

戦国期の荒川郷、近世の荒川村は、ちょうど今の関越自動車道花園インターチェンジ（現埼玉県花園町）の辺りに位置する。現代における交通の要衝にある同村は、前近代にも川と幾筋かの道が交わる要所であった。村の南面には西から東へと荒川が流れ、特に荒川は上流からの筏流しにも利用されていた(3)。同村は筏組場などではないが、近世における川端地区の持田家は、公方筏以外の筏の手形所持を改めていたことが知られる（『持田家文書』第一集八・九、以下『持』一-八と略記する）。また、川越方面から北へ向かう際は、赤浜村（現埼玉県寄居町）から同村への渡し場を利用することとなり、荒川の渡船場として重要な位置を占めていた。

赤浜村から舟で荒川を渡り、川沿いに西へ向かって持田太加雄家の前を通り、小前田《おまえだ》村へと続く道がある。これは鎌倉街道上道で、近世には「八幡山道」「御巡検道」とも呼ばれ、児玉（現埼玉県本庄市）へ向かう際に利用された川越・児玉往還となる。現在は耕地整備にともない、一部道が断絶している。また、川を渡って北へ行き、国道一四〇号を越えて寿楽院の北東、村の中央に位置する「荒川十文字」までの道が川越道、そこを起点として北へ行く道は本庄道と呼ばれ、現在も主要地方道花園・本庄線として利用されている。本庄（現埼玉県本庄市）は、利根川の河岸近くに所在し、利根川水運の要所として中世段階にも栄えていた町場である。そして荒川十文字を東西に走る道、現在の国道一四〇号が近世の秩父往還にほぼ一致する。また、東隣の黒田村との境を走る道も、榛沢瀬道と呼ばれる中世初期に築かれたと伝わる古い道である。ただこの榛沢瀬道は、現在は用水路が走るなど、その面影はほとんど失われて

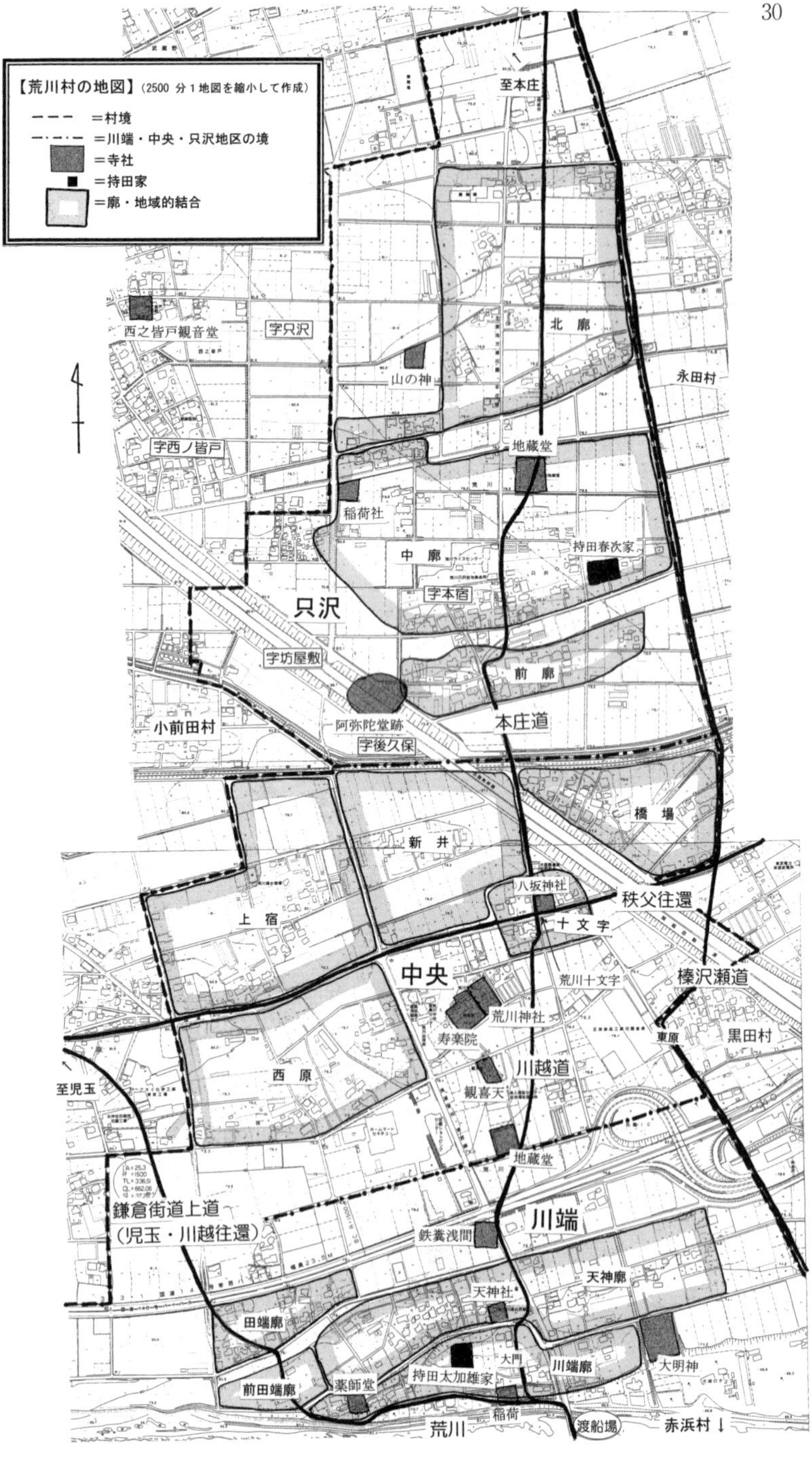
【荒川村の地図】（2500 分 1 地図を縮小して作成）
＝村境
＝川端・中央・只沢地区の境
＝寺社
＝持田家
＝廓・地域的結合
至本庄
西之皆戸観音堂
字只沢
北廓
山の神
永田村
字西ノ皆戸
地蔵堂
稲荷社
持田春次家
中廓
字本宿
只沢
字坊屋敷
前廓
阿弥陀堂跡
本庄道
小前田村
字後久保
橋場
新井
八坂神社
秩父往還
上宿
十文字
中央
荒川十文字
榛沢瀬道
荒川神社
寿楽院
東原
黒田村
西原
川越道
至児玉
観喜天
地蔵堂
鎌倉街道上道
（児玉・川越往還）
川端
鉄糞浅間
天神廓
天神社
田端廓
大門
川端廓
大明神
前田端廓
薬師堂
持田太加雄家
稲荷
荒川
渡船場
赤浜村↓

いる。

2 研究状況

荒川村は産地に近いこともあり、緑泥片岩で作られた板碑が多く散在する。なかには中世の年号を有するものも見られ、延文三年（一三五八）の銘を刻む宝篋印塔なども所在する。そのため、比較的早い時期から石造物を対象とする研究が進められてきた。(4) 特に石造物は荒川沿い川端地区内の小字田端・川端・明神通《みょうじんどおり》に所在し、只沢地区内小字後久保（一説に坊屋敷）の「阿弥陀堂」跡にも、応永年号の古い板碑があったという。

そして最初にも述べたが、同村には古くからの有力な家として二つの持田家があり、それらを対象とした研究が知られる。持田二家は、それぞれ川端・只沢と呼ばれる地域に居住し、特に川端地区の持田家には戦国から近世にかけての膨大な史料が伝来し、その多くは埼玉県立文書館に保管されている。同館では、川端地区持田家の本家（持田英孝家、現太加雄家）と分家（持田文夫家）の史料目録を作成しており、本家分については田尻高樹氏の編纂になる『武蔵国榛沢郡荒川村持田家文書』（花園村教育委員会、一九五九年）によって、大部分が翻刻されている。また、只沢地区における中世以来の有力家と思われる、近世の旗本領名主を務めた持田春次家についても、すでに田尻高樹氏による調査・翻刻が行われている。(5)

このように、比較的史料に恵まれた荒川村を素材とした研究としては、まず、戦国時代の持田家が「村の再開発」を主導する役割を担っていたとする、村における土豪の機能に注目した稲葉継陽氏の研究がある。(6) これは、従来「小領主」「地主」と位置づけられてきた土豪を、村が存続するために果たした機能を検討することで、土豪の存在意義を捉え直したものである。また、歴史地理学の立場から、フィールドワーク調査を踏まえ、川端・只沢の両持田家は荒川郷内の新興勢力であったため、北条氏へ被官化し、開発の権利を得ようとしたとして、持田家の領主としての主体性を論じた田中達也氏の研究が知られる(7)。稲葉氏と田中氏の土豪持田氏に関する見識は、同年に論文が発表されたために齟齬が生じたままになっている。だが本章では、稲葉氏が土豪の存在を村における機能から捉えた理解を継承したいと考える。

なぜなら、確かに持田氏が北条氏に被官化して荒川村の開発を指導したことは、一面では持田氏の村における立場を確固たるものとしたかもしれない。だがこの開発とは、開発指導者持田氏を承認し、追随する者が存在して初めて成り立つ事業だと考えられる。つまり、たとえ新興の勢力であろうとも、持田氏による開発は、村がそれを受け入れ、支持した上でのものだと解すべきであり、持田氏の開発における指導性は、そのような村に規定された、村における機能として位置づけられよう。

しかし、稲葉氏がすでにある村落の構造に注目し、そこでの土豪の存在理由を捉え直そうとしたのに対して、田中氏が、戦国期から近世に継続する村落を動態的に描き、フィールドワーク調査を踏まえて、村内に重層的な社会的集団が存在することを見出した点は重要であろう。本章も、村落を動態的に捉え、またその際は土豪のような有力家の役割を問うだけではなく、田中氏が指摘したような村内のさまざまな社会的結合にも注目し、さらにそれらの存在理由をも併せて検討すべきだと考える。そこで本章では、まず荒川村内のフィールドワーク調査の成果を整理し、その上で土豪やさまざまな社会的集団について考察を加え、それらを内包しつつ形成・維持されていく村落の意義を考えてみたい(8)。

第二節　荒川村という地域社会―フィールドワークからのアプローチ―

1 川端・中央・只沢地区

近世の荒川村は、戦国時代の天正四年（一五七六）には「荒河之郷」（『持』一―一）とみえるが、同十六年には「荒川・多田沢両村」（『持』一―六）と所見される。同五年の北条氏邦朱印状の宛所に「両茂田との」（『持』一―二）、同十五年には「荒川た、沢　もち田四郎左衛門・同治部左衛門」（『持』一―五）とあることから、前述のように戦国段階の荒川村は、少なくとも荒川・多田沢という二つの小村からなる村であったことが知られる。また、宛所の「もち田四郎左衛門」が現川端地区の持田太加雄家の先祖であることから、戦国期における「荒河之郷」内の「荒川村」とは、字川端地区を中心とした地域に比定できる。一方の多田沢は、現在の字「只沢」地区を指し、もう一つの小村が只沢地区を中心とする地域であったことがわかる。そして今回、荒川に面した荒川村南部の川端地区と現在の関越自動車道以北の村北部に位置する只沢地区について、それぞれの境界を確認することができた。

だが、田中氏も指摘するように、戦国段階の史料上には現れないものの、近世の荒川村に相当する地域には、川端と只沢の間に挟まれた現在の国道一四〇号にあたる近世の秩父往還沿いにも集落が展開している。同地域は、現在「チュウオウ（中央）」または「ナカグミ（中組）」と呼ばれ、その名称は川端と只沢に対する荒川村の「中央」「中」を意味して名付けられたと思われることから、比較的新しい地域であると考えられる。そしてこの中央地区に、荒川村の寺、寿楽院は所在する。

以下、本章では、川端・中央・只沢といった地区ごとに考察を加えていきたい。

2 川端地区の復元

川端地区は、その名の通り荒川沿いに川と並行する形で展開している。川越方面から舟で川を渡ると、北へ行く道と西へと向かう二つの道がのびている。北への道は現在の国道一四〇号とほぼ重なる秩父往還と交差して、さらに本庄方面へと向かっている。そして西への道は、川端地区内を荒川と平行して進み、小前田村を経由して北西の八幡山・児玉方面へと続いている。同地区は、川越方面から北へ向かう際、重要な荒川の渡し場として位置していた。

そのような同地区は、四つの「クルワ（廓）」（以下、廓と記す）と呼ばれる集落からなっている。廓とは、群馬県などでも集落を指して使われ、長野県東信地方では同族呼称として知られている(9)。荒川村の場合は、集落を意味するという。四つの廓とは、渡船場から上がったところにある「カワバタクルワ（川端廓）」、現在の荒川川端公民館、旧天神社のあった「テンジングルワ（天神廓）」、その西にある「マエタバタグルワ（前田端廓）」、その北に位置する「タバタグルワ（田端廓）」である。現在は、廓を単位として何かを行うということは、特にないとのことであった。

そして、この川端廓内にあり、旧鎌倉街道上道沿いに所在する持田太加雄家が、同地区の中心的な家である。元は川端三一〇・三一五番地も含めて持田家の所有地であったといい、その敷地は広い。同家の敷地北側には土塁が残存し、土豪屋敷の面影を残している。戦国時代の持田氏は北条氏への被官化が知られ、持田太加雄氏によれば現在の家紋は北条ミツウロコだが、もともとは武田氏関係に多いアゲハであったという。おそらく、武田氏とも被官関係のあったことを伝える伝承であろう。田中氏が指摘するように、持田家は他所から荒川村へ移住してきた新興の勢力である可能性が高く、移住以前の地において被官関係を結んでいたのかもしれない。また、同家には鋳物師の綸旨が入っていたという状箱が伝来し、敷地からは鉄糞が今でも出土する。小字川端の北に隣接する地域の小字名は「カナクソ（鉄糞）」であり、同所には「カナクソセンゲン（鉄糞浅間）」と呼ばれる塚があったという。川端地区内の小字に鍛冶ケ谷戸・伊勢領があることなどからも、同地では鉄生産が行われ、持田家も鋳物師集団を統率するなど、それに関わっていたものと思われる(10)。

だが、同地区の生業において最も重要だったのは、先に見た荒川の水運業および渡船業であったらしく、同家もそれに深く関わっていた。たとえば近世初期の段階で、荒川上流から筏流しが行われた際、公方筏以外についてはそれを留め、どこからの材木かを改めることを許されており(『持』一-八・九、二-五一)、それにともなう収入を得ていたことが窺える。加えて上流からの流木も、同地の重要な財源の一つとなっていた(『持』三-一七〜一二)。そして天明六年(一七八六)の村明細帳(『持』三-一〇八)には、荒川村の「舟主太郎兵衛」と見え、持田家の先祖太郎兵衛が渡し舟を所有していたことも知られる。

ただし、天保九年(一八三八)の村明細帳(『持』三-二四)によれば、「村持船弐艘」とあるので、後には村として渡し舟を所持することとなったらしい。さらに、天保年間の史料からは、往古より近隣の村には農業のためならば無賃で渡舟させ、舟賃の代わりに麦を受け取っていたとも見える(『持』三-三一・三六)。麦を出す村々は、同村に「穀場」と呼ばれ、渡船業が食料確保のために重要な位置を占めていたことがわかる。享保年間(一七一六〜三六)の川瀬の変化にともなって、渡船の手伝いを頼んでいた隣村黒田村と天保九年に渡船場をめぐって争っていることからも(『持』三-一七〜四六)、荒川の舟渡しが近隣との競合関係にありながらも同村がそれを維持し、食料を確保していたものと思われる。

田中氏によれば、荒川沿いの崖の多くは持田家の所有地であり、村内の人々は同地で舟車を利用した製粉を行うことができたが、舟車を停泊するための崖利用の代償として、持田家の製粉を無料で行っていたという(11)。天明六年(一七八六)段階までの渡し舟の舟主が持田家であったことも併せて考えるならば、次のことが指摘できよう。すなわち、川端地区の人々が生活を維持するためには、荒川の利用は不可欠な要素であった。そのような荒川沿いの崖を持田家が所有し、渡船のための舟も持田家が所有していたことから、田中氏がいうように確かに持田家への権益の集中が認められる。しかし、崖と舟の所有者である持田家は、当然それらのメンテナンスを行う責務も負っていたと思われる。

荒川は、その名の通りしばしば洪水を起こし、流路を変えていた。川の利用とは、そのような川を人々が復旧し、維持することではじめて可能になるものであった。要するに、持田家は崖や舟をメンテナンスする責務を負い、村に住む人々の川利用を可能にする役割を果たしていたものと考えられよう。また、このように、同地区の中心的な家としてあった持田家は、その先祖が小字大明神に近代まで所在した、川端地区の村社大明神社（春日社）を創始したと伝わり、同地は現在、持田太加雄家の所有地となっている。つまり、同地区の宗教的な中心である神社を創始し、維持する役割をも同家は担っていたのである。

だが、川端地区の神社には他にも天満天神社があり、田中氏によれば同社は天神廓の持田氏が祀る神社だという。確かに本調査でも、天神廓に居住する持田彦武家が代々神主を務めていたことが確認できたのだが、同社は持田彦武家の氏神的存在ではなく、信仰圏も広い。持田太加雄家をはじめ、川端地区の居住者はみな同社の氏子であり、今でも一月二十五日の天神の祭には、川端・中央両地区に住む氏子が参加するという。氏子の広がりが、川端・中央両地区に展開していることが注目される。

しかし、埼玉県神職会大里郡支会編『大里郡神社誌』（一九三〇年）によると、同社は元武田氏の被官であった小宮山氏の崇敬する神社であったといい、元来、地区を単位として信仰を集めていたというわけではないらしい。さらに、小宮山知行所名主であった只沢地区の持田春次家に伝来する、安永四年（一七七五）七月付の小宮山知行所代官書付（「持田春次家文書」五八、以下「持春」五八と略記する）には、「御知行所荒川村天神社地之儀、御先祖様御代々其元先祖代々ゟ唯今迄御預ケ被置候処、其元老年ニ罷成候ニ付、七カ年以来度々被相願右天神社地差上度由ニ付、今般願之通御取上被遊候」と所見され、同社の社地は小宮山知行所領内であり、そのために同知行所名主である只沢地区の持田春次家の先祖に預けられていたというのである。どうやら地区を越えて信仰を集め、祀られているところに同社の特色があるらしい。

そして、天神社の氏子が地区を越えて形成されていたように、川端地区の人々の所属する社会的集団が、同地区内に限定されなかった事例は他にも知られる。「イッケチュウ（一家中）」（以下、一家中と記す）と呼ばれる本家―分家関係を持つ一族集団がそれである。現代の冠婚葬祭では、川端地区内の隣組が手伝うことに加え、川端地区と中央地区に展開している一家中も手伝いに出向くのだという。また、川端地区の内部においても、前述のように廓と呼ばれる集落に分かれてはいたが、庚申講が廓を越えて営まれるなど、廓が地区内の人々の行動範囲を規定するわけではなかった。また、庚申講が同地区の男性の集まりであったのに対し、女性には二十二夜待ちという講があり、性差に基づく集まりがあったことも知られる。そして、川端地区の有力な家も先に見た持田太加雄家だけではなく、寿楽院の院号を持つ家として川田家・条谷家、延文三年（一三五八）銘の宝篋印塔を管理する金井家、持田太加雄家の分家と伝わり近世史料（埼玉県立文書館所蔵）を伝来する持田家があった。

つまり、現代の川端地区では、廓・隣組・一家中・庚申講・二十二夜待ち講という、地域や血縁・性差などに基づいて結びつく、さまざまな社会的集団が形成・維持されており、中世以来の有力家も、持田太加雄家を中心としていくつかの家があった。なお、田中氏によれば、有力家のうち持田太加雄家と天神廓の持田氏（彦武家カ）の墓地のみが、川端地区内ではなく中央地区内（川端地区と隣接する南端）の「ジゾウドウ（地蔵堂）」に所在することから、両家は新興勢力だと考えられるという。

3　中央地区の復元

現在の中央地区には、南北に県道菅谷寄居線が走っており、それが南北をつなぐ主要道路になっている。だが、かつての道は字川端の「ダイモン（大門）」からほぼ真北、秩父往還（現国道一四〇号辺り）と「荒川十文字」で交差して只沢へ向かう道があった。また、東西には秩父往還が貫通し、「荒川十文字」が同地区の中心に位置している。

この荒川十文字よりも南西、小字寺脇に村寺寿楽院がある。同寺は新義真言宗荒沢不動寺と称し、本尊は不動明王だが薬師像も祀られている。宝暦十三年（一七六三）にはすでに薬師堂の存在が知られ（『持』二-六二）、この薬師像は、川端地区にあった薬師堂の薬師像であると伝わる。また由緒では、同寺は天正年中（一五七三～九二）に堂宇が焼かれ、塔婆・墓石は埋没してしまったという。創立開山は延文二年（一三五七）、中興開山は寛文三年（一六六三）といい、文政年間（一八一八～三〇）の過去帳には、開山は寛文三年に死去とある。過去帳の開山は早くても天正末、おそらくは慶長（一五九六～一六一五）頃の生誕であろう。すでに中世には寺院が置かれ、近世初頭に再興されたということだろうか。また、同寺の東隣には、明治に入ってつくられた荒川神社がある。同社は、村内各地にあった神社を逐次合祀または移転したもので、特に神社中央に川端地区の天神、西に中央地区の八坂、東に只沢地区の山の神がそれぞれ祀られている。なお、神主は川端地区の天神社と同じ持田守武家が務めているという。[12]

荒川神社に合祀されている中央地区の八坂神社は、かつては荒川十文字に所在したことが確認できる。つまり、秩父往還と本庄・川越を結ぶ街道の交差するところに、商家の神様である八坂神社が祀られていたわけである。また荒川十文字を中心に展開する同地区には、上宿《かみじゅく》・下宿《しもじゅく》の小字名も伝わり、楮屋・豆腐屋・下駄屋・綿屋・桶屋などの屋号を持つ家があることからも、同地区は宿場町として栄えていたことが窺える。

このように、村寺寿楽院と荒川十文字を中心とする宿場としての特色を持つ中央地区は、寿楽院住職によれば比較的新興の住宅地であるという。そして、もともと戒名に院号を持つような古い家は中央地区にはなく、昭和に入って院号をつけるようになった家に、大場家・原家・坂本家・中島家・高橋家がある。田中氏によれば、中央地区には大場・町田・岡田の三氏のみが地区内で完結する一家中を構成し、それ以外の家は川端や只沢地区の一家からの分家であるという。今回の調査からも、川端地区の持田太加雄家から分かれた家から、さらに分家が展開して構成される「モチダイッケチュウ(持田一家中)」が確認できた。そして、今でも冠婚葬祭はこの一家中で執り行っているといい、一家中が冠婚葬祭時の相互扶助機能を果たしていることが知られる。また持田一家中の場合、そのつきあいは中央地区に留まらず、川端地区へも展開しているため、冠婚葬祭時の手伝いも地区を越えて行われている。

先にみた川端地区では、血縁的な結合である一家中に加え、地域的な結合として「廓」を確認することができたが、中央地区ではその存在を認めることはできなかった。だがその代わり、ほぼ小字と重なる地域的な結合が展開している。それが、「西原」「原」「山中」「下宿」「上宿」「新井」「十文字」である。また、それらとは別に「隣組」と呼ばれる組織もあり、たとえば原組には現在八家と寿楽院が所属している。そして、持田芳雄氏によれば、同地区でも新井・上宿・橋場などに分かれて、年一回ほど男性が集まる庚申講が行われているという。だが、他の地区とは異なり、二十二夜待ち講などの女性の集まりは、特にないとのことであった。

以上のように、中央地区は荒川十文字という秩父往還と、本庄—川越を結ぶ街道の交差するところに、商家の神の八坂神社を祀り、そこを中心に展開する宿場町であったことが窺える。また、川端・只沢両地区に比べて比較的新しい地区であり、その形成時期は、寿楽院の再興時期や中央地区の古い家の墓石に刻まれた年号から、戦国末から近世初期だと思われる。そして川端地区同様、血縁や地縁・性別に基づく社会的集団を組織し、その構成は地区内に限定されなかったこと、川端・只沢両地区から分家した家をはじめ、いくつかの古くからある家を確認することができた。

4　只沢地区の復元

現在、秩父鉄道の走る線路から北側が、只沢地区である。本庄方面に北へ向かう道は古く、荒川十文字を起点として本庄道と呼ばれている。また、聞き取りや戦後まもなく撮影されたと伝わる航空写真からは、西隣の小前田方面へ向かう道が幾筋かあったことが知られる。たとえば、小字前只沢と中只沢の境目に位置する道や、今はその面影をほとんど残していないが、本庄道が大きく東へ蛇行する地点から、西の稲荷神社まで向かう道があったという。また、「阿弥陀堂」跡地に畑地を所有していた金井敬宏氏によれば、「阿弥陀堂」前にも小前田村の小字西ノ皆戸へ向かう道があったとのことである。

このように只沢地区は、道の復元からも小前田村東部との関係の深さが知られるわけだが、実は、同地は寛永年中（一六二四〜四四）まで荒川村分に含まれていた。村も、決してその領域が固定化しているわけではなかったのである。現在、小前田村小字西ノ皆戸《にしのみなと》には観音堂があるが、その本尊の馬頭観音像は、只沢地区内の字後久保（一説に坊屋敷）に鎌倉から戦国時代にかけて所在した三仏堂に祀られていた観音像だと伝わる(13)。そして、口碑によれば、同観音堂の開基は只沢の持田図書（詳細不明）だという。

これに関して、田中氏は天正十二年（一五八四）までの「只沢」とは、小前田村の小字只沢、およびそれに隣接する荒川村内の小字山の神一帯を指すのではないか、と指摘している。それは、近世の只沢地区の有力な二家、持田勘左衛門家が稲荷社（字稲荷林《いなりばやし》）を、また持田久太夫家が山の神（字山の神通）をそれぞれ祀っており、両神社が小前田村内只沢に隣接する地に所在する上、かつては両家の屋敷が山の神・稲荷社近くに隣接していたと考えられることから、このように想定しているのである。そして勘左衛門家は、天正・文禄期の史料に持田主計助とみえる家の末裔であり、一方の久太夫家は、天正〜近世初期の史料に治部左衛門とみえる者の末裔に当たるとしている。

天正の頃までの只沢地区の中心地をこのように考えることは、字稲荷林の南に本来の宿地名と思われる「本宿」という字名が残り、それに隣接する字「後久保」または「坊屋敷」に「阿弥陀堂」があったことからも、充分説得力のあるものと思われる。また、小前田村に字「只沢」が所在し、現在の本庄道が只沢地区で途中大きく蛇行している理由も、ここから理解できよう。

だがある時期、二つの持田家のうち久太夫家のみが、字中只沢へと屋敷を移す。その子孫が現在の持田春次家であり、同家は近世の須田知行所および五味知行所（のち小宮山知行所）の名主をほぼ世襲していた[14]。また、延宝八年（一六八〇）三月二十五日付の柳原八兵衛宛丹羽金兵衛新類書（「持春」五一）に、「実父　武州鉢形領之城主北条安房守家来筋ニ而御座候間、鉢形領之内ニ牢人ニ而罷在候　持田久太夫」と所見され、同家は明和三年（一七六六）段階でも北条氏の被官であったことを由緒として伝えている（「持春」一六〇）。同家が移動した時期について田中氏は、只沢を代表する持田氏が主計助から治部左衛門へと代わった天正十五年（一五八七）頃ではないかと推定している。

この持田春次家は、近世初期からの墓地を持ち、寿楽院からの院号を有する家である。特に、近世初期における同家伝来史料には、田畑や屋敷・奉公人を質として貸付けを行った借銭証文の類が多く、なかには「子共うゑ志に申ニ付而、金子七両弐分借用仕申所実正也、弥左衛門田畑屋敷相渡し申候」（「持春」七三）と見えるものもある。同家が、飢饉と隣り合わせの社会に生きる人々への借銭を行っており、それによって村人が「子共うゑ志に申」すことを免れようとしていた様子が窺える。なお、同家のこのような行為は、只沢地区や荒川村に限定されるものではなく、他村への借銭があったことも知られる。只沢地区、荒川村を越えた地域において借銭を行うことで、同家が人々の生命維持のために機能していたと位置づけることができる。

一方の勘左衛門家については、今回、詳細を明らかにすることはできなかったが、久太夫家が火災にあった十七年後の宝暦元年(一七五一)に、かつての屋敷地を質物として金子二両を久太夫家へ貸していることが知られる(「持春」一六二)。ここから、近世に入っても同家が経済的にも豊かな家であり、地区や村、地域の人々への借銭を行い、人々の生命維持のために機能していた久太夫家の存続に、同家が一役買っていたことがわかる。それはつまり、久太夫家への借銭という間接的なかたちではあるが、地区や村、地域における生存問題に、同家が重要な役割を果たしていたものと考えられよう。

只沢地区においても、両持田家以外の有力家が幾つか知られる。享保期(一七一六~三六)以降に小宮山知行所名主となった持田清家、同家東隣にある持田靖三家、他にも、近世初期の家墓を持つ田辺姓三家があり、このうちの一家は寿楽院所蔵の過去帳から院号を持つことも知られる。他に院号を持つ家としては、金井家と持田姓二家を只沢地区では確認できた。

さらに、この持田・金井・田辺という有力な家を輩出する三家を中核として、只沢地区では三つの廓が組織されている。一つは、本庄道が東に蛇行してすぐにぶつかる東西に走る道、持田春次家・同清家の南面を通る道から南側に位置する家々が組織する「マエグルワ(前廓)」、そして、その前廓と道を隔てた北側、只沢地蔵堂のすぐ北側の道を境とし、持田進家から金井幹雄家までの並びの一画を含んだ家々が「ナカグルワ(中廓)」、さらにそれより北に位置し、現在のタカハシ養鶏場北側に走る道までの家々が「キタグルワ(北廓)」である。前廓は本庄道を挟んで東西に分かれ、西側の金井家、東側の中廓から分家した持田家からなる。また、中廓も本庄道を挟んで東西に分かれ、東と西でそれぞれのつきあいがあるとのことであった。

道の東側では、特に持田春次家と持田久家が「オオヒガシ(大東)」と称され、道の西側にある持田姓の家では「イッケクミアイ(一家組合)」が組織されている。そして北廓には田辺姓の家が多く、家墓には近世初期の年号や、

「居士」「大姉」の戒名を刻む墓石も所見された。このような只沢地区の廓は、冠婚葬祭時の手伝いや病気見舞い、屋根の萱の葺替えなどを行う相互扶助組織として機能しているとのことであった。

このように、他の地区と比べて、今でも廓がより多くの機能を果たしている只沢地区では、男性の集まりである庚申講や、女性の集まりである二十二夜待ち講も廓ごとに行われている。ただ、参加するのは本家筋の家の当主に限られるので、廓のつきあいが講のつきあいと全く同じというわけではない。また昭和三十六年（一九六一）に再建された浅間講の石碑は「只沢前中廓講中」で建立されていることから、少なくとも当時の浅間講については、必ずしも講のつきあいが、廓内に限定されていたわけではないことも窺える。講による違いや時代による変化も勘案すべきであり、断定はできないが、ここでは只沢地区の講が、廓の枠組みに規定される傾向が大きいことのみ指摘しておきたい。

また、この三廓は、前廓・中廓と北廓では少し様相が異なっている。本庄道と交差して東西に走る道に沿って家が立ち並ぶ中廓と、そこから分かれた家が半数をなし、やはり東西に走る道沿いに家が並ぶ前廓は、道沿いに家々が軒を並べる街村風の景観を作り出している。ちょうど中廓の本庄道より西側は、小字「モトジュク（本宿）」にあたり、かつては宿場のあったことが窺える。また、昔、同地区では馬を飼っている家が多く、荷物運びなどの駄賃稼ぎに携わる人が多かったという。同家に伝来する史料からは、貞享二年（一六八五）段階で、馬の飼料となる萩が生産されていたことも知られる（「持春」五四）。詳細は次節で見るが、同村では戦国時代に新しく宿が立てられており、只沢地区の宿はそれ以前の宿であった可能性が高い。

それに対して北廓は家々が点在し、その様子はすでに天保七年（一八三六）の絵図からも窺い知ることができる。同図では山の神が祀られた辺りから「ヤマ（山）」と呼ばれる林地が広がり、北廓は農村的景観を見せている。ただ、この辺りは特に地形的に山地になっているというわけではなく、聞き取りでも、「ヤマ（山）」とは林（松林）を意味し、燃料の供給地として利用される地域を指していた。貞享二年（一六八五）に林年貢が賦課されている地では、立木を盗み取ることが禁止されており（「持春」五四）、林地からは薪などの燃料などが供給され、同地区の重要な財源になっていたらしい。

また持田春次家伝来史料によれば、延宝九年（一六八一）三月段階で林年貢が荒川村に賦課され、年貢金六両を四七人で請け負っている（「持春」七）。そして、新蔵分二一〇文、又右衛門分二七〇文、善右衛門分三〇八文、兵九郎分（荒川）一三二文の計九三〇文については、須田領の名主久太夫、つまり持田春次家の先祖が肩代わりして納入していた。荒川村の特に只沢地区に住む人々が、生きていく上で不可欠な林を維持するための保障を得る対価として、納入するのが林年貢だと考えられるが、そこでの経済的負担の多くを担っていたのが持田春次家だったのである。また、前述のようにこのような林を守る山の神を祀っていたのも、同家であった。つまり、持田春次家は特に只沢地区の山（林）を維持することで、只沢地区に住む人々の生活、生存を支える役割を果たしていたものと位置づけられよう。

5　小括

以上、荒川村内の川端・中央・只沢という地区ごとにその特色を整理してきた。まず荒川村の場合、各地区には共通して廓もしくは小字名に準じた地名を称する地域的なまとまりが形成され、只沢地区ではさらにその中のまとまりも認められた。また、一家中という一族的な結合、男性の家代表者が集う庚申講、女性の家代表者が集まる二十二夜待ち講、只沢地区では浅間講といった集団も組織されていた。だが、たとえ名称を同じくしても、それぞれの集団が果たした役割や、組織のされ方はまちまちであった。冠婚葬祭についていえば、只沢地区では基本的に廓が行い、川端地区は「トナリグミ（隣組）」（聞き取りによれば廓と同義）が主体となって一家中が手伝いをし、中央地区では一家中が取り仕切っていた。そして川端・中央地区の一家中は、川端・中央という地区を越えて組織されている。また廓内で庚申講・二十二夜待ち講が行われる只沢地区に対して（浅間講は中廓・前廓で組織）、川端・中央地区では廓を越えて結成されている。地区によって、その様相は異なるものであった。

しかし、これらから以下の点を指摘できるのではないだろうか。

①荒川村内には地域や血縁を紐帯としたり、神仏を媒体として集うさまざまな集団が創り出され、重層的に存在していた。また、その枠組みは全く固定的というわけではなく、動態的であった。

②それらの中には、今でも冠婚葬祭や家の屋根葺きなどの手伝いを始めとする相互扶助組織として機能する集団があり、このような社会的結合は人々が生活していく上で不可決な何らかの役割を果たしていたと考えられる。その存在を指摘するだけではなく、組織され、また維持され続けた意義を検討する必要がある。

③各集団は、たとえば川端地区では冠婚葬祭を基本的に隣組＝廓で助け合ったが、一家中もその手伝いに加わったというように、それぞれが全く関わりなく存在しているわけではなく、時に応じて活動を共にする、複合的な助け合いの組織として機能した。

④各家についてみると、廓・一家中・庚申講や二十二夜待ち講という多様な社会的組織に、いくつも所属していた。

⑤川端地区の持田太加雄家、只沢地区の持田春次家をはじめとして、荒川村の各地区ではいくつかの古い有力な家の存在を確認できた。なかでも持田太加雄家は川端地区で重要な荒川利用の維持、春次家は只沢地区における山（林）利用の維持において重要な役割を果たしていた。

⑥特に⑤の家は、より多くの地縁的・血縁的集団、講組織のいずれにも所属していた、などである。

このように荒川村とは、さまざまなかたちでさまざまな役割を持って集う多様な社会的集団を内包しつつ、川端・

中央・只沢という三地区を形成し、その上で一つの村の形を成していた。

この点について田中氏は、村内の社会構成を「村―地区―廓」、そして、それぞれに神を祀る持田家を中心とする結合、といったやや整然とした社会構成を想定しているようである。だが、むしろ多様な目的で集う一家中や廓・隣組・地区・講、そして村も、その枠組みは変動していくものであり、時にはいくつかの組織が重なり合って、何らかの目的のために共に動いてもいる。必ずしも縦割りの社会構成を想定する必要はないであろう。そして、人々の生活、生存のために機能する存在として不可欠だという意味では、持田家をはじめとする有力家の存在も同様であった。だが、後には村や他の家がその役割を代替していくことも知られ、それは決して固定的なものではなかった。現在、講や廓が形骸化しているというのも、すでにその役割を他の存在が担うようになっていった結果かもしれない。

以上のように、荒川村に見えるさまざまな社会的集団や有力家が、有機的に機能し合うことで、村の人々の生活と生存が可能になっていたものと理解できよう。だがこのように考えると、その上でさらに、人々が荒川村という村落としてのまとまりを必要とし、形成していった理由が気にかかる。なぜ人々は村を必要としたのだろうか。次節ではその問題に注目し、戦国時代に荒川村が確立していく動向とその意義について検討を加えてみたい。

第三節　村の再開発と村の形成―名主屋敷と村寺の寺地交換伝承をたどる―

1　宿の開発と田畠の再開発―伝承の背景―

前述のように、川端地区や只沢地区から分家した家が伝わるなど、中央地区は比較的新しくできた地域だと考えられる。また、近世に発達した秩父往還沿いの中央地区には「上宿」「下宿」という宿地名が残り、それは只沢地区の

「本宿」という本来の宿場の存在を示すであろう小字名と併せて考えると、宿が新しくつくられたことが窺える。そして、この問題と深く関わると考えられるのが、持田太加雄家に伝わる次の史料である（「持田家文書」『戦国遺文　後北条氏編』三三五九文書、以下『戦』三三五九と略記する）。

【史料1】

荒川之郷御検地之辻事

永楽銭

弐拾貫弐百九文、此度改之辻、

此内

三貫六百六十八文、常開十一人御扶持被下事、

此取衆

三百卅文　持田左京亮

三百卅文　同　舎人

三百卅文　中嶋図書助

三百卅文　河田隼人

三百卅文　大屋玄蕃

三百卅文　同　市助

三百卅文　弥左衛門尉

三百卅文　孫左衛門尉

三百卅文　小四郎
三百卅文　六郎左衛門尉
三百卅文　縫殿助
　以上、三貫六百卅文
拾六貫五百四十一文、本田高辻、
　此内、
　　壱貫五百四十一文、持田四郎左衛門尉御扶持ニ被下、
　　残而、
　拾五貫文、風損・日損無之、定納、
　　以上、弐拾貫弐百九文、永楽銭、
一、当八月よりもあらくニ開候原、何方之牢人、何者も開く人、永代知行ニ可被下事、
一、彼宿へ他所より移候者、永代無諸役不入ニ被　仰出候、然者、自前々定候て懸候役之物、荒川・多田沢両村出合可走廻事、
一、方々懸廻、他所之者、当秋廿かまと可引移事、
右、定所如件、
　　戊子
　（朱印）八月十五日
　　　荒川之郷

持田四郎左衛門尉

これは天正十六年（一五八八）八月、鉢形（現埼玉県寄居町）の城主北条氏邦が、持田太加雄家の先祖持田四郎左衛門尉に宛てた書出である。これによれば、「原」となっていた所が一一人によってこれ以前に開発され、その一一人には計三貫六六八文が扶持されておのおのに三三〇文ずつ配分されたとある。その際は、持田四郎左衛門尉にも一貫五四一文が扶持されている。また、同地に牢人を含めた他所の者を移し住まわせて開発を行えば、彼らの永代知行を認めること、またそこは「宿」であり、移り住んだ者に対しては永代諸役不入、つまり諸役賦課を免許するので、この秋中には方々から「廿かまと（竈）」、二〇世帯を移し住まわせるべきことが、北条氏から承認されているのである。

ここで計三貫六六八文を扶持されている一一人のうち、姓のある河田氏は、天正五年（一五七七）に四郎左衛門率いる「荒川衆」に「かハ田五郎さへもん（河田五郎左衛門）」が所見され（『持』一-二）、川端地区に居住していたものと思われる。また大屋氏も、持田太加雄家の元敷地である土地に現在も大谷家が住まうなど、持田氏と被官関係のある大屋氏が川端地区にいたことが窺える。中嶋姓は現在川端・中央両地区のみで見られ、文禄四年（一五九五）の同村検地帳（『持』一-一〇三）では、図書（中嶋図書）の所有する耕地は川端地区および中央地区に集中している。おそらく、もともとは川端地区に居住していた家と思われる。持田左京亮・同舎人の所有地も両地区に集中するので、川端または中央地区に住んでいたものと考えられる。それ以外の無姓の者は、他所より集められた者たちであろう。

要するに、少なくとも天正十六年（一五八八）段階における宿の開発は、持田太加雄家の先祖を中心とする川端地区の人々によって進められた可能性が高いといえる。そして、只沢地区の本宿に対して「上宿」「下宿」の地名が伝わり、先の北条氏邦朱印状に「原」を開発したとある「原」の名残も、中央地区には「西原」「原」「原ノ前」という小字名に加えて、聞き取りでは小字山中・下林と黒田村との境目辺りに「トオッパラ（東原）」の呼び名が残されていた。

おそらく、ここで川端地区の人々が中心となって開発した宿とは中央地区内にあり、川越・本庄道と秩父往還が交差し、商家の信仰を集める八坂神社が祀られた荒川十文字を核とする地域であったのではないだろうか。それは田中氏も指摘するように、只沢地区の「本宿」に代わって造られたものであろう。

そして、このような川端地区による中央地区での宿開発の過程こそが、最初に触れた川端の名主持田太加雄家と寿楽院の寺地を交換したという伝説の背景だったと考えられる。というのも、前述のように寿楽院は、前進となる中世以来の寺院があり、寛文三年（一六六三）以前に再興されたと思われる。聞き取りでは、寿楽院の本願は持田太加雄家であるといい、また近世に寿楽院が東養寺から離末する際の離末金は、同家が用立てていた（『持』二―六五）。寿楽院を再興する際にも、持田家が果たした役割の大きかったことが窺える。先の史料にもみられるように、持田家は宿開発において指導的役割を果たしたが、宿開発にともなって中央地区にあった寿楽院も再興することとなり、そこに敷地の取替え伝説が生まれることになったのではないだろうか。

では、宿開発に尽力し、その後天正十六年（一五八八）に、北条氏からその保護を得たのが川端地区の人々であったとするならば、一方の只沢地区が、なぜこれに加わらなかったのだろうか。次にこの問題を検討したい。そこで、これに関する持田太加雄家伝来史料をみてみることとする（「持田家文書」『戦』三二六六〇）。

【史料2】

其郷近辺之荒地、御領所・私領共、切開次第被下置間、如何様ニも地下人相集、田畠打開、可致知行候、構無沙汰、不開発者、可処重科者也、仍如件、

申

（朱印）三月廿三日

たゝ沢
百姓衆中

これは天正十二年(一五八四)三月、川端の持田氏を通して只沢百姓衆中に宛てられた北条氏邦朱印状である。御領所であろうと私領であろうと荒地を再開発し、切り開いた者にはその土地を保障するので、耕作者を集めて田畠を開くよう求められている。只沢百姓衆中による田畠の再開発を、北条氏が保障したものといえる。後背に「ヤマ」と呼ばれる林地を抱えて農村的景観を伝える北廓を地区内に持ち、また北条氏へ被官化していたことが知られる二つの持田家が、それぞれ稲荷社・山の神を祀っていた只沢地区では、この頃、田畠の再開発こそが第一の課題となっていたものと考えられる。

以上のように、ほぼ時を同じくして川端地区による宿の開発と、只沢地区による田畠の再開発は進められたものと思われる。これについて、田中氏は開発を両持田家が主導した意義を重視し、両家は新興勢力であったがために、旧来からの帰属関係に対する開発地の権利確保を目指し、検地要請と北条氏への被官化を遂げたと位置づけている(15)。だが、両持田家による開発は、両家にとっての権利確保としてのみ理解できるものではない。前節では、両家が村の人々をはじめとする地域社会において、人々の生活・生存を支えていたことをみた。その役割に鑑みるならば、この開発事業も村人の生存問題と関わる可能性が高い。その点を明確にするため、まず、なぜこの時期に宿と田畠の開発が進められたのかを考えてみたい。

2 村の開発と村の維持

天正期(一五七三〜九二)における荒川村の開発、特に田畠のそれは、「荒地」となっていた元耕地の再開発だと思われる。だが、なぜこの時期に再開発が行われたのか、つまりなぜ耕地が荒地となっていたかが問題となろう。それを明らかにするため、まずは当該期の荒川村が置かれていた社会的状況から確認していきたい。そこで、藤木久志氏の研究成果に基づき(16)、天正十年～十六年の関東・甲信地方についての気象災害情報だけをピックアップしてみた（基本的に出典史料は省略し、史料は一部抜粋した）。

◎天正十年（一五八二）三月九日〔甲斐〕内房郷中人足堅相触、川除可申付候、免許之者寺社領共ニ可相出候／三月二十三日〔東国〕先段、天ノ雲ヤケト見タルハ、信州アサマノタケノ焼タル也／四月〔武蔵〕子安郷壬午歳（天正十年）、干損之由申上付而／十二月五日〔武蔵〕井草之郷、水そん之地ニ御座候、…つゝミをもつき立尤ニ候、

◎天正十一年（一五八三）〔甲斐〕大水ニテ神殿ヲ押流シ、本村天神原へ漂着ス、故ニ流レ天神ト称ス／六月十七日〔甲斐〕龍王河除之事、西郡通道と御左右神之北之間を、本河除之移ニ境を立、竹木を能々被仰付、可被為植候者也／七月十一日〔諸国〕諸国大雨洪水人多溺死す（出典「烟田旧記」）／七月二十日〔甲斐〕若宮八幡宮…昔ハ山上ニ在リシカド、…大雨ニテ山崩レテ、…破壊セシ／八月八日〔下総〕御輿之儀、近日之洪水故、御日限御遅々由、承及候、…一、此度之洪水、当口之儀、廿ケ年已来無之由候、…堤涯分雖相拘候、大水之間、不及了簡、新堤押切申候／八月八日〔下総〕此度之洪水、廿ケ年以来無之様躰候、…御当城堤涯分雖相拘候、大水之間、無了簡、城下之新堤押切申候／十二月四日〔常陸〕晩、灰降、常ノ霜ノ如シ、

◎天正十二年（一五八四）〔上野〕河原畑不作につき、年貢減免を侘言、二十俵を十二俵に減免し、逃散百姓の還住を命じる／二月〔武蔵〕当郷（榛沢郡中瀬）之百姓、何方ニ有之共、為先此印判、領主代官ニ相断、無相違可召返／二月〔下総〕徳政之事、御侘言候、雖迷惑候、為神慮之候間、任承ニ候／七月二十九日〔上野〕湯沢川大水、大胡町城下ニテ、人馬二百余人流失／十二月〔下総〕簗田領へ其方借置兵粮、号徳政、難渋候哉、

◎天正十三年(一五八五)〔下野〕氏家御頭、飯岡郷、飯岡八郎、風損ニツイテ、宮本江侘言被申候間、早々勤役被申候／七月二八日〔常陸〕大風、寿徳寺顚倒す／八月〔信濃〕料所、日損について、百姓等作毛引き得間敷きの由、訴訟／八月二十七日〔武蔵〕雨大風、家そんし候／八月二十八日〔下総〕大風吹、城破／同日〔武蔵〕大風、大洪水／同日〔常陸〕常陸大風、屋を発き、堂を壊つ／閏八月七日〔甲斐〕去比之疾風、宮殿令破壊之由／十月十一日〔上総〕抑去大風、其地者如何、当地(上総勝浦)へ者、取分当門戸巳下破損、彼再興、于今半途、

◎天正十四年(一五八六)三月一日〔武蔵〕梅ノ勢ナル氷如覆降、日ノ中テ不消／十月〔相模〕欠落之百姓、何方ニ踞候共、被引返…可被指置候、

◎天正十五年(一五八七)四月三日〔武蔵〕不作之田畠、甲乙之所見届、五年荒野、七年荒野に、代官一札を以可相聞事／十一月〔上野〕近年、御土貢百姓等、致難渋之由…或忩劇、或至極之風干、両損之年者、時之庄務ニ被仰断、作上之依善悪、可致指引候、

◎天正十六年(一五八八)〔諸国〕諸国疫疾流行／四月〔武蔵〕飯塚不作之田畠之事、七年荒野ニ相定候／十月〔下総〕子歳(天正十六年)、水損一廻引之…以検使、水損見届、

まさに、災害や戦争に見舞われる非常時が常態であったことが知られると同時に、特に天正十一年(一五八三)・十二年の記事が注目される。前述のように、只沢百姓衆中が田畠再開発の承認を得たのは天正十二年三月である。だが、その前年の四月には旱魃、七月・八月は大雨と洪水被害が甚大であり、翌十二年二月には上野・武蔵・下総の各国で逃散や徳政の侘言が入れられていた。近代においてもたびたび水害に悩まされてきた同村は、この時、おそらく関東地方の各所同様、大雨被害を受けていた可能性が高い。これより少し前の天正八年、関東地方は大雨による洪水被害を被っており、川向かいの赤浜村は荒川の洪水によって、集落を富田村分秣場へと移動している。(17)

また、天保五年(一八三四)の訴状には、荒川村の様子が「荒川村附中窪之土地柄ニ御座候処、悪水吐無之雨天之節者、沢溜り致、水腐且出水之節者、水難不相遁、既多分之川欠荒地出来歴然百姓居屋敷七軒川欠亡所ニ相成、一体悪地ニ而田畑共地味之潤無御座、諸作共実法不宜、就中田方者天水場ニ付旱損皆無之年柄多く、至而百姓難儀之村方ニ有之」と書かれている(『持』三-九七)。現在は、中央・只沢両地区の境目近くに流れていた小川を基に築かれた蟹沢排水路を活用することで、雨天時の水はけも改善され、農業用水も整備されている。だが、それ以前は天水場ゆえの旱魃被害と荒川の増水にともなう水害は、近世を通しての課題であった。つまり天正十二年(一五八四)三月の北条氏邦朱印状が発給されたのは、再び大水被害を受けた年の翌年、田畠の再開発が村、特に只沢地区によって目指されたためだと考えられよう。

一方、川端百姓中に対しては、田畠再開発に関する朱印状は残されていない。だが、それは史料の残存状況の問題であって、やはり川端地区でも田畠の荒廃にともなう再開発が行われたかと思われる。しかし、当面は渡船場の復旧など、別の問題がまずは課題になっていたのかもしれない。前述のように、近世の事例ではあるが大雨で荒川が流路を変えた時、渡船料をめぐって確執のあった赤浜村と結ぶ隣村黒田村と、荒川村が渡船場をめぐって争っていたように[18]、他村との競合関係の中で渡船場を確保することは、同村が「穀場」と呼んだ近隣の農村から食料を得るためには、重要な問題であったと思われるからだ(『持』三-二二・二六)。そして四年後の天正十六年(一五八八)には、川端地区の人々によって宿が立てられていく様子が知られる。宿の存在は、街道沿いの渡船業によって成り立つ川端地区にとっても、また駄賃稼ぎなどを行っていたと思われる只沢地区にとっても必要なものであった。

だが、この時に荒川村が洪水被害を受けていたとすれば、もう一つ留意しておくべき点がある。それは、大水による被害は、単に田畑をダメにしてしまうだけではないということだ。たとえば身近なところで、二〇〇四年に東南アジアで起きたスマトラ沖地震では、津波被災地に対する衛生対策の遅れが疫病の流行をもたらすのではと懸念された。戦国時代の荒川村も、特に七月・八月という夏場に大水被害を受けていれば、疫病の流行を免れることは難しかったのではないだろうか。農作物の不作は飢餓を、そして弱った体を疫病が襲うという、死へのサイクルのあったことが指摘されているが[19]、この時期の荒川村でも、大水・飢饉・疫病による人口の減少はおそらく深刻な問題であっただろう。

そして、人口の減少とは、単に生業のための労働力の減少や、役を負担する家の減少を意味するだけではない。前節でみてきたように、村内には廓や一家中・隣組・庚申講・二十二夜待ち講など、さまざまな相互扶助組織となり得る社会的結合が展開していたが、その存続にも何らかの影響を与えたであろうことは想像に難くない。現代の話ではあるが、ある豪雪地帯の村の過疎化は、一つの家が村から消えると、その家と屋根の雪下ろしを手伝う関係にあった家が村を去り、さらにその家と農業を助け合っていた家も去って行くというように、芋蔓式に一気に進んでしまったという[20]。多様で、重層的な結びつきを持つことで、村の生活は成り立っていた。人や家の減少は、村の存続を左右する深刻な問題であった。

しかも、これよりもすこし前の永禄十年（一五六七）には、隣村の小前田村で「自来戊辰歳（永禄十一年）、六年荒野ニ被定間、地下人等相集、如前々有之而、田畠可令開発、宿中之義、諸役不入ニ被仰付候」（「長谷部文書」『戦』一〇五三）と見え、天正四年（一五七六）には近隣の飯塚村でも「飯塚之原ニ有之大串雅楽助分、下地諸役不入ニ、自来丑歳（天正五年）七ケ年御定候、他所之者引移、田畠可致開発者也」（「青山文庫文書」『戦』一八八〇）と所見される。この辺りでは、田畠と宿の開発が課題となっており、特に後者からは、そのための人の確保が問題となっていたことが知られる。つまり、荒川村における開発のための人集めは、近隣との競合関係の中で進められたものと考えられよう。

先にみた史料に「如何様ニも地下人相集」めて田畠を開発すること、また「牢人」であろうと開発を行えば知行を与えるとし、他所から二〇竈、つまり二〇世帯を受け入れて宿を開くようにとあったのも、このような状況を背景に、村自身が強く望んだことであったと思われる。要するに、「如何様ニも地下人相集」とは、北条氏の指示したものではあるが、それは荒川村の主体的な要望を背景にしたものと考えるべきであろう。

さらにその点を踏まえると、天正十四年(一五八六)三月十五日付の北条氏邦掟書の第二条は、事態の深刻さを伝えるものとして注目される(「持田家文書」『戦』二九三六)。

一、人之うりかひ一円致ましく候、若売買いたすに付而者、其郷以触口、無相違所申上、可致商売事、

これは荒川「郷中」について定めたもので、宛所は「あら川　持田四郎左衛門・同源三郎」とあり、四郎左衛門が川端の持田氏、源三郎が只沢の持田氏の先祖だと思われる。内容は、荒川郷、近世の荒川村において行われていた人身売買を北条氏が禁じる一方、触口を通じて北条氏の承認を得た上でならば、特別に人身売買を認めるというものであった。人身売買という習俗が、死を免れて生命を長らえるために採られたギリギリの選択肢の一つであったことは、すでに明らかにされている(21)。この時、人身売買による生命維持の習俗を北条氏が承認せざるを得なかったのも、荒川村の人々が生き抜き、村を維持するためにこの習俗が不可避であったからだと思われる。飢饉と疫病の流行、そして生き長らえるために村から欠落したり、移住して行く者や売られていく者が増えれば、人も家も減少し、村は買ってでも人を必要としたであろう。この史料は、そのような事態を物語っているのではないだろうか。

以上のように、戦国のこの頃、荒川村は川端・只沢という地区を越えて、水害を一つの契機にすると思われる、人と家の確保と、それによる村の再開発という共通の課題を抱えていた。また、それは近隣との競合関係の中で果たされるものでもあった。要するに、このような生存の危機が、さまざまな社会的集団の枠組みや地区を越え、「村」と

して耕地と宿の再開発を協力し合い、さらにそれを保障する北条氏へ両地区の有力家が被官化していく動向を生み出した、と考えられるのではないだろうか。両持田家が開発を主導することとなったのも、荒川村に生きる人々にとって、この再開発が不可欠であり、彼らに求められた結果としての側面を軽視できないものと思う。

また、その過程で、新しい宿が開かれた中央地区に所在した寿楽院が、川端・只沢両地区にそれぞれ所在した寺院に代わって、新たに村の寺としての位置を与えられていったことは注目すべきであろう。それは持田太加雄家の力によるところが大きかったようだが、寿楽院が両地区とそれぞれに距離を持つ寺院として、再生されたことを意味しよう。そのような寺院を紐帯とすることで、荒川村が一つに結束していく様子が窺える。そして近世の寿楽院は、村寺として、地区や「領」を越えて檀家を持ち、宗教的な意味での紐帯になるとともに、時には「領」の隔てなく村内の紛争解決に関わるなど、村の秩序維持に機能していくこととなる（「持春」一九一、『持』三一二〇）。

おわりに

名主家と村寺が敷地を交換するという、やや奇妙な伝説に導かれつつ、フィールドワーク調査の成果を踏まえ、中近世移行期の荒川村について考察を試みた。この伝説が事実であるかどうかの確証は得られなかったが、その背景には、当該期に名主家が中心となって村寺を再興していく、という動きがあったものと考えられる。

そして伝説の舞台となった荒川村には、川端・只沢・中央という地区としての結合、廓や小字名に準じた地名を冠する集落的なまとまり、一家中という血縁に基づく集団、性別によって異なる講など、多様で重層的な社会的結合が形成されていた。なかには、今はもうその役割を終えているものもあるが、おそらく、そもそもは人々の生活を営む上で必要な、何らかの機能を持っていたのであろう。このうち、少なくとも川端・只沢という現在の両地区に相当する地域的結合は、すでに戦国時代には確立しつつあった[22]。また、村内には何軒かの有力な家があり、特に川端と只沢の持田家は川や山(林)を維持し、地区の神社を祀るという、人々の生活に欠かせない存在としてあった。いわば、荒川村という地域社会は、幾重にも重なる、人々が生きていくためのシステムの集合体だといえよう。

だが、そのような地域社会が村としての結束を高めていった背景には、災害と戦争が繰り返す、生きることの難しい社会に生き、近隣との競合関係の中で人や家を確保し、荒地と宿の開発に取り組んでいかなければならないという社会状況があった。持田家の大名への被官化は、そのような中で遂げられたことを重視すべきであり、村の開発に対する保障を大名から獲得する機能を果たしたものと考えられよう。また、村寺寿楽院の再興は、その内部に身分的格差などの矛盾を孕みつつ、さまざまな枠組みを越えた信仰対象となることで、村を一つにまとめるとともに、村全体の秩序維持機能を果たす存在としても位置づけられていくのである。

註

(1) この伝承は荒川村の歴史に詳しい田尻高樹氏からも伺うことができ、田尻氏らの編纂になる『花園村の今昔』(花園村写真集編集委員会編、一九七九年)や、埼玉県立博物館編『歴史の道調査報告書　第六集　秩父往還』(埼玉県教育委員会、一九八六年)などにも、そのことが紹介されている。

(2) フィールドワーク調査の成果についての詳細は、拙稿「武蔵国榛沢郡荒川村に関する一考察―名主屋敷と寺地の交換伝説をたどる―」(池上裕子研究代表『二〇〇一～二〇〇四年度科学研究費補助金　基盤研究(B)(1)　中世近世移行期における土豪と村落に関する研究』所収)に示した。また、同報告書刊行後、荒川村の現地調査をまとめられた、田中達也「戦国期における開発と村―榛沢郡荒川村を事例として―」（『歴史地理学調査報告』六、一九九四年）を知った。本章は、田中氏の研究成果を踏まえ、先の報告書に訂正・加筆して書き改めたものである。以下、本章において田中氏の研究を引用するに際し、特に注記のない場合は、同論文によるものとする。なお、田中氏は『中近世移行期における東国村落の開発と社会』（古今書院、二〇一一年）を上梓され、荒川村の分析を進めている。参照されたい。

（3）『荒川　人文Ⅲ―荒川総合調査報告書4―』（埼玉県、一九八八年）。

（4）『花園村史』（埼玉県大里郡花園村、一九七〇年）、埼玉県立歴史資料館編『板碑―埼玉県板石塔婆調査報告書―Ⅲ資料編（2）』（埼玉県教育委員会、一九八一年）、埼玉県立歴史資料館編『埼玉県中世石像遺物調査報告書Ⅰ　本文・資料編』（埼玉県教育委員会、一九九八年）。他に、花園町教育委員会でも、独自に調査が進められている。

（5）田尻高樹氏のご厚意により、未発表である持田春次家文書（持田正治家文書）の田尻氏翻刻史料を提供して頂いた。本章における持田春治家文書の文書番号は、田尻氏による文書の整理番号である。

（6）稲葉継陽「村の再開発と名主」（『戦国時代の荘園制と村落』校倉書房、一九九八年、初出一九九七年）。

（7）田中前掲註（2）論文。同「中世末期から近世初期における開発と集落形成」（研究部会要旨、『人文地理』四九―二、一九九七年）。

（8）池上裕子氏は、荒川村に伝来する文禄四年（一五九五）の検地帳に基づき、戦国時代に北条氏へ被官化していた「荒川郷」の荒川衆について分析している（同「武蔵国荒川郷と荒川衆」（『日本中近世移行期論』校倉書房、二〇一二年、初出、二〇〇五年）。

（9）『日本国語大辞典　第二版』（小学館、二〇〇一年）。福田アジオ他編『日本民俗大辞典』（吉川弘文館、一九九九年）。

（10）田中氏によれば、持田家は後に鋳物師の権利等を金屋へ譲渡したという。

(11) 明治初めに作成されたと思われる「一筆限坪詰帳」（花園町教育委員会所蔵文書）によれば、持田太加雄家の南、現稲荷社在所の西側の土地は、太加雄家の所有であった。

(12) 『花園村の今昔』（前掲註(1)）、一一三頁。

(13) 『花園村の今昔』（前掲註(1)）、九七頁。

(14) 同家は、享保十九年(一七三四)に火災に見舞われ、現在の持田清家が小宮山知行所名主を継承することになる。持田清家も、近世の史料を多く伝来するとのことである。

(15) 田中前掲註(7)論文。

(16) 藤木久志『日本中世気象災害史年表稿』（高志書院、二〇〇七年）。なお、本章初出の際は、藤木久志氏作成の「増補：日本中世における日損・水損・風損・虫損・飢饉・疫病に関する情報〈9〜17世紀〉付：改元事情」（外園豊基研究代表『二〇〇〇〜二〇〇二年度科学研究費補助金　基盤研究(A)(1)　日本中世における民衆の戦争と平和』所収）によったが、ここでは、前書に基づき、訂正・加除を行った。

(17) 『花園村史』（前掲註(3)）、三五五〜三五九頁、埼玉県立歴史資料館編『歴史の道調査報告書　第十七集　川越・児玉往還』（埼玉県教育委員会、一九九四年）、一一五頁。

(18) 『花園村史』（前掲註(3)）、三四一〜三七二頁。

(19) 菊池勇夫『飢餓の社会史』（校倉書房、一九九四年）。

(20) このような事態は二〇〇四年の新潟県中越地震の被災地でも見られ、村の復興支援のあり方を問う重要な問題になっているという。

(21) 藤木久志「生命維持の習俗三題」（『遙かなる中世』一四、一九九五年）。

(22)　今回のフィールドワーク調査で明らかにした廓や一家中・講などが、戦国時代の段階で存在したかどうかは不明である。だが、このように地縁や血縁・性差等々に基づく多様な集団が、戦国期の荒川村にも展開していたと想定することは可能であろう。

〔付記〕　本章作成にあたり、花園町旧荒川村地域の方々には現地調査等において多くのご協力を頂きました。また、田尻高樹氏、花園町教育委員会の森下昌市郎氏には、貴重な資料を提供して頂くなど、多大な御助力を賜りました。ここに記して深謝申し上げます。

第二章　株のある村

―丹波国和知荘安栖里村の考察―

はじめに

本章は、和智荘安栖里《あせり》村（現京都府京丹波町（旧和知町）安栖里）を対象とした二〇〇三〜〇五年のフィールドワーク調査の成果を踏まえ、できるだけ過去に遡って安栖里村に生きていた人々の視座から、村の様子を立体的、かつ動態的に描こうと試みるものである。

丹波の山中を流れる由良川沿いに展開していた和知《わち》荘。その西部に位置する安栖里村については、これまで主に二つの側面が注目されてきた。一つは、安栖里に居住し、中世以来の史料「片山家文書」を伝来する片山氏について。もう一つが、その片山氏を中心に構成された片山株についてである(1)。今回、数年にわたる調査を始めるにあたって、最初の調査対象を安栖里村に据えたのは、すでに研究のある片山氏と片山株について再検討を加えるためであった。そのためには、まずは安栖里村の実態を追究する必要があると思われた。

しかし、実際に調査を進めていくにしたがい、安栖里村には、片山氏以外にも古くからの家があり、片山株以外の株や講についても考察できることがわかってきた。旧い家の伝承や、株・講といったものは、今では徐々に廃れつつある。だが、前近代の安栖里に生きた人々にとっては、生活を支える重要な要素であったと考えられる。いくつかの有力な家と、複数の株や講、それらが展開していく安栖里村のあり方を追究することで、村落の実態を知る手がかりが得られるものと思われる。そこで本章では、現在の安栖里区を対象としたフィールドワーク調査の成果を活かしつつ、前近代の安栖里村のあり方を考察していきたいと思う。

具体的考察に入る前に、本章と関わる研究史について整理し、その問題点を確認しておきたい。安栖里を対象とした現地調査としては、竹田聴洲氏の片山株に関する先駆的研究がある。竹田氏は、まず安栖里の片山株を同族祭祀集団と位置づける。その上で、多くの場合、同族祭の直接的史証が近世までしか遡れない中で、片山株は同家所蔵の中世文書の存在から、中世まで遡れる希有なケースとして注目する。そして、株と氏神祭りの関係性が、中世から近世へどう変質したのか、その過程を追究したのである。

だが、『和知町誌　第一巻』によれば、「片山家文書」は「現在所蔵されている家に最初から伝来したと断言できない」といい、竹田氏自身も、「片山家文書」は中世文書の多さに比べて、近世文書がごく末期の数通しか伝来しないという、家文書としての不自然さを指摘している。また、丹波・丹後地方の株講が今の形で成立するのは、一般的には江戸時代後期か幕末であるともいう。つまり、中世の「族団と氏神祭」と、近世の「株」を、直接結びつけて理解することは問題があると思われる。本章では、株（もしくはその前進となる集団）の成立を前提に置くのではなく、株の機能を問い、それが形成された意義について考えてみたい。

そして、竹田氏が株を同族結合と位置づける点も、一考を要すると考える。すでに、竹田氏が明らかにしているように、株には血縁者のみならず、ユルシ株と呼ばれる非血縁者も含まれる。確かに、同じ株に所属する者は同じ名字を名乗る。株内には血縁関係の近い親族も含み、構成員自ら「同族」と称することもある。だが今回、ある株の調査では、数年前に別の名字を名乗る株へ入ることを誘われた、との話を聞き取ることができた。つまり、株は単なる同族結合、親族とは異なるところに特色があるといえる。『和知町誌　第一巻』による民俗調査の成果によれば、血縁者や姻族からなる親戚と株構成員は区別されている。(2) その点を認識した上で、株が創られた意義を問うべきだと考える。

さらに、株と講の関係性についても、注意すべき点があると思う。確かに、時に荒神が「カブウジガミ」と呼ばれ、株と講の実態が同じ場合もある。だが、講の中には講独自の意義がある場合も想定される。その点についても、目を配っておく必要があろう。要するに、安栖里を含めた和知荘に広く見られる株組織は、親族関係や講組織と重なる面も大きいが、それぞれ別の社会集団であることを認識した上で、検討すべきだと思う。以下、本章では、安栖里村という一つの村落について、その内部に展開するさまざまな社会集団の動向を追究するという観点から、考察を加えていくこととしたい。

第一節　村の概観

1　景観

東から西へと大きく蛇行しながら流れる由良川、その南岸に現在の行政区安栖里は位置する。対岸には、東から坂原・中・角の各区を望むことができ、東は坂原区・小畑区、西は稲次区に隣接する。安栖里の住宅地が展開しているのは、由良川の河岸段丘上であり、その南には山が奥深く広がっている。山道を南へ行けば、近世の質美四カ村（現京都府京丹波町〔旧瑞穂町〕質美）へ抜けることもできる。山がちな和知町内においては、比較的平野が多い地域といえる。そのためか、村高は和知荘内で最も高く、天正十六年（一五八八）の段階で一九二石二斗九升九合であった（「野間桝太郎家文書」二号『和知町誌　史料編[3]（一）』、以下『和史（一）』のように記す）。だが、農業用水は、河床の低い由良川からは引水できず、かつては天水に頼るしかなかったため、米は他所から購入していたという。稲作が多くなったのは、昭和二年（一九二七）に大規模溜池が造られてからである。特に、鉄道の線路より北側、現在の和知町民グランドの辺りまでは水が届かず、一面桑畑で養蚕が盛んであったという。今では、由良川からポンプで水を汲み上げ、水田を造ることも可能になった[4]。

　つまり、稲作が盛んになるのは昭和に入ってからで、それ以前は畑作や養蚕業・林業が主な生業であったものと思われる。この点に関しては、永正十四年（一五一七）の「和知下庄麦地子桑代細帳」（「片山家文書」一五八『和史（一）』）が伝来することからも、十六世紀前半に麦作・養蚕が行われていたことが窺える。林業については、近世の鐘打山相論では桑木の伐採が、高たらび山相論では杉・檜・松の伐採が問題となっており、それらの木材を採取できたことがわかる（「安栖里区有文書」二・四『和史（二）』）。また、高たらび山の松木は、隣の小畑村へ売られていたことも知られる（同前史料）。

　明治四十三年（一九一〇）に敷設された鉄道の線路によって、安栖里区は南北に分かたれ、その景観は大きく変わった。さらに、それと平行して国道二七号バイパスも敷設され、耕地整理や圃場整備も進んだ。そのため、古い道はかなり変化している。だが、主な旧道についていえば、まず東西に走る道として、鉄道と由良川の間を走る北側の道、南側の山裾を通る道の二つがある[5]。そして、南北の道として、中区と安栖里区の間に架かる二つの橋、上安栖里橋（旧継橋）から南へ続く道と、和知川橋（旧吊橋）から南へ向かう道がある。これらのうち、山沿いに走る東西の道と、上安栖里橋を渡って南へ行く道が交差する辻には地蔵が祀られている。この地蔵堂からさらに南へ行くと、近世に安栖里村と本庄村が山争いをした高たらび山[6]や、小畑村へ行くことができる。一方、和知川橋から南へ向かう道は、やはり近世に和知荘三カ村と質美四カ村が争った、鐘内山の山上にある金比羅神社への参道につながっている。この山道は、今では山仕事か山菜採りにしか利用されていないという[7]。

そして、安栖里区のほぼ中央、小字堂ノ成には亀殻山龍心寺（曹洞宗）がある。同寺は、寛文七年（一六六七）の創建とされ、その開基は、慶長十八年（一六一三）に中区の瑞祥寺（明治初年に廃寺）を再興した、鉄船舜良大和尚によるという[8]。現住職によれば、かつては境内の北側に御堂があり、千手観音菩薩が安置されていたが、その後に御堂は取り壊され、現在はその内陣のみが残されているという[9]。年未詳の史料ではあるが、「片山家文書」に「あせりくわんをん《（安栖里観音）》堂」と所見される堂が、これにあたるものと思われる（同一一二八『和史（一）』）。この千手観音菩薩像は秘仏で、約三百三十年ほど前に高たらび山にあった大寺から移されたと伝わる[10]。また、神社としては、龍心寺から旧道を西へ降っていったところに、牛頭天王を祀った天皇神社があり、東の小畑村との境には祇園稲荷社が所在する。

2　村と区

安栖里の「村」としての初見は、すでに指摘されているように、永禄七年（一五六四）である[11]（「片山家文書」一一三『和史（一）』）。その後、天正九年（一五八一）の亀山築城の際には「片山兵内百姓」として、中村の者とともに、安栖里村の七一人が動員されている（「片山家文書」一五二『和史（一）』）。ここから、中村と安栖里村が片山兵内の知行地であり、村を単位に人夫役が課されたことが窺える。近世の安栖里村については、後述するように、庄屋を務めていた家の史料が焼失していることもあり、その動向については不明な点が多い。また現在、「安栖里区有文書」として伝来する近世史料も僅かである（『和史（一）』）。その僅かな区有文書は、大きく三つに分類することができる。一つは、山相論関係文書（十七世紀中頃の鐘打山相論、十八世紀後半の高たらび山相論）、もう一つは、享保七年（一七二二）の「水損場所引高帳」。そして、旱損被害対策として造られた高たらびの「井根」(井出)に関する文書である。

つまり、区有文書には、生業・生活の存続に関わる近隣村との山争い、水損対策・旱損対策としての用水建築に関する史料が残されているのである。ここから、近隣村との相論、災害といった危機的状況の中で、安栖里村という村が政治的役割を果たしていた様子を窺える。だが、これらの史料からだけでは、安栖里村の実態を知るには限界がある。そのような中、昭和二年(一九二七)に造られた大規模溜池と用水路は、下和知村村長も務めた森忠三郎氏が中心となり、「ムラ(安栖里)として」造ったという話を耳にした。[12] それは、かつて「井根」を造った近世までの村の機能と重なり、聞き取りから、前近代の村を知る糸口が見えてくるものと思われた。そこで次に、現地調査の成果を参考にしつつ、近世までの安栖里村について検討を試みたい。

近世の安栖里村は、近代には安栖里「区」という行政単位となる。以下では、二〇〇三年度安栖里区長の森国博氏、および十倉俊一氏(大正七年生まれ)からの聞き取りに基づき、現在の区から、近世の安栖里村に相当する地域について、その機能を考えてみたい。森氏によれば、二〇〇三年当時の安栖里区は、全部で八七戸であった。それを取りまとめる区長は、毎年四月に交替で就任し、大正五年(一九一六)度からの歴代区長名簿が、代々の区長に伝えられている。この調査が行われた九月の頃は、十月(現在は、体育の日に開催)の坂原阿上三所神社の大祭に向けて、配役を振り分ける仕事に取り組んでいるとのことであった。なお、配役は次の通りである(数字は振り分けられた人数)。

祓＝坂原1／幟＝安栖里1・中1／警護＝1(町議)／大神(白丁)＝安栖里1／真榊＝中1・安栖里1／御幣(白丁)＝坂原1・安栖里1／太刀＝坂原1・安栖里1／皮太鼓＝坂原1／道役＝安栖里片山2／警護＝1(町議)／太鼓＝安栖里1・中1／唐櫃(白丁)＝坂原1・中1／馬方御幣＝安栖里1／馬乗＝安栖里1／弓＝安栖里1／氏子代表＝坂原1／神輿かき代表＝坂原神輿かきの中から1

このように、基本的に配役は、現在の坂原阿上三所神社の氏子である、坂原・中・安栖里の各地区ごとに振り分けられる。ただ、警固役については、当時の和知町(現京丹波町)の町議会議員から選出される。町議が選出される基準(出身地区など)が設定されているかどうかは未確認だが、おそらく和知町からの代表として参加したものと思われる。そして、三区の代表と町の代表がそれぞれ参加する中で、道役は安栖里の片山氏に限定され、安栖里区片山氏の特別な立場が再認識されることになる。だが、ここでは、坂原阿上三所神社の大祭が一つの区を越えた地域で営まれ、配役は区(近世までの村に相当)を単位に振り分けられたこと、さらに区内での配役の仕事が、区長に任されていたことを確認しておきたい。

また、区を単位として行う行事としては、道の草刈りなどを行う「ミチブシン(道普請)」がある。これに参加できない時には、心付けをする者もいるといい、区の所属者は道の維持を担うものと認識されている。このような安栖里区における道普請の起源を、どこまで遡って考えられるかは定かではない。だが、天明二年(一七八二)の高たらび山相論では、安栖里村と本庄村が、互いに山は村の領域内だと主張して争う中で、本庄村の者は、「わが山ゆへ道も作、木も切」ると主張している(「安栖里区有文書」四『和史(二)』)。村内であるから道を造ることができるというこの主張は、村内の道は村として造成し、維持していたために発された言葉であると思われる。脇田晴子氏によれば、すでに十六世紀中頃の段階において、道の通り沿いの村落は、道普請(道路の造成・管理)の責任を負っていたという(13)。通行人から道路使用料としての通行料を取り、関所を設けることができたのは、そのためであった。現在の道普請の内容は、道の草刈りなどの整備のみである(14)。だが、それを担う単位が、近世村落に相当する区であり、その行為が「ミチブシン(道普請)」と呼ばれていることに注意しておきたい。

そして、このような区の下部組織としては、現在「組」が置かれている。組は、一〇軒ほどで一組を作り、組数はかつて一〇組ほどあったという。だが、近年は組織の簡素化を目的に、五組に減らされた。この区と組が果たす重要な役割として、数年前までは各家の所得税・住民税などの税の徴収があった。まず、役場から各個人に対して税が課されると、組長がその金額を各家ごとに徴収し、さらに区長が各組の組長から、それを徴収して役場へ納める。税金の賦課は個人に対して課されるが、徴収して町へ納める役割は区が担うのである。明治初年の町村財政は、藩政下のしきたりを継承し、地方税・国税の徴収が、旧村に置かれた戸長の職務となった。[15] それが、近年まで引き継がれていたものと思われる。江戸時代、そして戦国時代の安栖里村は、おそらく村として役を負担する村請の村であったと思われる。近年の区は、村請の村とは異なり、区として税を請け負い、工面するという機能を果たしているわけではない。だが、前近代の村の機能の一部、住人から税を徴収する機能を引き継いだことは重視すべきであろう。

また、区と組の役割としては、牛頭天王（祇園）を祀る天皇神社のお祭りに関する仕事がある。これは、安栖里全体のお祭りで、後述するように同社は元来、十倉氏の鎮守であったという（『丹波志』、「山本勇家文書」一『和史（三）』）。だが、遅くとも『丹波志』の書かれた寛政六年（一七九四）までには、安栖里村の鎮守になったと伝わる。現在の同社には、特に氏子総代や神主はおらず、運営は区の人々が行っている。祭りの前には、同社の掃除を組ごとに行う。以前の祭りでは、山車が村内を廻り、東は坂原区との境に位置する、祇園稲荷社まで引いたとのことであった。

以上のように、現在の安栖里区は、阿上三所神社の大祭という、区を越えた複数区が関わる場において、祭りの配役を請け負うための交渉役を担う集団であること、区内の道を整備する道普請を行うなど、生活の場を支えていること、町に対する税の徴収役を担うことができる集団であったこと、区として近世の村鎮守を祀り、かつては山車が区内を巡るなど、村としてのまとまり、領域を再確認する場をつくっていたこと、を指摘できよう。ここから、区は単なる行政単位というだけではなく、近世までの村の機能を残しつつ、現在の安栖里区民の生活を支える役割を果たしているものと思われる。次に、これらの考察を踏まえ、安栖里区内における、近世まで遡ることができる旧家について見ていきたい。

3 家

安栖里区の旧家といえば、片山家が有名である。だが、明暦年中（一六五五〜五八）に認められ、後に再度の調べを経て寛政年中（一七八九〜一八〇一）に改められたという『丹波志』には、安栖里村の有力家として、片山氏以外にも十倉氏・森氏・樋口氏の名があげられている（「山本勇家文書」『和史(三)』）。そこで、次にそれらの各家について見ていきたい。

片山氏

片山氏の史料的分析については、先行研究に詳しいので、(16)ここでは主に現地調査の成果に基づく情報を整理しておく。先の『丹波志』には、伊与平大納言を先祖とする家が三家あり、本家が伊右衛門、他に友右衛門家・金右衛門家があるという。龍心寺の住職によれば、現安栖里区の片山氏のうち、片山丁宣家・片山隆夫家・片山正家は「片山三家」と呼ばれている。かつて行われていた坂原阿上三所神社の祭りの流鏑馬行事では、この三家が流鏑馬役を担っていたという。それぞれが江戸時代の三家に相当するとも思われ、本家伊右衛門家とは、片山丁宣家を指すのであろうか。だがそれ以外の家については、今回は確認できなかった。

なお、片山三家の屋敷地は、地図1に示した通りである。龍心寺住職の話では、以前の丁宣家は、「モトヤシキ」と呼ばれる、道を挟んだ西側の高台に屋敷があったという。片山正家も、もともとは「クヌギヤシキ」と呼ばれる山よりの場所に、家を構えていたと伝わる。「片山家文書」の納帳には、「くぬき」（一一九『和史(一)』）、「くぬき三郎太郎」（一五九『和史（一）』）と所見され、同家のことを示す可能性も考えられる。なお、前者は年未詳だが、後者は天文六年（一五三七）のものである。さらに、この三家と片山利一家・片山堅史家は、坂原の阿上三所神社の大祭で、頭役を務める「頭役五家」である（地図1参照）。頭役は五家が、二年ずつ、二人組で務め、交替する年は一人ずつずれるのだという。

また、龍心寺にある片山隆夫家の墓所では、宝篋印塔一基を、別の片山家の墓所でも宝篋印塔の一部（笠）二基を確認できた。前者の宝篋印塔は、室町時代初期のものといい[17]、中世の段階で、片山氏が安栖里に居住していたことを窺える。ただ、現在の龍心寺の墓地は、昭和になって造成されたものであり、かつては株ごとの株墓であった。別の場所から移動された可能性もあるが、今でも墓地は株ごとに区分されており、もともと片山氏の墓であったものと思われる。また『丹波志』は、片山氏は「元本者中村ニアリ」といい、中村の片山氏には「安栖里ニ往古ノ分家アリ」と記し、安栖里の片山氏が中村（現在の中区）から分かれたと伝えている[18]。

十倉氏

十倉氏については、史料的には永正十四年（一五一七）の「和知下庄麦地子桑代細帳」に「ト蔵分」と見え、十六世前半には確認できる（「片山家文書」一五八『和史（一）』）。これは、和知下荘の十倉分ということだが、和知荘では「十倉」は安栖里のみに小字名があることからも、安栖里の十倉氏を指すと思われる。また、天文六年（一五三七）の「和知下庄納帳」にも、名衆十蔵《（倉）》太夫が片山右近丞へ納めたものとして、「三石五斗此内五升いりやう《（井料）》ニ引、九升地子大豆、六升麦、二升五合こま《（ごま）》、一貫九百十六文公事銭、六百文桑代」が所見される（「片山家文書」一五九『和史（一）』）。永正二年（一五〇五）の年貢指出帳には、「三石五斗　とくら名分」と見え（「片山家文書」一二一『和史（一）』）、年貢額が同じであることから、十倉太夫は十倉名の名主であったと思われる。また、天文六年の納帳に「いりやう《（井料）》ニ引」とあるので、十倉太

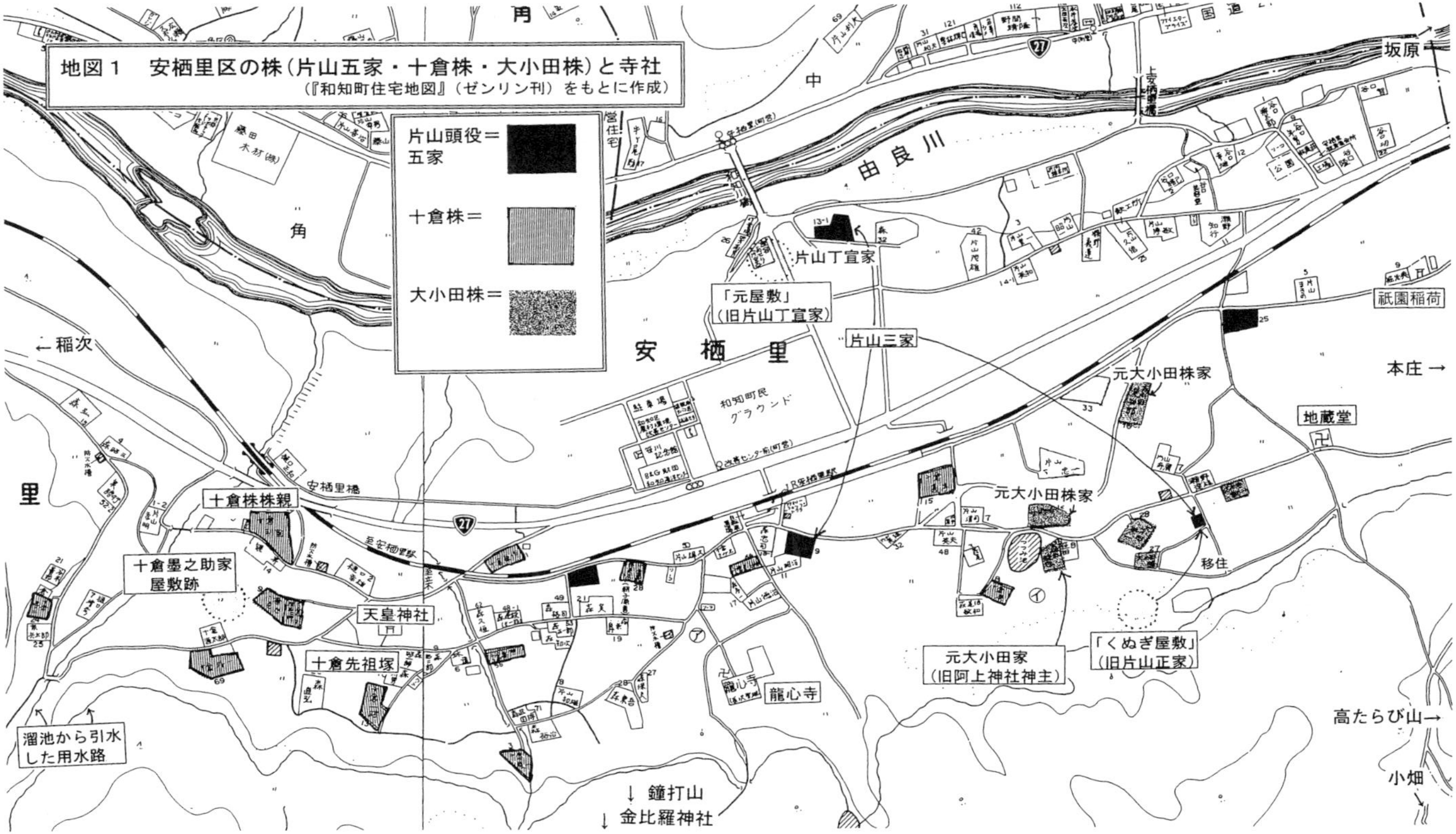
地図１　安栖里区の株（片山五家・十倉株・大小田株）と寺社
（『和知町住宅地図』（ゼンリン刊）をもとに作成）
片山頭役＝
五家
十倉株＝
大小田株＝
由良川
安　栖　里
中
角
円
里
←稲次
坂原→
本庄→
高たらび山→
小畑
↓ 鐘打山
↓ 金比羅神社
和知町民
グラウンド
安栖里橋
JR安栖里駅
十倉株株親
十倉墨之助家
屋敷跡
天皇神社
十倉先祖塚
溜池から引水
した用水路
龍心寺
片山丁宣家
「元屋敷」
（旧片山丁宣家）
片山三家
元大小田株家
元大小田株家
元大小田家
（旧阿上神社神主）
「くぬぎ屋敷」
（旧片山正家）
移住
地蔵堂
祇園稲荷
国道

夫が徴税を請け負うだけではなく、井料を負担し、用水の維持に機能していたことも窺える。(19)

いつの段階の話か不明だが、『丹波志』では、十倉氏は安栖里村の南、三峠《みとげ》山の利倉ケ谷にある、水呑村（現京丹波町〈旧瑞穂町〉水呑）分の利倉大明神を先祖とする家が移住したとする。また、安栖里村の天皇社は、十倉氏が勧進して建立した十倉氏の鎮守であったが、近年は安栖里村の鎮守になったこと、だが、社地の半分は十倉氏の支配であったことを伝えている。

江戸時代に入ると、十倉小左衛門家と和知荘内にある他村の有力家との間で、縁組みが結ばれていたことを散見できる。一つは、「川勝家系図」に見える郷士清水家・川勝家との縁組み関係である（「清水広幸家文書」六『和史(三)』）。系図によれば、慶長十九年（一六一四）に篠原村へ来住した清水家の祖、守久の女子（長寿院恵応貞智大姉、元和五年〈一六一九〉生—享保元年〈一七一六〉没）が、安栖里の十倉小左衛門室になったとある。また三代守章の妻（春正院妙受日心大姉、享保十七年〈一七三二〉没）が、安栖里の十倉小左衛門娘であること、分家して市場村に移住し、川勝氏を名乗った五代目の広徳の後室が、十倉小左衛門の分家与右衛門娘（浄心院妙行日敬大姉、文政元年〈一八一八〉没）であることを確認できる。特に守章は、歩行役のために在勤中の江戸から、妻と思われるお広、義弟で次男養父の一色嘉兵衛、息子達に送った書状の中で、「母事ハわれらのほり（上）候まて、小左衛門様へたのミ（頼）、せわ（世話）ニいたしもらいたく候」と述べている（「清水広幸家文書」一『和史(三)』）。日付は「四月十八日ニ出ス」とあるが、享保十五年九月二十二日に息子へ遣わされたという付箋があるので、この年以前に出されたことがわかる。

なお、「川勝家系図」によれば、守章の母、清水一郎右衛門娘は、同年六月十三日に死去しており、実際には十倉十左衛門の世話になっていない可能性もある。だが、ここからは、妻の実家や妹の夫が、留守中の夫に代わって家族の世話を行う場合があったこと、またそれにより、守章が江戸で在勤することも可能であったことが知られる。このような親戚の家の役割から、郷士として遠方での在勤を行う、清水家のような家が、近隣の有力家と縁組みを結ぶ意義が明らかとなろう。

また、十八世紀中頃には、安栖里村の十倉家から、升谷村の野間平右衛門家に嫁いだ者も知られる（「野間桝太郎家文書」一六四・一六七『和史（一）』）。両家の十倉小左衛門と野間平右衛門の間では、しばしば書状も交わされていた（「野間桝太郎家文書」一六四～一七一『和史（一）』）。そして、このような縁を頼って、十八世紀に升谷村白山社を再興した澄隆は、十倉小左衛門から金子五両を借り受けたいので、野間平右衛門からも頼んで欲しいと交渉している（「野間桝太郎家文書」二〇〇『和史（一）』）。つまり、十倉小左衛門家は、金子五両を融通できるような家であったこと、村外に住む親戚との縁を頼って融通を求められる場合もあったこと、を指摘できる。また、先の系図からも、十倉家の中に代々小左衛門を名乗る家があったことがわかる。今回は、その家を特定することはできなかった。

ただ、龍心寺住職によれば、十倉姓の中では墨之助家が最も古く、近世には安栖里村の庄屋を務めていたこともあるという。そのような同家は、かつては「天王さんから川向こうまで」の広い土地を所有していたとも伝わる。しかし、すでに同家は絶家し、系図を伝える家はあるが、町外へ移住していた。同家とは十倉利彰家が血縁的に近く、本家から預かっていたものもあったらしいが、以前に家が焼けた際にそれらも焼失したという。なお、墨之助家は、十倉株には入っていなかったとのことである。両家の屋敷地は地図1に示した。龍心寺の十倉姓の墓としては、十倉利彰家の墓所に近世初期の舟形墓石があった。左面に「寛文二《（一六六二）》壬寅二月二日」、中央の面に「長山道永庵主／慧山蓮智大姉」、右面に「寛文九己酉年四月廿七日／徳倉氏」との銘を確認することができた。すでに同家が、十七世紀には存立していたことが知られる。

森氏

『丹波志』は、森氏についても「西ノ山根ニ住ス、古キ家也」と記している。安栖里区の十倉俊一氏によれば、近世に庄屋を務めていた旧家に森実家があるという。だが、同家は龍心寺から天皇神社へ向かう旧道沿いに位置し、『丹波志』のいう「西ノ山根」の家ではないと思われる。森実家は、大正の段階で火事に遭い、資料は伝来しないとのことであった。実家以外では森直弘家も旧く、安栖里区の西側、山の麓に所在する。家の移動がなければ、『丹波志』のいう森家は、同家を指すことが考えられる。この森家は、代々甚助を名乗り、現在の直弘家の西側に、かつては隠居屋が置かれていたという。

この森家の甚助は、近世初期の鐘打山相論で活躍したことが知られる。鐘打山とは、安栖里村の南側に広がる山で、和知荘と質美荘の境目に位置する。そのため、同山を取り囲む和知荘三カ村(安栖里村・小畑村・中山村)と、質美荘四カ村(行仏村・下村・庄村・北窪村)が、山をめぐって争ったのである。山利用のあり方も具体的にわかるので、次に、その訴訟関係史料を掲げる(「安栖里区有文書」一『和史(二)』)。

【史料1】

一、(前略)①我等共領分かねうち山と申候所ニ、往古より和知三ケ村之田畠御座候を、②近郷質美村より押領を企而、悉ク切返しわがまゝ仕候ニ付、御公儀様へ言上仕、度々裁許仕候へハ、③(慶安三年)拾壱年以前寅ノ八月十一日ニ御検使御立被為成、右之山内品々御見分被為成、④(承応二年)八年以前巳ノ五月朔日ニ御召状被下、双方共ニ被為召出、落着被為仰付、有難奉存罷在候所ニ、⑤又、此度質美村より広大成押領仕懸申候ニ付、乍恐言上仕候御事、

一、⑥八年以前ニ被為仰付候御留山之内へ、しつミ村ゟ莫大成海道(ママ)ヲ作り付、其留山を切荒し盗申候、⑦其上同ク御留山之内ばんじやう谷と申候所ニ、新畑大分ひらき申候、(中略)

一、⑧私共ハ、往古之田畑質美村より切返し申候へとも、（中略）八年以前ニ被為仰付候ニゟ、御掟を相守り今あらし置申候、其上⑨又、山すこしの所御指図被為成、質美村と入相に仕候へと、御掟被為成候ニ付、（中略）御掟を相守入相ニ仕候、右之通ニ御座候処ニ、⑩質美村之者共最前と申シ、今と申シ、度々押領強盗仕懸、和知之者共何共迷惑仕候、（中略）

万治三年

子ノ十月七日　　甚　助

次左衛門

吉兵衛

御奉行様

万治三年（一六六〇）十月に奉行所へ訴えた三人は、安栖里村の森甚助、小畑村の次左衛門（樋口氏か）、中山村の大槻吉兵衛であった（「安栖里区有文書」二『和史（一）』[20]）。彼らはこの時、各村の庄屋であったかと思われる。これによれば、往古より鐘打山は安栖里・小畑・中山三カ村の山として、三カ村の者が作る田畠があった（傍線部①）。だが、近郷の質美村が押領を企て、悉く切り返してしまったので、公儀（園部藩）へ訴えていた（傍線部②）。「切り返す」とは、「（土のかたまりなどを）鍬で切ってひっくり返す」という意味があり[21]、和知三カ村の田畠を掘り返してしまったと解する余地もある。だが、『和知町誌　第一巻』でも指摘するように、切替畑、つまり焼き畑を作ったという意味だと考えられる[22]。そして、慶安三年（一六五〇）八月、園部藩から検使が遣わされ、山の見分が行われる（傍線部③）。この訴えに対する寛文十年（一六七〇）の裁許状には、「見分使至来論地山内三ツにわかり、一所は和知領、一所は和知質美之立会、一所ハ留山に成事済」と見える（「安栖里区有文書」二『和史（一）』）。この時の検使によって、鐘打山は和知三カ村の所領、和知・質美の入会、留山の三つに区分された。承応二年(一六五三)五月、双方が召し出され、裁判は落着する(傍線部④)。

だが、万治三年(一六六〇)になって、質美村が広大な地の押領をしかけてきたので、再び提訴におよぶこととなった(傍線部⑤)。質美村の押領とは、八年前に留山となった領域に道を造り、留山を切り荒らして盗むこと(傍線部⑥)、留山内での新畑開発である(傍線部⑥)。山を荒らすとは、「質美庄より猥立入草を苅取、田畑切荒、剰、字むかふ山かうへ谷之桑木を伐採致狼藉候」というものであった(「安栖里区有文書」一―『和史(二)』)。それに対して和知三カ村は、八年前に下された御諚を守り、山を荒らしたままにし(傍線部⑦)、また、入会山にもしている(傍線部⑧)、と主張した。結局、和知側の訴えが通り、改めて境目が定められ、質美四カ村の者は籠舎の上、過料が課されることとなった。

安栖里村にとっても、鐘打山は田畠を作り、下草を採取し、材木を伐り取る場、生活を支える重要な場であったと思われる。森甚助が、質美四カ村との紛争を回避し、訴訟によって利用可能にしようとしたのは、そのような山であった。つまり、この相論によって甚助は、おそらく庄屋として、安栖里村の人々の生活・生存のために大きな役割を果たしたといえよう。

また森牧三郎家も古い家だといわれるが、同家の文書は借金の形として他家から渡ったものだとも伝わる。龍心寺の森姓墓所には、森直太郎家の墓に一石五輪塔一基があった。

その他

これらの家の他には、『丹波志』では樋口氏をあげるが特に解説はなく、今回の調査でも詳細を知ることはできなかった。(23) また、『丹波志』には見えないが、安栖里の旧家としては、坂原阿上三所神社の神主を代々務めた大小田氏がある。神主を務めた家は、すでに安栖里には住んでおらず、詳細は伝わらない。だが、同家が明治政府による神仏分離政策の際、坂原阿上三所神社から預かり、一九六四年に同社へ返還した大般若経巻第六〇〇の識語によれば、天文十七年（一五四八）の同社神主として、「大小田備後守」の名が見える。[24] 十六世紀半ばの段階で、大小田氏は坂原阿上三所神社の神主を務めていたのである。天文六年（一五三七）の「和智下庄納帳」に見える「かんぬしひんこ《神主備後》」は、同人のことを指すのであろう（「片山家文書」一五九『和史（一）』）。また、神主家との関わりは不明だが、永正十四年（一五一七）の「和智下庄麦地子桑代細帳」には、「大講田新右衛門」「大講田四郎兵へ」が所見され、麦地子・桑代の徴税を請け負っている（「片山家文書」一五八『和史（一）』）。

さらに龍心寺には、無縁墓にも一石五輪塔が三一基、組合せ五輪塔が七基、宝篋印塔（部分）が一基、さらに銘文のある供養碑一基が所在した。供養碑の銘文は、左面に「姉　元和四年《一六一八》正月廿九日」、右面に「士　元和三年四月朔日」と刻まれ、近世初期の者を祀った碑であった。他にも、墓地の垣根に組合せ五輪塔三基を確認できた。

小括

以上、主に片山氏・十倉氏・森氏・大小田氏について考察を加えてきた。安栖里区には、片山氏以外にも、近世、さらには戦国時代の動向がわかる家を確認できた。なかでも十倉氏には、和知下荘の名主としての役割を果たしていた家があり、近世には他村の有力家との縁組みが知られる家もあった。後者の場合、夫が在郷しない娘の家族を世話するなど、親族として家を扶助し合う関係が見られた。時には、そのような縁を頼って高額の融通を求められることもあったが、それに対応し得る家であったといえる。ここからは、イエ（親族結合）の果たした具体的な機能が窺える。そして近世の庄屋は、十倉氏・森氏の者が務めていたことも知られる。近世初期の森甚助は、おそらく庄屋として、小畑・中山両村とともに、鐘打山をめぐって質美荘との相論で活躍し、村の人々の生活、生存維持のために働いたことがわかる。

実は、これらの家については、それぞれの名字を冠する株が、安栖里区内に形成されていた。そこで次節では、これらの家々と関わる株について検討したいと思う。

第二節　株と講

1 株の調査報告

かつて安栖里区内の株を調査した竹田聴洲氏によれば、昭和二十七年（一九五二）段階の安栖里の世帯数は、二〇〇三年の八七戸よりも八戸多い九五戸であった。そして、その家々を単位とする株については、十倉株（二〇戸）、森株（二〇戸、三系統に分かれる）、樋口株（六戸）、大小田株（五戸）、口谷株（八戸、谷口株カ）、瀬野株（五戸）、片山株（二〇戸）があったという（括弧内は株に所属する戸数）。今回の調査では、十倉株・片山株・森株・大小田株の存在を確認することができた。ただ、最初に株についての聞き取りをした安栖里区長（平成十五年当時）の森国博氏によれば、安栖里の株は十倉株一つ、森株三つ、片山株二つだということだったが、大小田英一氏によれば、大小田株も存在するという。同じ区内であっても、全ての株を把握しているわけではなく、存在すらも知らないこともあるらしい。森氏は、自らの所属する森株と、家を数メートル隔てた近所に住む十倉俊一氏が所属する株、そして安栖里の有力株として研究史的にも知られる片山株以外については、特に関わりを持たなかったのであろう。

つまり、株の存在は株構成員以外は知らない場合もあるように、株同士は特に付き合いがなく、関わる必要性をほとんど持たないという特色を持つといえる。従来から指摘されている株の閉鎖的性格が、ここにも現れているといえよう。なお、現在の安栖里区には、樋口姓・谷口姓（口谷ではない）・瀬野姓も所見され、今後はその他の株についても確認する必要があろう。では、これらの株は、現在はどのように営まれているのだろうか。次に、具体的な状況を見ていきたい。

片山株

片山株については、すでに竹田氏の詳細な研究がある。そのためここでは、同株の中で最も古い家だという、片山丁宣氏からの聞き取りを踏まえ、昭和二十七年(一九五二)段階の片山株と比較しつつ、現在の片山株を考察することにしたい。

竹田氏によれば、かつての片山株は二〇戸の「ヨイ株」とそれ以外の「ワルイ株」からなり、後者は由良川を挟んだ対岸の中区から移住した家だという。片山氏によれば、現在の片山株は、一九戸であるといい、特にそれ以外の株構成員、「ワルイ株」についての言及はなかった。竹田氏の調査段階でも、株講への参加は「ヨイ株」だけだったといい、すでに関わりがあまりなかったものと思われる。また、中・坂原の片山氏との付き合いは、特にないという。

前述したように、片山丁宣家・片山隆夫家・片山正家は、「片山三家」と呼ばれている。竹田氏は、片山丁宣家からの分岐と称する家が三家あり、それらの四家が坂原阿上三所神社の定紋と同じ家紋を用い、ユルシ株を入れる際に相談を受けたと指摘している。おそらく、かつての四家と現在の「片山三家」、坂原阿上三所神社の頭役を務める五家は、関わりがあるものと思われる。だが、今回はその関係を明確にすることはできなかった。今後の課題としておきたい。なお、前述したように、龍心寺にある片山隆夫家の墓には、宝篋印塔がある。

また、株講について、竹田氏は、天神祠を信仰するものであり、かつては旧暦の一月二十五日(正月)と旧暦の六月二十五日(土用)、今は七月二十五日であると指摘している。だが、現在は一年に一度、正月十五日に行っている。正月の日程も変わり、夏は集まらなくなったという。さらに、竹田氏によれば、片山株では株親家の敷地内にある「天神祠を対象とする株講」が営まれ、年番宿の家では講当日祠へ参詣し、宿の床の間には天満天神の図幅がかけられたという。だが、今回の調査では、片山株の株講と「テンジンコウ（天神講）」は、構成員は全く同じだが、それぞれ別のものと認識されていた。半世紀の間に株講と天神講が別々の講になったのか、構成員が同じであるために、竹田氏が株講と天神講を同義と判断したのか定かではない。少なくとも現在においては、片山株に属する一九軒で、株講が行われ、それと別に天神講が営まれていることが知られる。

さらに、竹田氏のいう片山氏の先祖碑とは、片山丁宣家で「お盆の時に、家の裏の石碑にお参りする」という石碑が、これにあたるものと思われる。竹田氏によれば、片山丁宣家の敷地内には、天神祠と、「伊与平大納言　先祖代々之精霊　片山株中建之」と刻んだ自然石が建っており、この石碑は、約五十年前に先祖サンの七百年忌があった時に立てられ、中区の片山氏も詣りに来たという。昭和二十七年（一九五二）の約五十年前というから、明治三十五年（一九〇二）頃のことだと思われる。その時期に、「片山株中」として先祖を祀る石碑が建てられたのであろう。だが、竹田氏の調査の段階で、先祖碑への参詣は、片山浅之助家（現丁宣家）が盆に詣るのみで、株中の者が詣りに行くことはなかったという。

十倉株

次に、十倉株についてである。これは、二〇〇三年九月、十倉俊一氏（大正七年〈一九一八〉生まれ）からの聞き取りに基づく。十倉株に所属する家は、以前は一五～一六軒あったが、現在は一二軒に減少したという。竹田氏によれば、昭和二十七年（一九五二）段階の十倉株には、二〇軒が所属していたとあるから、その後さらに家数が減ったものと思われる。株を構成する家数の変動は、移住等による家の減少によって生じるだけではない。移住をしなくても、株を「ヌケル」ことがあれば起こる。逆に、新たに株へ入れてもらう場合もあり、十倉俊一氏の家も、四十年ほど前に十倉株へ入れてもらった「ユルシ株」で、元の姓は「泉」であったという。つまり、同じ「十倉株」であっても、それを構成する家は常に変動があり、異なる名字でも株へ入れるが、その際は名字を変える必要があったことが窺える。そのような十倉株の筆頭は、龍心寺に寛文二年（一六六二）銘の墓碑を持つ十倉利彰家で（前述）、今も安栖里に家は残されているが、現在は京都に拠点を移している。同家には、十倉株の記録なども伝来するとのことであった。

　現在の株には、主に二つの行事がある。一つは株講であり、もう一つは株の祭りである。十倉株の株講は、一月五日の十五時から開催する。五、六年前までは、「トウバン（当番）」の家で行っていたが、今は料理屋で開いている。個人宅で行っていた時は、料理は当番の家で用意し、費用は全員で割り勘、「酒三升」に相当する米三合を持参した。料理屋で行うようになってからは、会費制である。当番は、会計報告も担当する。株講の場では、床柱を背に年長者が中央に座り、その左右に奥から年齢順で座る。特に、座次にユルシ株であるか否かは関係がない。また、参加者に性別は問われず、女性も参加する。服装はネクタイは締めるが平服である。この日は、次の当番である「カブモト（株元）」を決め、それを承認する儀式も行う。次の当番は「アトミ（後見）」と呼ばれる。儀式は、現株元と後見が杯を交わすというもので、まず現株元が杯を飲み（これを「ホコリトリノヤク」と呼ぶ）、次に後見が杯を飲む。この杯を「トオサカズキ（永遠杯）」という。

　次に、株の祭りだが、これは八月二十三日の地蔵盆に行われ、「ジヌシサン（地主さん）」と呼ばれる。株に所属する者は、八月第一日曜日になると、十倉株の地主神を祀る祠などの掃除を行う。その祠は、天皇神社と道を隔てた南向かいに所在する（地図1参照）。そこには、南に向かって右から、①〜⑤の社や石造物がある。

①「十倉株　地主鎮守」の額を掲げる社、一社

②「十倉先祖塚」（前面）、「明治三十三年（一九〇〇）七月改建」（後面）とある石碑、一基

③「友庵道昌信士／六親眷属等／照安和久信士」（前面）、「元文五年（一七四〇）庚申二月吉辰」（右面）とある石碑、一基

④宝篋印塔の傘部分、一基

⑤一石五輪塔、二基

このうち①は、比較的新しく、社は十倉俊一氏の従兄弟が建てたもので、額は俊一氏の作だという。②を建立した者は不明。④は、十倉株筆頭の墓ではないかというが、定かではない。

これらの行事以外では、株が関わることはあまりない。たとえば結婚式は、株構成員を招くことはなく、親戚のみで行われる。葬式では、香典と米一升、大根を出す風習はあるが、手伝いなどは親戚が行う。だが特徴的なのは、十倉株には株としての財産があったことである。先祖塚などのある共有地の他、塚近くにある栗の木、そして、かつては孟宗竹の竹藪を所有していた。竹藪では、株所属者が竹と竹の子を採ることができたという。

森株

すでに竹田聴洲氏が指摘しているように、安栖里には森株が三系統ある。昭和二十七年（一九五二）当時は、森株全体の戸数は二〇戸であったとある。三系統のうち一つは、二〇〇三年度の区長森国博氏の所属する株である。この株は、森国博家に隣接する森家との二軒のみが所属する。ここでは、便宜的にこれを森A株とし、地図2に所属する家を示した。同株では、特に株講は行っていないという。

また、もう一つの森株については、森ハルヱ氏（大正三年〈一九一四〉生まれ）・秀雄氏親子から、話を聞くことができた。以下、この森株は、森B株と呼ぶこととしたい。現在の森B株に所属する家は、安栖里区内のみに所在し、全部で九軒である（地図2参照）。森ハルヱ氏宅の南、山の入り口近くには、大正三年に造られたという森株の墓があり、脇には一石五輪塔（空風輪）一点を確認することができた。墓の建立者は、万延元年（一八六〇）に系図が焼けたために

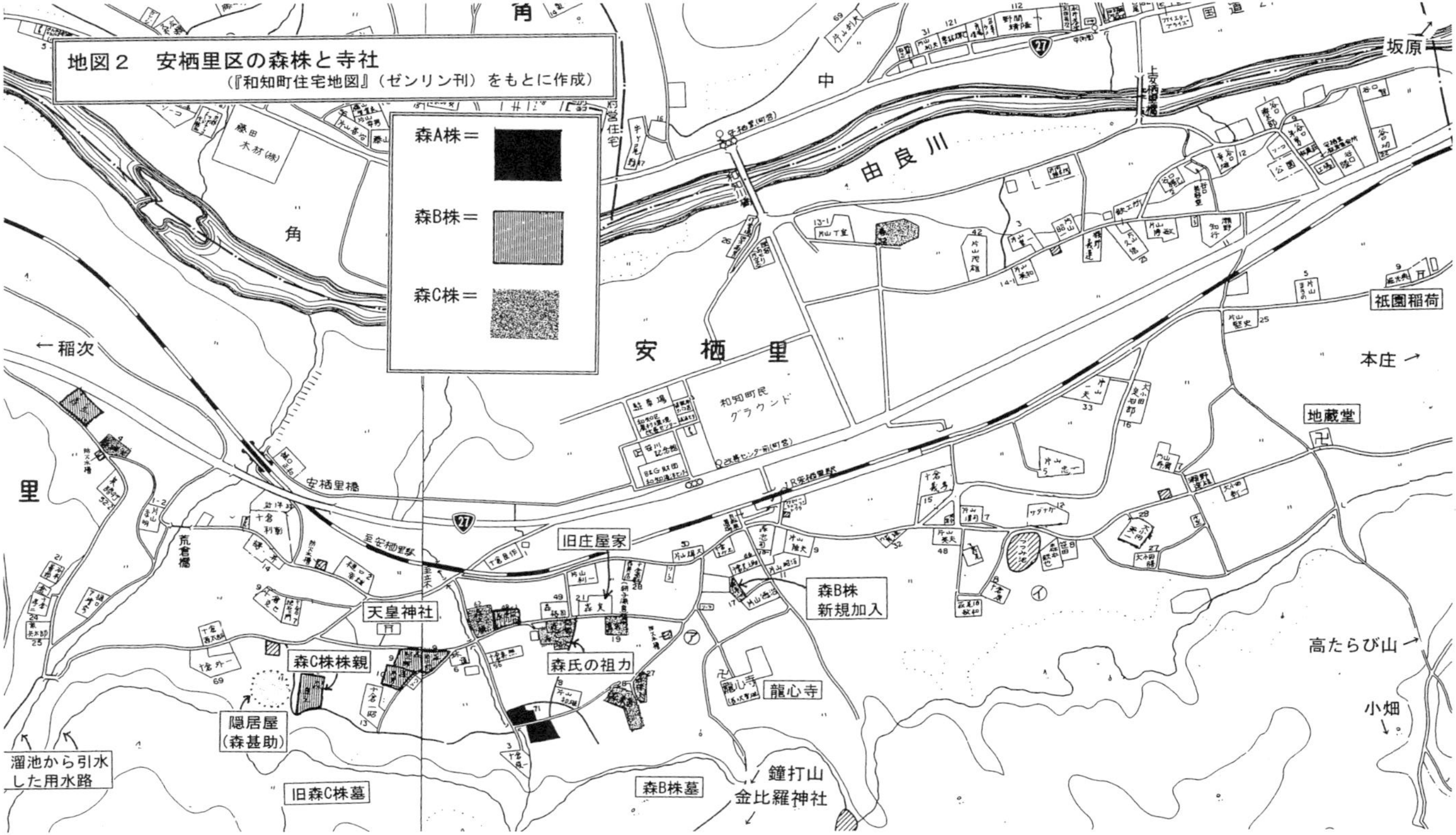
地図２　安栖里区の森株と寺社
（『和知町住宅地図』（ゼンリン刊）をもとに作成）
森A株＝
森B株＝
森C株＝
←稲次
里
角
中
由良川
安　栖　里
坂原
国道
本庄→
祇園稲荷
地蔵堂
安栖里橋
和知町民グラウンド
JR安栖里駅
旧庄屋家
天皇神社
森B株
新規加入
森C株株親
森氏の祖力
隠居屋
（森甚助）
龍心寺
高たらび山→
小畑
溜池から引水
した用水路
旧森C株墓
森B株墓
鐘打山
金比羅神社
荒倉橋
藤田木材(株)

詳らかではないとした上で「同族者」とし、裏側に名が刻まれた八人のうち、六人の子孫が現在も森B株に所属している。次に森B株の墓に刻まれる銘文を示し、墓裏側の建立者名については、〔　〕内に子孫にあたる者の名前を記した。

（正面）「森氏先祖之碑」
（右側）「森氏系図　万延元年（一八六〇）為灰燼／不詳大正三年（一九一四）春同族者之建」
（裏側・上段）「市蔵」〔森良行氏〕／「甚作」〔森正一郎氏〕／「亀吉」〔森久恒氏（森ハルヱ氏の弟）〕／「惣吉」〔森保夫氏〕
（同　・下段）「敬治郎」〔森繁美氏〕／「定助」〔森秀雄氏〕／「喜蔵」（近代にブラジルへ移住）／「金之丞」〔森初次氏〕

これらの家のうち、最も古い家は金之丞家（現森初次家）であり、森の祖であるという。また、墓碑裏側の下段に見える「喜蔵」と上段の「甚作」は親戚（詳細な関係は未確認）、現在も姻戚関係にあたる家がある。この先祖の碑を建立後、新たに株へ加入した家が二軒あり、いずれもこの八軒からの分家である。

現在の森B株の行事は、主に二つある。一つは、夏（現在はお盆）にこの先祖碑へお参りをすること、もう一つは、正月五日に行われる株講である。株講を切り盛りする「トウバン（当番）」は、家が所在する位置の順番で廻ってくる。料理にも色々としきたりがあり、二〇〇一年までは個人宅で行っていたが、最近は準備が大変なため、お店で株講を開くことになった。二〇〇三年度の当番である森保夫氏は、当番の家に廻って来るという、次の資料を預かっていた。

①木箱（幅一四・一cm、縦二四・一cm）
（函蓋）「明治弐年（一八六九）／地主株講中箱／正月吉祥日」

②帳面（表紙）「正月六日／明治廿八年（一八九五）／正一位阿上三所神社踊帳／九月改免　宿森甚之助」
③帳面（表紙）「講則」
④断簡（表紙のみ）「講八名覚　十一年」
⑤その他、断簡二点

以上である。②～⑤は、明治二年（一八六九）に作られたと思われる①の木箱に納められている。②の「阿上三所神社踊帳」に見える「宿森甚之助」の名は、先の森氏先祖の碑には所見されない。明治二十八年と大正三年（一九一四）では、二十一年の開きがあるためかもしれない。だが、第一節でみたように、森氏には代々甚助を名乗った家があり、その甚助を指すとも考えられる。この点の分析は、今後の課題としておきたい。また、森B株の場合、葬式には親戚だけではなく、株の人も参加することになっている。ただ、株の人のほか、組の者も参加する。

次に、三つ目の森株については、二〇〇三年九月に森忠司氏からの聞き取りに基づき、整理しておきたい。以下、ここではこの森株を森C株と呼ぶこととする。森C株は、以前は七軒によって構成されていたが、現在は六軒からなり（地図2参照）、そのうち親戚関係にある家が三組ある。森C株でも株講は行われ、正月二日（三日の時もある）に当番の家に、各家の代表一人が集う。この代表には女性もいる。座次は、長老から順に座り、株親もその例外ではない。特に、株として持ち回る箱や文書等はなく、株で所有する財産もない。葬式や、株に所属する家の長男の結婚式には、株のメンバーも招かれるという。

そして、森C株の「カブオヤ（株親）」（以下、株親と記す）が、代々「森甚助」を名乗ってきたという森直弘家である。かつて森直弘家西側の高台には、同家の「隠居屋」があり、南方の山裾には森株の墓が置かれていた。だが、現在は龍心寺の直弘家の墓へ移したということであった。今回は、この墓石調査は行わなかったが、『和知町誌　第一巻』に詳細が載る。それによれば、墓は文化八年（一八一一）、森株の九家によって建立されたもので、墓石には「自天宗性禅定門　元禄六年（一六九三）十月十九日　俗名　森甚助　此先祖本家森甚助」と記されているという。森株の九家に祀られた森甚助とは、第一節でみた鐘打山をめぐる、和知荘の安栖里・中山・小畑三カ村と質美四カ村の相論において、活躍した人物であろう。

大小田株

大小田株については、二〇〇三年九月に大小田英一氏（昭和五年〈一九三〇〉生まれ）から話を聞くことができた。大小田氏によれば、大小田株は一つで、所属する家は、かつては六〜八軒ほどあったが、今は移住した家などがあり、二、三軒に過ぎないという。何れも、所属する家は安栖里区内にあった。なお、竹田聴洲氏は、昭和二十七年段階の大小田株は五軒であったとする。

同株では、五、六年前までは株講を行っており、株講の座次は年齢の順であった。だが、現在は特に株としての活動を行っていない。そのためか、以前、片山株に入らないかと、誘われたことがあるという。また、大小田家には、位牌を象ったような木箱に入る、木札の過去帳が伝来し、最も古い木札には「文久」（一八六一〜六四）の年号が所見された。

2　講の調査報告

先の森B株の株当番を務めていた森保夫氏からは、同家が所属する荒神講についても話を聞くことができた。この荒神講のメンバーは、片山利一家・樋口昇家・樋口幸雄家・森裕治家・森忠司家・十倉克己家などであるという。片山利一家は、坂原阿上三所神社の大祭で頭役を務める片山五家のうちの一家である。また、同じ名字でも、森保夫家と森忠司家は所属する株は異なる。つまり、この荒神講は株を越えた組織であり、また、行政組織である組とも重ならないという。講を構成する家の分布を見ると、旧道沿いにある家が比較的多いと思われるが、家は安栖里の東西に散在している。

この時、森保夫氏は荒神講の当番も務めていたため、荒神大明神の幟と、「荒神講覚　講中」と表紙に書かれた帳面を預かっていた。「コウジンサマ(荒神様)」は、地図1の㋐の位置に祀られており、毎年十二月一日に掃除を行うのだという。また、森忠司氏によれば、この「コウジンサマ」以外にも、㋑の位置に「ヒガシノコウジンサマ(東の荒神様)」が祀られ、やはり書類を入れた箱を三軒で廻しているという。

3　株・講の考察

第1・2項では、現地調査の成果を踏まえ、株と講について考察してきた。まず、安栖里の講については、次のような特色を指摘できる。①正月に各家の代表者が集う株講を営む(または営んでいた)こと。②株講の座次は年齢順で、「ユルシ株」か否かは問われない株が多いこと。③株として所有する文書があり、それが株親の家にある場合と、株内で文書箱を順番に預かる場合があること。④先祖碑(墓)を祀っており、お盆の時期にお参りする株が多いこと。⑤株を「ヌケル」、または「ユルシ株」として新たに株へ入る、というように、その構成員は変動すること。⑥別の名字であっても株に入ることができること。だが、その際は名字を変える。つまり、血縁や姻戚関係に基づくのではなく、同じ名字を名乗ることが、株に入る条件だと思われること。⑦株構成員は、安栖里区内の居住者に限定されること。⑧株として財産を持つ場合があること。以上である。

ただ、②については、片山株では「ユルシ株」の株講参加は許されず、また座次も厳しかったといい、その条件は変化しているとも考えられる。また、⑧の株の財産だが、安栖里区を含む下和知村では、鉄道の敷設で木材・薪炭等の需要が増した明治四十四年(一九一一)、「部落」「社寺」「一部団体」「個人」所有名義の山林が、有償または無償で村公有林に統一され、産業の合理化が図られたという経緯がある。[25] この時に、株の財産であった山が、公有林となった可能性はある。

では、このような特色をもつ株とは、いったい何であろうか。その点を検討するため、竹田聴洲氏が取り上げた、「片山家文書」に伝わる嘉永七年(一八五四)の「株内御条目之事」を見てみたい。[26] ただ、竹田氏は、四条のうち二条のみを掲げ、他は省略している。また、同史料は東京大学史料編纂所架蔵の影写本・写真帳には所収されていない。だが、同じ頃に作成されたと思われる、ほぼ同内容の条目の写しが影写本に収められており、それを次に掲げる。[27]

【史料2】

株内御条目之事

一、御上様ゟ御代官御巡仕候節、」仰被出儀通り、御条通り堅相守可申事、
一、何之事不寄混雑ケ間敷事、出来」いたし候共、雑用相つ□□(ゐやカ)す間敷事、
一、老若子供ニ相至候共、本家たり共」、株内たり共々、不法ケ間敷義、相働キ候□(兼カ)」志之者有之候ハヽ、相五(互)
ニ示し合、」睦間敷いたし可申候事、
一、不法為是候ハヽ、それ〳〵之」ケ条申可付者也、
右前文之通り相存候、依之、惣中」連印可仕候、
右此条々、本家ゟ年ニ一度読渡者也、
表事之通り、相違御無(ママ)御座候、」依之ニ、各々請印可仕者也、

円隆　印
又左衛門　印
甚五兵へ　印
義左衛門　印
武兵衛　印

右の史料では、最後に「惣中」が連印するとあるので、安栖里村としてこれを決定し、年に一度（株講の場か）、本家から株構成員へこれらの条文が読み渡されたことがわかる。「表事之通り」以下は、裏書きを写したものである。竹田氏は、「樋口円隆ほか世話人六名—森・樋口・十倉各姓二名ずつ—の裏書あり」と記すので、一人欠けるが、円隆以下は各株の代表者だと考えられる。ただ、竹田氏の引用史料は、四条目に「不法致候者有是候ハヽ、一統申談事」とある。最後も「惣中」ではなく「株中連印可仕事」とし、さらに片山金右衛門以下片山氏一九人の連署があるという。ここから、おそらく竹田氏の引用した史料は、安栖里村での決定を受けて、片山株で作成した文書であると考えられる。そして、片山株としては、不法を行うものがいれば、「一統」つまり株内で話し合うことを定めている。つまり、安栖里村では各株代表者によって、四つの条目を守るよう各株で規制し合うことを決め、各株でこれを承認し、片山株でもこのような条目が定められたのであろう。

そして、これらの条文内容から、株の果たした役割が少し見えてくる。まず、二条目では、株構成員に何らかのもめごとが生じた際、株内の者がその解決のために費用を出すことを禁じたものと思われる。このもめごとが、株内のものか、株構成員と他者とのものかは明確ではない。後者の場合、同じ株内の者が解決のために対処し、費用を賄ったという意味であろうか。また、一・三・四条目から、藩令を守り、不法を行う者を互いに取り締まる役割を担っていることもわかる。和知町各村の内部では、五人組は日常的に機能せず、株がその役割を果たしていた節があると指摘されている[28]。ここでも、株が五人組と同様の機能を有していたことが窺える。だが、株内の者であっても、不法者は報告するようにと定めていることから、株が、構成員を庇護しようとする性格を持っていたことも窺える。株は、年に一度はこれらの条目を読み渡せる場（株講等）を持ち、株によっては冠婚葬祭に参加するなど、日常的なつきあいがあったため、五人組的な役割を担うことになったものと思われる。

さらに、和知上荘では、寛政四年（一七九二）の下乙見村で、山畑の「こゑ草」をめぐって、株として「当村九人連中」と争っていたことが知られる（「下乙見区有文書」一一『和史（二）』）。ここから、株が村内における生業維持のための集団となる場合もあったことを指摘できよう[29]。また、延宝四年（一六七六）の仏主村では、村内で田地の売買があった際、庄屋・年寄と並んで売り主の「かふ《株》之内」から、一人が名を連ねている事例も見られる（「三嶋喜久次家文書」二『和史（三）』）。株構成員は、村内の田地売買で保証人の役割を果たすこともあったといえる。

要するに株とは、①構成員の抱える問題に対処する（時にはその解決のために費用を賄ったか）、②不法と判断されるような行動を構成員が行っても、しばしば庇護しようとする、③日常的なつきあいがあり、そのために五人組に相当する役割も果たした、④村内において、生業維持のために働くこともある、⑤村内において、構成員の保証人になる場合もある、といった性格をもつ。

構成員の生活・生業、そして生存に関わる問題を、村内部で保障する集団が、株であると思われる。だが、これに似た生活をもつ集団が他にもないだろうか。百姓のイエ、親族結合である親戚が、これに似た機能を果たし得る集団として想起される。しかし、イエが村を越えて展開しているのに対して[30]、株は村内に限定されており、そこに大きな違いがある[31]。そして、血縁や縁組みではなく、同じ名字を名乗り、定期的に集い、同じ先祖を祀ることで、同族意識を創り出し、維持している点も異なる。つまり、株は村落内部に創り出された、まさに犠牲的な「同族」集団であり、村内部でイエ的な役割を果たすために、同じ名字を名乗ることが構成員に求められたのではないだろうか。

では、なぜイエや村落があるにも拘わらず、そのような集団が形成されたのだろうか。和知荘域において株の存在を確認できるのは、政治的組織としての村落がすでに確立した十七世紀である。[32] そして村落とは、百姓のイエの存続のために成立したが、村落の論理と、村落を越えて広がる百姓のイエの論理は、しばしば対立したことが知られている。[33] このような百姓のイエと村落の関係性の中に、株という集団が創り出された要因があったのではないだろうか。つまり村落の機能では、補いきれない百姓のイエの機能、それを補完するモノが必要とされることがあり、そのようななかで有力家を株親とした、株という擬制的な同族集団が創り出され、同じ先祖を祀り、一年に一度は集って飲食を共にする株講を開き、その関係性が育まれていったとも考えられよう。断定はできないが、株成立要因の一つの可能性として、指摘しておきたい。

また、安栖里では、株・組を超えた家々からなる講も展開されていた。講の機能については、充分に明らかにすることはできなかったが、先の株に対する理解を踏まえれば、イエや村落、そして株・組とも異なる役割を果たし得る集団であった可能性も考えられる。

おわりに

本章では、旧和知町安栖里区における現地調査の成果を踏まえ、近世までの安栖里村、村内の旧家、それと関わりの深い株・講を考察してきた。そして、行政単位である安栖里区が果たす機能の中に、近世までの村の機能を見出すことができた。そのような村落には、片山氏のみならず、十倉氏・森氏・大小田氏などの旧い家があった。それらの名字を持つ家には、十六世紀前半に、和知下荘の名主として徴税を請け負い、用水の維持に機能した家、近世に、郷士として江戸で在番する、姻戚関係にある家の家族を世話する家、姻戚にあたる家を通して、金子五両の融通を頼まれる家、おそらく庄屋として、和知荘内の近隣二カ村とともに、鐘打山をめぐる質美四カ村との訴訟で活躍した者を先祖とする家、などであった。

なかには、そのような有力家を株親とする、株と呼ばれる擬制的な「同族」集団が形成された。この株は、百姓のイエ（親族結合）と似た機能を持ち、村落では果たしきれない、村内の身近なイエとして、本来のイエの機能を補う役割を担い、そのために創出された可能性を指摘した。さらに、イエ・株・組とも重複しない講が営まれる事例も所見された。

村、百姓の家とイエ、有力家を株親とする株、そして講、安栖里村に生きた人々は、このように多様で重層的な社会集団を創出していた。だが、このような複雑な村のあり方は、決して安栖里村に限ったものではない。前章で考察した武蔵国榛沢郡荒川村でも、村内には、三つの地区としての結束、廓や小字名を冠する集落的なまとまり、一家中という血縁集団、性別によって異なる講といった、いくつもの社会的結合が重層的に形成されていた。かつては、このような村落内の集団については、同族集団から地縁集団への進化の系列が設定され、論じられることもあった(34)。しかし、それは二者択一的なものではなく、それぞれが、人々が生きていくために必要なシステムであり、その集合体である村落のあり方に、地域環境に応じた村それぞれの特色をみることができるのではないだろうか。

今後は、株や講など、それぞれの集団が果たした機能について、歴史的段階に応じた特色を明らかにすべきだと考える(35)。だが、その問題の追究は、これからの課題としておきたい。

註

（1）竹田聴洲「丹波国和智庄における地頭家とその氏神祭の変遷」（柴田実編『庄園村落の構造』創元社、一九五五年）、金沢正大「丹波国和智庄をめぐる一文書に於ける北条時房の機能」（『政治経済史学』二〇〇、一九八三年）、『和知町誌　第一巻』（一九九五年、以下、『和①』と略記）。

（2）例えば、結婚の挙式の席に株構成員が招かれる場合、株から代表者一名が参加し、親戚代表者席とは別に用意される事例があげられている（『和①』第四編第三章、江辺文夫氏執筆担当分）。

（3）『和知町誌　史料編（一）』（一九八八年）、『和知町誌　史料編（二）』（一九八九年）、『和知町誌　史料編（三）』（一九九〇年）。

（4）安栖里区の生業については、特に註記のない場合、十倉俊一氏（大正七年〈一九一八〉生まれ）、および龍心寺住職長沢智雄氏（和知町〈当時〉文化財保護委員）からの聞き取りによる。

（5）『和知の文化財3　和知の道＝むかし物語＝』（和知町教育委員会、二〇〇二年）、七一頁。以下、『和知の道』と略記。

（6）『和①』第三編第三章（江辺文夫氏執筆担当分）。

（7）『和知の道』七三頁。

（8）『和①』第三編第五章（中井丈二氏執筆担当分）。「龍心寺文書」解説（『和史（三）』）。および、龍心寺住職 長沢智雄氏からの聞き取りに基づく。以下、特に注記のない場合、龍心寺に関しては『和①』および龍心寺住職からの聞き取りによるものとする。

（9）『和①』第三編第五章の龍心寺の解説によれば、寛文元年（一六六一）に観音堂が建立されたが、昭和三十七年（一九六二）に内陣だけの御堂になったという。

(10) 一説に、龍心寺の観世音菩薩は、鐘打山にあった寺院が戦乱で焼失し、同寺へ移されたものという（前掲『和知の道』四八頁）。ただ、高たらび山と鐘打山は隣り合った山なので、同じ伝承を指しているのかもしれない。

(11) 『和①』第三編第一章（中井丈次氏執筆担当分）。

(12) これは、大正十五年（一九二六）に溜池構築と開田を目的に設立された、安栖里耕地整理組合を指すものと思われる。森忠三郎氏は組合長であった（『和知町誌　第二巻』〈一九九四年、以下、『和②』と略記〉第三編第二章）。

(13) 脇田晴子「中世の自主的交通路管理と近江商人の独占―「中世商業の展開」再論―」（『滋賀県立大学人間文化学部研究報告　人間文化』四、一九九八年）。

(14) 近代の下和知村では、土木費は村で負担し、たとえば明治二十二年（一八八九）度～二十四年度における下和知村の道路工事、同二十五年の升谷橋負担金は、等差をつけた戸数割りにし、各家から徴収した。また、その経費には、道路敷潰地買い上げ料、田畠の損害賠償料、家や墓の移転料も含まれたという（『和②』第一編第三章）。

(15) 『和②』第一編第一章、三四頁。

(16) 藤木久志・小林一岳編『山間荘園の地頭と村落　丹波国和知荘を歩く』（岩田書院、二〇〇七年）。

(17) 『和①』第二編第六章（浜田譲次氏執筆担当分）。

(18) 『和知の道』四五～四六頁。また、同様の話は、聞き取り調査の中でも聞くことができた。

(19) 蔵持重裕氏は、名が徴税単位となり得る意義を、その社会的機能から追究すべきだと指摘している（「稲垣泰彦著『日本中世社会史論』について」『日本中世村落社会史の研究』校倉書房、一九九六年、初出一九八二年）。十倉名についても、生業集団としての性格を窺うことができるのではないだろうか。なお、窪田涼子「和知下荘の百姓と片山氏」（藤木・小林編前掲註(16)書）参照。

(20)　同相論については、『和①』第三編第三章（中井丈二氏執筆担当分）の鐘打山山論に詳しい。藤木久志「和知の山論」（藤木・小林編前掲註(16)書）参照。
(21)　『日本国語大辞典　第二版』（小学館、二〇〇一年）。
(22)　「安栖里区有文書」一（『和史(二)』）の註(2)。
(23)　近世の史料には、樋口姓は散見される。たとえば、文化元年（一八〇四）に安栖里の「大講田庄右衛門」が、坂原阿上三所神社の神主職に就くことが改めて承認された史料の中で、世話方として十倉平右衛門・樋口善右衛門・瀬野亀蔵の名が見える（「片山家文書」、竹田前掲註(1)論文所収）。
(24)　大般若経については、『和①』第二編第六章（浜田譲次氏執筆担当分）による。
(25)　『和②』第一編第一章。
(26)　竹田前掲註(1)論文。なお、片山文書の近世文書についての調査は今後の課題である。小林一岳「片山文書の世界」（藤木・小林編前掲註(16)書）参照。
(27)　「丹波　片山文書二」（東京大学史料編纂所架蔵影写本、一九三五年作成）。
(28)　『和①』第三編第三章（中井丈二氏執筆担当分）。
(29)　先にみたように、森C株の先祖碑は、元禄六年（一六九三）に死去した「自天宗性禅定門」（森甚助）を先祖として祀っていた。この森甚助は、第一節でみた鐘打山相論で、安栖里村の山利用のために活躍した人物である。そのような者を先祖として祀る森C株も、生活・生業のために山を共に利用する集団であった可能性もあろう。
(30)　先にみた十倉氏の事例。また、この点については本書第二部第六章でも考察した。
(31)　現在の兵庫県多紀郡・氷上郡、京都府天田郡の株を調査した山野正彦氏の研究によれば、例外はあるが、二つ以上の小集落（近世の村落に相当する）に展開する株は、ほとんど見出せないという（同「丹波山地における村落の空間形態とその内部構造」『大阪市立大学文学部紀要　人文研究』二八―二、一九七六年）。

（32）株の存在が知られる早い事例としては、延宝四年（一六七六）の仏主村の株があげられる（「三嶋喜久次家文書」二『和史（三）』）。安栖里村の森C株先祖碑にある先祖「自天宗性禅定門」（森甚助）の没年は、元禄六年（一六九三）であり、安栖里村でもその頃に株が形成された可能性を指摘できる。

（33）蔵持重裕「名主家族の結合と家の継承」（前掲註（19）『日本中世村落社会史の研究』）、同『中世　村の歴史語り』（吉川弘文館、二〇〇二年）。

（34）このような観点からの研究史については、平井松午「丹波地方におけるムラの規模・形態と同族集団」（『人文地理』三〇―六、一九七八年）に詳しい。

（35）たとえば、安栖里の株では、江戸時代には五人組の機能を担っていた。だが、株の先祖碑（墓）の多くは、明治三十三年（一九〇〇）～大正三年（一九一四）頃という、ほぼおなじ時期に建立（または再建）されており（片山株・十倉株・森B株）、この時期に株として結束し、何らかの働きをすることが求められたことが考えられる。

この頃は、京鶴鉄道敷設にあたって立ち入り測量が行われたり、下和知・綾部街道の道路工事が実施されている（『和②』巻末年表、第一編第三章）。鉄道や道路の敷設に際しては、屋敷地や耕地などの移動や変更をともなったといい、そのような社会状況に応じて、株が何らかの役割を果たした可能性もあろう。

第三章　産金と肝煎家の氏神
―陸奥国東磐井郡津谷川村平原の雷神社―

はじめに

平原《ひらはら》の雷《らい》神社は、大雷神を祭神とする神社で、古《こ》金生《きんじょう》五七番地一に所在する（写真1）。以前は道に近い、低い場所にあったが、神様より高い位置に家があることを嫌う家があり、明治頃に現在の場所に移動させたという（地図参照）。この雷神社では、現在でも年に二度、春と秋に「お精進」とも呼ばれる講が営まれている。本章では、二〇〇九年三月二十一日、講を見学させていただくとともに、「トシダカサマ」（年長者）で、雷神社の役員を務める芳賀清雄氏から、雷神社と講に関する聞き取り調査を行った際に得られた情報を整理するとともに、「畠山家文書」に伝来する史料をもとに、雷神社について考察を試みたいと思う[1]。

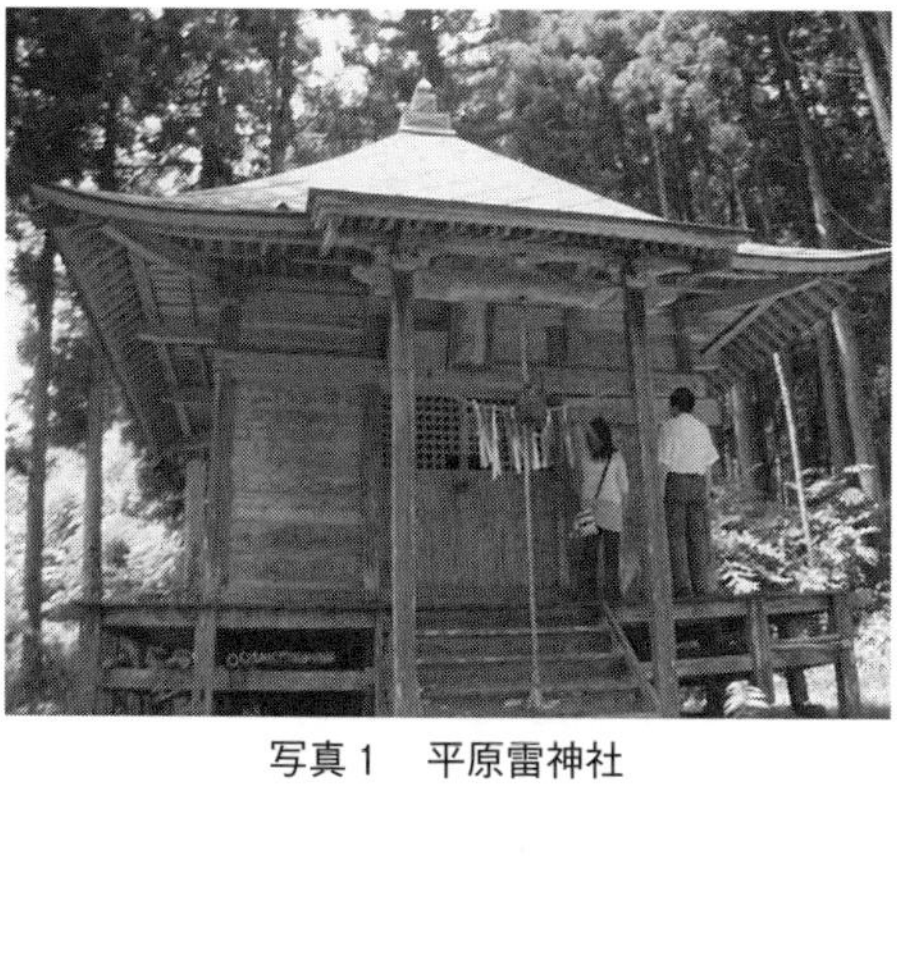

写真1　平原雷神社

【地図１　平原・古金生と雷神社】
（ゼンリン住宅地図『室根村』より作成）

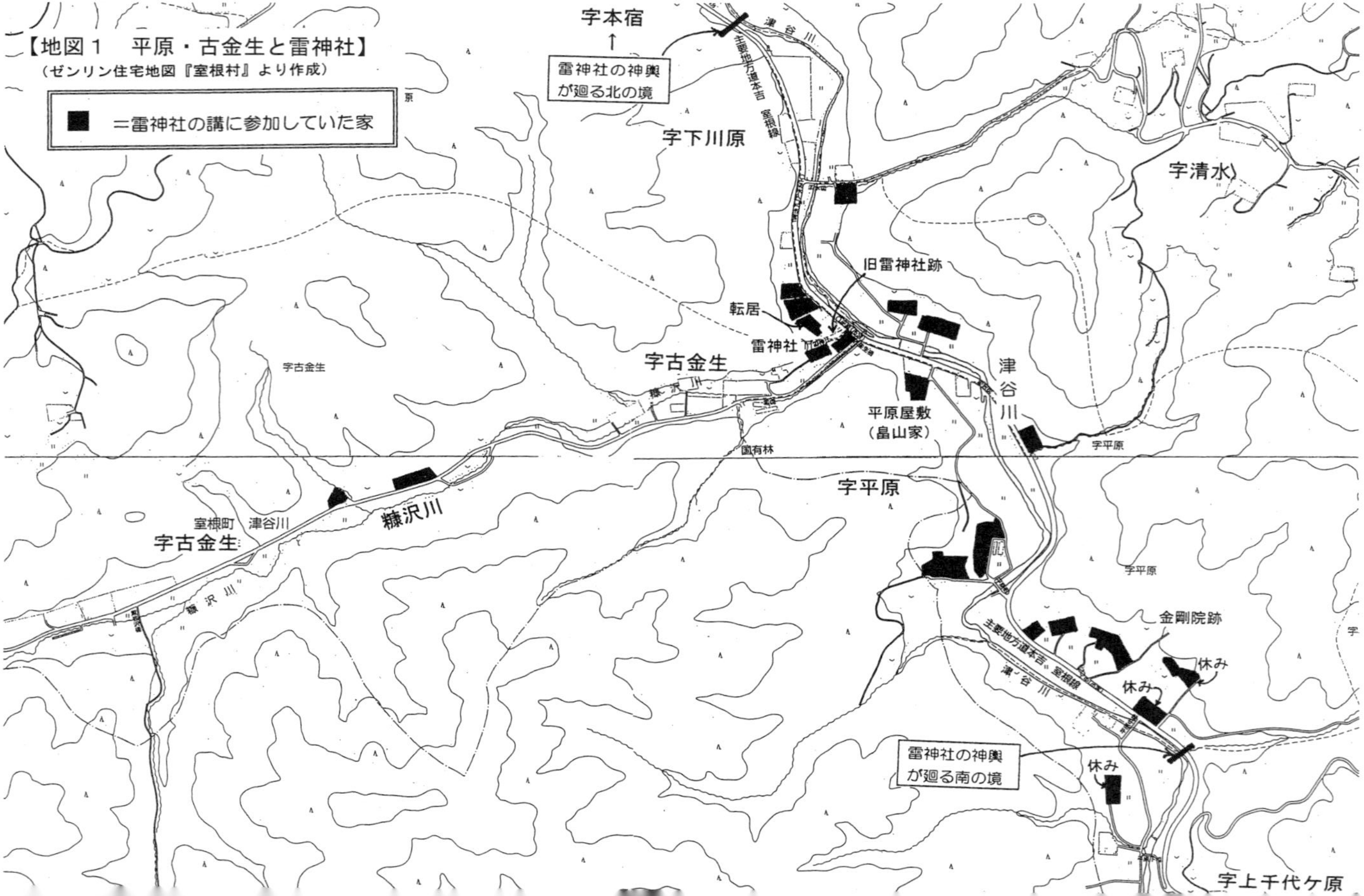

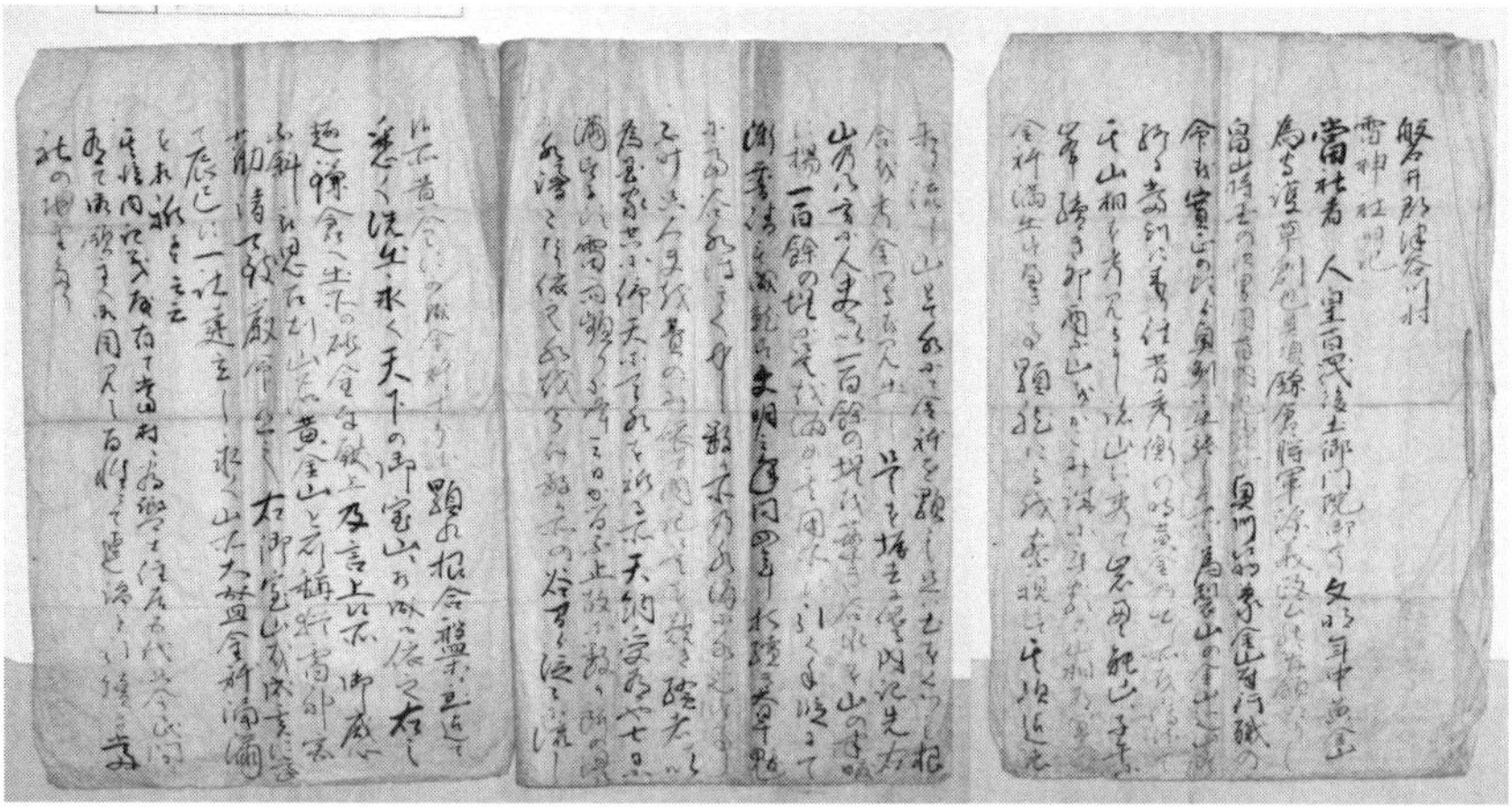

写真２　「畠山家文書」Ａ４－２

第一節　産金と雷神社

雷神社については、次のような由緒書が伝わっている。

【史料１】（「畠山家文書」Ａ４-２（写真２））

磐井郡津谷川村

雷神社旧記

当社者　人皇百四代後土御門院御宇、①文明年中黄金山」為守護草創也、②其頃鎌倉将軍源義政公能管領たりし、」畠山持国の次男同苗内記国安、奥州筋蒙金山奉行職の」命を、寛正の頃より、奥州尓出張して、所々為製山の金山巡山す、」③終尓当刻《ママ》に来り、往昔秀衡乃時、黄金乃出し所を被伝弥て、」其山相を考見るに、諸山に秀て岩無能山ハ子午尓」峯続き、卯酉尓山をかこみ、誠尓無類の山相為宜敷、」金体満出すへき事顕然たるを察視す、④其頃迄者、」未夕流し山とて水尓て金躰を顕し、且ハ土をくツし、根」合を考、金ツるを見出し、是を掘去尓依る、⑤内記先右」山乃八方尓人夫ヲ以、一百余の堤を築き、谷水を山の半腹」に揚、一百余の堤尓是を溜め、其用所に引く手段尓て、」⑥漸普請も成、就此文明三年・同四年打続き大干魃」尓、当谷水ほそく中ニ数ケ所乃水溜尓水巡す事」不叶、只人夫を費のみ、依て⑦内記是を歎き、験者ヲ以」為国家せつ尓仰天尓て水を祈る所、天納受為や、七日尓」満する頃、雷雨頻り尓降、三日か間不止故尓、数ケ所の堤」尓、水□々たり、依之水を分け、数ケ所の谷間より、□（従カ）々尓流し」候所、黄金に可成金躰、十分尓顕れ、根合盤等ニ至迄て（ママ）」悉く洗出、永く天下の御宝山ニ相成候、依之⑧右之」趣鎌倉へ出所の砂金奉献上及言上候所、御感」不斜被思召、則山名黄金山と別称、猶雷神宮」勧請可致厳命有之、右御宝山を戌亥に当」て辰巳に一社建立し、永く山所大盛金躰涌満」を相祈ると云云、」⑨其後内記義、故有て、当村ニ為郷（衍カ）郷士住居五代、只今民間ニ」有て、御領主へ御目見之百姓ニて連綿と引続き、当」社の地主たり、

まずは史料1の解釈を試みてみたい。雷神社は文明年間（一四六九〜八七）に黄金山を守護するために草創されたという（傍線部①）。その頃、鎌倉将軍源義政の管領畠山持国次男の国安が、奥州の「金山奉行職」を（幕府にカ）命じられて、寛正の頃（一四六〇〜六六）から奥州で金が採れる山を探すことになった（傍線部②）。鎌倉将軍源義政の管領畠山持国とは、室町幕府将軍足利義政の管領畠山持国（一三九八〜一四五五）のことであろうか。この持国の二男内記国安が実在したかは確認できないが、後で述べるように、畠山家はこの末裔と伝わる。この山は、藤原秀衡（?〜一一八七）の時代に黄金が出たというので、山の様子を見て検討したところ、金が多く産出することが明らかになった（傍線部③）。

その頃までの金の採り方は、「流し山」といって水で「金躰」[2]を見つけ出したり、土を崩して「根合」[3]を考え、「金ツる」[4]（金鉱）を探し出して金を掘り出す、というものであった（傍線部④）。これに対し、内記は山の八方で、人夫たちに一〇〇余りの堤（溜池）を築かせ、谷の水を山の中腹にまで揚げてこの溜池に水を溜め、産金場所まで溝を造って水を引く工事を行った（傍線部⑤）。だが、文明三年（一四七一）・四年は大干魃のため、谷の水も減少したらしく、

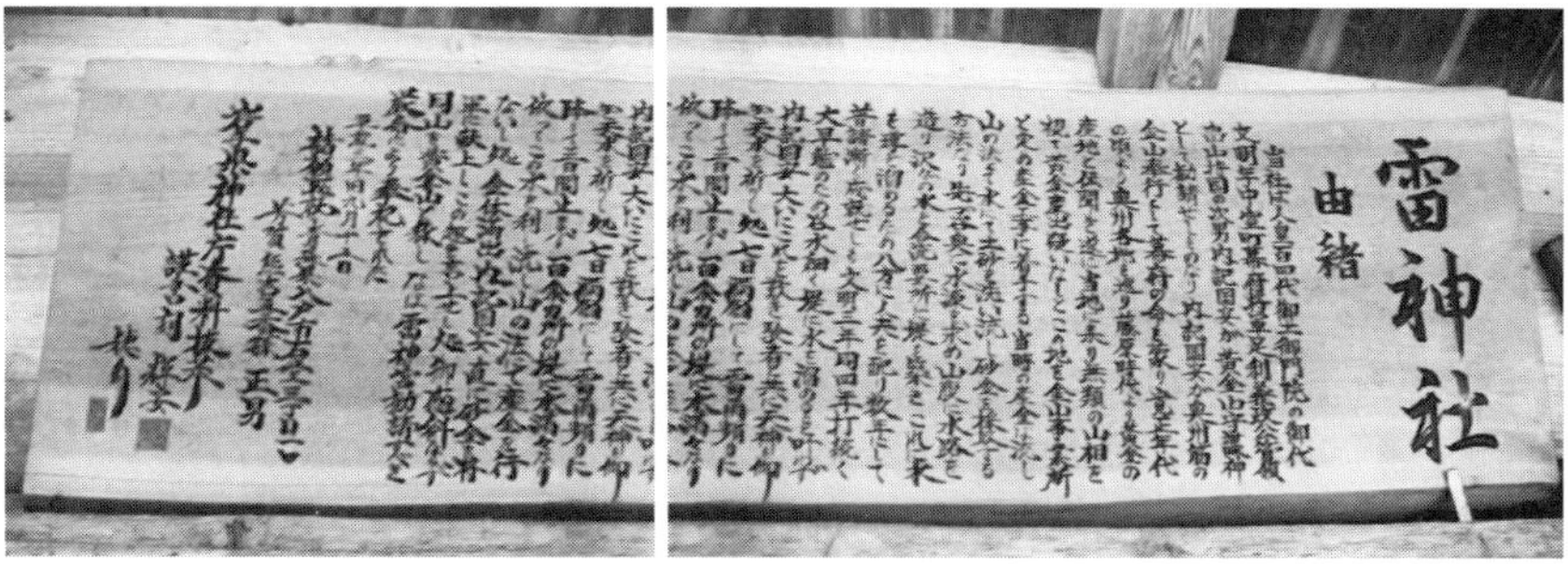

写真3　雷神社の由緒書

造った溜池に水を溜めることができず、ただ人夫を無駄に使ったようなものであった（傍線部⑥）。

　内記はこれを歎き、修験者に雨乞いの祈禱をさせた。天はこれを聞き入れたのか、七日目頃には雷雨が頻りに降り、三日間雨が続き、数カ所の溜池に水が溜まった。その水を分水して数カ所の谷間へ流したところ、黄金を含んだ「金鉢」がたくさん見つかり、「根合盤」まで水に洗われて出てきた。そのため長い間、「天下の御宝山」と呼ばれるほど、金を産出した（傍線部⑦）。（内記が）「鎌倉」へ採れた砂金を献上し、その経緯を申し上げたところ、たいへん喜ばれ、山は黄金山という名を称し、雷神宮を勧請するよう命ぜられた。そこで「御宝山」の辰巳（東南）の方角に一社を建立し、長く山が栄え金を多く産出するよう祈ることとなった（傍線部⑧）。

　その後、内記は当村（津谷川村または平原カ）の郷士として居住し、当時の当主は領主にお目見を許される百姓となり、代々雷神社の「地主」であるという（傍線部⑨）。現在の雷神社には、史料1を参考にしたかと思われる由緒書が掲げられており（写真3）、旧記の内容は、この地域ではよく知られた話らしい。

　史料1から明らかとなる点を整理すれば、まず畠山家の先祖は管領畠山家の出身で、「金山奉行職」に任じられたという由緒を持ち、寛正年間に津谷川へ移住してきたとの伝承があった。また津谷川では、藤原秀衡の頃にも金を産出したといい、近世初期の木製御本判に「秀衡」印が押されている事例とともに、その頃に金が多く採れたと広く伝えられていたことがわかる。

次に寛正の頃、畠山内記が多くの人夫を使って、大規模工事を行ったといわれていることが知られる。この人夫は、内記が雇ったものであろうか。近世には、津谷川村の肝煎を務めることとなる畠山家が、十五世紀後半に産金という地域の生業において、中心的役割を果たしたと伝わることは、村での畠山家の存在意義を考える上で重要であろう。(5) また、ここで一〇〇余りの溜池を造り、谷の水を溜めて産金場所まで水を引いたことについては、芳賀氏からの聞き取りでも話に上った。金を掘るための池がこの辺り(畠山優家)には何十もあり、「ショウトクタイシ」(太子堂か)まで堤(溜池)が一〇〇以上も造られていた。雷神社の裏にも、金掘跡があり、糠沢川から畠山家裏へまわる水路が五kmほど続いていた。現在、山に杉が植えられている場所は「ズリ」(金鉱石以外の岩石を捨てた所)の跡で、杉の木は約六十年前に植林したものだ、という具体的な話である。畠山優氏によれば、糠沢川の谷水を長い用水路を使って引いていたといい、(6) 史料1の谷の水とは糠沢川の谷水であるかもしれない。

そして雷神社の勧請は、文明三年(一四七一)・四年の大干魃による水不足で、溜池に水を溜められなくなった事態と関わることがわかる。文明三年・四年は京都や大和での旱魃が知られ、東国での旱魃も同四年で確認できる。(7) 両年は、東山地域でも旱魃が起きていたらしい。そのため、内記は修験者に雨乞いをさせたところ、それが功を奏して多くの金が採れた。採れた砂金を「鎌倉」へ献上したことを契機に、雷神社が勧請されたという。

聞き取りでも、産金には雨水が不可欠であり、雷神社では雨乞いが行われ、社に「オヤゴモリ」(社に籠もること)をすると翌日には雨が降り、神社近くでは、トラクターなどで大きな音を立てても雨が降った、という話を聞くことができた。現代でも雷神社は、産金にも必要な雨を降らせる効力があると信じられている。

第二節　畠山家と雷神社

畠山優家の先祖は、産金のために大規模工事を行い、産金業を維持するために雷神社を祀ったとされる。ここでは、そのような畠山家と雷神社の関係について整理しておきたい。

まず、「畠山家文書」によれば、延享元年（一七四四）と安永四年（一七七五）の史料（同前A6-44-3〔後掲の史料2〕、A6-41）に、「貴殿（畠山優家の先祖）氏神雷神」（波線部）と見えることから、雷神社が畠山家の氏神であったことがわかる。何十年かに一度だけ行われる御開帳で、拝むことができる太鼓（「ナナツダイコ」）を背負った像（畠山優家で信仰している不動明王が太鼓を背負っている像らしい）には、畠山家が代々名乗っている「コロクロウ（小六郎）」の名が記されているという。

二〇〇九年十二月、同家から雷神社に納められている棟札の内容を記したメモが発見された。筆跡から、先代の重太郎氏が作成したものと思われるという。このメモによれば、建て替え、修築時の年号と願主が次のように記されている。すなわち、「享保九年（一七二四）　平右衛門」、「宝暦十一年（一七六一）　小六郎」、「寛政八年（一七九六）　小六郎」、「文化九年（一八一二）」（願主等不明）、「天保四年（一八三三）　与伝次」、「安政四年（一八五七）　平兵衛」である。代々の畠山家当主の名が記されており、少なくとも享保九年〜安政四年の間に六回は修築等が行われ、そのうち五回は畠山家が願主であった。十八世紀前半から十九世紀中頃までは、畠山家が氏神である雷神社を修築するなど、雷神社の維持に努めていたことを確認できる。畠山優氏によれば、おそらく棟札は雷神社に保管されているというが、本研究では調査できなかった。今後の課題である。

また、芳賀氏からの聞き取りでは、かつて畠山優家は代々神社の「ベットウ」（別当）を務めていた、という話も聞くことができた。この点については、少なくとも延享元年（一七四四）の段階で、畠山家の先祖である平右衛門が「雷神別当」と呼ばれていたことを確認できる（「畠山家文書」A6-44-3、後掲の史料2傍線部）。この別当という役職は、戦後に同社を神社庁へ登録してからはなくなり、責任者は「神官役」（神主）、神社の運営等で中心的に働く人は「総代」になったという。「別当」とは、「神官役」と神社の運営に携わる、神社の責任者といった役職名らしい。なお、現在の神主は小梨（一関市千厩町）に居住しており、祭礼などの際には小梨から神主を招いている。同神社については、室根村教育委員会も一九九一年に調査を実施しており、当時の神職は榊沢守氏で、責任役員は畠山優氏・畠山孝紀氏・芳賀清雄氏・芳賀武郎氏であった。(8)(9)

このように、畠山家の氏神であり、同家が別当を務めてきた雷神社だが、少なくとも現代においては、畠山家のみが運営に携わっているわけではない。雷神社の効力も、雨を降らせてくれるだけではなく、厄除けの神としても平原周辺地域では信仰されているという。次節では、現代における雷神社の講を中心に、平原周辺地域と雷神社の関係について考察を加えたい。

第三節　平原・古金生の講と雷神社

雷神社の講が始められた時期は定かではないが、次のような由来が伝えられているという。

昔、畠山家の先祖が、「テルシマル」と呼ばれる脇差を大切にしていたため、その先祖が亡くなった時に亡骸とともに埋めた。だが「テルシマル」は何度、土中に埋めても地表に出てきてしまった。「テルシマル」は埋められることを嫌うのかと思い、守り神として畠山優家の神棚に祀ることとした。この「テルシマル」に、年に一度「オボキ」

と呼ばれる山盛りに盛ったご飯をお供えし、津谷川内の字古金生・平原にある一九軒の家が集い、講を行うようになった、というものである。

現在の講を構成する家については確認し、地図(前掲)に示した。なお、近年は講を「休んでいる家」(不参加の家)が増加しているという。前述のように雷神社は古金生に、畠山家は平原に所在するが、糠沢川を挟んで神社・畠山家は向かい合うように位置し、両者の間にある糠沢川の水が産金用の溜池へと引水されていた。古金生・平原という、産金を通したつながりが深い二つの字に住む家々によって、雷神社の講は営まれている。

次に、二〇〇九年三月二十一日に見学した講について、その様子をまとめておきたい。講が行われる「宿」は持ち回りで、この年は畠山優家が宿であった。毎年講に参加する家でも、「シミズガワルイ」(日道が悪い、亡くなった人がいる家が一年間こう呼ばれる)人は、「遠慮する」(参加しない)という慣習がある。基本的には、雷神社の講は各家の年長の男性だけが集まり、昔はその点が厳格に守られていた。「代替わりをしても、「お精進(講)」だけは先代が出る」ことになっていたという。だが現在は、勤めの関係で参加できないなど、諸事情により、年長の女性が参加することも多い。この年の講では、参加した一七軒の代表者のうち、四軒が女性であった。

また雷神社の講とは別に、女性だけの講として山の神の講が毎年四月十二日、苗代を作る時期に行われている。山の神とは、室根村の調査によれば、別当畠山慶太郎氏の先祖、「おふく」産婆が子育てのために小牛田山神(木花開耶姫)を分祀し、金剛院を導師として文化元年(一八〇四)に創建したという由緒を持つ神社である。[10] 今回の聞き取りでも、山の神は子宝の神だということであった。祭日は旧暦の三月十二日、十月十二日である。かつては石碑のみであったが、明治四十一年(一九〇八)に堂を建立したという。雷神社の社に向かって右手(北側)に、雷神社より少し小さな社があり、そこに祀られている。

写真４　雷神社講の掛け軸

雷神社の講では、帳簿など特に持ち回っているものはないが、講として所持しているものに掛け軸がある（写真４）。講の当日は、宿となった家の床の間にこの掛け軸を掛けることになっている。ただ、現在の掛け軸は、十年以上前に焼けてしまったため作り直したものである。焼け焦げた跡の残る旧い掛け軸も、大切に保管されていた。

当日、講は次のような手順で進められた。参加者は到着後、最初に宿の主人に挨拶をし、部屋の入り口に設けられた受付で、御神酒銭、お米（二合）を納める。昔は料理を持ち寄っていたという。受付をすませると、縁側に用意された塩で身を清め、手を洗う。食事が用意された席に着座するが、座席は年齢順である。そのため、その時の参加者によって座席順はまちまちである。この日の講が始められたのは、午前十一時頃であった。

講が始まるとまず、全員で掛け軸を拝み、二拍手をする。宿の主人が挨拶をし、五穀豊穣、家内安全、次の「御精進」にもまた参加してもらえるよう祈念し、御神酒など講に捧げられた目録を読みあげる。次に、掛け軸にお供えしてあった御神酒を宿の主人が参加者にお酌してまわる。宿の女性は、お手伝いの女性とずっと部屋の隅に待機し、お精進のお酒を進めたり、「オシル」（お汁・汁物）を出したりと忙しく働いている。それぞれの食事が進む中、「オヤワラ」（軽くよそったご飯）が配られる。宿の当主が、「オボキ」（山盛りによそったご飯）からご飯を各自の「オヤワラ」の茶碗に少しずつ分けてまわる。「オボキ」は床の間に二膳供えてあり（写真４）、このうちの一膳は宿の分として、参加者には配らない。

食事の仕方には作法があり、配られた「オボキ」から、まず口にする。おかわりは、普段ならば茶碗にお米が残っている状態で声をかけるが、この時は、おかわりをする場合は、全て平らげてから声をかける。釜で炊く米は、各自が持ち寄ったもので、昔は米一粒も残してはいけなかった。無理矢理におさえつけてでも食べさせたというが、今はそこまではしていない。料理は精進料理で、けんちん汁も出され、けんちん汁の食材には「イモノコ」(里芋)の「ズイキ」(里芋の茎の皮を干して、水につけて戻したもの)を使う。最後に、お湯をお茶碗に入れてもらい、そのお湯をいただいて「御精進」は終わる。その後、全員で雷神社へ参拝に向かう。社内に上がってからも、お煮染め・お漬け物・お酒が振る舞われる。昔話などで盛り上がり、十五時三十分頃から各自帰宅し始めて、流れ解散となる。

雷神社は畠山家の氏神ではあるが、講によって平原・古金生に所在する家々によって支えられ、二つの地域を結びつける信仰上の中心としても存在している。講が一九軒の家で構成されている意味や、それがいつ頃まで遡れるのかなど、今後検討すべき課題も多いが、現代の講の様子をまとめてみた。また、この時の講参加者からは、雷神社の祭礼についても話を聞くことができた。次節では、この雷神社の祭りについてみていきたい。

第四節　祭礼の貸し借り

旧暦の九月十五日、雷神社の祭りが行われ、この時は千厩町小梨《こなし》に居住する神主が招かれる。祭典の前日は、前夜祭として神社の社殿で「オヨゴモリ(御夜籠り)」を行っていた。そこでは、朝まで飲み明かす者、社殿の壁板を外し、枕にして寝ている者、その板を叩いて寝ている者を叩き起こす者がいたなど、近年まで行われていた「オヨゴモリ」の具体的な様子を聞くことができた。

祭りの当日は神輿が「村内」を廻る。「村内」といっても、現在の県道一八号線沿いで、北は小字下川原内のある地点、本宿の手前を境とし、南は平原内にある小字上《かみ》千代ケ原との境までが、御輿の廻る範囲である（地図1参照）。この範囲は、小字平原・古金生を中心とする地域で、ほぼ講を営む家の範囲と重なるが、下川原の一部が加わっている。下川原と本宿の境目には沢が流れているが、本宿の家の並びはその沢を越え、南の下川原内へと続いている。行政上の小字境ではなく、町場的景観の途切れる場所が、御輿の廻る境目になっているらしい。当初からこのような状況だったのか、いつの頃からか変化したのかは定かではない。だが、本宿の町並みの変化や、平原周辺地域と下川原との関係の変化などに応じて、御輿が廻る範囲が変わっていったとも考えられる。祭りを支える地域の変化など、祭りの動態的側面も窺え、興味深い点だといえよう。

「畠山家文書」にも、この雷神社の祭りに関する史料が散見された。安政五年（一八五八）八月の段階で、雷神社の御輿が修復されており（A2-6、後掲の史料3）、少なくともそれ以前から雷神社に御輿があったことがわかる。また、延享元年（一七四四）より以前には、現在と同様、九月十五日に祭りが行われていたことも、次の史料2から明らかである。

【史料2】（「畠山家文書」A6-44-3）

まいねん共としこと共　よひ也

貴殿氏神雷神御縁《えん》日、毎年九月十五日ニ」御祭礼ニ御座候処、我等此度右御祭礼相借り」、如例年《れいねん》之九月十五日ニ我等方ニ而右御祭礼」仕筈ニ申合候処、相違無御座候、如毎年之夜《よ》籠丼」惣而只今迄仕来候通、神前之守護《しんせんしゅこ》無懈《け》」怠《たい》可仕候、勿論者諸神尾花米等も我等」方ニ而受納《しゅのう》仕筈ニ御座候、此末貴殿勝手を以」右山祭礼《おこたる》御取返《おこたる》被成候ハ、、無異儀相返可申候」、末々相違為無之、立合人相立証文如件御座候、以上、

【地図２　東山地域】

（『日本歴史地名大系　第三巻　岩手県の地名』平凡社、1990 年、特別附録、20 万分 1 「岩手県全図」をもとに作成）

※注：東山町・大東町・千厩町・室根村は全て、一関市内地名。

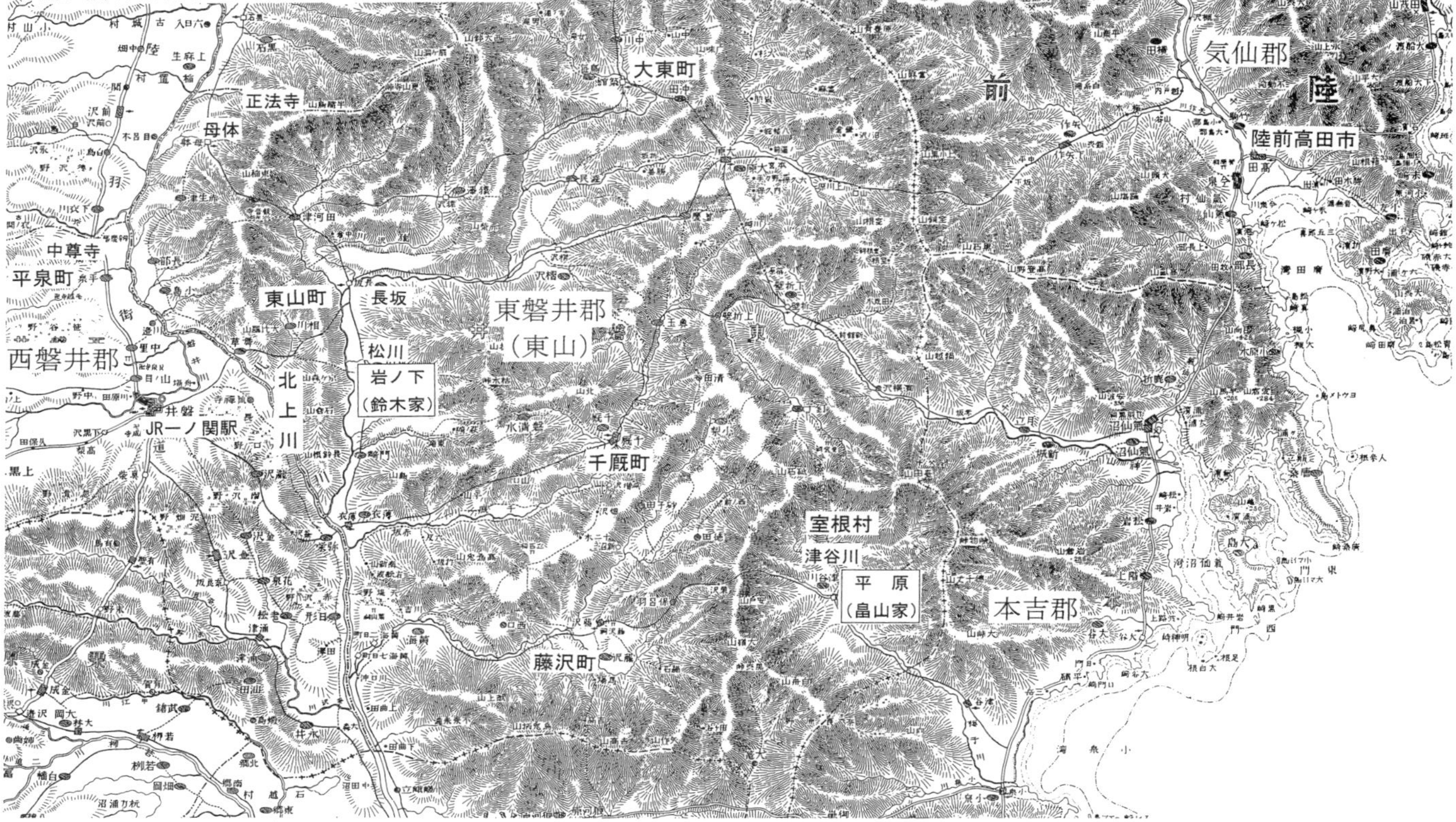

東山津谷川村
金剛院（黒印）
同同村町やしき立合人
彦右衛門
延享元年《一七四四》十二月
同同村平原やしき
右雷神別当　平右衛門殿

史料2によれば、畠山家の氏神雷神の縁日である九月十五日には、毎年祭礼が行われていた。この時、この祭礼を金剛院が借り、例年のように九月十五日に金剛院方で祭礼を行うことになったという。ここに見える金剛院とは、かつては字中倉に所在し、その後、字平原見立に、近世には本宿に移った寺院である。平原見立の金剛院は、元亀三年（一五七二）、万宝院の開山といい、『安永風土記』には本山派修験とある。平原見立には、現在、寺跡と思われる平場のみが残されている（地図1参照[11]）。

先にみた史料1で、畠山家の先祖内記が修験者に雨乞いを頼んだとあるように、東磐井郡や気仙地方では、修験者と産金との関わりが深いことが知られている。金剛院の文書は、同院を営んでいた榊原家文書として伝来しているが、同家は「鉱山師」であったという。主に近世後期だが、榊原家文書には産金関係史料も伝来している。近世に入り、中倉では金が採れるようになったといい、当初、金剛院が中倉にあったと伝わるのも、産金と関係していると考えられる。

そのような金剛院が、延享元年（一七四四）に畠山家から雷神社の祭礼を借り、夜籠りも神前の守護も行う代わりに、「諸神《者》尾花米等」を我等方が受け取るという契約を畠山家と結んでいたことがわかる。「諸神《者》尾花米等」の詳細は不明だが、雷神社では、九月の祭り以外にも毎月一日・十五日・二十八日には「オハギリ」(お米)を持ってお参りする慣習があると聞いた。「諸神《者》尾花米等」も神社に奉納する米のことであろうか。九月十五日の祭礼では、参加者が「諸神《者》尾花米等」を雷神社へ奉納し、それは祭礼を取り仕切る畠山家に納められていたものと思われる。なお、同様の史料は安永四年(一七七五)十月にも確認できる(「畠山家文書」A6-41)。

なぜ金剛院が、畠山家から祭礼を借りることになったのか、その背景は不明である。近世後期には畠山家が経済的に困窮し、津谷川村の肝煎を務められなくなったことや、主たる産金場が中倉に移動し、中倉の産金に金剛院が関わっていたらしいことが関係するのかもしれない。詳細は明らかではないが、十八世紀中頃に、雷神社の祭礼の貸し借りが行われ、それにともなう「諸神《者》尾花米等」を取得する権利をめぐり、金剛院と畠山家が争っていたことが知られる。また、その争いにおいては、雷神社の祭礼とは直接関わりがないと思われる、津谷川村字本宿町屋敷の彦右衛門が立会人として仲裁を行っていることも注目される。

第五節　親類中と雷神社

最後に、この雷神社の維持には、津谷川村内の家や寺院だけではなく、村外の家々も関わっていたことをみていきたい。その点が明らかになるのが次の史料3である。

【史料3】(「畠山家文書」A2-6)

(表紙)
安政五年(一八五八)

雷神宮御輿修覆（復）奉加帳
八月吉日
（表紙裏）
東山津谷川村
　地主若番
　　平兵衛
世話人
　　与惣治
同
　　貞作
同
　　菊治
同
　　亀之助
同
　　繁吉
（一丁表）
　　　中屋敷

〔注〕
＊平原　畠山優家

一、八百文　専右衛門
　　小林屋敷
一、五百文　丑蔵
　　同
一、四百文　栄助
　　同
一、四百文　鳥松
　　中屋敷
一、三百文　林右衛門
（二丁目裏）
　　杢倉屋敷
一、四百文　条左衛門
　　西風屋敷
一、弐百文　勘吉
　　干場屋敷
一、弐百文　留吉
　　小林屋敷
一、弐百文　五左衛門

＊北小梨村（一関市千厩町）畠山篤雄家

＊北小梨村に所在

＊北小梨村に所在

＊北小梨村に所在

＊北小梨村に所在

＊松倉屋敷カ、北小梨村に所在カ

＊「西風屋敷（ならいやしき）」北小梨村に所在

＊北小梨村に所在

＊北小梨村に所在

同

一、弐百文　卯右衛門

（二丁目表）

田中屋敷

一、弐百文　忠蔵

要害屋敷

一、弐百文　富治

杢倉屋敷

一、弐百文　丈吉

干場屋敷

一、百文　半兵衛

西風屋敷

一、五百文　畑野丑太郎

（二丁裏）

世話人　西風屋敷

一、壱貫文　畑野源七

〆五貫七百文

内百文□□（不明）

＊北小梨村に所在

＊釘子村にも所在するが、北小梨村に所在カ

＊「腰谷屋敷（ようかいやしき）」カ、北小梨村に所在

＊松倉屋敷カ、北小梨村に所在カ

＊北小梨村に所在

＊北小梨村に所在

＊北小梨村に所在

直々　拾四切五分也、
右之内　手形拾弐切相渡、
残而　弐切五分不足、
右之通せ話分如此、
北小梨村
畠野源七
*畑野源七に同じ(12)

九月十五日
本家
平衛様《(ママ)》
与惣治殿
亀之助殿
喜久治殿
御親類様中
（三丁表）

これによれば、安政五年（一八五八）に雷神社の御輿が修復され、北小梨村の畑野（畠野）源七が世話人となって、小梨村の中屋敷専右衛門以下から修復のための費用を集めたことがわかる。本家の平兵衛は、先に雷神社にあるという安政四年の棟札の願主として所見される、畠山優家の先祖である。中屋敷・小林屋敷・西風屋敷（ならいやしき）・干場屋敷・田中屋敷・腰谷屋敷（ようかいやしき）は、安永四年（一七七五）「風土記御用書出」で確認できる北小梨村の屋敷名である。畠山篤雄氏によれば、いずれの家も平原の畠山優家から分かれた由緒を持つか、分家して北小梨村に居住する畠山家から、さらに分かれた家だという。

畠山優家は、北小梨村をはじめ、村外に親戚関係を展開していたことは別稿[13]でもふれた通りである。特に、史料3に見える中屋敷専右衛門家の子孫である畠山篤雄氏は、現在でも畠山優家で「イトコサン」と呼ばれ、江戸初期に形成されたという本家―分家間の親類関係が維持されている。

十九世紀の中頃は、すでに平原周辺では金の採取が難しくなっており、畠山家も津谷川村の肝煎を務めていない時期にあたる。もともと、雷神社の御輿修復等で北小梨の「親類」も費用を負担していたのか、この時期における平原畠山家の経済状況と関わりがあるのかは定かではない。だが、平原畠山家の氏神雷神社の維持のためには、畠山家の親類中として御輿修復費用を融通し、雷神社と本家畠山家の存続を図っていたことが窺える。今回は明確にできなかったが、おそらく逆の関係、つまり、本家が分家の維持・存続のためにはたらく場合も、想定できるのではないだろうか。

おわりに

産金のために祀られたという雷神社は、畠山家の氏神であり、同家が別当を務め、毎年九月十五日には祭礼を執り行ってきた。同時に、少なくとも近代以降においては、産金を通したつながりの深い平原・古金生の家々によって雷神社の講は営まれ、さらに祭礼ではその二地域に、景観的には平原と一体となった小字下川原の一部も加えた「村内」を御輿が廻っている。畠山家という一つの家だけではなく、講・祭礼に参加する地域といった、重層的に存在するいくつかの集団によって雷神社は支えられてきたことが窺える。講に参加する家が所在する地域と、祭礼を行う地域が異なる理由は定かではないが、雷神社を中心に結束する集団が多元的に存在することにも注意を払っておきたい。

また、これも詳細はわからないが、十八世紀には祭礼を村内の修験寺院である金剛院に貸していたことが知られる。おそらく、祭礼を寺院に貸すことで、神社の祭礼を存続できた場合もあったということであろう。産金という生業と深く関わる雷神社は、産金のために尽力したという畠山家だけではなく、同じ産業に携わる金剛院という村内寺院によっても、維持されてきたものと思われる。このような祭礼を執り行う主体の変遷は、産業の振興を中心的に担う主体が、畠山家から金剛院へと変わって来ていたことを物語るとも考えられる。だがこの祭礼の貸し借りは、「諸神《者》尾花米等」を得る権利をめぐる問題を生じさせた。そのため、「諸神《者》尾花米等」の行方をめぐる争いでは、「村内」と認識される雷神社の御輿が廻る地域を越えた、本宿の町屋敷が立会人となる場合があった。これは、平原を中心とする「村内」の問題が、本宿の町屋敷の仲介で解決が図られたものであり、本宿によって平原を中心とする地域のまとまり、秩序が保たれる場合があったことを垣間見られる事例といえよう。

さらに、雷神社の存続のためには、津谷川村を越えた地域も関わっていた。平原畠山家は、畠山家本家として村外にも分家を輩出し、親類中と認識し合う関係を築いていた。その親類中が、十九世紀中頃には本家の氏神のために費用を出し合っていたのである。すでにこの頃には、同地域での金の採取は困難となり、そのためか、畠山家は肝煎を務めなくなっていた。そのような時期の畠山家と、その氏神で村の生業と関わりの深い神社の窮状に際しては、他村に展開する親類中が頼られ、親類中が合力するという関係があったことを窺える。これを十九世紀中頃の特色とみる余地もあるが、この本家―分家関係が江戸初期に形成されたと伝わることを踏まえるならば、本家の危機とそれにともなう村の生業の危機に際して、親類中が何らかの役割を果たす関係は、江戸初期からみられたとも考えられよう。

おそらく、本家が分家および分家の所属する村のために合力する場合もあったと思われる。合力の内容や親類中のあり方には、時代的変遷があったことも想定できるが、今回は検討することができなかった。

以上、雷神社について考察を試みた。明らかにすべき問題も多く残されたが、全て今後の課題としておきたい。

註

（1）本章で取り上げる陸奥国東磐井郡津谷川村平原（現岩手県一関市室根町）の産金および「畠山家文書」については、研究代表者：池享、平成十八年度〜二十一年度科学研究費補助金　基盤研究（B）研究成果報告書『中近世移行期における鉱山開発と地域社会の変容に関する研究』（二〇一〇年）に詳しい。

（2）「躰」は、①からだ、②手足、③かたち〔（イ）ありさま。形状。形質。現象。（ロ）すがた。容姿。など〕。④⑤略。⑥もと〔（イ）根茎。（ロ）くくり。（ハ）さが。もちまえ。本姓。（ニ）本体。物自体。本然〕などの意味がある（『大漢和辞典』大修館、一九五九年）。ここでは、砂金を含んだ土や金鉱石から採った岩金などを指すか。なお、土中の金や岩金の解説とその採取方法については、産金遺跡研究会編、代表平山憲治・執筆野村節三「岩手県気仙地方産金遺跡要説―産金遺跡研究会による調査・研究―」（前掲註（1）所収）参照。

（3）「根合」を考えるとは、土を崩して鉱脈を発見するまでの過程を指すようだが、詳細は不明である。「根合盤」とも見えるので、鉱脈筋のある岩盤の状態を考えるという意味か。

（4）「蔓（つる）」は「鉉」とも書いて、鉱脈を意味する（『日本国語大辞典』小学館、二〇〇一年）。

（5）この用水路および溜池の維持・管理は、誰が担っているかなどは今回明らかにできなかった。山の所有者や山守の役割を含めて検討すべきと思われるが、今後の課題である。

（6）この点については、藤井崇「津谷川の調査報告」・糟谷幸裕「津谷川の産金遺跡」（前掲註（1）所収）参照。また、気仙地方でも、同様の産金が行われていたという（前掲註（2）論文）。
（7）藤木久志編『日本中世気象災害史年表稿』（高志書院、二〇〇七年）による。
（8）青森県三戸郡・岩手県上閉伊郡・茨城県稲敷郡の方言として、神官・神主のことを指す事例が知られる（「別当」『日本国語大辞典』小学館、二〇〇一年）。
（9）室根村文化財調査委員会編『室根村文化財調査報告書　第七集　室根村の神社とお寺』（室根村教育委員会、一九九一年）。
（10）前掲註（9）書。
（11）前掲註（9）書。
（12）「畠山家文書」A2-6に所見される家の比定は、畠山優氏および畠山篤雄氏のご教示による。
（13）拙稿「津谷川村と畠山家文書」（前掲註（1）所収）。

第四章　水利調査からみた村落
―和泉国木島地域の村落―

はじめに

「昔の人は、えらいこと考えたなぁ」。三年に渡る木島地域の聞き取り調査を通して、土地の人々から何度聞いたかわからない言葉だ。「えらいこと」とは、秬谷川《きびたにがわ》・蕎原川《そぶらがわ》から引いた水が、微妙な土地の高低を辿りつつ、いくつもの溜池に貯水され、天水も利用しながら木島地域（水間・三ツ松・森・名越・清児の五カ村）の田畑に届けられるシステムのことである。実際、地図を片手に、多くの方々にお話をうかがったわれわれは、「そんなことが本当にできるのか？」と、失礼とは思いつつ疑念を抱かざるを得ないことがたびたびあった。だが、現地に赴くたび、「本当だ」と驚かされたのである。昔の人々の知恵と労力には、実に驚嘆させられるばかりであった。

しかし、そのことは逆にいえば、それほどの知恵と労力をそそがなければならないくらい、この地域は水の確保が困難な地域であったという証でもある。もっとも、現在の用水のあり方を、いつ頃まで遡って考えることができるのかはわからない。だが、溜池の中には、中世段階において史料的に確認できるものが少なくないのである（この点については後述）。おおよそのあり方は、中世には形成されていたのではないだろうか。要するに、現代に生きる木島地域の水の確保と利用状況を復元すれば、おそらく中世にまで遡り得るこの地域のあり方をいくらかは復元できるものと思われる。また、実際に現地を歩くと、各田畑で水を確保する方法が、かなり具体的に確認できることもわかってきた。水の獲得が困難な当該地域では、その方法の変更、つまり水獲得の権利変更がそれほど行われたとは考え難い。古い段階の有り様を伝えるものと考えられよう。そのため現在確認できる木島地域における水利利用状況のあり方を復元し、そこから中世の木島地域のあり方を想定し、考察を加えることができると思われる。そこで本章では、当該地域の人々の生活、それに規定される村の構造、さらに村を越えた関係やつながりとしての木島地域、これらを追究していくこととしたい(1)。

なお、当該地域における水利関係の研究には、以下のものがある。まず、概説的なものに『貝塚市史　第一巻　通史』(一九五五年、以下『市史一』と略記)・『貝塚市史　第三巻　各説』(一九五七年、以下『市史三』と略記)があり、和泉地方の宮座研究およびそれと深く関わる農業や、民俗芸能に注目したものに、大越勝秋氏による一連の研究がある(2)。そこでは、同地域の井堰を祀る井堰社が水間寺であること、樋祝いの様子などが述べられている。水間の寺座である上座は、井堰の維持管理、用水の豊かなことを祈念して八大龍王神を祀っているという。聞き取りなどでは、水間村は、用水の維持管理(清掃・修理など)には直接関与していないとのことであったが、宗教的役割において、用水問題に寄与していることが知られる。さらに、具体的な用水・溜池の有り様について解説したものに、中野義郎氏の『近木川ものがたり』がある(3)。これは、特に水利のあり方を理解する上でポイントとなる堰や樋について詳しい記述がある。今日、すでに変容してしまった事柄もあり、本章においても学ぶ点が多かった。また、和泉地方は条里制遺構が多く残る地域としても知られ(4)、その遺構は木島地域にも残存する。歴史学における成果としては、木島荘に隣接する近木荘の条里制遺構を考察する中で、木島荘のそれにふれた近藤孝敏氏の研究などがあり(5)、考古学的成果としては、前川浩一氏による報告などがある(6)。

だが、水利の問題は、実際の利用者のみが知る事柄も多く、聞き取り調査と踏査を重ねた上でなければ、実態を究明することは難しい。そして、実態に即した水利の復元を踏まえなければ、先に目的として掲げた地域（各村・木島地域）に住む人々の生活・構造等々を知ることはできないものと思われる。そこで、これらの研究史を踏まえつつ、以下では、まず同地域の水利のあり方について概説した上で、各用水と溜池について、そのあり方、灌漑地域、現在の水利用慣行等を考察していくこととしたい。

第一節　木島地域の水利

1　木島地域

現在の大阪府貝塚市の東部に、木島荘は位置する。葛城山を始めとする和泉山脈を背に、丘陵地を近木《こぎ》川がほぼ中央を流れ、大阪湾に流れ込む。この近木川のつくる浸食谷、木島谷の東部が木島荘、海よりの西部が近木荘になる。

木島地域としてのまとまりは、すでに「和名抄」に木島郷としてみることができる。宝治二年（一二四八）十二月五日付鎌倉幕府下知状（「久米田寺文書」『大日本史料　第五編之二十七』）によれば、この時に木島郷は荘号を与えられ、木島新荘の名が所見される。鎌倉時代には、木島荘は上下に分かれていたらしい（暦応四年〈一三四一〉九月十五日付足利尊氏下文写「今川家古文書」『市史三』）。戦国期には、近世村につながる五カ村が形成されており、谷の上流部から、水間・三ツ松・森・名越《なごせ》・清児《せちご》の順となる。水間には、行基開創という伝来をもつ水間寺があり、この旧参道（水間街道）が近木川と平行して海側へと続いている。各村の集落は、それぞれその参道沿いに形成されている（次頁図）。

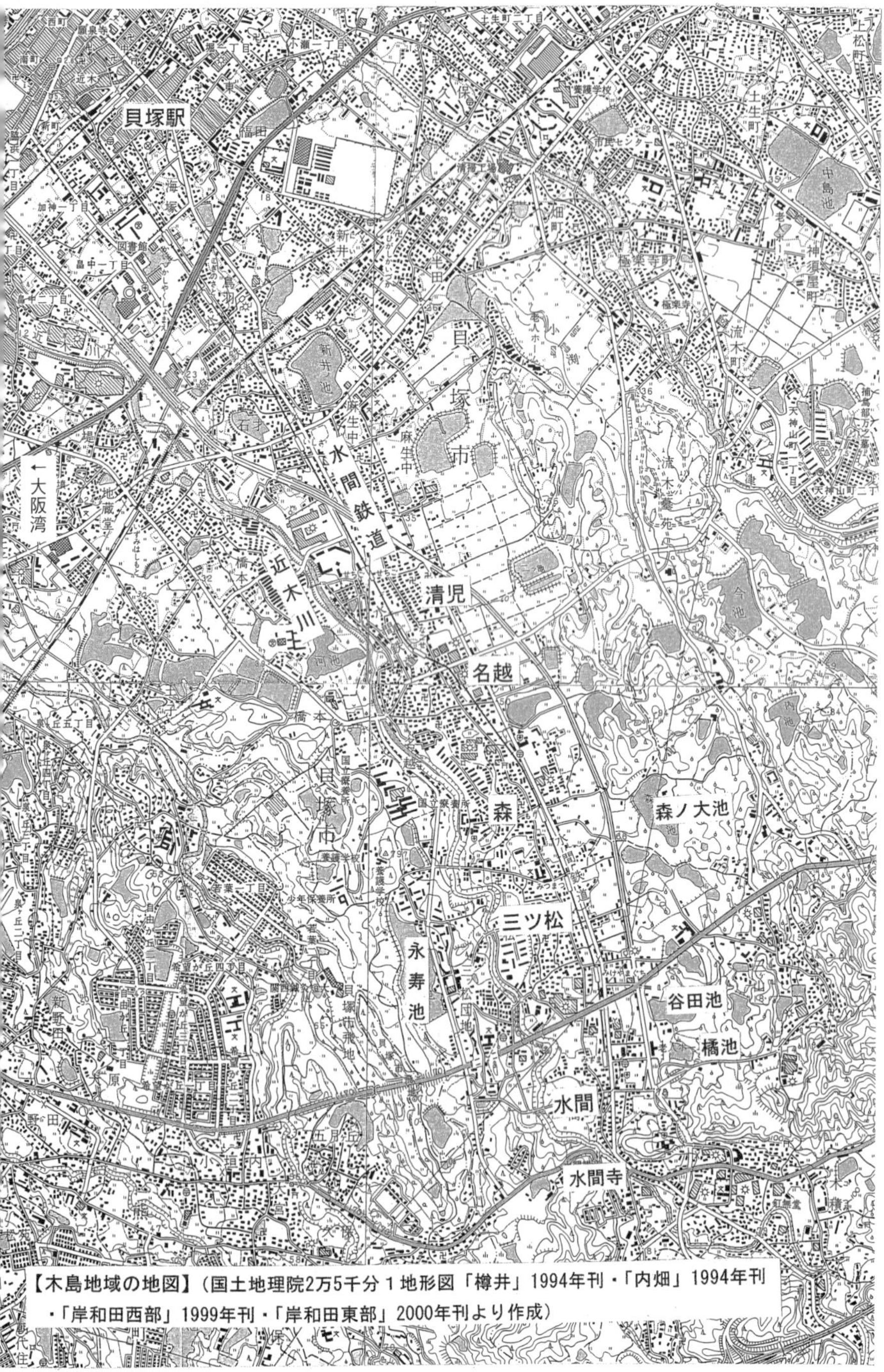

【木島地域の地図】（国土地理院2万5千分１地形図「樽井」1994年刊・「内畑」1994年刊・「岸和田西部」1999年刊・「岸和田東部」2000年刊より作成）

2 木島地域の水利

本項では、木島地域における水利の概況を述べておくこととしたい。木島は、南東から北西に向かって流れる近木川沿いに広がる地域である。そのため、基本的には最も土地の低い近木川から離れるに従って土地は段々と高くなっていく。当然、溜池は山側に配置されることとなる。そして、耕地が広く、水の確保が難しい下流の村々の溜池には、天水の他、近木川上流の秬谷川・蕎原川から取水した水が用水路を通して届けられる。溜池の水は、土地の高低を辿りながら、特定の田畑に届き、田畑からの排水は、最終的には近木川へと落とされる。簡単にいえば、そのような水利構造になっている(地図1参照)。

同地域を流れる用水には、木島井《きじまゆ》の他、南北近木荘が利用する永寿池《えいじゆいけ》に向かう用水がある。木島井には、二つの用水系があり、取水口がそれぞれ異なる。一本は、幾筋かに枝分かれしつつ南から北へと流れていき、三ツ松以北にある溜池に水を送っている。もう一本は、現在、水間《みずま》南西部の灌漑に使われている。永寿池用水は、永寿池の貯水を目的とする水路であるが、その通過途中にある水間では、その水を利用している。

次に、溜池について簡単にみておきたい。明治二十三年(一八九〇)作成の土地台帳によれば、各村の溜池数は以下の通りであった。(7) 水間＝三六カ所(うち三カ所は個人所有)、三ツ松＝八三カ所(うち八カ所は個人所有)、森＝七〇カ所(うち一二カ所は個人所有)、名越＝二六カ所(うち一四カ所は個人所有)、清児＝二三カ所(うち三カ所は個人所有)であった。計二三八の溜池があったことになる。『市史二』によれば、木積を取水口とする用水の灌漑地域に所在する溜池は、追辺池(オイベイケ・オリベイケ)のほか三五四カ所であるという(木島地域以外も含めてであろう)。その内三三五カ所は個人所有の溜池といい(四〇頁)、田地一枚につき、一つの溜池があるほどの数であったことが知られる。だが、現在は耕地の減少、溜池の統廃合により、主要な溜池を残すのみである。

善造池
三ヶ山
薬師池
新池
西の池
高田池
小池
新池
青少年運動広場
第三中学校
平池
国道170号
善兵衛ランド
谷田池
橘池
道路③
木積
配水池
丹後池
片山橋
葛城小学校
A−1
A−2
B
C−2−2
道路①
三ツ松
C−2−1
C−2
A
水間駅
水間
中野織布
C−1
D
水間病院
JA
堰（A・B・C用水）
蕎原川
葛城橋
木積橋
馬場
水間寺
堰（D・永寿池用水）
秬谷川
三ツ松住宅
大原橋
水間大橋
香波池
永寿池用水
永寿小学校
府道水間和泉橋本停車場線
三ツ池
金宝池
残シ池
貝塚市飛地
貝塚市飛地

【地図１　木島地域の水利関係地図】

（貝塚市役所刊 10000 万分１地図より作製）

現存する主な溜池をあげれば、東南（水間側）から、橘池《たちばないけ》・谷田池《たんだいけ》・平池《ひらいけ》・追辺池・森ノ大池《もりのおおいけ》・集原池《あつばらいけ》・鳥の池《とりのいけ》・コモ池・溝池《みぞいけ》・二ツ池がある。いずれも、近木川よりも北東側に位置する。この他に、近木川の南西側に永寿池があるが、この利用権は南北近木に属するので、本章では考察対象から外しておく。

木島にある溜池の各利用権は、以下の水利組合が有する。橘池＝水間、谷田池＝三ツ松上代、平池＝三ツ松の一二家（個人持ち）、追辺池＝三ツ松下代、森ノ大池＝三ツ松下代・森、集原池＝名越、鳥の池＝名越、コモ池＝名越、溝池＝清児、二ツ池＝清児、となる。基本的には、各村単位で溜池を所有・管理している。だが、三ツ松は上代《かみだい》・下代《しもだい》二つの水利組合が存在し、当該地域で最も大きな溜池である森ノ大池については、三ツ松下代・森が共有していることが特徴的である。

以上の用水および溜池の管理・運営等にあたっている水利組合には、現在、水間・三ツ松上代・三ツ松下代・森・名越・清児の組合があり、本調査では、各代表の方々にお話をうかがうことができた。また、各地域の踏査にあたっても、実際に耕作をされている方々から、いろいろとお教えいただくこともできた。以下では、そこでご教示いただいたことを踏まえ、各用水・各溜池の現状について、それぞれ考察を加えていくこととする。

第二節　木島地域の用水―木島井《きじまゆ》（A・B・C・D）水系・永寿池《えいじゅいけ》水系―

1　用水の取水口（堰）と概況

木島地域を南から北へといくつかに枝分かれしながら横断していくのが木島井である。つまり、木島井は、木島地域全体に関わる最も重要な用水といえる。前述のように、その水源は二つある。一つは、秬谷川《きびたに》と交る前の近木川、つまり蕎原《そぶら》川である。現在のJAかいづか（現貝塚市木積）の西、葛城橋の北にある堰から取水し、蕎原川沿いに用水が流れている。途中三本に枝分かれするので、仮にこれをA・B・C用水とそれぞれ呼んでおくこととしたい。もう一つは、秬谷川に架かる上通天橋《かみつうてんばし》の下にある堰が取水口である。これは現在、水間地域を灌漑する用水で、仮にD用水と呼んでおくこととする。ここからは、三ツ松にある永寿池まで水を送る用水も取水している（以上、地図1・2参照）。

地図1に示した通り、堰はいずれも水間寺東側にあり、それぞれがそれほど遠くない所に位置している。これらの名称には、諸説あり、確定することはできなかった。蕎原川のJAかいづか下の堰は、聞き取りによれば木島本井堰・木島西井堰であるという。また、秬谷川の上通天橋下にある堰は、中野義郎氏が、著書『近木川ものがたり』の中で木島西井堰・小久保西井堰・近木庄井堰があったと記している(8)。聞き取りによれば、同堰は、小久保本井堰・小久保西井堰であるとのことであった。おそらく、この混乱の要因は二つあると思われる。一つは、地域によって用水の名称が異なることである。もう一つは、もともと現在のD用水とC用水は一つに繋がっていたものの、道路で分断され、C用水はBから分水する流れに変わったことに起因するのではないだろうか。井堰の名称になっている「小久保（コクボ）」は、旧水間村名主井出家の南側から、水間鉄道水間駅南部にかけての小字名である。もともとは繋がっていたC・D用水が同地域を灌漑していることから、かつては同用水を小久保本井または小久保西井と称していたのかも知れない。

2　木島井（A・B・C）用水

まず、A・B・C用水について考察したい。これらは、水間における聞き取り調査では、「木島本井《きじまもとゆ》」と呼ばれて

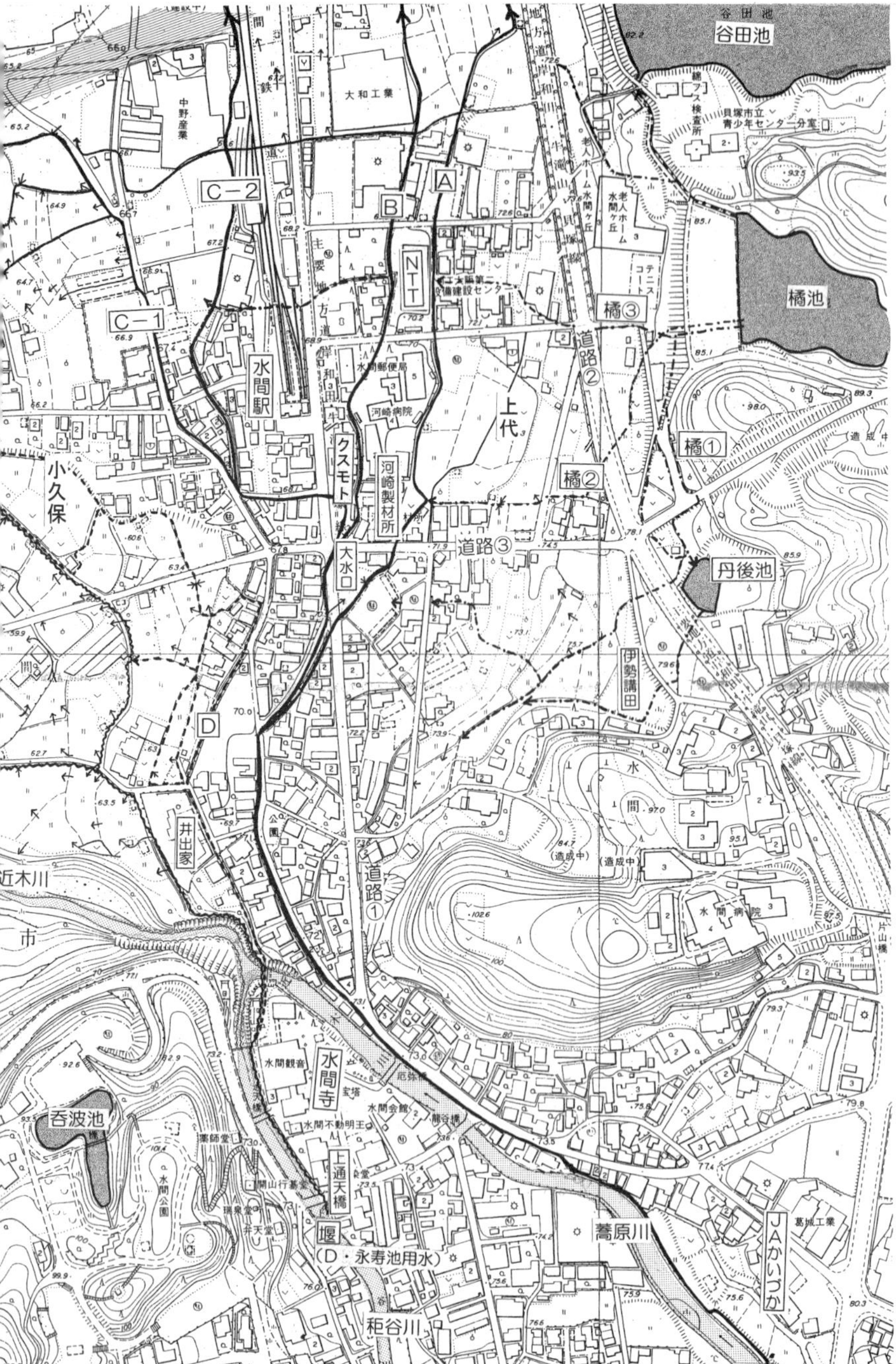
谷田池
貝塚市立
青少年センター分室
老人ホーム
水間ケ丘
テニスコート
橘池
橘③
橘①
橘②
丹後池
伊勢講田
道路②
道路③
道路①
上代
NTT
A
B
C−2
C−1
D
水間駅
クスモト
河崎製材所
水間郵便局
河崎病院
大和工業
中野産業
大水口
小久保
井出家
近木川
水間寺
水間観音
水間会館
水間不動明王
龍谷橋
上通天橋
堰
(D・永寿池用水)
吞波池
水間公園
弁天堂
蕎原川
秬谷川
JAかいづか
葛城工業
(A・B・C用水)
水間病院
片山橋
(造成中)

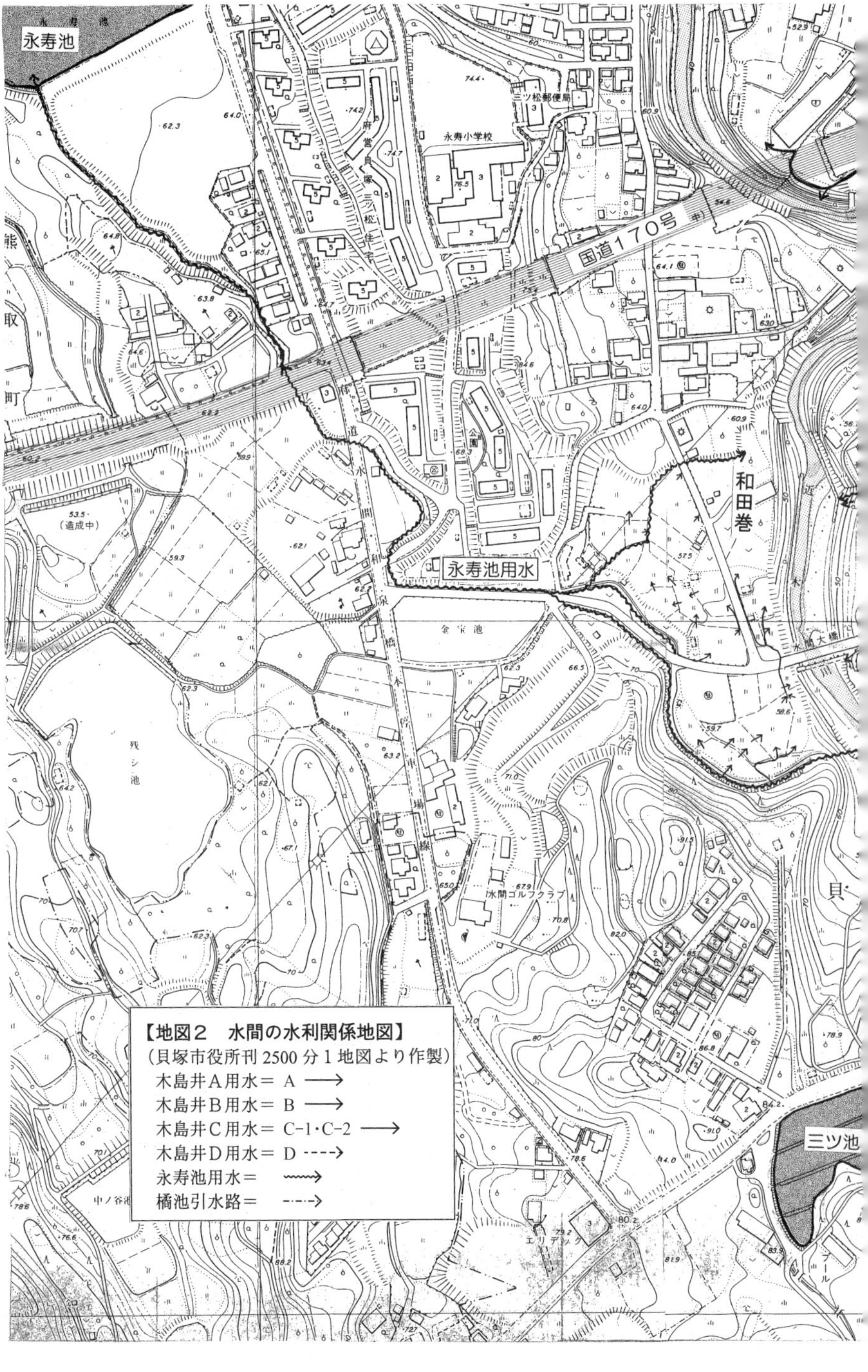

【地図２　水間の水利関係地図】
（貝塚市役所刊 2500 分 1 地図より作製）
木島井Ａ用水＝ A ⟶
木島井Ｂ用水＝ B ⟶
木島井Ｃ用水＝ C-1・C-2 ⟶
木島井Ｄ用水＝ D ---->
永寿池用水＝
橋池引水路＝
永寿池
永寿池用水
国道１７０号
和田巻
三ツ池
永寿小学校
三ツ松郵便局
金宝池
残シ池
水間ゴルフクラブ

いた。三ツ松上代《かみだい》地域では、A用水を「ウワケタ」、B用水を「ナカケタ」、C用水を「オオミゾガワ」と呼んでいるという(9)。三ツ松よりも下流の人々は、C用水を指して「木島本井」、または「大溝（オオミゾ）」と呼んでいるようである。その呼称が地域によって異なるため、説明上A・B・C用水と名付けておきたい。

堰から取水した水は、蕎原川沿いに流れ、住居脇やその下を潜って水間寺西側に沿って走る主要地方道岸和田・牛滝山・貝塚線（以下、道路①と略記、地図1・2参照）の歩道下、そして水間寺旧参道沿いに流れていく。その旧参道を約二〇〇m北へ進んだところで、同水系は三本に分岐する。だが、そのうち西側の一本は、参道沿いに行った後、道路①と水間大橋を結ぶ道（以下道路③と略記、地図2参照）に沿って西下し、D用水の灌漑地域の田へ流れ込み、D用水に合流している。その他二本の用水は、一〇〇m程北東に並んで進む。この時、両水路は、これから進む土地の高さに合わせて段差がつけられている。東側の高い水路を流れる用水をA、西側の低い用水をBと表記しておきたい。A・B用水は段差を保ちながら、道路①にぶつかる。この地点から、両用水は約五〇mの間隔をあけて、それぞれの周辺を灌漑しつつ、北へと平流していくこととなる。A用水は、三ツ松を通過して森にある追辺池、さらに森ノ大池へ注ぎ込み、B用水は、三ツ松の途中でその役割を終える。

また、西側のB用水は水間内で再び分岐する。東側をB用水、西側をC用水と呼んでおくこととする。このC用水は、水間を抜けた後、三ツ松・森・名越を通過して、清児の二ツ池まで水を届けている。

では、次に分流してからのA・B・C用水の流れをそれぞれみていくこととする。

A用水

Aは、道路①下を通過して道路沿いに所在する田に水を供給する。この最初の水田は、「大水口（オオミナクチ）」という古名を持つ（地図2参照）。同田地の現所有者によれば、水を入れることなどは自己管理であるという。また、同地は文禄三年(一五九四)八月十八日付「弾正様帳面(御検地帳)之写」(東京大学史料編纂所架蔵「井出家文書」)に「大水之口」と所見され、上々田であったことが知られる。その後、A用水は河崎製材所東側、河崎病院東側を通過して、北へ四五〇m進んだ所で、主要地方道岸和田・牛滝山・貝塚線(以下、道路②と略記、地図1・2参照)にぶつかっている。この辺りで、A用水は二度目となる水の供給を行っている。道路②とB用水の間にある田畑を灌漑しているのである。その余り水は、Bに注ぎ込む仕組みになっている。そして、Aは国道一七〇号(大阪外環状線)の地下を潜り、三ツ松へと向かう。

だが、ここでAがどのように国道下を通っているのかについては、今回追究することができなかった。踏査の限り、国道一七〇号を越えて以降、道路②の東西両端に水路をそれぞれ確認することができる。つまり、この交差点から、Aは一度二本に分岐するわけである。おそらく道路施工工事にともない、流路の変更があったものと思われる。従来は、東端の用水路が主水路であったものと見うけられる。仮に、この二本の用水を東側のものをA-1、西側のそれをA-2と呼ぶこととする。

A-1は、道路②に沿って約五五〇m北へ向かい、三ツ松にある追辺池に流れ込んでいる。さらに、追辺池からは、森にある森ノ大池、さらに名越の集原池に貯水される。ただこの時、一部の用水は、追辺池に入る直前に分岐し、追辺池・森ノ大池に入らずに直接集原池に流れ込んでいることが確認できた。このA-1は、道路②との間に散在する数枚の田畑に水を供給していることもわかった。だが、基本的には追辺池以下の溜池に貯水することを目的にしている用水といえる。そして、A-2は、道路②沿いに北進し、平池灌漑地域(後述)の手前で、B用水に合流する。それまでの約四五〇mの間にある田畑に、A-2が水を引いていることも確認できた。

また、三ツ松下代水利組合長(二〇〇一年当時)の西坂信雄氏によれば、同用水の清掃などの管理は、三ツ松下代・

森の二カ村で行っているとのことであった。毎年二月十六・十七日に、両村で水路の「ケタホリ」（清掃）を行うのだという。それは、同用水を使って貯水する森ノ大池が、同地域を灌漑する溜池だからである。そして、十八日より溜池に水を入れる。池に水を張るには一カ月ほどの期間を要する。水利の当番は、三ツ松では五人おり、「常当番（ジョウトウバン）」と呼ばれている。

B用水

B用水は、Aと分岐した後、道路①の西端沿いに五〇m程進み、東西へ走る道路③にぶつかる。その交差点で道路①の地下を潜り、三〇m北東に向かった地点で、Bはさらに二本に分流する。その地点は、「クスモト」という古名で呼ばれている。前述のように、説明上、東側をB用水、西側をC用水と名付けておく。

Bは、Aと五〇m前後の間隔を保ちながら、河崎病院の西側、大和工業の東側を通過し、国号一七〇号にぶつかっている。その間、約一五〇m西を流れるC（C-1＝後述）用水との間にある田畑へ水を供給している。国道一七〇号の地下を潜り抜けた後は、道路②の西七〇～八〇mの位置を約三五〇m北進して、前述のようにA-2と合流する。そこからは、平池灌漑地域の西限に沿って進み、追辺池からの用水と合流する。なお、平池灌漑地域は、B用水よりも数十cm高い位置にある。そして、この追辺池用水との合流地点で西へと進路を変え、さらにC用水に合流する。ちょうど現在の水間鉄道三ツ松駅付近にあたる。このB用水が追辺池からの用水と合流し、西へ流れる部分が、三ツ松の上代《かみだい》・下代《しもだい》の境目であるという[10]（地図3参照）。また、Bは、約一五〇～二〇〇m西のC用水との間に位置する田畑に水を賄っていることが確認できた。つまり、ここからB用水の目的は、Cとの間にある三ツ松上代地域の灌漑であったことが明らかとなった。

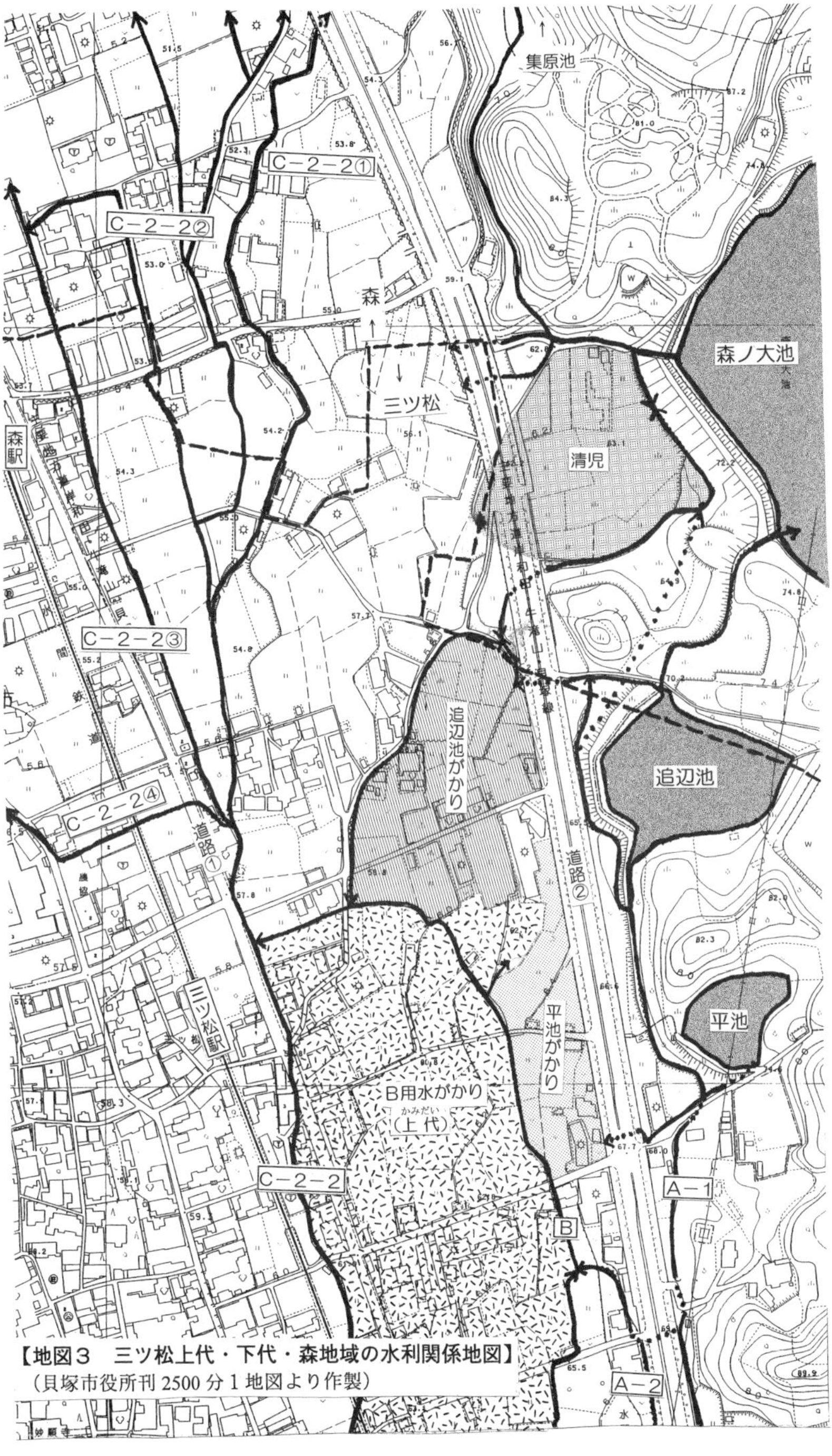

【地図３　三ツ松上代・下代・森地域の水利関係地図】
（貝塚市役所刊 2500 分 1 地図より作製）

C用水

次に、C用水についてみていきたい。Cは、「クスモト」で西に進路を変え、道端を八〇mほど流れて水間寺旧参道にぶつかる。ここでCは、さらに二本に分流する。西側を流れる用水をC-1、東側のそれをC-2と名付けておきたい。まずC-1についてである。同用水は旧参道沿いを北進し、辻堂（現在も辻堂が所在）で西側の道端を流れていく。国道一七〇号にぶつかった所で、西に折れ、近木川へと流れ込んでいる。その間、「小久保（コクボ）」と呼ばれる、参道より西側の田畠に水を賄っていた。そして、一部は国道下を越え、近木川に近い三ツ松側の田に水を入れている。その国道を挟んで近木川沿いの地域は、「大熊（オオクマ・オクマ）」という地字を残している。同地に田地を所有する方によれば、同地域では十二月に、二年交代で持ち回る代表者を決め、管理しているとのことである。代表者は田の広さに応じてお金を徴集し、管理費を賄うのだという。

次に、C-2用水についてみていきたい。C-2は、Bから約一五〇m西に離れた位置を保ちつつ、水間鉄道の線路西側を北へと流れていく。そして、国道一七〇号の地下を潜り、北側へ渡ると二本に分流する。分かれた内の西側の用水をC-2-1、東側をC-2-2としておく。C-2-1は、住宅街を抜けて二二〇m程進んだ所で、再び水間寺旧参道に出る。三ツ松の集落内を旧参道沿いに約三〇〇m北西に進み、水間鉄道三ツ松駅付近で西に曲がる。住宅街を二〇〇m程西に下ると、五枚ほどの田があり、ここに水を供給している。この田の西には、崖下に近木川が流れており、田から川へと排水している。聞き取りによれば、この田が三ツ松上代の北限であるという。

そして、C-2-2用水は、線路と併走しながら進み、三ケ山口駅の約一五〇m北の辺りで線路を跨ぎ、線路東側を流れる。この間、同水路は、西側の用水に到る迄に所在する田畠に水を供給している。さらに、三ツ松駅付近で道路①を越えて北進していく。前述のように、同駅付近で追辺池用水と合流したB用水が流れ込み、水量は増加する。そのためか、そこから五〇m北進した地点で、C-2-2は三本に分岐する。東側の用水は、森ノ大池から落とされる水も流れ込んでさらに水量を増し、一五〇m北でさらに二本に分かれている。このC-2-2から分流した四本の用水については、最東を流れるものをC-2-2①。それから分かれたものをC-2-2②。線路とほぼ平行して北へ流れる用水をC-2-2③、そして西に折れる用水をC-2-2④と呼んでおくこととする。

なお、C用水の清掃は、「下の人」＝三ツ松・森・名越・清児が、各村一〇人ほどで一月中頃に一日がかりで行っているという。[11] また、木島井（A～D用水）の水利権に関して、興味深い話を聞くことができた。谷田池の灌漑地域に田地を所有する北田藤清氏（昭和五年〈一九三〇〉生まれ）によれば、木島井の水利権は、基本的に、同用水の権利は三ツ松上代が強く、夏至から秋の彼岸までは、三ツ松上代の権限が強いとのことである。そのため、三ツ松下代の田を灌漑するC用水は、夏至以前に、池に水を溜めるのだという。上代では、余った水が下代・森へと流れると認識されていた。そのため、上代は森から「アナイ」（挨拶）を寄越したり、同用水の清掃を行うのだという。[12]

次に、分流してからのC-2-2①～④について見ていくこととしたい。

C-2-2①

三本のうち、C-2-2①が最も太く、水量も多い。Cの本流であり、名越・清児方面へと流れていく。森に住む人々からは「大溝（オオミゾ）」の名で呼ばれていた。

C-2-2①は、道路②に向かって北進し、集原池の手前でいったん地下を潜って道路②を跨ぐ。基本的に、道路②の東側は土地が高く、西側は低いのだが、この地点ではそれが逆転し、東側の土地が低くなっているためである。この森地域を流れるC-2-2①沿いには、明治段階では三ツ松の土地が飛び地として三カ所ほど見られることが特徴的である。[13] そして、一五〇m程道路②の東側を流れた同用水は、再び道路②地下を通って西北に進み、集原池―鳥の池間の水路と交差する。さらに、一五〇m先で道路②を三度越えて北進し、清児の二ツ池に注ぎ込むのである。

踏査の結果、C-2-2①が灌漑する地域は、西方のC-2-2②との間にある田畑であることがわかった。つまり、同用水の目的は、C-2-2②迄の田畑に水を供給することと、清児で最も大きな溜池二ツ池に貯水することの二つであったことがわかる。特に、大量の水が二ツ池へ注ぎ込んでいることから、後者が主要目的であったことも知られる。また、同用水から分流する水路は、条里制の残存からか、直線状に流れている部分が多い。これらの水路が鳥の池から南の部分の田を灌漑している。

C-2-2②

C-2-2①から分かれた後、C-2-2①とC-2-2③の間で分流を繰り返しながら北進していく。それは、この一帯が条里制遺構を今に伝える地域であることに関係する（この点については後述）。つまり、条里制の区画に沿って用水が分かれていくのである。そして、それぞれの用水は、鳥の池南側を東西に走る道にぶつかると、西に進路を変えて一五〇mほど道沿いに進む。そこでC-2-2③と合流し、道路下を潜って鳥の池を囲む溝の西側に注ぎ込み、役割を終える。この鳥の池西側には樋があり（後述）、ここから水量が増えている。C-2-2②は、鳥の池に到るまでの条里制遺構の区画に沿って、田畠に水を供給すること、鳥の池から出される水と合流し、それが賄うべき田畠へ水を落とすこと、この二つが目的であるとわかる。

C-2-2③

同用水は、水間鉄道にほぼ平行して流れ、鳥の池南側の道路にぶつかってC-2-2②と合流して西進する。同用水が直線に伸びているのは、かつての条里制の名残と思われる（後述）。最終的には、鳥の池からの水とともに、名越地域の田畠を灌漑することになる。その間、水間鉄道との間にある田二枚に配水していること、水間鉄道森駅付近までは東側の土地が低いらしく、C‐2‐2②用水までの田に水を供給していること、を確認できた。現在、同用水沿いは宅地化が進んでいて耕地は少なかった。また、森駅以北は、C‐2‐2②からの余水・排水が流れ込んでいた。

C‐2‐2④

分岐して、道路①を潜った所にある田二枚に水を入れている。水間鉄道の線路下を通って、さらに西進し、木島小学校の周りを半周する。そして、興善寺北側を通る道路を西に下り、最終的には近木川に落ちる。その間、C‐4より北側にある三ツ松下代の田畠に水を届けている。それが同用水の役割であった。

3　木島井(D)用水

D用水は、水間における聞き取りでは、「木島西井《きじまにしゆ》」と呼ばれていた。上通天橋下の堰からは、一二〇mほど川の東側の崖を樋を使って流れ、水間寺境内の岩盤を削った溝を通り、再び樋を通って近木川を越えていく。水間寺参道沿いの西側に所在する住居裏を通り、旧水間村名主井出家の前を通過する。井出家北東側の角から同用水の灌漑は始まる。ここは、近木川によって形成された段丘上であり、北側は断崖状になっている。この崖を北限として、西側の道沿いの用水までの地域にある田畠に水を賄っている。前述のように、灌漑地域は「小久保」と呼ばれる地字地域に相当する。田越しに水が落とされていき、余り水は、道沿いの用水に合流している。そして最終的には、近木川に排水される。先にもふれたが、同用水は、かつてはC用水と繋がっていた。だが、現在においては、参道の西側の田畠に水を供給することがD用水の役割である。

4　永寿池《えいじゅいけ》水利

三ツ松に所在する永寿池は、近木荘一二カ村（一部熊取荘）の水を賄うための大きな溜池である。行基による造成と伝わり、古い歴史を持つ。取水口は木島D用水と同じ、秬谷川の上通天橋下にある堰である。永寿池への貯水を主たる目的とするが、それまでの過程で、水間村の田畠にも配水されている。木島地域にも関わりの深い用水といえる。

堰からは、川沿いに樋を通って約一二〇m西進し、水間寺境内の岩盤下を通過して、蕎原川の「蛇口（ジャグチ）」と呼ばれる場所に水が落とされる。そこから、旧水間村名主井出家の西側を北へ流れ、道沿いに近木川へ向かって西に下る。水間寺の旧参道よりも土地が低く、近木川までの間に広がる地域は、「小久保」と呼ばれている。東から西へと、川に向かって土地は少しずつ低くなっており、井出家西側の用水から引かれた水は、田越しに落ちていく。そして、川に近い「ニタンダ」で水路に排水されていた。

また、井出家から西北に三〇mほど行ったところで、北西へ向かう道沿いに同用水は分流している。この道から西、川寄りの低い土地に向かって、水は田越しに落とされている。この灌漑地域の中央には、水間大橋へ向かう道路③が東西に通っている。だが、道南端に集められた水は、この道の地下を潜って道の北側へと引かれ、同地域の田畠の水が賄われている。最終的に余った水は、近木川へと排水される。

同用水の主目的、永寿池を貯水するためには、再び近木川を越え、「和田巻（ワダノマキ）」と呼ばれる対岸に渡らなければならない(14)。中野義郎氏によれば、川には昔、樋が東西に架けられていたという。だが、たびたび流されたため、川底を通す「サイフォン」暗渠に替えられたらしい。現在は、それも水管橋に架け替えられている。そして、近木川の西岸に渡された水は、川沿いの溝を通り、道沿いに西進する。その用水から、近木川へ向かって北東部分に広がる田畠は、この用水から水の供給を得ている。用水は府道水間・和泉橋本停車場道を越えて北進し、さらに国道一七〇号を越えて永寿池へ注ぎ込むのである。だが、水間の水利組合長(二〇〇〇年度当時)山本隆生氏によれば、かつての永寿池水路は、小久保の中を通らず、近木川沿いに樋を使って水路橋に至る流路をとっていたという(小久保の灌漑に関しては後述)。少なくとも、現在は、永寿池水利用水は、木島西井の南側、近木川の岸辺の灌漑を行っていることが明らかとなった。

だが、水間を通る用水は、永寿池に水を溜めるためのものであるため、その権利は永寿池水利組合にあり、管理も同組合が行っている(15)。組合には、南北近木一一カ村(橋本・沢・地蔵堂・窪田・堤・王子・浦田・脇浜・畠中・加治・神前)の人々が所属し、水間・三ツ松は入っていない。そのため、用水の修理・清掃も水間・三ツ松は関わっていない。だが、渇水時にも上流地域は、同用水から水を引くことができたという。組合役員は、近木荘各村の代表者一一人で、年頭番が管理・運営を行う。年頭番は、昔はくじ引きで、現在は寄合で決められる。組合の運営場所は、三ツ松地蔵堂の正福寺であり、そこでの会議で水の配分は決められる。配分は、村高に応じて取水時間を振り分けている。同池には、上樋・中樋・底樋という三つの樋がある。水が豊かな場合は、隣接する熊取・三ツ松にも配水されるが、底樋だけは近木一二カ村で使用する。また、実際の管理は池守(現在は組合が雇用)が行っている。

第三節　橘池《たちばないけ》・丹後池《たんごいけ》・三ツ池《みついけ》・呑波池《どんばいけ》と水間村

1　概況

本節では、水間村の溜池についてみていきたい(地図2参照)。用水は、前述のように木島井A・B・C・D用水、永寿池用水が使われている。当該地域は、近木川の最も上流に位置する。水間寺とその旧参道沿いは住宅地になっており、その周辺に耕地が広がっている。水間では、水間水利組合長（二〇〇〇年度当時）の山本隆生氏によれば、水間地域は、大きく三ブロックに分かれているとのことである。東から、「上代（ウワダイ）」（＝道路①より東側の地域）、「小久保（コクボ）」（＝道路②より近木川までの地域）、「和田巻（ワダノマキ）」（＝近木川より熊取町までの地域）がそれである。なお、文禄三年（一五九四）八月十八日付「弾正様帳面（御検地帳）之写」（東京大学史料編纂所架蔵「井出家文書」）には、「和田脇」という地名がみえ、元来は「和田脇」と呼ばれたものと思われる。また、水間全域で農家として土地を所有しているのは五四軒になるが、現在実際に耕作を行っている家は少ない。かつての耕地面積は、上代が七町歩、小久保が六町歩ほどであったという。

　そして、水間地域の用水には、「木島本井（キジマモトユ）」と「木島西井（キジマニシユ）」「永寿池水利」があるとのことであった。山本氏によれば、前述のA・B用水を本井、C・D用水が西井であるという。このように呼ばれる理由は、かつてC・D用水が一本の用水であったためと思われる。また、三ツ松では、木島本井を「東井（ヒガシユ）」、木島西井を「西井（ニシユ）」と称すとのことである。

　溜池には、「橘池（タチバナイケ）」と「丹後池（タンゴイケ）」「三ツ池（ミツイケ）」「呑波池（ドンバイケ）」がある。橘池は、水間上代《うわだい》の灌漑を目的に造られた池である。現在は、一〇軒程度の家が利用できる状態にあるが、実際に耕作をしている農家は三〜四軒である。田地は三段半（六枚）になる。取水方法は、橘池から直接水を引く方法と、いったん低位の丹後池に水を落としてから取水する方法がとられている。また、水間寺の西側の高台にある三ツ池は、もともとは和田巻で利用していたのだという。だが、現在は山が崩され、地形が変化したため使われていない。そして、呑波池は小久保の溜池として利用されていたが、現在は使用していないとのことである。同池から取水した水は樋を使って近木川を渡し、小久保に落としていたのだという。なお、樋などの痕跡は、踏査の限り見つけることはできなかった。また、現在、小久保の中を通過、灌漑している永寿池水路は、かつては同地域を通らず、近木川沿いに樋を使って水路橋に至る流路をとっていたという。水間西側の地域では、田畠の減少とともに、溜池の利用がかなり変化していることが知られる。

では、次に現在も溜池としての機能を果たしている橘池・丹後池について、踏査成果を整理しておきたい(16)。

2　橘池・丹後池

橘池は水間村の北部、山側の老人ホーム水間ケ丘の北に所在する。水間上代《うわだい》が管理・利用する溜池である。同池に関しては、年未詳の「木嶋庄橘池池底支配証文案」(「水間寺所蔵文書」)がある。同史料は、弘安九年(一二八六)二月二十六日付から、応永十一年(一四〇四)四月二十八日付の橘池・中池の池底売券が連券になったものである。付箋には、「水間領大谷　水間寺一乗院　橘池之古文書　弘安九丙戌・文政十二迄五百四拾二年　池番頭長兵衛」とあることから、文政十二年(一八二九)以降の史料であることがわかる。ここからは、少なくとも弘安九年段階に、橘池が存在したことが窺える。そして、応永十一年四月二十八日付で、神於寺大福院(現岸和田市神於町)の快金から、水間池田徒(田堵)中に橘池の上樋水分が売り渡されていることが知られる。池の権利関係が分割され、売買・譲渡されていたこと、応永段階に水間が買っていることがわかる。

また、現在の橘池についての詳細は、同池灌漑地域の田地所有者である山本雅章氏にお話を伺うことができた。山本氏によれば、かつて橘池には、上樋《うわび》・中樋《なかび》・底樋《そこび》の三つの樋《ひ》があった。現在は、田畠の減少にともない、池の南側が埋め立てられたため、上樋と中樋は一つになっている。樋は、全て同じ場所にあり、大きいハンドルが底樋、小さい方が上・中樋である。底樋を開けることはほとんどないが、約五十年ほど前に一度開いたことがある。その際は、土砂が詰まって流れず、取り除かなければならない状態であったとのことである。通常は、上・中樋を使うわけだが、ここを開くと埋め立て部分の地下を通って、堤の中腹に水が出る（地図2参照）。ここから三方向へ分流する。一つは東の「丹後池（タンゴイケ）」に向かう用水（以下、橘①と略記）。もう一つは南東に向かう用水である（以下、橘②と略記）。そして、南に向かう用水がある（以下、橘③と略記）。また、橘池の水量が多くなると、余水ばけを通して西の「谷田池（タンダイケ）」へと水を落とす。その余水ばけの中ほどには、南西方向へ流れ、道路②の側溝に落ちる水路がある。現在は使用されていないようであった。耕地の減少により、橘池からの水が流れると氾濫してしまうためであるという。

同池には、利用者による水利組合があり、以前は管理一人、書記・会計がそれぞれ一人ずつ、そして水入れ係がいた。水入れ係は年番で行っていた。だが、利用者の減少で、常当番一人を組合で雇用し、水入れ関係の仕事をお願いするようになった。しかし、それも四十年ほど前からは廃止され、利用者各自が自由に樋の鍵を開けて、水を使えるようになっているという。

以下では、橘池用水の灌漑地域を考察するため、橘①〜③についてそれぞれ見ていくこととしたい。

橘①（丹後池）

橘①は、堤中腹から出た後、堤上を五〇ｍほど東に流れたところで道にぶつかる。その間、南側の田二枚に水を供給している。そして、道路地下を潜って東側に抜け、二〇ｍほど南下し、さらに東に進路を変えて丹後池に注ぎ込む。南側の田も灌漑するものと思われるが、確認はできなかった。丹後池を使っている家は、現在では二、三軒で、基本的にその家が池と溝の掃除を行うなどの管理をしている。[17]また、丹後池に入る直前で南西に進路を取り、道路②を潜ってから東へ一五ｍほど向かい、再び道を潜り抜けて南東へ土樋を流れる水もあった。土樋からは、西側にある田に配水され、田越しで西に引水されている。配水された水は一本の土樋に集められ、住宅街を抜けて、木島本井A用水とともに「大水口（オオミナクチ）」に水を賄っている。

丹後池には二つの樋がある。北側と南側にそれぞれあるのだが、北側の樋は現在使用されていない。南側の樋から出された水は、すぐ南の道路②地下を通り、南側に落とされる。三〇mほど南東へ進んだところで再び道を潜り抜け、三〇mほど進む。そこで段丘のへりに沿って南へ向かう。この間、かつては現在駐車場や荒れ地になっている西側の元耕地に、配水していたものと思われる。ここには「伊勢講田（イセコウデン）」の地字が残る。さらに南へと段丘に沿って土樋を流れ、往生院西側の田へ引水される。そこからは、田越しで往生院南側の田へ水が落とされる。ここの一帯は「ミョウノタニ」という地字名が残されている。この田からは、南側の道の側溝に排水される水と、南西に向かい、木島本井A用水に落ちる水があった。以上、橋①と丹後池は、現在、水間・森の共同墓地がある段丘の西側の耕地のうち、河崎製材所東側に通る道路までを灌漑していることを確認できた。

なお、丹後池へ水を引くことができる橋池の樋は、上・中樋のみである。そのため、渇水になりそうな際は、中樋で引水できるうちに、丹後池を満たさなければならない。聞き取りでは、昔、橋①がかりの田地所有者と、橋②がかりの田地所有者の間で、水の配分をめぐる「もめごと」があったという。

橋②

堤中腹から南へ地下を通って流れていき、道路②を潜って西側の耕地に出る。橋③灌漑地域の南側の田畠に、水を供給している。最終的には、橋③の支流とともに、河崎製材所東側にて木島井A用水に排水される。橋③より高い土地の耕地を灌漑することが目的であることが知られる。

橘③

堤中腹から出てきた水は道沿いに西側へ落ち、道路②下を潜って三本に分流している。一本は、NTT大阪第二設備建設センター前で、追跡することができなくなった。だが、同センターの西側で、再び流れを確認できたことから、おそらく同センターの敷地内を通過しているらしい。その後、さらに西に進んで道路①、水間鉄道線と交差し、木島C-2を越えた所で、すぐ西側の田に水を落としていた。上代の北部と、木島C-2と旧参道の間にある耕地に配水していることを確認できた。

また、後の二本は、東西に走る道よりも南側の田畠に配水している。最終的には木島井A用水に余水が落とされていた。橘②よりも西側に位置し、低位の耕地の灌漑が目的であることがわかった。

第四節　谷田池《たんだいけ》と三ツ松上代《かみだい》地域・平池《ひらいけ》灌漑地域

1　概況

ここでは、三ツ松村上代地域の溜池と、それに隣接する平池灌漑地域について考察する。先述のように、同地域の用水は、木島井A・B・C用水が関わる(以下、地図1・3参照)。

まず、三ツ松上代地域についてである。谷田池による灌漑地域から、木島井B用水の灌漑地域までを指していう。同地域と水間との境界に関しては、今回は明確にすることはできなかった。現在、境目付近に国道一七〇号が敷かれて地形が変化してしまったこと、耕作を行わない耕地が多いことによる。だが、三ツ松下代地域との境界については明らかにすることができた。前述のように、木島井B用水の北西限が、それである。主な耕地は、水間寺旧参道と道路②の間に広がっている。他に、近木川に近い木島小学校の西南地域にも五枚ほどの田地がある。同地域に関しては、三ツ松上代水利組合長(二〇〇一年当時)の奥野幸正氏にお話を伺うことができた。

また、平池がかりの地域は、現在の道路②よりも西側、木島井B用水との間にある地域に相当する。三ツ松では、「上代」「下代」とは区別されて「ヒライケ」と呼ばれていた。特に、今回は田地を所有される方などにお話をうかがう機会を得ることはできなかった。だが、踏査によって、同池の灌漑地域に関しては、復元することができた。本章では、その成果のみをまとめることとする。

なお、三ツ松上代地域・下代地域、そして平池灌漑地域に関しては、その境界を明らかにすることができた。それが、地図3である。

2　谷田池

道路②の東側、三ツ松と水間の境目に位置する。橘池から余水ばけを通って入れられる水と、天水が貯水される溜池である。同池に関する史料には、年未詳の「木嶋庄谷田池池司職幷池水支配証文案」がある(「水間寺所蔵文書」)。これは、元亨元年(一三二一)八月十八日付から、応永二十九年(一四二二)二月九日付にかけての池司職と池司の所有する池水分に関する売券・置文の連券である。少なくとも、元亨元年段階に、谷田池が存在したことがわかる。そして、ここからは、応永二十九年、谷田池の池司分の水七分が神於寺大福院(現岸和田市神於町)の快禅から水間寺に売り渡されたことも知られる。だが、同池は水間ではなく、三ツ松上代を灌漑するための池である。木島地域における水間寺の位置づけを考える上で重要な問題であると思われるが、今回は追究することができなかった。今後の課題としておきたい。

踏査では、池の北西部に樋があり、池西側から水が出されていたことを確認できた。そこからは、道路②下を潜ってA用水と合流する。また、谷田池灌漑地域に田地を所有する北田藤清氏によれば、国道一七〇号の南側、谷田池西側の田の小字名は、「谷田池ノ尻（タンダイケノシリ）」あるいは「谷田尻（タンダイシリ）」であるという。同池は、この辺りを南限として、三ツ松上代を灌漑している。また、氏によれば、現在は田地の減少により、水利権をめぐる争いはないが、五十年ほど前は問題が起こることもあったとのことである。

3 平池

追辺池の南にある。村共有の池ではなく、数家で共有する池である。史料には、永禄元年（一五五八）拾月吉日付「菩薩谷成真院宛三ツ松村年寄・若衆田地売券」（「中家文書」『熊取町史　史料編Ⅰ』七三八号文書）に所見される。売却田地の所在を記す中で、「ヒラ池」が見える。永禄元年の段階には、平池があったことが知られる。

また、同池の樋は南側にあり、地下を通って西側から水が出されていた。そして、道路②下を潜り、道路②とB用水との間にある田畠に配水している。その後は田越しに水が落とされ、B用水、またはB用水がかりの田へ排水されていた。平池がかりの田畠は「平池（ヒライケ）」と呼ばれ、三ツ松の上代・下代とも区別されている（地図3参照）。

（以上、遠藤ゆり子）

第五節　森ノ大池・追辺池と三ツ松下代《しもだい》・森

1　概況

この節では、三ツ松村下代地域と森村に関する水利を扱う。両地域は、森ノ大池を共用するなど水利上の関わりが深く、現在でも両地域の地番は入り組んだ状態となっている。本節がこの両地域を纏めて考察を試みるのもこうした事情による。

三本に分かれた木島用水のうち、最も山沿いを走る水路（A-1用水）は、追辺池と森ノ大池へと辿り着く。この二つの池が当該地域における代表的な溜池である。中央の水路（B用水）は、最も西を走る水路（C-2-2用水）へと落ちる。B用水と合流したC用水は、山沿いへと流路をシフトしつつ、下流へと流れていく。これが当該地域の概況である。以下、これらを一つずつ見ていくことにするが、本節に関わる地域は地図4に示してあるので、適宜参照されたい。

2　追辺池

追辺池は織部池と記されることもあり、地元でも「オイベイケ」と「オリベイケ」と呼ぶ人が混在している。この池は、森と三ツ松の境界部にあり、取水部は三ツ松、排水部は森という位置づけとなる。東西に延びる楕円状の形に、取水部と排水部が突起するような形をした池である。

追辺池から流れ出る水は、池を出た直後に進路が二手に分かれることになる。池からみて北上するものと西進する

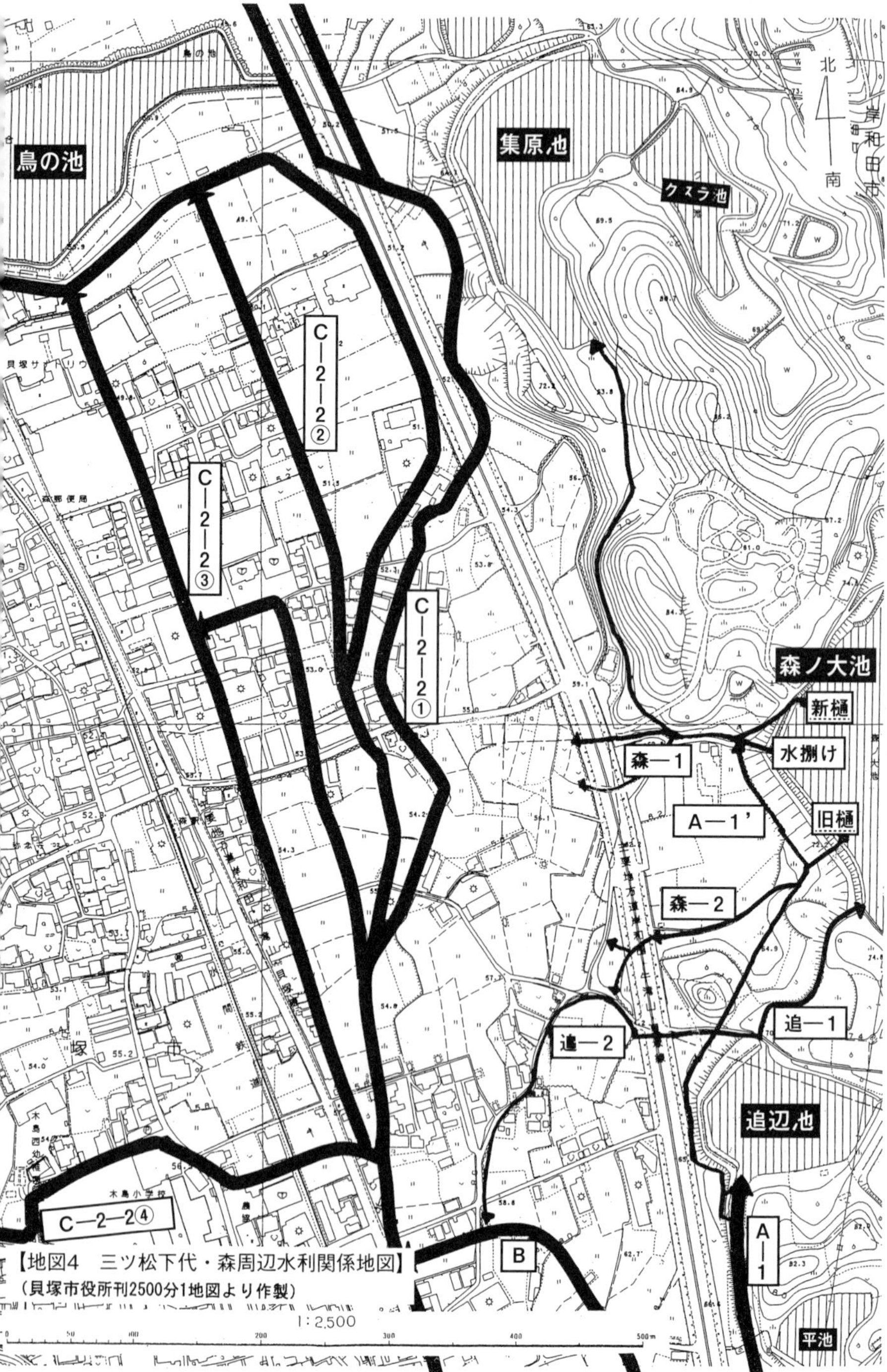

【地図4　三ツ松下代・森周辺水利関係地図】
（貝塚市役所刊2500分1地図より作製）

ものであるが、ここで仮に前者を追-1用水、後者を追-2用水と呼ぶことにする。追-1用水は追辺池に貯まった水を森ノ大池へ水を落とすため、追-2用水は主に三ツ松下代の田地へ水を落とすことにそれぞれ使用されている。

それでは、追-2用水の流路をもう少し具体的に見てみることにする。追-2は追辺池から西進すると、左右の田へ分流しつつ、進路を次第に南西へと取るようになる。木島地域の地形は、南東から北西へと下るのが傾斜の全般的傾向であるので、ここでは追-2用水は一見逆流しているかのように見える。しかし、この南西流している部分は、若干、窪地上になっているため、このように流れることとなる。追-2用水は最終的にはB用水と合流し、B用水も間もなくC-2-2用水と合流することになる。

以上が追辺池から流れ出る用水の概略である。これから追辺池の役割を述べるならば次のようになろう。つまり、第一に森ノ大池へ水を落とすこと、第二に主に三ツ松地域の田を灌漑することである。この第二の役割をより具体的に述べるならば、追辺池とC-2-2用水をそれぞれの東西の限りとし、B用水が届かない三ツ松地域の田を灌漑するのが追辺池の役割ということになろう(18)。なお、追辺池の水がA用水からの取水で不足した場合、追辺池よりも東部の高地に位置する小池・中池・新池・奥池から水が引き入れられる。これらの池は天水の貯水池であるが、現在は田地の減少で使用水量が減少したことにより、利用される機会は少ない。

3　森ノ大池

集原池から北東へ一五〇m弱ほど進んだ地点に森ノ大池は位置する。木島用水系随一の、文字通り「大池」であり、くの字状に屈曲したような形状をしている。

森ノ大池では旧樋と新樋が確認できる。旧樋の方は池の南西部にあり、新樋の方は池の北西部にある。この新樋は比較的新しいものであり、旧樋から離れた位置にあるものの、池から流す水の灌漑範囲に変化はない。

森ノ大池水利の水路は大きく二つに分けることができる。第一の水路(森-1)は、くの字状の関節部にあたる地点から西進し、池の北西部の田地を潤す水路である。残るもう一つの水路(森-2)は、旧樋の存在する地点近くから西進し、池の南西部の田地を潤す水路となる。実は、新樋が旧樋の場所から北へ移動したことで問題となったのが、この森-2用水である。用水の位置が新樋から下流に位置することになるので、闇雲に水を流したのでは、森-2用水に水が入っていくことは不可能になったのである。そのため、森-2用水へ水を流す場合、少々複雑な手続きを現在は踏んでいる。新樋から出た水を森-2用水の地点まで南下させるため、追辺池から集原池への水路(A-1′。この用水については後述)を利用するのである。水路を塞ぐなどして流路を調整し、A-1′用水を多少逆流させる形で、水を森-2の方まで導くわけである。

森ノ大池の灌漑範囲は、基本的には森が主となり、三ツ松下代が多少含まれる形となる。森と三ツ松下代の境界付近は両地の田地が錯綜するような形で散在している。これに、追辺池水利と森ノ大池水利の状況が関係した可能性もあるが、用水の流路が変わっていることもあり、実情ははっきりしない。

第六節　集原池・鳥の池・二ツ池と名越・清児

1　名越

概況

本節では、名越の水利を扱う。

前節でA-1用水は追辺池を終点とすると記した。しかし実は、このA-1用水を流れる水は、追辺池より下流域へも流れていく。A-1用水が追辺池と流れ込む直前に一つの堰がある。この堰こそ、A-1の水をより下流域へと導くものである。この堰より取り入れられた水は、追辺池と森ノ大池の縁を地下水路を一部で使いながらも流れていく。しばらくして森ノ大池の縁から別れを告げた水路は山の傾斜を巧みに利用しながら北上し、遂には名越の集原池へと到達するのである（A-1′）。この集原池までの水路は、集原池を利用する名越の管轄であり、名越の池守が二月十八日に清掃を行うことになっている。これをケタホリという。

この集原池は名越の集落の方から眺めれば丘陵上に位置し、水間から常に平地部を流れてきた木島用水が流れ込むのは不可能のように思える。しかし、それが可能であることは、別掲した地図3の等高線を追ってもらえればわかるだろう。実に巧みに地形を利用して、集原池へと水は取り入れられているのである。

しかし、ここには当然問題がある。A用水は本来、追辺池・森ノ大池へのルートとして使用されるものであり、集原池へと水を運ぶ役割はいわば副次的なものである。Aを流れる水は当然、追辺池・森ノ大池へと優先的に貯水されることとなる。そのため、現在でもA用水を集原池への貯水に使用できるのは二月末からであるという。木島用水の下流にあたる名越・清児の住民は、上流の森・三ツ松・水間には逆らえないという趣旨の発言を聞き取りで何度か聞くことができた。この辺りの事情も、こうした用水慣行から生まれてきたものであろう。

集原池《あつばらいけ》

集原池は史料上、「集池」と表記されていることが多い（「名越地区共有文書」）が、現在では集原池と表記するのが一般的となっている。この池は隣接するクズラ池と一体となっており、この二つで三日月状に丘陵部に展開している。池の存在する地点は、用水を中心に見た場合、名越の入口といえる場所である。名越の田畠・集落はこの集原池の堤から見下ろせる位置に広がる。同じく名越が持つコモ池・鳥の池も集原池の眼下にあり、集原池から水を落とすことになる。つまり、名越が使用する水の大本になるのが集原池の水なのである。

この集原池では樋を三つ確認している。底樋は池の北西側にあり、コモ池へと通じている。中樋は池の西側に位置し、池の北西方面の田を潤している。かつてはコモ池から水を引いていたコモ池西側の田地も、現在は集原池中樋から水を引いている。さらに、一度C-2-2①用水に戻すような形にして、溝池北西部にある名越の田へも引水されており、この樋からの灌漑範囲は広い。上樋は池の北側にあり、かつてはコモ池東側の田に水が引き入れられていたと思われるが、現在、同地は田地として使用されていないため、底樋と同様にコモ池に直接流れ込むような状態になっている。他に集原池には、中樋のやや南寄りに水捌けがあり、C用水に流れ込むようになっている。

コモ池

集原池のすぐ北、集原池の土手から見下ろすとすぐの地点にコモ池はある。南北に楕円状に広がる池である。木島用水から直接引水されることはなく、集原池の底樋・上樋から水が引き入れられている。

コモ池には三つの樋が確認できる。底樋は池の西側中央にあり、かつては池西側の田に水を引き入れていたが、集原池の項で述べたように、現在この部分の田へは集原池への水が利用されている。そのため、この底樋は現在使用されていない。中樋は底樋からやや南の地点にある。かつては池西側の田を灌漑していた点は底樋と同様であるが、現在でもコモ池から鳥の池へと水を落とす際に使用されているという点が底樋と異なる点である。上樋は丸山樋とも呼ばれる。池の北側にあり、現在も池の北西部の田へ水を流し込むのに利用されている。また、「ニゲ」と呼ばれる水捌けもある。池の南西端にあり、集原池から鳥の池へと通じる水路へ水を流す形になっている。

鳥《とり》の池《いけ》

名越の池では最も下流にあたる池である。集原池・コモ池から見て西に位置し、琵琶状に東西に伸びる池である。木島井C-2-2用水から直接引水することも、集原池・コモ池から水を落とすことで引水することもできる位置にある。つまり、A用水とCの両方から水を引き入れることができるわけであり、現在は最も貯水が容易な池であるということができる。基本的には、Cからの水では水量が不足した場合に、集原池から水を落とすとのことである。

この池には樋が四つあるとのことであったが、このうち三つを確認した。底樋は池の北西端にあり、池端の田へと直接水が入る仕組みになっている。中樋はナコウドヒとも呼ばれ、底樋の東、池の中央部に位置している。中樋は鳥の池の周囲を巡る水を出すが、基本的には後述する鳥-1用水へ水を引く際に使用される。上樋は池の東側にあり、東側の田に水を入れるのに使われる。もう一つの樋は池の南西部にあるということで池の上からは樋が確認できたものの、詳細を確認することができなかったため、本報告では割愛する。

鳥の池の水を流す水路は主に二つある。一つは中樋（ナコウドヒ）の脇から北北西へほぼ一直線に伸びるもの（鳥-1。ナコウドスイと呼ばれる）であるが、これは後述するように当地域に展開した条里制の名残と思われる。この水路は左右の田に水を入れていくわけであるが、この水路沿いには、ナコト・ナコド・ナゴト・中戸など、ナコウドヒを想起させる地字が確認できた。

もう一本は底樋付近から西進するもの（鳥-2）で、C用水の排水路的な役割も併せ持っている。鳥の池の北西部の田を潤すものであるが、この地域は宅地化が進んでいるため、現在はほとんど田地はない。

水利に関する聞き取り

名越の水利状況について、名越の水利組合長（二〇〇一年当時）である西出進氏からお話を伺うことができた。その内容を簡単にまとめてみる(19)。

現在、名越には八〇軒の農家があるが、専業は六軒のみである。八〇軒の中でも、一反以上の田畠を所有するのは四五軒であり、この中から六軒ずつ池守を行う。しかし、実際に池守を行える家は現在一三軒で、池守を引き受けることができない農家は、出不足という費用を支払う必要がある。二月十八日頃に追辺池から集原池へのケタホリを池守だけで行う。その後二月末から一カ月かけて池に水を貯めていく。

六月十日頃に池守と池守の権利を持つ人が各田地までの溝掘りを行う。終わったら樋抜き祝いを行う。この樋抜き祝いは池守と町会役員が集まって行われ、鳥の池の中樋で酒・塩・洗い米・お菓子を捧げて、祝詞をあげるものである。この樋抜き祝いの約三日後に、一週間ほどかけて各池守の担当田畑へ水を引く。池守が水を引いた後は、誰も溝や水の取り入れ口にふれてはならないことになっている。

以上が概略である。

2　清児

概況

本項では、清児の水利を扱う。

木島五カ村のうち、最も下流にあたるのが清児である。明治二十三年（一八九〇）の土地台帳によれば、清児には二ツ池・溝池の二つがある。この二つの池は現在も残っている。いずれも木島井C-2-2①用水から引水する形で水がストックされる。上流に位置するのが溝池で、下流に位置するのが二ツ池であり、清児ではこの二つの池をザイサンクと呼んでいる。

このうち、溝池およびC-2-2①用水から二ツ池まで通じる水路（C-2-2①′）は名越領内に位置している。こうした立地上の問題からか、この溝池を巡っての名越と清児の相論が近世において発生していたことが確認できる（「名越共有文書」）。現在もこの両村の境界付近は複雑である。C-2-2①′用水は名越の領域内を通るため、名越の田に水を落とすのにも利用されているといった状況もある。このような複雑な状況があることから、現在は水引料を支払うことで、互いに溝池（清児）・鳥の池（名越）の水を利用しあっているとのことである。このような現在にも残る複雑な状況からも、近世において名越・清児の両村の間に水論が存在したこともある意味必然といえよう。

なお、二ツ池の南、溝池の北東にあたる位置にフワ池と呼ばれる個人持ちの池があり、現在も数枚の田に水を落としている。

溝池

溝池は清児の入口に位置する方形状の池である。現在は南部が埋め立てられ、池の規模は縮小されている。前述したように、名越の領内にあるが、清児の管轄する池である。水はC-2-2①′用水から取り入れられる。池の水は十二月から五月にかけて貯められるとのことである。

樋は底樋が池の北西部にあり、池の外側を流れる用水へと出る。他には水捌けが北東部にあり、二ツ池へと流れていくようになっている。

この溝池の灌漑範囲は、池の北西部（二ツ池の西部といった方が適当か）にある清児の田地ということになるが、これも先述したように、名越と清児の間で水引料を支払うことで融通しあっているため、実際は清児でない田地にも利用されている。

二ツ池

名越でC-2-2①用水から分流した水路の水(C-2-2①′)は、溝池に入ると共にこの二ツ池にももたらされる。溝池が清児の池ながら、名越にあるのに対して、この二ツ池は清児の山際の最南端、つまり清児の最も高位置に存在する池である。全体的に四角形状をしており、二ツ池の南に隣接する形で今池が存在している。この今池は、かつて清児の一の宮が鎮座していた土地を売却した際に、その売却益で購入したとのことである。現在は宮座の池として管理されている。

二ツ池には三つの樋が確認できた。底樋は池の北西端に位置している。ここから流れ出る水は、一度C-2-2用水に合流してから分流を出していく形を採る。いくつもある分流のうちでも特に、麻生中の新池の際まで行くものは、鳥の池で述べた鳥-1用水と同様、直線上に水路が延びている。やはり条里制の名残であろう。こうした分流の届く範囲が清児であり、以北は麻生中となるのである。

上樋は池の南西部に位置する。上樋から流れ出る水は池から出ると直ちに二手に分かれる。一方は、二ツ池に沿って流れ、底樋から流れ出る水に合流する。そしてもう一方は、南西へ直進し、用水C-2-2①からの分水と合流して、下流の田へと流れていくことになる。もう一つの樋はカマド(カマダ)とも呼ばれ、池の北東端にある。底樋よりも高所にある田を潤すのと同時に麻生中の新池へと水を送る役割を持っている。

水利に関する聞き取り

清児の水利組合・慣行について、清児水利組合長(二〇〇一年当時)行一郎氏、および田中鶴雄氏から話を伺った。(20)以下、それを簡潔に示したい。

現在、清児の農家は六〇軒あり、うち、専業農家は一〇軒ほどである。全農家が順番に六人ずつ池守になるとのことである。池守の担当個所は決まっており、二ツ池の底樋を三人、上樋を二人、溝池を一人で担当する。用水Cから溝池・二ツ池へ注ぐミゾケタの掃除は池守が行い、田から田へのミゾケタの掃除は全農家で行う。

水を入れる儀式としてヒイワイがある。参加者は池守と町会役員で、二ツ池でお酒を樋にかける。特に供え物はない。この後、池守の家で宮年寄（宮座の年寄）を接待し、一升マスにご飯をつめて型抜きしたますめしをふるまったりする。宮年寄を接待するのは、昔底樋が切れやすかったのを少し広げるよう助言してくれたお礼として始まったことである。最近ではお金を支払って済ませている。

以上が伺った話の概略である。

3　名越・清児水利の特徴

最後に、名越・清児の水利状況から窺える興味深い点を三点ほど提示して、本節を結びたい。

条里制遺構

森から清児にかけては、中世において条里制が敷かれたと考えられ、名越においては遺構も発見されている。[21]今回の用水調査においても、それを裏付けるような結果が得られた。まず、水路の流れであるが、本章でも部分部分で述べた通り、水路が圃場整備されたかのように直線に伸びる部分が何カ所も見ることができる。特に鳥の池の北側における道路・水路（C-2-2②）、鳥の池の南側における水路（鳥-1）が典型的である。こうした水路・田地の現状をもとに条里制の復元を試みたのが地図5・6である。均一の範囲で道路・水路が交差していた可能性が想起できる。

この復元を元に、池の形に注目してみたい。溝池・二ツ池、また、麻生中の新池・大池などは、条里制の予想復元図と重ね合わせてみると、その角度・方形状の形が一致する点が多い。そのことから、条里制施行の際に池の形が変

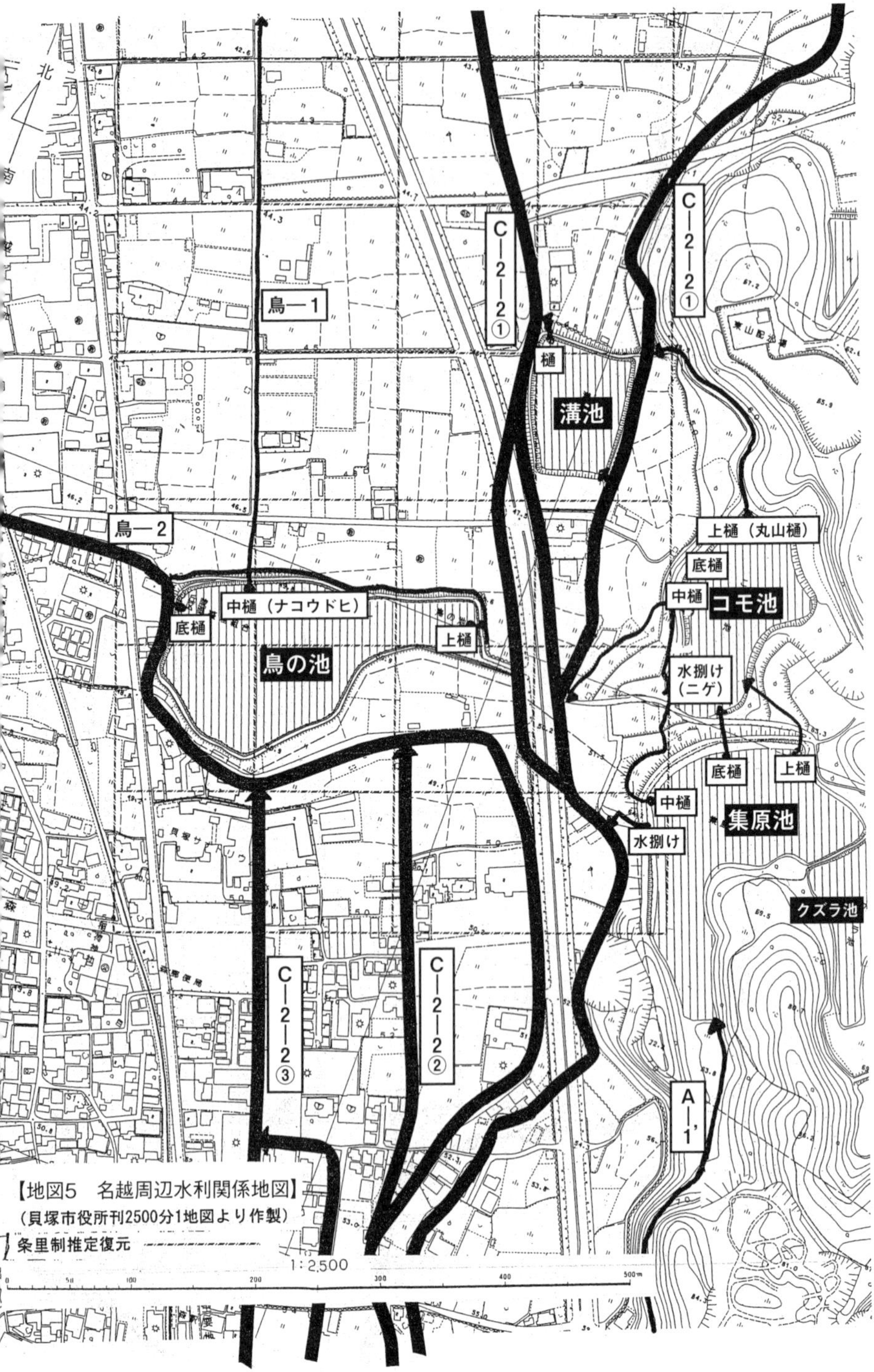

【地図5　名越周辺水利関係地図】
（貝塚市役所刊2500分1地図より作製）
条里制推定復元

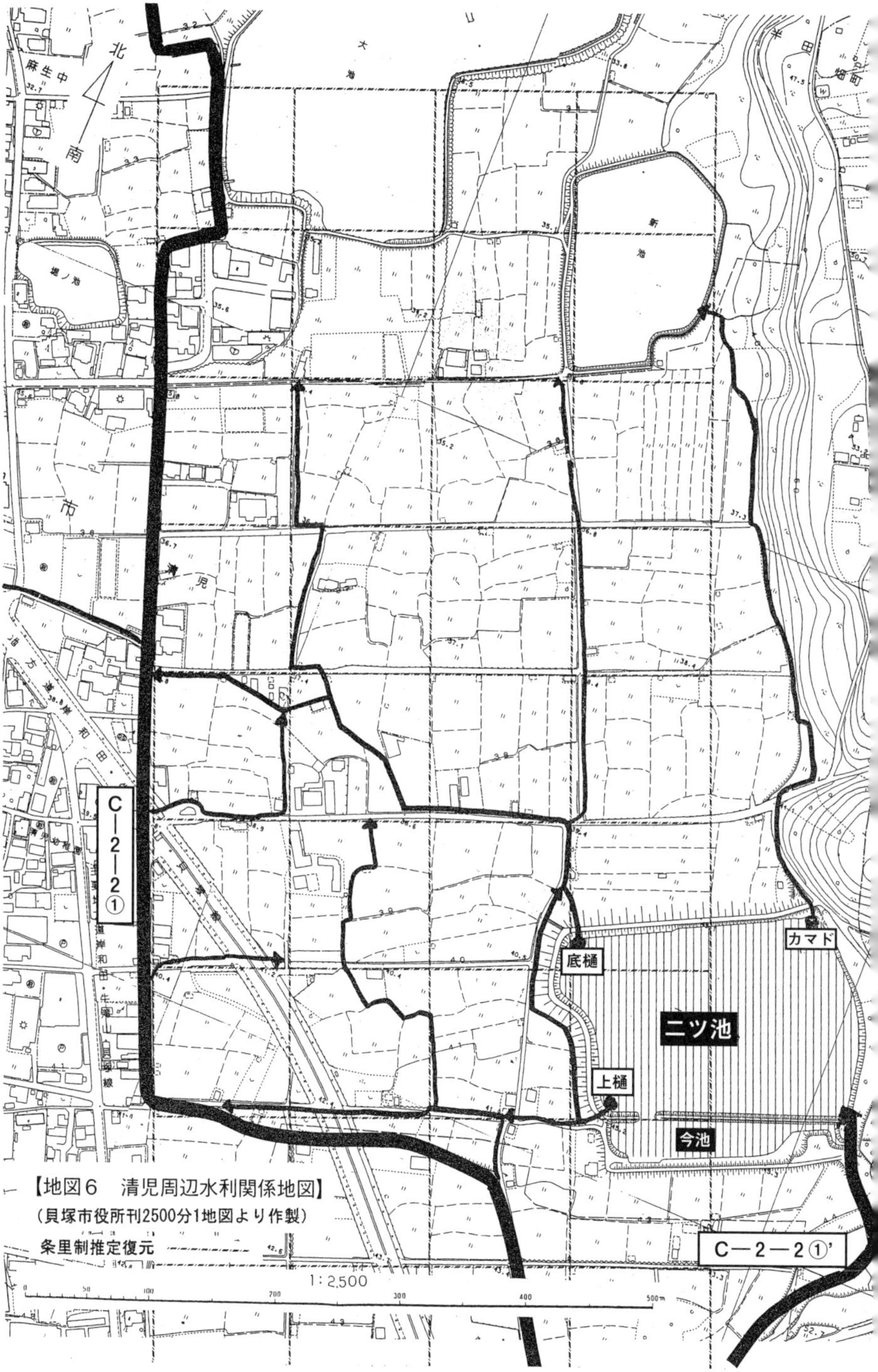

【地図6　清児周辺水利関係地図】
（貝塚市役所刊2500分1地図より作製）
条里制推定復元

えられたか、もしくは条里制施行以後に築かれた池であると考えられる。それに対して、鳥の池は条里制復元可能域の中に位置するにも拘わらず、池の形自体には、条里制との対応部分が前述の池のようには見られない。この条里制は十三世紀以降のものだと考えられており、鳥の池の成立時期を検討する上では、一つの素材となるのではないだろうか。

コモ池と二ツ池の樋

コモ池と二ツ池の上樋には、それぞれ独特の呼称が付けられている樋が存在する。コモ池では丸山樋、二ツ池ではカマドと呼ばれるものがそれである。それぞれ最も山よりの場所に位置する樋であり、底樋が届かない高所の田を灌漑する役割を果たしているという点で共通点がある。また、コモ池の場合は二ツ池、二ツ池の場合は新池と、それぞれ下流の村が持つ池へ水を送ることができるという点も共通である。

それぞれ名称の由来は不明であるが、カマドに関しては、鎌倉後期に木島荘の地頭になったといわれる丹生神社神主の竈門氏が連想される(『市史二』)。木島荘の下流にあたる近木荘は丹生神社領として著名であるが、鎌倉後期に木島荘も同社神主であった竈門氏に与えられたとされる。森ノ大池脇に「竈方」という字名も残るが、地頭・竈門氏の在地における名残なのであろうか。

名越・清児の散在田地

木島地域の地字分布状況を概観してみると、名越・清児の地字が三ツ松・森地域に散在的に存在していたことに気がつく。[22] 中でも、森ノ大池のすぐ西側に清児の地字があるのは、それの最たるものである(地図3)。一見、森ノ大池の水を引き入れやすい地点であり、そのようなところに清児の地字があるのは不可解である。しかし、それはあくまでも一見であり、実状はそうではない。注意深く地図を見ると、森ノ大池とこの地字の間に流れる用水は名越の集原池へ伸びる用水(A-1′)であって、森の管轄する用水ではないことが思い出される。つまり、この清児の地字を持つ田地へ水を入れるのには、森の領域内に位置するにも拘わらず、名越の管轄の用水を借りることで引水されるという、実に複雑な構造をしていたのである。五カ村が実に複雑な関係を有している当地域の実情を端的に示しているといえよう。こうした複雑な状況となりながらも、水利的に恵まれた上流域へ名越・清児が田地を有しようとしていたと思われるのは、興味深いことといえる。

(以上、増山智宏)

第七節　小括

以上、木島地域の用水、および溜池の現状復元を行った。内容が多岐に渡り、煩雑になってしまったため、ここに要点を整理し、若干の考察を加えておきたい。

1　用水

まず、木島井についてである。木島井A用水の主な役割は、追辺池・森ノ大池に貯水することであった。そのため、両池を使用する三ツ松下代《しもだい》・森両地域が用水の清掃などを行っている。だが、その上流地域(水間・三ツ松上代《かみだい》)においても、一部耕地の灌漑をしていることが確認できた。木島井B用水は、三ツ松上代を灌漑する用水である。B用水がC用水に合流する地点が、上代・下代の境目に相当する(地図3参照)。また、木島井C用水は、かつてはD用水から繋がる用水路であったが、道路③が敷かれたことにより地形が変わり、現在のような流れになった。C用水の主な役割は二つある。一つは、清児の溝池・二ツ池の貯水、そしてもう一つは、上流地域の四カ村の耕地に水を引くことである。そのため、同用水の清掃などの管理には、四カ村（三ツ松・森・名越・清児）があたっている。そして、森・名越・清児地域では、条里制遺構が残存し、現在にも活かされている。木島井D用水は、現在水間の水間寺旧参道よりも西側の地域、「小久保」を灌漑している。

次に、永寿池用水についてである。永寿池は、南北近木荘の灌漑を目的とする池である。だが、永寿池へ水を引く途中にある水間では、耕地に水を引いている。現在は、「小久保」の一部と「和田巻」を灌漑している。だが従来は、同用水路は「小久保」を通過せずに、「和田巻（和田脇カ）」に樋を使って渡されていたとのことであった。以前は、水間のうちでも、「和田巻」のみに配水していたことが知られる。

2　溜池

まず、水間の溜池についてである。橘池・丹後池は、水間のうち「上代《うわだい》」と呼ばれる地域を灌漑している。「和田巻」を灌漑していたという三ツ池、「小久保」の溜池だったという呑波池は、現在使用されていない。そして、三ツ松上代地域を灌漑している溜池には谷田池があった。平池は、一二家の個人持ちの池であり、B用水よりも東側にあって、同用水よりも高台にある耕地に配水している。上代・下代とは区別されていた。以上から、水間の上代・小久保・和田巻、そして三ツ松の上代・下代・平池とは、地名ではなく、用水がかりの地域名であることがわかった。

また、前述のように木島井A用水は、追辺池・森ノ大池に貯水することを目的とした。この両池に水が入れられた後は、二月末あたりから集原池へ水が入れられることになる。この集原池の水は、コモ池・鳥の池へも落とすことができるように、名越の大本となる池である。また、鳥の池はC-2-2①用水から水を入れることも可能である。

そして、木島井C-2-2①用水の水は、溝池・二ツ池に入れられる。溝池は名越領内に位置することから、相論の原因となることもあった。このC用水は、三ツ松辺りまでは、最も低地部分を走り、山側から落とされる水を最終的に受け入れるような役割を持っていた。だが、A・B用水がなくなる森以降では、次第に流路を山沿いに移していき、今度は池や田に水を落とすような役割を担うようになる。水が行きにくかったであろう下流域にとって、上流部が残す水を少しでも無駄にしない仕組みになっているC用水の流れ方は非常に有益なものであったと思われる。

（遠藤ゆり子・増山智宏）

おわりに

以上、木島地域の用水系の現況について調査を行った。ここで、いくつかの考えるべき論点について述べておきたい。

木島地域は、近木川が作る小規模な扇状地に耕地が形成されるという特徴を持っている。そして近木川は扇状地の西側（左側）を北流し、扇頂部分から中流にかけて深い谷を形成している。この地域の水利は、扇頂部分を取水口とする近木川から取水する用水（木島井）による灌漑と、主に扇状地東部の丘陵部分に造られた溜池による灌漑という、大きく二つの水利方法が存在している。ここで興味深いのは、この溜池による灌漑は一般的な谷奥の天水を利用したものだけではなく、近木川から取水した用水を溜池に流し込み利用しているという点である。つまり、溜池と近木川からの用水を有機的に絡め合わせた水利システムが形成されているのである。

それは特に、森・名越・清児などの木島地域でも下流の部分に特徴的にみられ、追辺池・森ノ大池・集原池・鳥の池・溝池・二ツ池などが、そのシステムの中心となる溜池である。これらの溜池はいわば人体における心臓のような役目を受け持ち、各用水路からの水をいったん池にため込み、そこからさらに分水して利用するという形をとっているのである。このように木島荘域では、たいへん高度な水利システムが形成されているといえよう。

このシステムの形成時期であるが、残念ながら森・名越・清児地域の溜池についてはその築造を直接示すような文献資料は存在しない。ただ前述したように、溝池・二ツ池などが十三世紀に形成されたと見られる条里制と方角・区画が関係するところから、この時期と同時か、それ以後段階的に形成されたものと考えることができよう。森・名越・清児などは、これらの池がなければ主要な水田部分の灌漑が不可能であり、これらの村々が文献資料上に現れる少なくとも戦国期には、このシステムはほぼ現況に近いものとなっていた可能性が高いと考えられよう。

ここにみられるような、扇状地の扇頂部分で取水した用水を扇状地上を斜めに通しながら利用しつつ、再び溜池に流し込んで下流部で利用するシステムは、木島地域に近接する、有名な日根野荘域の井川と十二谷(住持谷)池でも確認されるものである。両地域は、扇状地上に中世荘園が形成されたという特徴もよく似ている。これは和泉国に共通するような高度水利システムなのか、それとも他の地域にも同様なものが存在するのか、中世の扇状地開発の問題として、今後の検討を要すると思われる。

またこのような特徴ある水利システムと関係して、木島地域にはそこに形成された五カ村(水間・三ツ松・森・名越・清児)としての自律性と、木島地域としてのまとまりという二つの側面を指摘することができる。

五カ村の自律性は、特に溜池に関してみることができる。前述したように水間は橋池・丹後池、三ツ松は谷田池・平池・追辺池・森ノ大池、森は森ノ大池、名越は集原池・鳥の池・コモ池、清児は溝池・二ツ池の水を灌漑に利用している。森ノ大池だけが三ツ松・森で共同利用されているが、それ以外は村と池とが対応している。そのため、これらの池の管理は基本的にはそれぞれの村単位で行われている。このように溜池の築造および維持・管理は、五カ村という村の成立やそれぞれのまとまりとなんらかの関係を持っているということができよう。

それと同時に、村を越えた用水を通じてのまとまりも存在する。木島井のA水路は水間・三ツ松で直接用水路から取水して利用すると共に、森ノ大池や集原池を通じて森や名越で利用する。そのため、この水路の維持・管理は三ツ松と森で共同して行い、集原池や池までの水路の維持管理は名越が行っている。さらに、木島井のC水路の場合には、その維持・管理は三ツ松・森・名越・清児の各村の共同によって行われているのである。このように、用水を通じての村を越えた共同が成立しているのである。

さらに、この点と関係して興味深い点は、木島井の権利については、三ツ松が大きな権限を持つという点である。これは三ツ松地域を木島井がA・B・C水路とも貫流し、その後下流の村々へと流れているところからもくるものであろう。いわば上流地域としての特権であると考えることができよう。三ツ松は木島地域の中でも大村であり、全体も水利の上から上代・下代の二つに分かれている。三ツ松は、この地域で他の村々に優越する位置を占めているということができる。

前述したように、農繁期の夏至から秋の彼岸までは三ツ松が木島井の利用権を持ち、それより下流の地域は、それ以前の冬から春にかけて溜池に水を溜めるという原則があるという。ここから、下流の村々では農繁期における水の利用が抑制されているために、溜池の築造が必要とされたとみることもできよう。また三ツ松に隣接する水間には水間寺が存在するが、この水間寺は境内に堰が存在することからも、日根野荘の大井関神社に対応するようなこの地域の水利・開発に関わる仏神であるとみられる。そのため水間は、木島井に関して最優先権を持っているとみることができる。水利面からみるならば、扇状地の扇頂部に位置し水間寺が存在する水間と、その下流に隣接する三ツ松が、木島荘域における用水の優先権を持つと共に、早い段階での地域開発の中心であったということができるのではないだろうか。

以上のように木島地域の水利をみると、五カ村それぞれの自律性をもちながらも、それを越える形での木島地域としてのまとまりを持っているということができる。このまとまりが、中世では木島荘という荘園のまとまりを形成していたと考えることができよう。

なお、木島井のC水路はさらに下流の麻生地域（中世では麻生荘）においても利用されている。また今回は詳細な調査はできなかったものの、木島井のD水路とほぼ同じ場所で取水される永寿池水系は、水間で利用されるだけではなく、永寿池に溜められた上で近木地域（中世では近木荘）で利用されている。このように近木川扇状地を灌漑する用水は、荘園としてのまとまりを越えても利用されているのである。ここから水利をめぐって、荘園を越える地域の有り様が浮かび上がってくるが、この問題については今後の課題としておきたい。

（小林一岳）

註

（1）同地域では、森ノ大池を始めとした諸池を統廃合し、調整池をつくる東山計画が進められ、本章で考察した水利のあり方を、現在はみることができない。その意味でも、木島荘を知る上で重要な統廃合以前の水利復元を行う意義は大きかったと思われる。

（2）大越勝秋『宮座―和泉地方における総合的研究―』（大明堂、一九七四年）など。

（3）中野義郎『近木川ものがたり』（貝塚市農業協同組合、一九九一年）。

（4）和泉地方の条里制遺構については、大越勝秋編『岸和田市史史料　第一集　古代史料、中世史料（一）、近世史料』（一九五四年）などがある。

(5) 近藤孝敏「近木庄の歴史と在地の動向」(『ヒストリア』一四四、一九九四年)。
(6) 前川浩一「中世農地開発と加治・神前・畠中遺跡」(貝塚市教育委員会編『郷土資料展示室　特別展示図録　近木郷を考古学する—役所・寺・街道—』貝塚市教育委員会、二〇〇二年)。
(7) 岸和田市法務局所蔵。
(8) 中野前掲註(3)書、九二・九三頁。
(9) 三ツ松上代水利組合長(二〇〇一年当時)奥野幸正氏のご教示による。
(10) 三ツ松上代水利組合長(二〇〇一年当時)奥野幸正氏のご教示による。
(11) 水間水利組合長(二〇〇〇年当時)山本隆生氏、および森水利組合長(二〇〇一年当時)横井悟氏のご教示による。
(12) 三ツ松上代水利組合長(二〇〇一年当時)奥野幸正氏、および下代水利組合長(二〇〇一年当時)西坂信雄氏のご教示による。
(13) 貝塚市教育委員会郷土資料室蔵の地字分布図による。
(14) 文禄三年(一五九四)八月十八日付「弾正様帳面(御検地帳)之写」(東京大学史料編纂所架蔵「井出家文書」)によれば、「和田脇」。
(15) 水間水利組合長(二〇〇〇年当時)山本隆生氏をはじめ、同水利組合の方々にご教示いただいた。
(16) 水間地域では、踏査の際も山本氏にご同行いただくことができた。
(17) 水間水利組合長(二〇〇〇年当時)山本隆生氏のご教示による。
(18) なお、この追辺池がかりの田の大部分へは、追辺池の手前から分かれる集原池への水利(A—1′用水)からも水を引き入れることができる。

(19)　ここでの聞き取りの成果は、本節で適宜引用している。
(20)　前掲註(19)と同様、ここでの聞き取りの成果は、本節で適宜引用している。
(21)　前川前掲註(6)論文。
(22)　前掲註(13)参照。

〔追記〕註(1)でも東山計画について述べたが、二〇一七年現在、本章で明らかにした水利の有り様は大きく変わっている(増山智宏氏のご教示による)。すでに失われた地域の歴史を書き留め、ここに残すことができたという意味でも本研究の意義は大きかったと考え、報告書からの再録を希望した。本書への掲載をお許し下さった共著者の小林一岳氏・増山智宏氏、また本調査の研究代表であった蔵持重裕氏に感謝申し上げたい。

第二部　宗門帳からみた村落

―近世前期上野国緑埜郡三波川村を事例として―

第五章　縁組みと奉公契約

はじめに

中山道新町宿（現群馬県高崎市新町）から、信濃へと通じる十石街道。この街道沿いに繁栄する鬼石（現群馬県藤岡市鬼石）の町場から、神流川の支流、三波川《さんば》に沿って西へ山道を行くと、約八㎞に亙っていくつもの集落が点在している。三波川がつくる谷の主に北側の斜面にあるそれらの集落は、いわゆる「小村」「枝村」と呼ばれるものだ。中にはまとまった小村もあるが、それぞれがバラバラに、まるで山の中に取り残され、孤立しているようにもみえる。そのような小村群によって、三波川村は構成されている。今日、車で村を横断すると優に二十分はかかるから、その領域は広大だ。

その当村で、戦国期から近世にかけて名主を務めていたのが飯塚家である。同家には近世を中心に膨大な史料が伝わり、本書第二部で注目する元禄五年（一六九二）の宗門帳（「飯」二九九四-一）[1]も、同家に伝来するものだ。本来、宗門帳とは、どの寺へ誰が檀家となっているかを把握するための台帳である。そのため、たいていの場合は寺院ごとに、檀家の名前など必要最低限の情報が記載されている。だが、時にその記述は詳細で、家屋敷の様子や持ち高、各家族構成員や下男・下女など多くの情報が盛り込まれていることがある。当村のそれもその一つであり、近世初期においては希少なものといえる。特に、当村の宗門帳は、小村単位で作成され、高持百姓ごとにその家族、下男・下女、家抱家族について詳しく書かれているのが特徴的である。三波川村という近世初期の村の特色を、さまざまな角度から描き出していくためには、有効な史料だといえよう。

だが、ここでその全てを検討することはできないため、本章では特に元禄五年（一六九二）当時の三波川村居住者に関する出身家や出身村、また村居住者家族・親族の縁組み先、および奉公先に関わる記述に注目したい。つまり、三波川村に住む人々が縁組みや奉公契約に基づいて、村内や他村へ移住していったり、逆に三波川村内へ他村から移住してきた動向について、検討を試みようと思う。このような通婚圏や奉公人の移動範囲については、特に歴史地理学において優れた成果がある。生業の異なる複数村について、数十年間分の宗門帳を分析し、村落の封鎖性が否定されるとともに、移動範囲に関する村ごと、階層ごとなどの比較が行われている。(2)その分析結果に鑑みるならば、本章がとりあげる三波川村も、山村の閉鎖的イメージを捉え直すことができるものと考える。だが分析の際は、従来の研究では検討されてこなかった次の点に注目していきたい。

第一は、村落内の各小村、および小村間関係の特色についてである。戦国段階の三波川村は、「北谷」と呼ばれ、村内の小村は大奈良・大沢・琴辻のみが所見される。(3)詳細は定かではないが、戦国時代にも小村が成立していたことが窺える。近世段階については、ほぼそれぞれの小村に寺社が存在したことなどが、フィールドワーク調査に基づく景観復元によって明らかにされている。(4)また、小村の成立については、寛文期には血縁分家や主従関係にあった家抱が、自立化することで集落が小村化し、その成立事情は、幕府作成の絵図にも反映されたことが指摘されている。(5)つまり、村内各小村は、小村として寺社をもつような一つのまとまりを形成していたと思われること、小村間関係には、本家—分家、主—従といった、小村の成立事情に関わる格差が存在していたこと、が想定できる。それらの点を踏まえつつ、縁組み・奉公契約関係の実態から、小村としての特色、小村間関係の特徴を明らかにすることが本章の第一の課題である。その究明によって、小村の「集合村」とされる三波川村の実態に、より迫ることができるものと考える。

第二は、高持百姓家族とそうではない家の家族との比較である。三波川村の場合、後者は家抱・門前と呼ばれ、地親と呼ばれる高持百姓や寺院の「隷属農民」、と位置づけられている[6]。地親―家抱関係の詳細については、稿を改めて述べるが、ここでは、次の点だけを指摘しておきたい。それは、家抱・門前とは、地親・寺院に対して家抱役等を負担し、村落に対しては年貢等を負担する義務を負わない家であると考えられることである（「飯」『群9』五二八）[7]。その点を踏まえた上で、高持百姓家族と家抱・門前家族の違いに配慮しつつ、検討を加えたい。なお、この階層差の問題について歴史地理学においては、名主・名主代などの村役人の家＝上層、下男・下女＝下層、と定義した上で分析をしている。だが、本章では、村落に対する年貢納入責務の有無をその指標とする。

第三は、家と村落の関係性についてである。研究史において、家とは、人々にとって最も基本的な生命維持装置であり、そのような家を構成単位とし、家の機能を補うために村落は形成された、と位置づけられている[8]。また、そのような家は、村落を越えて展開するため、村落とは相互補完的であるが、対立する関係にもあることが指摘されている。本章は、そのような理解を継承するものだが、従来の研究では実態レベルの実証が充分ではなく、その追究が研究史上における課題であると思われる。そこで、家と村落の関係性を明らかにするために、まずはその基礎作業として、小村や村落という地域を越えて展開される家のあり方、広がりを検討していきたい。

第四は、縁組みと奉公契約の相互規定性についてである。村域を越えて展開する両側面の関係性について、三波川村の実態を考察し、また、その意味についても検討していきたい。

本章では、以上のような観点から考察を進めることとする。

第一節　三波川村の概要と宗門帳

1　三波川村の概要

三波川村は上野国南部の山中にあり、村から東へ降りると十石街道沿いの町場、鬼石町に出る。十石街道は武蔵・上野・信濃を結ぶ道であり、近世には信濃からは米・酒・味噌・醤油・衣類が、武蔵・上野からは木炭・下駄・木鉢・紙・薬草・繭・栗が運ばれたという。近世の鬼石では四の日・九の日に市が立ち、他にも近隣では、三波川を渡った所にある渡瀬（現埼玉県神川町）・藤岡（現群馬県藤岡市）・金井（同前）に市があったと伝わる。(9) この鬼石の町からは十石街道の脇道として、三波川村を横断し、上妹ケ谷《いもがや》近くの石神峠を越え、南の十石街道に合流する三波川道と呼ばれる道がある。これが村を往来するための主要道であった。(10) そして、村の名前の由来でもある三波川沿いに集落は展開している。

同川は鬼石の町場近くで神流川に合流し、さらに神流川は北東へと流れて、上野・武蔵の両国境目辺り（現在の埼玉県上里町と群馬県伊勢崎市付近）で利根川へと注ぎ込んでいる。三波川自体の水量は多くはないが、神流川へ辿り着けば河川流通も利用できる立地条件にあった。聞き取りによれば、かつては山から伐り出した木材は陸路を神流川まで運び、そこからは神流川を利用した筏流しによって運搬したのだという。

政治的には、戦国時代に北条・武田両氏の境目地域として、しばしば戦の最前線となった当村は、慶長三年（一五九八）に幕府直轄領となっていた。天和三年（一六八三）以前は、近隣の幕府領である鬼石・譲原（現群馬県藤岡市鬼石）・

保美濃山（同前）・坂原（同前）・上日野（現群馬県藤岡市）・下日野（同前）・金井・渡瀬の各村とともに、「山中領」として鬼石村に置かれた「割元」（＝大庄屋）を通して、年貢納入や訴訟等を行っていた(11)。だがこの広大な山中領は、いくつかの組に分かれており、天和三年に「組」が「領」となることで山中領は分割される。この時、旧鬼石組に組織されていた三波川村は鬼石領に編成され、割元は従来通り鬼石町に置かれていた。だが元禄四年（一六九一）、鬼石領から離村し、緑埜・多胡両郡にある他の幕府領の村々とともに、代官下嶋甚右衛門支配に移されることとなる。元禄七年には三波川村・上日野村・下日野村の三カ村で、同十年には金井村を加えた四カ村で漆年貢を一括して納入していることも知られる。

　三波川村内の小村は、西から妹ケ谷（上妹ケ谷＝西方、下妹ケ谷＝竹谷戸《たけがやと》の東方）・竹谷戸・犬塚《いぬづか》・大内平《おちだいら》・平滑《ひらなめ》・琴《こと》辻《つじ》（上琴辻＝南方、下琴辻＝北方）・南郷《なんごう》・日向《ひなた》・大奈良《おおなら》・月吉《つきよし》・塩沢《しおざわ》・久々沢《くくざわ》・金丸《かなまる》・大沢《おおさわ》・雲尾《くもお》・下三波川《しもさんばがわ》・小平《こだいら》の順になる。だが、実はこれらの村内小村には、時期によって変化がある。千川明子氏によれば、元禄国絵図（元禄十五年〈一七〇二〉）では、琴辻・下芋萱（妹ケ谷）・大内平・犬塚・日向・月吉・雲尾・大沢・金丸・下三波川の一〇小村しか所見されず、承応元年（一六五二）～三年の五人組帳では平滑以外、明暦二年（一六五六）には平滑を含む小村名を確認できるという(12)。また千川氏は、小村の成立は、血縁分家や主従関係にあった家抱の自立化によるものだ、とも指摘する。たとえば、南郷は大内平に住む地親の家抱集落が分立し、小村化したことが知られる。琴辻の名主市太夫家が抱える家抱も、元禄十二年段階では「下琴辻」として所見される（「飯」四三四七）。

　このような歴史的動向は、宗門帳にも反映されてくるものと思われる。家抱が全くいない、もしくはほとんどいない小村は、もともと地親―家抱関係を持たない場合のほか、家抱が地親から離れていなくなった小村、もしくは家抱自身が地親から離れてできた小村である可能性があろう。

これら一七の小村は、宝永三年（一七〇六）には四組に分かれ、公儀御用を組として受けている。[13] その組とは、名主飯塚家の居住する琴辻を除く村々が、下三波川組（下三波川・小平）、金丸組（金丸・久々沢・大沢・雲尾・塩沢）、大奈良組（大奈良・月吉・日向・犬塚）、大内平組（大内平・平滑・南郷・妹ケ谷・竹谷戸）の四組に組織されたものである。おそらく、前代以来の何らかの結びつきに規定されたものと予測されるが定かではない。また近世の段階では、村鎮守をはじめ主要な寺社は下三波川に所在した。だが、村内檀家数が最多の真言宗金剛寺は、元は御荷鉾山《みかぼやま》にあったものが後に桜山へ、さらに下三波川へと移動したと伝える。そして少なくとも近世後期には、各小村にも寺社または堂が所在したことを確認できる。

以上の点を踏まえ、宗門帳の詳細を検討していくため、次節では同帳の体裁に関する解説、および同帳を整理、分析した表（表1～9）の説明を加えておきたい。なお、表および地図1～3は、本章末に掲げた。

2　宗門帳の体裁

宗門帳の考察を進めるにあたり、まずは同帳の体裁について整理しておく。同帳は一七の小村ごとに記載され、記載内容は同じであるが、筆の違いや内容の記載順から、書き手は複数存在することがわかる。書き手を確定することはできなかったが、小村によっては、各小村に所在した寺院のみが最後に印を加えている事例があり、そのような寺僧の手になることも考えられよう。ちなみに、妹ケ谷は宝仙寺、[14] 竹谷戸は西光寺、犬塚の平右衛門家と長右衛門家（表1No.17・18）の二家は竹谷戸の西光寺と犬塚に所在した東養寺、犬塚のそれ以外（No.19～23）については東養寺のみ、久々沢は西善院、[15] がそれぞれ捺印している。そして書式と筆跡の類似性から、犬塚と大内平、南郷と大奈良、日向と月吉の書き手はそれぞれ同じであると思われる。日向・月吉間はやや離れているが、犬塚・大内平、南郷と大奈良は隣村である。おそらく小村ごと、または二、三カ村ごとに記載した上で提出され、綴じられたものと考えられる。なお、帳面には各小村名は記されていない。だが、寺社の位置、同時期の他史料に所見される人物名などから、小村名を比定することができた。それにより、同帳は妹ケ谷・竹谷戸・犬塚・大内平・平滑・南郷・大奈良・日向・月吉・塩沢・金丸・久々沢・雲尾・大沢・下三波川・小平・琴辻といった一七カ村の順で綴じられていることが明らかとなった。そして、その宗門帳を整理し、一覧表化したのが表1である。この表1も、帳面が閉じられた順番で作成してあり、「小村名」にその旨を記し、各小村の区切りは横太線で示してある。なお、「丁数（表・裏）」は、宗門帳の丁数とその表裏の別である。

次に内容だが、㋑石高（小村によっては貫高）で持ち高を記された者（以下、高持百姓）とその家族、㋺高持百姓の下男・下女（いない場合もある）、㋩高持百姓が地親の場合は「家抱」の家族、これらについて各人の年齢・名前・檀那寺、他村出身者はその出身村や親兄弟の名前が記述されている。下男・下女については、譜代か、何年季の質物・奉公契約かも明記され、高持百姓家族や家抱家族で奉公に出ている者についても、その旨が記されている。なかには、持ち高は記されていないが、高持百姓と並んで別に家を構えている「〇〇〇高之内」とある者も所見される。彼らは高持百姓である「〇〇〇」の兄弟や親戚だとわかる事例があるので[16]、いわゆる分家だと思われる。「〇〇〇高之内」とあることから、「〇〇〇」を通して年貢負担を行ったものと考えられる。そして、高持百姓の約三分一が「家抱」を抱え、彼らは史料上で「地親」と呼ばれている。

屋敷は、高持百姓と家抱についてそれぞれ明記され、「長」「横」で広さと屋根の様子（萱葺き・板葺きの別、一軒を除いて全て萱葺き）が表わされている。下男・下女が住む家については特に記載はない。馬数は、小村によって、地親と家抱のそれぞれが所持する馬数が記される場合、または地親と家抱が所持する馬数の合計数が記される場合がある。

表1では、㋑高持百姓家族とその分家については「高持百姓とその高内百姓家および寺院」欄に、㋺高持百姓の下男・下女については「下男・下女」欄に、㋩家抱家族については「家抱・寺門前」欄にそれぞれ示し、その区切りは縦の太線で表してある。そして、高持百姓を筆頭とするまとまりの最後には、下男・下女や家抱の家族を含めた総人数(男女の内訳)・馬数、他村へ行っている者の人数(男女の内訳)が合算されている。また、小村ごとの最後、さらに全村の最後には、総人数(男女の内訳)、馬数、各旦那寺の檀家内訳(男女の内訳)がまとめられている。帳面末尾には、「右帳面之通加判仕候者共拙僧共旦那紛無御座候」ことを三波川村に檀家を抱える寺院金剛寺以下が署名し、代官依田五兵衛に誓約している。さらに、その後に「右村中宗門改被　仰付候ニ付、遂吟味候処ニ、怪敷もの壱人茂無御座候、為其旦那寺為致判形差上申候」ことを村として保証し、名主市太夫(飯塚氏)他八人が署名を加えている。八人は、七右衛門(妹ケ谷)・伝右衛門(犬塚)・太左衛門(大内平)・長左衛門(大奈良)・安左衛門(金丸)・金兵衛(金丸)・伊右衛門(下三波川)・甚兵衛(小平)である(括弧内は居住する小村名)。

なお、同帳面の作成された元禄五年(一六九二)は、幕府領である当村の代官が入れ替わった年にあたる。つまり代官の入れ替わりという村と領主の再契約時に際し、改めて代官宛てに作成された宗門帳の写しが本史料であり、それが飯塚家に伝来したものであろう。本章以下で表1の内容を引用する際は、表の左一列目の№を記す。次節では、このような宗門帳を分析することを通し、三波川村の特徴について検討してみたい。

第二節　宗門帳からみた三波川村

1　縁組み・養子・奉公関係の分析と整理

縁組み・養子・奉公関係の動向―表2～5および地図1～3の解説―

宗門帳には、各家の家族について、婚姻や養子縁組み、奉公契約などによる移動に関する情報が記されている。これらの小村から小村へ、または他村へという動向を整理し、その移動件数を数値化して一覧表化したのが、表2～5である。具体的な考察を進める前に、これらの表について若干の説明を加えておきたい。表2が高持百姓家族・親類の婚姻・養子関係、表3が家抱と門前家族・親類の婚姻・養子関係、表4が三波川村全体の婚姻・養子関係について、その展開状況を示したものになる。表5は、三波川村全体の奉公関係を示したものである。いずれも表の見方は同じである。

いずれの表も、上段の項目が三波川村内の小村（縦軸）、左列の項目が三波川村内の小村、および村外の村々（横軸）である。村内と村外の区切りは、太い横線で区切ってある。また、村外の村によっては小村名が明らかな場合もあり、それについては小村名ごとに数値を示した。

表上段の項目は、「出」欄が、小村から他の小村へ出て行った人数、および他村から三波川村へ移った人数であり、同じ小村内の移動もこの「出」欄に記した。「入」欄は、他の小村から小村内へ入ってきた人数、および三波川村から他村に移った人数である。三波川村内の小村から小村への移動については、左列（横軸）の各小村から上段（縦軸）の各小村へ入る、といった移動の方向に宗門帳の情報を全て読み直し、縦軸の小村へ入ってきた人数を示している。

たとえば、表1№9妹ケ谷の庄兵衛女子は竹谷戸の吉右衛門嫁だ、と宗門帳には所見される。この情報は、左列〈横軸〉の妹ケ谷の欄ではなく、左列竹谷戸の「入」欄にカウントしてある。事例によっては、移動する人物を輩出している村と、逆にそれを受け入れる村、両方で同一人の移動情報が載せられている。これについても、できる限りその情報を対応させ、一つの事例としてカウントした。たとえば、表1№7妹ケ谷の吉兵衛女房は、宗門帳には「年三拾四才、同村七郎右衛門娘」とだけあるが、№14竹谷戸の龍兵衛は、父親の名前が「七郎右衛門」であり、かつその姉「なつ」は「三十四才、同村吉兵衛女房遣し申候」と記載される。父の名前、および「なつ」の年齢から同一人と判断し、婚姻によって〈竹谷戸→妹ケ谷〉へ移動した者として、妹ケ谷の項のみにカウントしている。

横太線より上段、三波川村内における移動の合計だが、一本目の横二重線のすぐ下の段、「村内合計」欄内のa「小村内／入合計」欄は、縦軸の各小村内での移動、および各小村に入ってきた人数の合計を示した。また、表の右上段の「合計」欄内にあるe「出」欄は、左列〈横軸〉の各小村から上段の小村へ出ていった人数の合計である。e「出」欄とa欄が交わった箇所には、各小村間における移動人数〈a「小村内／入合計」のうち「入合計」〉の合計数を示している。g「小村内」欄は、小村内における移動人数である。h「小村」欄は、小村内における移動人数と他の小村へ出て行った人数を合算した人数〈横軸の合計数〉を示してある。そして、b「出入合計」欄が、三波川村内での移動〈小村内の移動を含む〉を合計した数値になる〈a「小村内／入合計」とe「出」数の合算〉。

次に、横太線から下の段、他村との移動についてである。表の下段、「他村合計」欄のc「出・入別」欄は、三波川村内の各小村から他村へ出ていった人数、および他村から三波川村内の各小村へ入った人数、それぞれの合計人数である。またその下のd「出・入合計」欄は、そのcの出入を合計したもので、三波川村内の各小村―他村間の移動人数の合計人数を示す。さらに、表の右列の「合計」欄内のe「出」欄は、三波川村から他村〈の小村〉へ出ていった人数の合計、f「入」欄は逆に他村（の小村）から三波川村へ入ってきた人数の合計である。そして、その右側のh「小村」欄が、他村内小村について「出」「入」両者を合計し、村外の小村—三波川村間の移動人数を示したものである。その右側のi「村」欄は、他村の村単位で「出」「入」両者を合計し、村外村—三波川村間の移動人数を示したものになる。なお、a〜iの記号は表2のみに表示した。

三波川村各小村の最上段の欄には、三波川村内の移動合計と他村との移動合計を比較して、村内よりも他村との移動人数が多い場合は「＊」印を、それがほぼ同数の場合は「△」印を記入してその特徴を表した。また、村外各村名の左側の欄には、三波川村—他村間で移動人数が五人以上見られた村について「○」印を記入し、三波川村間との移動の多さを示してある。

なお、宗門帳ではただ「同村」として小村名が明らかではない事例も多かったが、できる限り人名を比定し、小村名を確定することに努めた。ただ、それでも判断できなかった分については「不明」欄を設けて示した。また、表4は、表2と表3を合わせた村全体の動向に関するものであり、両表の数値を合計した数値になる。だが一部、家抱・門前の家から高持百姓の家への移動、また逆に高持百姓の家から家抱・門前の家へ移動する事例があった。前者が二件で、後者が一件である。そのため若干合計人数が異なる。表2・3では、それぞれで一件分として数え、表4ではそれらを合計せず、一件分としてカウントしてある。表4には、その三件の数値を「○」で囲んだ丸数字で示した。表5で数値を「○」で囲んだものは、婚姻・養子関係（表4）と奉公・質物契約関係が重なる事例である。また、他村のうち、日野村・阿久原村はそれぞれ上下両村に分かれており、それぞれに名主家がいるなど、区別して理解すべきものかとも思われる。だが、宗門帳には単に「日野村」「阿久原村」との記述も見られ、少なくとも同帳に関しては、当時の人々が上下両村の別を認識していないと思われる事例もあった。

そして、これらの情報を元に移動の動向、広がりの様子を地図上に示したのが地図1〜3である。矢印の向きは人の移動の方向を示す。地図1は表2に、地図2は表3、地図3は表5にそれぞれ対応している。

奉公・質物契約の動向—表6・7の解説—

ここでは、宗門帳にみえる奉公・質物契約の動向を考察するために整理した表6・7について、説明を加えておきたい。先に説明した表5が、三波川内の各小村、および村全体の奉公・質物関係の動向を示したものであったのに対し、表6・7は、男女別にこの情報を詳しく考察したものである。

まず表6は、男子の奉公・質物契約について、契約年季数ごとに区切って整理したものである。表7は女子に関して同様の整理をしたものになる。両表いずれも、横軸の太線で示したのが年季数の区切りであり、点線がその中において、契約先が他村か村内かを示した区切りになる。各区分内の並び方は年齢順であり、下方へ降るほど年齢が高くなる。

最上段の各項目についてだが、「契約先」とは他村か村内かの区別、「高持百姓」とは、高持百姓の家であるか否かの区別であり、高持百姓およびその家族であれば「〇」印を記入した。「小村名」は、各情報を記す家（高持百姓・家抱）の筆頭人が所属する小村名である。「丁・表裏」は、各情報が載る宗門帳の丁数とその表・裏の別を示す。「高持百姓家族・高内家族（高持百姓名）／家抱・門前（地親名）」は、高持百姓本人・その家族や親類、また高持百姓の「高之内」であればその旨と括弧内に高持百姓名、家抱・門前ならばその旨と括弧内にそれらの人々を抱える地親名・寺院名を明記した。「筆頭人名」は奉公・質物者を輩出している家、もしくは受け入れている家の筆頭人の名前。「人名」は奉公・質物の対象者の名前、「年」はその年齢、「年季」はその年季数であり、不明の場合は空欄になっている。「関係」は「筆頭人名」にあげた人物との関係。「出（奉公先の村・家）」は奉公に出た先の村と家、「入（出身村・家）」

は奉公・質物対象者の出身村と家である。

これらについても、奉公人を出している家と、逆に受け入れている家の両方に記載があり、情報がダブっている事例が多かった。それについてはできる限り対応させ、表5では一件の事例としてカウントしてある。そして表6・7では、たとえば表6№19のように、同じ№の枠の中で一部二行に分けて記述している。これは、宗門帳七丁目表にある妹ケ谷の忠右衛門家抱助左衛門男子、部(カ)助十九歳が、宗門帳二丁目表の妹ケ谷七右衛門下男として一年季で奉公していることを示す。

譜代の下男・下女—表8の解説—

村内の下男・下女には、年季数を限ったものと並んで「譜代」と記された下男・下女も多く所見された。それを整理したのが表8である。これは、宗門帳の記載に即した小村順で(表1に対応)、下男・下女を抱える家の筆頭人名ごとに、年齢順で下男・下女を整理したものである。各小村の区切りは、やや太い横線で示し、下男・下女を抱える家の筆頭人名ごとの区切りは、それよりも細い横線で示してある。各項目は、先の表6・7と同じなので説明は省略する。

2　三波川村の縁組み動向

次に、表2〜4および地図1・2に示した成果を踏まえ、三波川村の縁組みについて検討してみたい。

まず、村内の縁組みは、表4からもわかるように、基本的には高持百姓家族間、家抱・門前家族間で行われていた。村内出身の下男・下女には、家抱家族の者が多いので、下男・下女と家抱家族との縁組みは少なくない。これは高持百姓の家、家抱・門前の家との間では、小村の枠組みを越え、三波川村としての身分的格差があったことを示すものと思われる。ただ、前述のように、若干ながら高持百姓家族―家抱・門前家族間の縁組みも見られた。それが、①下三波川の金剛寺門前徳兵衛家（表1No.156門前⑥）から、妹ケ谷の高持百姓の分家である権兵衛家（No.5）へ、②妹ケ谷の忠右衛門家抱徳左衛門家（No.4家抱③）から、犬塚の高持百姓由右衛門家（No.22）へ、③大沢の高持百姓茂兵衛家（No.135）から、大沢拾左衛門家抱三郎右衛門家（No.126家抱②）への縁組み、という三件である。だが、いずれも高持百姓の年貢負担額は少ない。①の権兵衛家は太郎左衛門家とともに、二家分として一石六斗七升五合、②の由右衛門家は与右衛門家とともに、二家分として一石五斗、③の茂兵衛家は六斗五升、である。またその旦那寺は、小村内寺院に限られることも特徴的である。

詳細は稿を改めて述べるが、三波川村の場合、小村内寺院の檀家には、持高が少ない高持百姓家族、下男・下女、家抱に多い傾向が見られた(17)。ここから、基本的に縁組みのあり方は、高持百姓の家か、家抱の家かといった、村に対する年貢納入責務の有無に規定されていたことが窺えよう。

地域的な縁組み先の特色としては、小村内が大半である小村に、妹ケ谷・犬塚・平滑・大奈良・久々沢・大沢が見られる。近隣が多い小村には、犬塚・平滑・大奈良・日向・月吉・久々沢・雲尾。逆に、他村の方が多いという小村として、大内平・月吉・金丸・下三波川・小平・琴辻がある。隣接し、地理的には近いにもかかわらず、縁組のない金丸―久々沢・大沢関係など、小村によって縁組み関係には大きな違いが見られた。特に、他村との縁組みが多い小村には、村の東側の小村が比較的多かった。なかでも下三波川は村内一九件に対し、村外五八件であり、その件数は突出している。また、道でのつながりなど、地理的関係が縁組みに反映されていると思われる事例も多い。たとえば、南の十石街道沿いの保美濃山村に出やすい月吉・塩沢は十石街道沿いの山村と、また三波川の東に位置する金丸・大沢・小平・下三波川などは、神流川沿いの町場との縁組みが多い。

小村によっては、犬塚―日野村、大奈良―保美濃山村、日向―日野村、月吉―坂原村、金丸―渡瀬村、小平―阿久原村、琴辻―日野村、というように特に縁組み関係が多い他村があるケースも見られた。なかには同じ家において、二世代続けて同じ小村間、また妹ケ谷の庄兵衛家―某所市郎左衛門家間のように、同じ家同士での縁組を重ねる事例があった。そして、下三波川の権兵衛家―太駄村間、同二郎右衛門家―上阿久原村間、同五郎兵衛家―阿久原村間では、母・女房の出身村へ姉や妹・娘が嫁すといった、特定の村と家との相互的な縁組みを重ねる事例も所見された。つまり、縁組み関係は固定化していることも少なくなかったと思われる。このような縁組み先の選択は、小村としての特色、日常的つきあいなどが反映されているものと考えられるが、詳細は不明である[18]。

名主家の縁組み関係についても、その特色を指摘できる。同村の名主飯塚家の市太夫妻は、上日野村与左衛門家の出身であり、この与左衛門家とは上日野村の有力家で、当時の名主家であった可能性もある（「飯」六九八八）。また市太夫妹の嫁ぎ先は、児玉郡萩平村九郎左衛門家であるといい、同家が名主家かどうかは今回確認できなかったが、同村の有力な家であったことは確かである（「飯」五六七三）。つまり、名主家は村外、特に他村の名主家などの有力な家と縁組みを結ぶ傾向があったと想定できよう。三波川村全体としても、日野村との縁組み件数は多く、日野村との関わりの深さが名主家の縁組みを、または逆に名主家の縁組みが村全体の縁組みを規定するという関係性にあったのかもしれない。そして、妹ケ谷の七右衛門（表1No.1）が名主市太夫の弟であることも、もともと三波川村は飯塚三兄弟が開き、長男が琴辻を、次男が平滑を、三男が妹ケ谷を開発したと伝わる伝承とも関わって注目される[19]。元禄段階においても、妹ケ谷の七右衛門家―市太夫家間では、家同士のつきあいが継承され、七右衛門家が名主家から養子を入れることができるような家格を維持していたといえよう。

さらに、表2・3を比較すると、全体的に小村内の高持百姓家族と家抱家族の縁組み動向は、類似する傾向も確認できた。だが、平滑などのように、村内での動向が全く合致しない事例も見られ、検討の余地は残る。そして下三波川は、高持百姓家族は神流川沿いの町場に多いのに対し、家抱家族は十石街道沿いの山村に多いなど、対照的な特色を持つ小村も見られた。また、地親家族の縁組み動向と家抱家族の動向が、合致する事例も知られる。大内平の金右衛門家とその家抱、および琴辻の名主市太夫家とその家抱などがそれである。地親―家抱関係が縁組み関係をも規定することがあったものと考えられよう。

3　奉公契約の動向

奉公契約は、妹ケ谷・大内平・平滑・大奈良・日向・下三波川・小平の事例に見られるように、小村内で行われる事例が最も多い。まず第一には、小村内へ奉公先が求められる傾向があったといえる。なかには、家抱家族が自らの地親へ奉公に出る事例も所見された。たとえば、妹ケ谷の久兵衛・忠兵衛、犬塚の伝兵衛が、それぞれ家抱を下男に置いている。事例は多くはないが、家抱であることが、地親といった身近な奉公先を、選択肢の一つとして増やしていたものと理解できよう。また、日向では、隣接する琴辻の名主市太夫家への奉公が集中して見られ、平滑や下三波川も村内における事例は近隣小村が多い。隣接する周辺の小村は、第二の奉公先として有力な候補にあげられていたらしい。そして、各表および地図を比較すると、縁組み関係のある村内小村や他村との奉公関係を確認できる小村が大半であることもわかる（竹谷戸・犬塚・大内平・平滑・大奈良・月吉・塩沢・金丸・久々沢・雲尾・大沢・下三波川・小平・琴辻）。それだけ日常的なつきあいが多いこと、また縁付いた者を通して、奉公先選びや働きかけが行われ、その上で奉公契約が結ばれる事例が少なくなかったものと考えられる。逆に、奉公契約を縁に結ばれる縁組みもあったであろう(20)。

また小村によっても、特に奉公人を受け入れる方が多い小村（妹ケ谷・犬塚・平滑・大奈良・塩沢・金丸・久々沢・下三波川・小平・琴辻）、逆に奉公人を出している方が多い小村（大沢）などの違いもあった。ただし、これは宗門帳自体の性格による結果である可能性もある。なぜなら、基本的に宗門帳は、現在そこに居住している者について記載されており、村から出ていった者については、例外はあるものの、記載されるのは高持百姓（分家）の家族、家抱の家族に限定されている。そこに養われていた甥・姪などの親戚や、成人して婚姻適齢期を過ぎても家を別に築けないような兄弟・姉妹など、宗門帳には移動の有無が明記されない者も多かったと思われるからである。たとえば、村内における移動であるにも拘わらず、ただ「下男」「下女」としてのみ所見され、出身家側で奉公に出ていることの記載がない者には、「〇〇甥」「〇〇姪」や婚姻適齢期を過ぎた「〇〇兄／弟」「〇〇姉／妹」が多く見られた。高持百姓・家抱の家で養われていた人々の中には、奉公人となることで初めて帳面上に現れる者も多かったであろう。

前述のように、下三波川は高持百姓家族と、家抱家族の縁組み動向に、それぞれ異なる特色が見られた。その下三波川では、家抱の縁組み先として所見された、十石街道沿いの山村から入ってくる奉公人が多く、逆に下三波川からは、高持百姓家族の縁組み先に所見された神流川沿いの町場へ奉公に出る傾向を認められた。つまり、家抱の縁組みが、十石街道沿いの山村に対して、下三波川を有力な奉公先の一つとし、高持百姓家族の縁組みが、下三波川の人々にとっての奉公先として、神流川沿いの町場を用意する役割を果たしていたと考えられる。また奉公契約に基づく関係は、さらに新たな縁組みを産む契機ともなっていったであろう。

奉公に出る者は、家抱・門前の家族が大半であったが、なかには高持百姓家族の事例も所見された（表6・7）。それは、全部で一八件で、村内出身の下男七九人に対し一三人、村内出身の下女三七人に対し五人であった。ほとんどが、持高額は一石以下の家出身者であったが、二石六斗四升五合を請け負う大沢の拾左衛門家では、男子（三十二歳）

を二年季で金剛寺に入れるなど、例外も見られる。これらのうち、他村への奉公が七件あり（男子六件＝表6№8・38・39・40・67・69、女子一件＝表7№16）、特に男性は約半数の六件が他村への奉公であった。また、女性五件のうち二件は名主市太夫家への奉公であり（表7№6・21）、そのうち一件は夫婦での奉公である。

次に年季数についてだが、これは年齢や性別などと関連する問題と思われるので、比較するために表9として整理を試みた。これは、年代を五歳単位で区切り、各年季（一年季～一〇年季・不明）について、男女別に、それぞれ他村への奉公（「外」欄）と村内での奉公（「内」欄）の別についてカウントした。ここから、まず全体的に一年季・二年季といった短期契約が圧倒的に多く、全体的には男性の事例が大半であることをまず指摘できる。男性の事例が多いのは、女性の方が婚姻による移動が多く検出されたことと対応する問題だと思われる。女性を嫁がせることが、男性を奉公に出すことと似た機能、つまり口減らし的な役割も果たしていたことが窺える。移動する者の立場からいえば、女性は嫁ぐことで、男性は奉公に出ることで糧を得ていた側面があると考えられよう(21)。

また、村内・村外における奉公の比較をすると、基本的には村内の事例が多いが、五年季、および女性に限っては八年季は、村外への奉公が多かった。特に男性についていえば、一年季の奉公は、村外への奉公も村内での奉公も、ほぼ同数であることが特徴的であった。溝口常俊氏によれば、奉公先は、女性よりも男性に村外への奉公が多いとの傾向を指摘できるという(22)。性別によって従事する労働形態が異なり、それが奉公先の差異としても現れているのかもしれない。

そして、年季数ごとの特色としては、一年季では男性の二十五～三十九歳、二年季では男性の二十～三十四歳、三年季では男性の二十～二十四歳が特に多い。四・六・七年季は比較的少なく、五年季は男女ともに十五～十九歳に集中する。八～十年季の長期奉公は、男女とも二十四歳以下と若く、男女比では女性の方が多い。年季数が短いほど奉公人の年齢が高く、逆に年季数が長ければ若年層が多いといえる。短期は男性に、長期は女性に多い傾向も認められた。これらの結果に関して、宮下美智子氏による次の指摘に注目しておきたい(23)。

宮下氏によれば、従来、庶民の結婚は比較的早婚だとされてきたが、比較的結婚年齢は高いのだという。たとえば、山城国相良郡西法花野村（寛文六～享保二年〈一六六六～一七一七〉）では、平均結婚年齢は男三十四・七歳、女二十五・六歳。美濃国本巣郡神海村（延宝二～元禄元年〈一六七四～八八〉）では、男三十三・九歳、女二十四・七歳といった具合である。ここから、特に持高の少ない家にその傾向は強く、奉公稼ぎを続けて結婚が遅くなる場合や、事実上夫婦であっても同居できない、夫婦として承認されない事例を想定できる。若年層に長期の年季契約が多く、男子よりも女子の方が多いのは、結婚適齢期までは奉公に出てその後に結婚するライフスタイルと、男女の結婚適齢期の差を反映している可能性を指摘できよう。そして長期契約では、下三波川の寺院が、男子の受け入れ先になる事例が多かったことも特徴的であった。

最後に、譜代の下男・下女についてもふれておきたい。譜代には、年季を限った下男・下女と異なり、幼児や子供も所見された。幼児や子供が譜代となった経緯は、一つには親などに売られたことも考えられる。だが、その家には親に相当する世代の下男・下女が同居する事例も見られることから、家族や親子で譜代として置かれることもあったものと思われる。この譜代の位置づけについてだが、安永七年（一七七八）の事例では「普代家来」と称されており（「飯」『群9』五四二）、彼らが譜代の家来と認識され、「家来」として日々その家に奉公することで養われる関係にあったものと考えられる。

また大奈良の表1№50は、親八左衛門の高六石二斗五升を三人の兄弟で請け負っている事例があり、このうち次男の権右衛門のみが譜代下男を置いている。そしてこの権右衛門は、元禄六年（一六九三）、同十五年の史料から村の年寄であることが知られる(「飯」四九三六)。これは三兄弟のうち、権右衛門が親八右衛門の名跡を継いだものと思われ、そのような者に「家来」とも認識される譜代下男が継承されたものと考えられよう。そして、譜代下男・下女を養う者には、表1・8からもわかるように持高も多く、家抱を抱え、比較的大きな家に住み、名主・組頭・年寄などの村役人に就いている家が多いこともその特色であった。

おわりに

以上、宗門帳を主な素材として、三波川村の縁組みおよび奉公契約の動向について検討を加えた。一見、閉鎖的に見える山間の村だが、縁組みや奉公関係という二点のみに注目しても、地域社会との広いつきあいを展開していたことが明らかとなった。そして、小村によって、または家によって、縁組み先や奉公契約先が固定的な事例もあり、小村・家ごとの特色も見られた。その背景には、道でのつながりなどの地理的関係が反映されている事例も多く、日常的な関わりの深さが窺われた。縁組み先と奉公契約先が重なる事例が多かったことも、そのことを示すものと思う。ただ、縁組み先と奉公契約先が重なるのは、縁組み関係が新たな奉公契約の契機を、逆に奉公関係が新しい縁組みの契機を創ることがあった結果であるとも考えられる。人を介して、村のつきあいがますます広がっていった様子を想定できよう。

特に三波川村全体としては、十石街道沿いの村町が縁組み・奉公契約先となるケースが多いことも知られる。それは、当村の生活が十石街道と深く関わるものであったことを示すのであろう。その点を踏まえて、宗門帳の馬数記載から明らかとなる、各小村ごとの馬数／家数比をみると次のようになる。西の小村から順に見てみよう。

妹ケ谷　馬三三頭　家二二軒（寺を含む、以下同じ）
竹谷戸　馬一二頭　家一〇軒
犬塚　馬三二頭　家二七軒
大内平　馬二〇頭　家一九軒
平滑　馬二二頭　家一五軒
南郷　馬一三頭　家一一軒
琴辻　馬一七頭　家一三軒
大奈良　馬三三頭　家二七軒
日向　馬二七頭　家二一軒
月吉　馬一四頭　家一四軒
塩沢　馬　九頭　家　九軒
雲尾　馬一七頭　家一四軒
久々沢　馬一九頭　家一二軒
金丸　馬一八頭　家一六軒[24]
大沢　馬一三頭　家一五軒
下三波川　馬三八頭　家三五軒
小平　馬　八頭　家　九軒

このように、村中央部より西側の小村、および日向・雲尾などの山地形に所在する小村では、家数よりも馬数の方が多い。逆に、月吉よりも東に位置する三波川道沿いの村々は、馬数と家数がほぼ同じであり、大沢などは家数の方が多い特色がある。耕地に適さない、西の山側の小村で馬数が多いのは、それらの馬が主に運搬に利用されていたことが考えられる。山稼ぎで得た木炭などを荷駄で街道沿いの市へ売りに行ったり、駄賃稼ぎを行うなどの生業に携わっていた人々が、特に西の小村に多かったことを想定できよう。今後は、生業をはじめとする日常的な関わりと、縁組み・奉公契約先の相互規定的関係を検出していくとともに、より具体的なあり方を明らかにしていくことを課題として掲げておきたい。

また縁組みは、基本的に高持百姓家族同士、家抱家族同士で結ばれることから、小村の枠組みを越えた村としての身分的格差が、縁組み先の選択に影響を与えたことも窺えた。地理的に近い村と縁組みを結ぶ傾向があるにも拘わらず、隣接する小村同士に縁組みがないケースなどは、千川氏のいう小村成立の契機、分家や家抱集落の自立化の問題を踏まえるならば、小村を単位とする身分的格差を意味するとも考えられる。このような村内身分の問題は、村における機能分担を追究することによって明らかにすべき問題だと思われる。この課題の本格的追究についても、稿を改めて行うこととしたい。

だが、村内における機能と身分の関係性については、本章で明らかになったこともいくつかある。たとえば、名主家は、他村の名主家と思われる家をはじめ、有力家と縁組みを結んでいた。それは、縁組みにおいて名主家という家格が重んじられたことを示すと同時に、村の外交を担う家に相応しい関係を維持することが、名主家は村に求められていたことを意味すると考えられる。また、身分的格差として知られる地親―家抱関係も、地親が家抱家族の奉公先になっていたり、地親の縁組みに基づいた奉公契約が結ばれていた事例から、地親が家抱家族の生活や生存の維持にとって、重要な役割を果たすことがあったことも指摘できよう。

主家に対して代々の家来となり、日々奉公する譜代の下男・下女も、奉公することで、時には幼い子供を抱えていても、家族や親子で養ってもらうことができる関係を築いていたともいえる。特に三年以下の短期の年季契約で、下男・下女として置いてもらい、食べていこうとする人々の受け入れ先となったのは、高額の持高があるような家であった。下男・下女となる人々が糧を得るためには、多額の持高があるような家では、必要な存在であったといえる。婚姻のあり方などに現れる村内における身分差は、村内における人々の生活・生存のための役割問題と、密接に関わることが想定できよう。

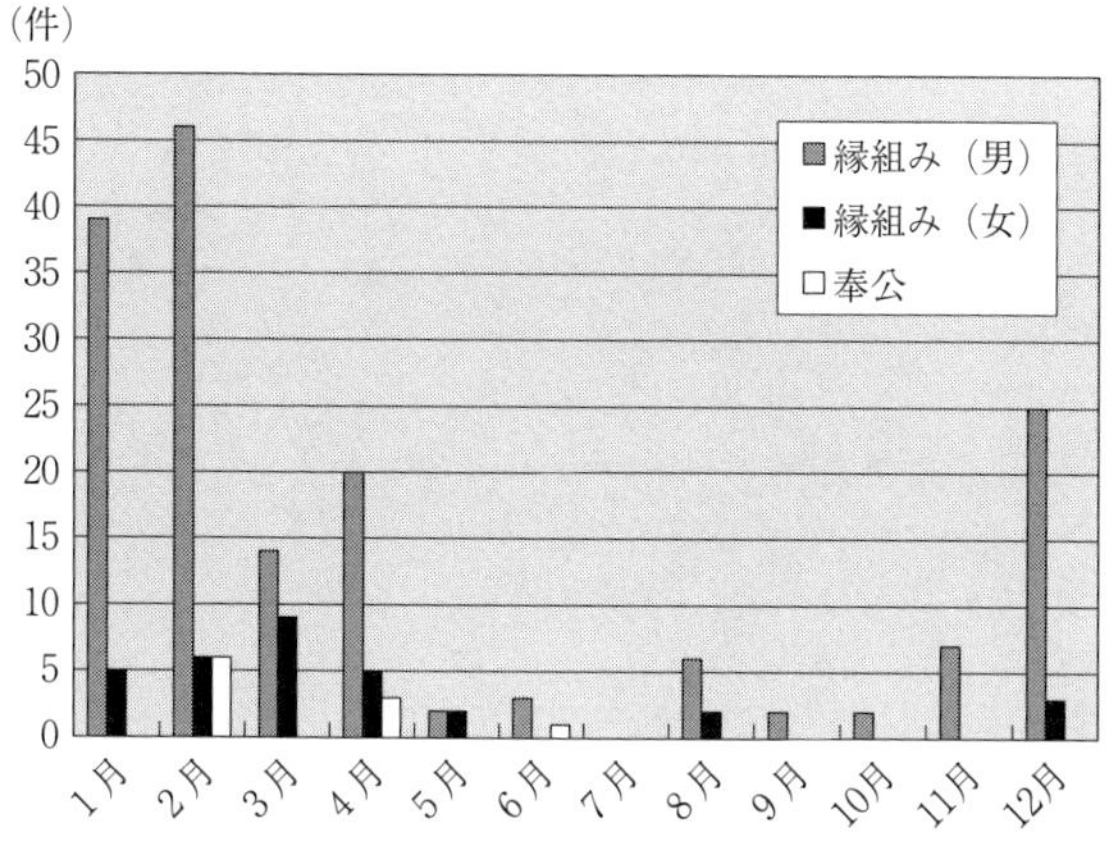

グラフ1　縁組み・奉公の季節性

さらに、それぞれのライフスタイルについても、明確になった点がいくつかある。(1)女性にとっては婚姻が、男性にとっては奉公に出ることが、食べていく術の一つとなっていたらしいこと、(2)一年季・二年季といった短期契約での奉公が、広く行われていたと思われること、(3)家抱の家や持高の少ない家では、何年か奉公に出た後に結婚するというケースが多く、特に女性は結婚適齢期の男女差のために、若年層での長期契約が多い傾向があったと思われること、などである。また、他地域の事例に、縁組みは農閑期の冬季に行われることが多かったとの指摘がある。(25) 三波川村については、史料的制約から十七世紀については不明だったため、十八世紀に関して考察した。それがグラフ1である。やはり十二月から四月に縁組みが結ばれる事例が多いことを確認できた。この時期は、農閑期であるとともに、端境期という食料が最も不足する時期でもある。ここからも、縁組み関係については、今後、生存問題として検討し直す余地があるものと思われる。

以上、多様な角度から村を描くことを可能にしてくれる貴重な史料を前に、課題ばかりが山積みになってしまった感がある。だが、村落内の小村同士、村落と地域社会との関わりについて、縁組みと奉公契約という側面から、実態をいくらかは詳らかにできたものと思う。今後は、本章で残された課題を追究し、村落に生きた人々の視座から、より豊かな村落像を明らかにしていきたい。

註

(1)「飯塚家文書」『群馬県立文書館収蔵文書目録11　多野郡鬼石町飯塚家文書(1)』(群馬県立文書館編、一九九三年)、および『群馬県立文書館収蔵文書目録12　多野郡鬼石町飯塚家文書(2)』(群馬県立文書館編、一九九四年)における文書番号を示し、以下、「飯」一一九九四-一のように略記。なお、本章で取り上げる宗門帳については、すでにその体裁に関する解説、および内容を整理して示したことがある(拙稿「元禄五年上野国緑埜郡三波川村の宗門帳に関する基礎的研究」池上裕子研究代表『二〇〇一〜二〇〇四年度科学研究費補助金　基盤研究(B)(1)　中世近世移行期における土豪と村落に関する研究』所収)。

(2) 川口洋「尼崎藩領西摂一農村の通婚圏」(『地域史研究―尼崎市立地域研究史料館紀要―』一二-二、一九八三年)、溝口常俊「甲州における通婚圏」(『日本近世・近代の畑作地域史研究』名古屋大学出版会、二〇〇二年、初出一九七八年)など。

(3)「飯塚家文書」『群馬県史　資料編7』二三一七・二八八九・二九四〇号文書など。

(4) 増山智宏・松澤徹「群馬県多野郡鬼石町三波川地域現地調査報告」(前掲註(1)『中世近世移行期における土豪と村落

に関する研究』）。

（5）鈴木一哉「元禄期前後における三波川村の「枝郷」と「郡」―元禄上野国絵図関係文書を手がかりに―」（『双文』九、一九九二年）、干川明子「国絵図における枝郷の性格―緑埜郡三波川を事例として―」（『群馬文化』二二六、一九九一年）。

（6）山田武麿「北関東山村における家抱制の解体過程」（『上州近世史の諸問題』山川出版社、一九八〇年、初出一九六〇年）。

（7）「飯塚家文書」『群馬県史　資料編9』五二八号文書、以下「飯」『群9』五二八のように略記。

（8）蔵持重裕「村落と家の相互扶助機能」（同『日本中世村落社会史の研究』校倉書房、一九九六年、初出一九九二年）。

（9）多野藤岡地方誌編集委員会編『多野藤岡地方誌　総説編』（一九七六年）二四一頁。「飯」八二一四―一七三一。

（10）鬼石町誌編さん委員会編『鬼石町誌』（一九八四年）四一六頁。

（11）小松修「割元役と組合村制の成立―上州山中領の場合―」（『関東近世史研究』一八、一九八五年）。佐藤孝之「近世前期の「領」支配と割元制―上州山中領を事例に―」（『地方史研究』二一〇、一九八七年）。

（12）干川前掲註（5）論文。

（13）干川前掲註（5）論文。

（14）聞き取りなどから妹ケ谷に所在したことを確認はできなかったが、同小村のみに旦那がいることから、同所に所在したものと比定できよう。

（15）西善院の所在は不明だが、村内の総旦那数五三人のうち雲尾には二九人、大沢には一二人、金丸には八人、久々沢には四人がいた。聞き取りでは大沢に「サイゼンイン」があったとも伝わる。

(16) たとえば、南郷の「左次右衛門高之内」である三之丞は、左次右衛門の兄弟である(「飯」一九九四-一、六二丁目裏)。

(17) 表1からも、そのことが窺える。特に、下三波川・金丸に所在する寺院以外は、檀家人数の比率が下男・下女および家抱に多い。

(18) 安永六〜明治二年(一七七七〜一八六九)における下野国河内郡町田村を考察した川口洋氏によれば、村外婚は、「井組」と呼ばれる用水を共同利用する村々が多いという(「近世非領国地域の通婚圏について」『歴史地理学』一二四、一九八四年)。生業上の関わりと縁組み関係が、相互規定的関係にあったことが窺える。

(19) 井上哲朗「村の城について―上野国三波川地域の城館址調査から―」(『中世城郭研究』二、一九八八年)。

(20) 通婚圏と奉公先が類似する傾向がある点については、他地域を事例とした研究ですでに指摘がある(溝口常俊「近世甲斐国における奉公人の移動に関する研究」『人文地理』三三-六、一九八一年。川口前掲註(2)論文)。縁組みと奉公契約が相互に規定的関係にあったことがわかる。川口洋氏は、近世末〜近代にかけての奥会津地方で、往来の商人が婚姻を仲介したり、稼ぎのために他所へ移動した者が、婿入りしたり、配偶者を連れて帰る事例を指摘している(同「近代移行期の奥会津地域における遠方婚成立とその社会経済的背景」『人文地理』五五-四、二〇〇三年)。元禄五年段階の三波川村においても、このような事態を想定できるものと考える。

(21) この問題に関して、「下人」化の諸契機を考察したものに、関口博巨「近世前期奥能登における「下人」化の諸契機―時国家の「下人」を中心に―」(神奈川大学日本常民文化研究所奥能登調査研究会編『奥能登と時国家　研究編Ⅰ』平凡社、一九九四年)、また「下人」化することの生命維持装置としての役割を中世社会に見出した研究に、藤木久志氏の研究などがある(「生命維持の習俗三題」『遙かなる中世』一四、一九九五年)。これらの研究成果を踏まえるならば、「下男」「下女」になるということは、人々の生存問題から位置づけられるものと考える。ただ、本章が取り上げた宗門帳が作成された元禄五年(一六九二)頃、三波川村が飢饉状況下にあったのかどうか、などについては明らかにすることができなかった。だが全国的には、元禄期は飢饉が頻発した時期であったことが知られる。

(22) 溝口前掲註(20)論文。

(23) 宮下美智子「農村における家族と婚姻」(女性史総合研究会編『日本女性史3　近世』東京大学出版会、一九八二年)。

(24) 金丸の場合、帳面上で示された史料上の馬数合算数(一三頭)と、帳面に記された各家の馬数を計算した数値(一八頭)が異なっている。ここでは計算上の数値を示した。

(25) 野原敏彦「江戸時代の農民の生活圏―岐阜県史・岐阜県内各市町村史の宗門帳の史料による―」(『岐阜県歴史資料館報』二七、二〇〇四年)。

〔付記〕本章掲載の表2〜6は、拙稿「近世初期上野国三波川村の縁組みと奉公契約―宗門帳からみた村落―」(池上裕子編『中近世移行期の土豪と村落』岩田書院、二〇〇五年)に掲載した表1〜4に集計数や誤記があり、また小村内の移動数が分かり難かったため、一部訂正を加えている。

家抱・寺門前									
主名	構成(人)	馬	所　縁・奉公先	家 長さ	家 横	旦那寺	総構成員(人)	馬数合計	家数合計
郎	6(男4・女2)		女房母＝坂原村久左衛門姉	6間	3間	宝仙寺	12(男9・女3)	4	2
衛門	2(男1・女1)、外同村1(男)		女房＝同村市右衛門娘／弟＝同村妹谷忠右衛門所に1年季	4間	3間	宝仙寺	6(男3・女3)、外他所1(男＝同村年季)	2	2
衛門	4(男2・女2)、外他所2(男1＝年季・女1＝縁付)		女子＝同村竹谷戸市兵衛嫁／男子＝地親久兵衛所に2年季／女子＝鬼石村与左衛門嫁	5間	3間	宝仙寺	10(男5・女5)、外他所3(女2＝他村縁付・男1＝地親年季)	2	2
左衛門 助左衛 ③徳左	①2(男1・女1)、外他所1(男＝奉公)／②4(男2・女2)、外他所2(男1＝年季、女1＝縁付)／③6(男4・女2)、外他所1(女＝縁付)		①女房＝同村与右衛門妹／①男子＝同村妹谷忠右衛門所に3年季／②女房＝上日野村権之助女房の姉／②女子＝上日野村半七郎女房／②男子＝同村妹谷七右衛門所に1年季／③女房＝同村妹谷(？)弥左衛門妹／③嫁＝同村妹谷太郎左衛門妹／③女子＝同村犬塚由右衛門女房	①3間半／②4間半／③4間半	①2間半／②3間半／③3間	宝仙寺	21(男12・女9)、外他所5(女3＝縁付・男2＝年季)	9	4
							12(男6・女6)、外他所3(女＝縁付)	3	2
衛門	5(男1・女4)		女房＝同村犬塚(？)長右衛門妹	4間	2間半	宝仙寺	16(男8・女8)、外他所1(男＝名跡)	4	3
衛門	4(男3・女1)、外他所1(女＝年季)		女房＝同村部右衛門妹／妹＝同村(塩沢？)久弥所に1年季	4間	2間半	宝仙寺	11(男6・女5)、外他所1(女＝年季)	4	2
							6(男4・女2)	1	1
右衛門 与(カ) 門	①7(男3・女4)／②4(男2・女2)、外他所1(男＝年季)		①母＝坂原村茂衛門姉／②女房＝山中塩沢村天宗寺姉／②弟＝同村妹谷忠右衛門所に1年季	①5間／②4間半	①3間／②3間	①宝仙寺／②西光寺	19(男10・女9)、外他所3(女＝縁付・男＝年季)	4	3
									1
、	44(男23・女21)人、外他所9(男5・女4)人						113(男63. 女50)、外他所17(男6・女11)	33	22(うち寺1)
							5(男2・女3)、外他所3人(男1＝名跡・女2＝縁付)	1	1
衛門	6(男2・女4)		女房＝同村犬塚孫右衛門娘	5間	3間	西光寺	12(男5・女7)、外同村1(女＝縁付)	3	2
兵衛	5(男3・女2)、外他所1(女＝縁付)		女子＝同村妹谷惣左衛門嫁	5間	3間	西光寺	10(男5・女5)、外他所3(女＝縁付)	4	2
左衛門	6(男2・女4)、外他所1(女＝縁付)		女房＝同村妹谷(？)与左衛門妹／妹＝同村琴辻安右衛門女房	4間	3間	西光寺	15(男8・女7)、外他所5(女3＝縁付・女2＝年季)	3	3

【表１　三波川宗門人別帳】

No.	丁数(表・裏)	小村名	高持百姓家族とその高内家族および寺院													下男・下	
			当主・寺名	構成(人)	馬	所縁・奉公先	石高				貫高		家		旦那寺	構成(人)	所縁・年季数
							石	斗	升	合	貫	文	長さ	横			
1	1裏	妹谷	七右衛門	5(男4・女1)		養子親＝五郎左衛門	3	6	9	5			6間半	4間	金剛寺	1(男1)	同村妹谷助左衛男子、1年季
2	2表	妹谷	七兵衛	4(男2・女2)			2	5	2				6間	3間	金剛寺		
3	4表	妹谷	久兵衛	4(男2・女2)、外他所1(女＝縁付)		女房＝同村妹谷忠右衛門娘、母＝同村妹谷七兵衛女房之姉／姉＝阿久原村仁兵衛女房	2	6	1	5			7間半	4間半	金剛寺	2(男1・女1)	男＝家抱惣左衛二番目の子、2年季／女＝同村源衛門三番目の娘、2年季
4	5表	妹谷	忠右衛門	4(男2・女2)、外他所1(女＝縁付)		女房＝林木村惣左衛門娘／女子＝同村妹谷久兵衛女房	2	9					7間半	3間半	金剛寺	5(男3・女2)	男＝同村妹谷与衛門弟、1年季／男＝同村妹谷又衛門弟、1年季／男＝同村妹谷仁衛門男子、3年季／女＝同村又右門姉／女＝同村右衛門娘、3年季
5	8裏	妹谷	太郎左衛門	7(男3・女4)、外他所2(女＝縁付)		女房＝同村(琴辻？)市右衛門妹／母＝同村妹谷弥左衛門姉／妹＝鬼石村直左衛門女房／妹＝上州桑本権助女房	1	6	7	5			6間半	3間	宝仙寺		
	9表		権兵衛(「太郎左衛門高之内」)	5(男3・女2)、外他所1(女＝縁付)		権兵衛＝太郎左衛門弟／女房＝同村下三波川金剛寺門前吉右衛門娘／妹＝同村妹谷徳左衛門嫁							6間半	3間半	宝仙寺		
6	10表	妹谷	小左衛門	4(男2・女2)、外他所1(男＝名跡)		女房＝緑埜郡白六(白石？)村助左衛門姪／嫁＝同村竹谷戸村平左衛門娘／男子＝保美山村市右衛門家名跡	3	7	9	5			7間半	4間	金剛寺／小左衛門以外＝東養寺	甥1・下男1(譜代)	甥＝1年季／下男＝譜代
	11表		善兵衛(「小左衛門高之内」)	5(男3・女2)		女房＝保美山村助左衛門姪							6間	3間	東養寺		
7	12表	妹谷	吉兵衛	7(男3・女4)		女房＝同村竹谷戸七郎右衛門(部兵衛父)娘／母＝同村竹谷戸吉右衛門妹	1	5	2	5			5間	3間	金剛寺		
8	14表	妹谷	弥左衛門	6(男4・女2)		嫁＝同村佐次右衛門妹	1	1	4	5			4間	2間半	宝仙寺		
9	14裏	妹谷	庄兵衛	6(男3・女3)、外他所2(女＝縁付)		女房＝同村市郎左衛門妹／嫁＝同村市郎左衛門娘／女子＝同村竹谷戸吉右衛門嫁／女子＝譲原村小兵衛嫁	1	4	2	5			8間	4間	金剛寺	2(男2)	男①＝保美山村左衛門弟／男②同村犬塚新左衛男子、4年季
10	17表	妹谷	宝仙寺										5間	4間			
		妹谷の小計	11人(うち「高之内」2人)	57(男31・女26)、外他所8(男1・女7)			21	2	9	5						11(男8・女3)、甥1	
11	19表	竹谷戸	平左衛門	5(男2・女3)、外他所3人(男1＝名跡・女2＝縁付)		女房＝同村琴辻安右衛門妹／女子＝同村妹谷小左衛門嫁／弟＝同村又右衛門名跡／妹＝同村安兵衛女房	1	1	2	5			7間	4間	金剛寺		
12	19裏	竹谷戸	吉右衛門	6(男3・女3)、外他所1(女＝縁付)		女房＝同村市右衛門妹／女子＝同村平右衛門女房／嫁＝同村妹谷庄兵衛娘	1	2	3	5			7間半	4間	金剛寺		
13	21表	竹谷戸	龍左衛門	5(男2・女3)、外他所2(女＝縁付)		女房＝山中塩沢村四郎兵衛娘／姉＝法久村村八左衛門女房／妹＝同村月吉甚兵衛女房	1	7	5				8間	4間	金剛寺		
14	22裏	竹谷戸	龍兵衛	6(男4・女2)、外他所1(女＝縁付)		女房＝同村清左衛門娘／姉＝同村妹谷吉兵衛女房	1	6	5				7間	3間半	金剛寺	2(男1・女1)	男＝法久村源左門子、1年季／女＝法久村庄左衛娘、9年季
	24表		仁兵衛(「龍兵衛高之内」)	1(男)、外他所3(女1＝縁付・女2＝年季)		女子＝上州上日野村細谷戸忠兵衛女房／女子＝同村犬塚伝右衛門所に10年季／女子＝譲原平兵衛所に9年季							4間半	3間	西光寺		

家抱・寺門前							総構成員(人)	馬数合計	家数合計
主名	構成(人)	馬	所　縁・奉公先	家 長さ	家 横	旦那寺			
							6(男4・女2)、外他所2(男1＝名跡・女1＝縁付)	1	1
							1(男＝出家)		1
	17(男7・女10)、外他所2(女＝縁付)						49(男25・女24)、外他所に14(男2・女12)	12	10(うち寺1)
右衛門 四郎左 ／③作	①6(男2・女4)、外他所2(女＝縁付)／②5(男4・女1)、外他所1(女＝縁付)／③7(男4・女3)、外他所1(女＝縁付)		①女房＝同村新左衛門姉／①嫁＝同村久七郎妹／①女子＝同村下三波川茂兵衛女房／①女子＝同村竹谷戸五左衛門女房／②嫁＝下日野村三四郎娘／②女子＝同村犬塚長右衛門嫁／③女房＝同村九郎左衛門娘／③女子＝同村犬塚長右衛門嫁	①5間／②5間／③5間	①2間／②2間半／③2間半	西光寺	33(男19・女14)、外他所6(女＝縁付)	8	4
							9(男6・女3)、外他所3(女＝縁付)	2	1
	18(男10・女8)、外他所4(女)						42(男25・女17)、外他所9(女)	10	5
郎右衛 ②久右 ／③孫 ／④仁 門／⑤ 右衛門 孫左衛 ⑦市右 ／⑧助 門	①4(男2・女2)／②4(男1・女3)／③4(男2・女2)／④5(男3・女2)、外他所1(女＝縁付)／⑤5(男3・女2)、外他所1(男＝質物)／⑥5(男2・女3)／⑦2(男1・女1)／⑧5(男3・女2)、外他所1(女＝縁付)	①1／②1／③1／④1／⑤1／⑦1／⑧1	①嫁＝同村孫右衛門女房姪／②女房＝金井村長左衛門妹／③女房＝同村犬塚新左衛門娘／④女房＝同村与右衛門妹／④嫁＝同村作右衛門娘／④女子＝同村久八郎女房／⑤女房＝上日野村権助妹／⑤男子＝同村犬塚伝右衛門(地親)所に4年季質物／⑥女房＝同村犬塚又左衛門妹／⑦女房＝保美野山村六郎兵衛娘／⑧女房＝下日野村三左衛門妹／⑧妹＝同村大内平長助女房	①5間半／②5間／③4間半／④5間／⑤4間／⑥6間半／⑦4間／⑧4間半	①3間／②3間／③2間／④3間／⑤2間／⑥3間／⑦2間／⑧3間	東養寺	46(男25・女21)、外他所5(男1＝寺弟子、男1＝質物・女3＝縁付)	9	9
右衛門 助十郎 三郎右	①2(男1・女1)／②5(男1・女4)／③3(男2・女1)	②1／③1	①女房＝同村長七郎姉／②女房＝同村琴辻助右衛門娘／③女房＝同村犬塚(？)由右衛門妹	①3間／②5間／③5間	①4間半／②1間半／③2間	東養寺	16(男6・女10)	3	4
左衛門 彦左衛 ③彦右 ／④新 門	①6(男2・女4)、外他所1(女＝縁付)／②4(男2・女2)／③5(男3・女2)、外他所1(女＝縁付)／④4(男3・女1)、外他所3(女1＝縁付・男1＝質物・男1＝養子)	①2／②1／③1／④1	①女房＝児玉郡矢納村清左衛門娘／①妹＝同村犬塚孫左衛門女房／②女房＝下日野村三四郎姉／②嫁＝下日野村市兵衛妹／③女子＝上日野村清三郎女房／④女房＝同村源右衛門娘／④女子＝同村犬塚孫兵衛女房／④男子＝同村妹谷庄兵衛所に10年季質物(No.9と年季数異なる)／④男子＝上日野村佐次兵衛所に養子	①5間／②5間／③3間／④5間	①2間／②2間半／③3間／④3間	東養寺	26(男14・女12)、外他所6(女4＝縁付・男1＝質物・男1＝養子)	6	5
							8(男4・女4)	2	2
衛門)	5(男3・女2)	1	女房＝山中村四郎兵衛姉	3間	2間半	東養寺	13(出家2・道心1・男6・女4)	2	2
、	68(男34・女34)、外他所8(男2＝質物・男1＝養子・女5＝縁付)	15					109(男55・女51・出家2・道心1)、外他所11(男4・女7)	22	22(うち寺1)
、	86(男44・女42)、外他所12(男3・女9)	15					151(男80・女68・出家2・道心1)、外他所20(男4・女16)	32	27(うち寺1)

No.	丁数(表・裏)	小村名	高持百姓家族とその高内家族および寺院													下男・下…	
			当主・寺名	構成(人)	馬	所縁・奉公先	石高				貫高		家		旦那寺	構成(人)	所縁・年季数
							石	斗	升	合	貫	文	長さ	横			
15	24裏	竹谷戸	吉左衛門	6(男4・女2)、外他所2(男1＝名跡・女1＝縁付)		女房＝山中中島村伊太夫姉／兄＝同村又右衛門名跡／姉＝同村安兵衛女房(これは竹谷戸平左衛門にも記す)			3	8	5		8間	4間	金剛寺		
16	25裏	竹谷戸	西光寺	1(出家)									3間半	2間半			
		竹谷戸の小計	6人(うち「高之内」1人)	29(男16・女13)、外他所12(男2・女10)			5	5	4	5						2(男1・女1)	
17	27表	犬塚	平右衛門	6(男5・女1)、外他所2(女＝縁付)		女房＝半無娘／女子＝同村平滑武右衛門女房／嫁＝佐田之内村上村惣兵衛娘	3	7	8				7間	5間	東養寺	9(男4・女5)	全て譜代
18	30裏	犬塚	長右衛門	9(男6・女3)、外他所3(女＝縁付)		嫁①＝同村犬塚四郎左衛門娘／女子？＝下日野村与左衛門嫁／嫁②＝同村犬塚作蔵娘／女子＝富岡村？清右衛門女房／女子＝下日野村与左衛門嫁	1						7間	4間	西光寺		
		犬塚の小計1	2人	15(男11・女4)、外他所5(女)			4	7	8							9(男4・女5)	
19	32表	犬塚	伝右衛門	7(男5・女2)、外他所2(男1＝寺弟子・女1＝縁付)	2	女房＝次郎左衛門娘／嫁＝同村犬塚三左衛門娘／女子＝同村大奈良清兵衛嫁／男子＝同村天台宗東養寺弟子	3	6	6	5			10間半	5間	金剛寺	5(男3・女2)	男①＝譜代／男＝同村惣左衛門弟、3年季／男③＝同村犬塚市郎衛門(家抱⑤)子、4年季／女①＝代／女②＝同村谷戸仁兵衛娘、1年季
20	35裏	犬塚	太郎兵衛	4(男1・女3)	1	女房＝同村犬塚三左衛門娘	3	7	8	5			8間半	4間半	東養寺	2(男1・女1)	男＝坂原村孫左門子、1年請取／女＝譜代
21	36裏	犬塚	三左衛門	6(男3・女3)、外他所1(女＝縁付)	1	女房＝浄法寺村小左衛門妹／女子＝同村犬塚伝右衛門嫁	3	3	4				9間半	5間	東養寺	1(男)	男＝同村惣左衛甥
22	38裏	犬塚	由右衛門	4(男2・女2)	1	女房＝同村妹谷徳左衛門娘	1	5					5間半	3間	東養寺		
	39表		与右衛門(「由右衛門高之内」)	4(男2・女2)	1	女房＝同村(大内平？)久太郎姉／男養子＝同村日向九兵衛弟							5間	3間	東養寺		
23	39表	犬塚	東養寺	3(出家2・道心1)	1		1	1	5	5			7間	5間	東養寺	4(男3・女1＝女は「下男」とある)・姥1	女＝下男女房、村大奈良惣右衛姉
	40表	犬塚の小計2	6人(うち「高之内」1人、出家1人)	28人(男13・女12・出家2・道心1)	7		13	4	4	5						13(男8・女4・姥1)	
		犬塚の小計1＋小計2	8人(うち「高之内」1人、出家1人)	43(男24・女16・出家2・道心1)	7		18	2	2	5						22(男12・女9・姥1)	

家抱・寺門前							総構成員(人)	馬数合計	家数合計
主名	構成(人)	馬	所縁・奉公先	家		旦那寺			
				長さ	横				
四郎／左衛門長七郎	①4(男1・女3)、外他所3(女＝質物)／②7(男3・女4)、外他所2(男1・女1＝年季)／③3(男2・女1)	①1／②1	①女房＝西平井村杢右衛門娘／①妹＝同村加兵衛所に10年季質物／①妹＝譲原村茂兵衛所に5年季質物／①妹＝同村大奈良長左衛門所に4年季質物／②男子＝同村大内平金右衛門所に10年季／②入婿＝児玉郡太田部村権之助兄、山伏／②女子＝譲原村作右衛門所に10年季→№27金太夫請取、下女②	①6間半／②2間半／③2間半	①3間／②2間／③1間半	金剛寺門中宗膳寺	18(男8＝うち山伏1・女10)、外他所6(男1＝年季・女1＝縁付・女4＝年季)	3	4
							2(男1・女1)		1
							7(男3・女4)、外他所2(男1＝名跡・女1＝縁付)	2	1
郎	4(男2・女2)	1	女房＝鬼石村久右衛門娘	5間	3間	金剛寺門中宗膳寺	15(男8・女7)、外他所1(男)	3	2
							10(男4・女6)、外他所1(女＝縁付)	2	1
左衛門茂右衛③長助与右衛⑤久太⑥庄左	①2(男1・女1)／②3(男2・女1)／③5(男2・女3)／④8(男5・女3)、外他所1(女＝縁付)／⑤5(男3・女2)／⑥3(男2・女1)、外他所1(女＝年季)	①1／③1／④2／⑤2／⑥1	③女房＝同村犬塚助右衛門妹／④嫁＝同村伝右衛門娘／④女子＝上日野村小左衛門女房／⑤女房＝譲原村十兵衛娘／⑥女子＝矢場村平兵衛所に8年季	①3間半／②3間／③4間／④6間／⑤4間半／⑥4間	①2間／②2間／③3間／④3間／⑤2間半／⑥2間	金剛寺門中宗膳寺	38(男19・女19)、外他所3(女2＝縁付・女1＝年季)	9	7
							5(男2・女3)、外他所2(男1＝名跡・女1＝養子)	1	1
	48人(男23・女21)、外他所7(男1＝年季・女5＝年季・女1縁付)	10					95(男45＝うち山伏1・出家1、女50)、外他所15(男4・女11)	20	19(うち寺1)
左衛門徳兵衛弥右衛④弥左／⑤惣門	①4(男2・女2)／②3(男2・女1)／③11(男6・女5)、外他所1(女＝縁付)／④8(男4・女4)、外他所1(女＝縁付)／⑤4(男1・女3)		①女房＝同村妹ケ谷市郎右衛門娘／②女房＝武州下阿久原村、親兄弟なし／③嫁＝同村妹ケ谷市左衛門娘／③嫁＝同村南郷久八郎妹／③娘＝同村平滑庄右衛門女房／④女房＝同村平滑与右衛門娘／④嫁＝保美野山諸松村市郎右衛門妹／④妹＝同村犬塚仁右衛門嫁／⑤女房＝上日野村内小柏村助右衛門娘	①5間／②5間／③7間／④8間／⑤7間	①2間半／②2間半／③3間／④4間／⑤3間	①＝真福院、②～⑤＝金剛寺門中宗膳寺	41(男21・女20)、外他所2(女＝縁付)	10	6
左衛門主右衛③久右	①4(男2・女2)、外他所1(女＝年季)／②7(男5・女2)、外他所2(女＝縁付)／③5(男2・女3)、外他所2(男1＝名跡・女1＝縁付)		①女子＝鬼石町九兵衛所へ2年季／②女房＝同村平滑弥右衛門娘／②妹＝同村平滑(？)弥左衛門女房／②妹＝同村平滑伊兵衛所市蔵女房③女房＝同谷日向弥左衛門娘／③妹＝同村日向弥左衛門嫁／③弟＝保簑内犬目村へ家持	①5間／②6間／③5間	①2間半／②3間半／③2間半	金剛寺門中宗膳寺	27(男15・女12)、外他所6(男1＝名跡・女4＝縁付・女1＝年季)	5	4
							15(男10・女5)、外他所2(女＝縁付)	2	1
							5(男3・女2)	1	1

No.	丁数(表・裏)	小村名	高持百姓家族とその高内家族および寺院 当主・寺名	構成(人)	馬	所　縁・奉公先	石高 石	斗	升	合	貫高 貫	文	家 長さ	横	旦那寺	下男・下 構成(人)	所　縁・年季数
24	41表	大内平	太左衛門	4(男2・女1)、外他所1(女＝縁付)	1	女房＝下日野村兵左衛門娘／女子＝同村大内平金右衛門嫁	3	5	4				9間半	5間	金剛寺	1(女)	保美野山村長三 姉
25	42裏	大内平	平十郎	1(男)			1	7	5				5間	2間半	金剛寺	1(女)	譜代
26	43表	大内平	藤左衛門	6(男3・女3)、外他所2(男1＝名跡・女1＝縁付)	2	女房＝坂原村門三郎姉／男子＝保美野山村善右衛門名跡／嫁＝児玉郡太田部村六左衛門娘／女子＝同村大内平庄三郎女房	1	2	5				6間半	3間	金剛寺門中宗膳寺	1(女)	女＝保美野山村 右衛門娘、5年質物
27	43裏	大内平	金太夫	5(男3・女2)、外他所1(男＝名跡)	2	女房＝上日野村角左衛門娘／弟＝同村大奈良七郎兵衛所名跡	4	3	7	5			8間半	5間	金剛寺	6(男3・女3)	男3＝譜代／女①＝下日野村長兵 娘／②＝請取、同村大内平市左衛 娘／③＝同村伊 助母、1年季
28	44裏	大内平	長十郎	9(男4・女5)、外他所1(女＝縁付)	2	女房＝同村平滑伝助姉／弟嫁＝保美野山善右衛門娘／妹＝下日野村金蔵女房		7	5				7間	3間半	金剛寺門中宗膳寺	1(女)	女＝同村嘉？之 妹質物10年季
29	45表	大内平	金右衛門	7(男3・女4)、外他所1(女＝縁付)	2	女房＝譲原村庄左衛門妹／嫁＝同村大内平太左衛門娘／女子＝緑埜郡矢場村平兵衛女房	5		7	5			9間	5間	金剛寺	5(男1・女4)	男＝10年季、同村大内平市左衛門 ／女②～④＝譜
30	48表	大内平	庄三郎	5(男2・女3)、外他所2(男1＝名跡・女1＝養子)	1	女房＝同村大内平藤左衛門娘／兄＝譲原村吉左衛門名跡／妹＝鬼石町九兵衛所へ養子		8	2	5			6間	3間半	金剛寺門中宗膳寺		
		大内平	7人	37(男18・女19)、外他所8(男3＝名跡・女4＝縁付・女1＝養子)	10		17	5	6	5						15(男4・女11)	
31	49表	平滑	武右衛門	5(男2・女3)	10	女房＝同谷犬塚平右衛門娘	8	6	4				9間半	5間	金剛寺	6(男4・女2)	男3＝譜代、男＝1年季、同村平滑(？)与右衛門子／女1＝年季、女1＝1年季、同村妹ケ谷九郎左衛門娘
	53表		八兵衛(「武右衛門高之内」)	5(男3・女2)、外他所1(女=縁付)	5	女房＝上日野村馬渡戸源右衛門娘／妹＝保簑内諸松村長左衛門嫁							8間	5間	金剛寺	6(男3・女3)	男3＝譜代、女2＝譜代、女1＝1年切、同村弥右衛門妹
32	56表	平滑	伊兵衛	7(男5・女2)、外他所2(女＝縁付)	2	女房＝同村大奈良加兵衛娘／姉＝白塩村へ遣す、夫死去／姉＝同村大奈良長左衛門女房	2	3	4				8間半	5間	金剛寺	8(男5・女3)	男①＝3年季、同村市右衛門子／男②＝2年季、同村平滑与右衛門子／男③～⑤＝譜代／女①＝同村平滑与右衛門子、同内市蔵(男①)女房／女②＝譜代／女③＝同谷大内平長四郎妹
33	58表	平滑	六右衛門	5(男3・女2)	1	女房＝保簑山助右衛門娘		6					5間	2間半	金剛寺		

家抱・寺門前									
主名	構成(人)	馬	所　縁・奉公先	家 長さ	家 横	旦那寺	総構成員(人)	馬数合計	家数合計
							6(男3・女3)、外1人(女＝縁付)	2	1
							5(男3・女2)	1	1
							5(男2・女3)	1	1
	46(男24・女22)、外他所7(男1＝名跡・女5＝縁付・女1＝年季)						104(男57・女47)、外他所11(男1＝名跡・女8＝名跡、女1＝年季、女1＝不明)	22	16
							5(男2・女3)	1	1
							4(男2・女2)	1	1
							6(男3・女3)	1	1
							5(男2・女3)、外他所2(女＝縁付)	1	1
							5(男2・女3)、外他所1(女＝縁付)	2	1
							5(男2・女3)、外他所1(女＝縁付)	1	1
							4(男3・女1)	1	1
							4(男2・女2)、外他所1(女＝縁付)	1	1
							6(男2・女4)	1	1
							4(男2・女2)	1	1
							5(男3・女2)	2	1
							他所1(男＝年季)		
郎			同村大奈良加兵衛家抱(喜右衛門男子)				他所1(男＝家抱)		
							53(男25・女28)、外他所7(男1＝年季・男1＝家抱・女5＝縁付)	13	11
兵衛／八郎／右衛門加右衛／⑤与次衛門	①7(男3・女4)／②5(男1・女3・下男1)、外他所1(男＝縁付)／③9人(男4・女4・下男1)、外他所1(女1＝縁付)／④5(男1・女4)、外他所2(男1＝名跡・女1＝縁付)／⑤2(男1・女1)		①女房＝同国保美山村惣左衛門姉／②女房＝同国内山中柏木村孫右衛門姪／②兄＝同村大奈良加右衛門(家抱④)婿／②下男＝武州久那村長四郎弟／③女房＝武州大田部村太左衛門妹／③男子＝鬼石町に店借／③嫁＝武州矢納村弥左衛門娘／③娘＝同村南郷又左衛門嫁／③下男＝坂原村十左衛門兄、1年請取／④女房＝同村久右衛門姉／④婿＝同村大奈良久八郎(家抱②)兄婿名跡／④娘＝同村大奈良源右衛門嫁	①6間／②6間／③6間／④5間／⑤3間	①3間／②3間／③3間／④3間／⑤2間	金剛寺門中寿命院	37(男17・女20)、外他所7(男1＝縁付・男1＝名跡、女5＝縁付)	11	6
右衛門又右衛／③源太	①6(男2・女2)、外他所2(女1＝縁付・男1＝年季)／②4(男2・女2)／③4(男2・女2)		①女房＝同村(大内平？)長七郎妹／①姉＝同村犬塚惣左衛門女房／①弟＝同村大奈良又兵衛所に1年請取／②女房＝同村大奈良助左衛門妹／②母＝保美山村新左衛門姉	①6間／②6間／③6間	①3間／②3間半／③4間	金剛寺門中寿命院	24(男12・女12)、外他所3(男1＝年季・女2＝縁付)	5	4

No.	丁数(表・裏)	小村名	高持百姓家族とその高内家族および寺院 当主・寺名	構成(人)	馬	所縁・奉公先	石高 石	斗	升	合	貫高 貫	文	家 長さ	横	旦那寺	下男・下 構成(人)	所縁・年季数
34	58裏	平滑	伝助	3(男1・女2)、外他所1(女=縁付)	2	女房=同村南郷左次右衛門妹/母=同村南郷惣左衛門姉/姉=同村大内平長十郎女房		6	4				7間半	4間半	寿明院	3(男2・女1)	男①=保簑山内瀬村清左衛門弟男②=譜代/女同谷犬塚惣左衛妹、1年切
35	59表	平滑	敬部(カ)	5(男3・女2)	1	女房=武州秩父小森ぬい之丞娘		4	2	5			6間	3間半	寿明院		
36	59裏	平滑	忠兵衛	5(男2・女3)	1	女房=秩父之内鳥羽村作兵衛姉		1	2	5			4間	2間	寿明院		
		平滑	7人(うち1人「高之内」)	35(男19・女16)、外他所4(女3=縁付、女1=不明)	22		12	7	7	0						23(男14・女9)	
37	61表	南郷	惣左衛門	5(男2・女3)	1	嫁=坂原村太左衛門妹		8	1	5		163	5間	3間	金剛寺		
	61裏		六兵衛(「惣左衛門高之内」)	4(男2・女2)	1	女房=同村犬塚又左衛門姉							5間	2間半	金剛寺		
38	62表	南郷	左次右衛門	6(男3・女3)	1	女房=同村下三波川重右衛門姉/嫁=同村下三波川重右衛門娘		4	1			82	5間	2間半	金剛寺		
	62裏		三之丞(「左次右衛門高之内」)	5(男2・女3)、外他所2(女=縁付)	1	女房=諸松村十左衛門娘/母=諸松村十左衛門姉/妹=同村平滑伝助女房/妹=同谷妹ケ谷弥左衛門嫁							5間	2間半	金剛寺		
39	63表	南郷	又左衛門	5(男2・女3)、外他所1(女=縁付)	2	女房=武州柚木村庄左衛門妹/嫁=同村大奈良喜右衛門娘/妹=日野村市右衛門女房		8	1	5		163	5間	3間	金剛寺		
40	64表	南郷	門四郎	4(男1・女3)、外他所1(女=縁付)	1	姉=同村大奈良源太郎女房		8	2			164	5間	3間	金剛寺	1(男)	保美村1年請取、弥(孫カ)左衛門
41	64裏	南郷	四郎左衛門	4(男3・女1)	1	女房=同村大奈良源太郎姉		4	1			82	4間	3間	金剛寺		
	65表		三郎右衛門(「四郎左衛門高之内」)	4(男2・女2)、外他所1(女=縁付)	1	女房=同村(大内平?)勘三郎妹/姉=譲原村彦兵衛女房							4間	3間	金剛寺		
42	65裏	南郷	十左衛門	6(男2・女4)	1	女房=同村伝助姉/娘=日野村内大ぐり杢兵衛娘(嫁カ)		2	7			54	5間	3間	金剛寺		
43	66表	南郷	与左衛門	4(男2・女2)	1	女房=譲原村四郎兵衛姉		2	7			54	4間	2間	金剛寺		
44	66裏	南郷	四郎兵衛	4(男3・女1)	2	女房=同所南郷(?)惣左衛門娘		8	1	5		163	5間	3間	金剛寺	1(女)	保美山次郎右衛子
45	67表	南郷	金太郎			同村琴辻市太夫所に1年切奉公		2	7	5		55					
46	67表	南郷						3				60					
		南郷	12人(うち3人「高之内」)	50(男23・女27)、外他所5(女=縁付)	13		5	2			1	40				2(男1・女1)	
47	68表	大奈良	加兵衛	4(男3・女1)、外他所3(女=縁付)		女房=鬼石町伊右衛門姉/娘=譲原村茂兵衛女房/娘=同村源右衛門嫁/娘=同村大奈良又兵衛女房	7	4		5			9間	5間	金剛寺	5人(男2・女3)	男①=譜代/男=1年季、同村大奈良与次右衛門(家抱⑤)甥/女=5年季、同村五郎左衛門妹/女=同国内保美山次郎右衛門召使/女③=同村大良清右衛門娘
48	71裏	大奈良	清兵衛	6(男3・女3)、外他所1(女=縁付)		嫁=同村犬塚伝右衛門娘/娘=児玉郡小塚村五右衛門嫁	6	7	6	5			9間	5間	金剛寺	6人(男3・女3)	男①・②=譜代/男③=同村大奈又右衛門(家抱②甥/女3=譜代

家抱・寺門前									
名	構成(人)	馬	所　縁・奉公先	家 長さ	家 横	旦那寺	総構成員(人)	馬数合計	家数合計
衛門	2(男1・女1)			4間	2間	金剛寺門中寿命院	13(男6・女7)	2	2
							7(男4・女3)	2	1
衛	3(男1・女2)		女房＝武州秩父藤倉村新右衛門妹	4間	2間半	金剛寺門中寿命院	10(男4・女6)	3	2
衛門	4(男2・女2)、外他所1(男＝寺院弟子)		嫁＝同村大奈良加右衛門娘／男子＝寿命院弟子	4間	2間半	金剛寺門中寿命院	8(男4・女4)、外他所2(女1＝縁付・男1＝寺院弟子)	2	2
衛門	4(男3・女1)、外他所1(女＝縁付)		妹＝同村大奈良又右衛門女房	4間	2間	金剛寺門中寿命院	9(男6・女3)、外他所1(女＝縁付)	2	2
右衛門 加右衛	①4(男2・女2)／②4(男2・女2)、外他所1(男＝年季)		①女房＝同村大奈良(？)助左衛門姉／①甥33才／②女房＝保美山村助左衛門姉／②婿名跡＝日野村喜左衛門弟、長左衛門所に奉公	①7間／②4間	①3間／②2間	金剛寺門中寿命院	12(男6・女6)、外他所1(男＝年季)	2	3
							4(男2・女2)、外他所2(女1＝縁付・女1＝不明)		1
							1(女)、他所1(男＝奉公)		1
							8(男5・女3)、外他所2(女＝縁付)	1	1
							6(男4・女2)	2	1
							3(男1・女2)	1	1
	61(男28・女33)、外他所9(男1縁付、男1＝店借、男1＝名跡、男1＝寺院弟子、男2＝年季・女3＝縁付)						142(男71・女71)外他所19(男1＝縁付・男1＝名跡・男3＝奉公・男1＝寺弟子、女12＝縁付・女1＝不明)	33	27
右衛門 所左衛 ／③喜 門／④ 衛門	①4(男2・女2)、外他所1(男＝年季)／②5(男3・女2)／③6(男3・女3)／④3(男2・女1)、外他所4(男3・女1＝年季)		①女房＝同村太郎左衛門娘／①弟＝上日野村庄右衛門所に1年季／②嫁＝同村日向(？)八右衛門(家抱①？)妹／③嫁＝上日野村常学坊娘／④男子＝下日野村市之丞？所に奉公／④男子＝同村琴辻市太夫所に3年季／④女孫＝同村琴辻市太夫所に3年季／④男孫＝同村新兵衛所に2年季	①3間／②3間／③3間半／④2間半	①2間／②9尺／③2間／④9尺	①堯満院／②～④行満院(同じ寺カ)	25(男13・女12)、外他所5(男4＝年季・女1＝年季)	7	5
郎	2(男1・女1)		女房＝同村雲尾仁右衛門娘	2間半	9尺	金剛寺門中行満院	9(男5・女4)、外他所1(女＝縁付)	3	2
							4(男2・女2)		1

No.	丁数(表・裏)	小村名	高持百姓家族とその高内家族および寺院				石高				貫高		家			下男・下	
			当主・寺名	構成(人)	馬	所縁・奉公先	石	斗	升	合	貫	文	長さ	横	旦那寺	構成(人)	所縁・年季数
49	74表	大奈良	長左衛門	5(男2・女3)		女房＝同村平滑源右衛門娘(伊兵衛姉)	8	5	7				8間	5間	金剛寺	6人(男3・女3)	男①＝1年季、同村大内平(？)藤衛門甥／男②＝代／男③＝1年季同村大奈良加右門婿／女①＝同保美山村助右衛娘／女②＝柏木新左衛門姪／女＝4年季、同村大内平長四郎妹
	75表		平兵衛(「長左衛門高之内」)	2(男1・女1)		女房＝同国保美山村甚右衛門娘							8間	5間	金剛寺	5人(男2・女3)	男①＝保美山村三郎兄、1年季奉公／男②＝5年同村次右衛門子女①・③＝譜代女②＝同国保美村孫右衛門娘、2年季奉公
	75裏		又兵衛(「長左衛門高之内」)	3(男1・女2)		女房＝同村大奈良加兵衛娘／母＝同村平滑源右衛門(伊兵衛父)姉							8間	5間	金剛寺	4人(男2・女2)	男①＝同村大奈惣右衛門弟／男＝武州秩父又右門子／女2＝譜
50	77表	大奈良	七郎兵衛(「親八左衛門持来り候永高ノ分」)	4(男2・女2)、外他所1(女＝縁付)		婿名跡＝同村大内平金太夫弟／娘＝日野村作平女房	6	2	5		1	250	6間	3間	金剛寺		
	78表		権右衛門(「右親八左衛門高之内」)	4(男2・女2)		女房＝同村(雲尾？)重兵衛妹							8間	5間	金剛寺	1(男)	譜代
	79表		権之助(「右親八左衛門高之内」)	2(男1・女1)		女房＝保美山村安左衛門娘							7間	4間	金剛寺	2(男1・女1)	男＝保美山村仁衛門弟／女＝譜
51	80裏	大奈良	清右衛門	4(男2・女2)、外他所2(女＝縁付)		女房＝法久村喜右衛門娘／娘＝同所大奈良喜兵衛女房／娘＝同所大奈良加兵衛所に罷有		9	2				6間	3間	金剛寺		
52	81表	大奈良	喜兵衛	1(女1)、外他所1(男＝奉公)		喜兵衛＝同村琴辻市太夫所に罷有		6	5	5			3間半	2間	金剛寺		
53	81表	大奈良	源太郎	7(男4・女3)、外他所2(女＝縁付)	1	女房＝同村南郷門四郎姉／母＝同村大奈良伝吉母姉／姉＝同村南郷四郎左衛門女房／妹＝同村大奈良伝吉女房		7	1				6間	3間	金剛寺門中寿命院	1(男)※「下男」と記されず	白塩村太郎右衛弟、1年季
54	82表	大奈良	伝吉	5(男3・女2)	2	女房＝同村大奈良源太郎妹／母＝同村大奈良源太郎母妹		8	1	5			7間	4間	金剛寺門中寿命院？	1(男)※「下男」と記されず	1年季、同村三郎右衛門甥
55	82裏	大奈良	権三	3(男1・女2)	1	母＝武州向山村久左衛門姉		6	7	5			4間	2間半	金剛寺門中寿命院		
		大奈良	13人(うち「高之内」4人)	50(男25・女25)外他所10(男1＝奉公・女9＝縁付)			32	7	6	5						31(男16・女15)	
56	84表	日向	久太夫	6(男2・女4)			1	5	6	5			7間	4間	金剛寺	1(男)	同村久右衛門甥、2年季
57	87表	日向	五左衛門	5(男3・女2)、外他所1(女＝縁付)		女房＝同村忠兵衛姉／嫁＝上州内浄法寺村四郎左衛門娘／女子＝同村雲尾門右衛門女房		9	4						金剛寺	2(男1・女1)	男＝同村日向茂門男、3年季／女＝同所久右衛門姪、請取に置く
58	88表	日向	与五兵衛	4(男2・女2)		女房＝同村雲尾小兵衛娘		8	6				4間	2間	金剛寺		

家抱・寺門前							総構成員(人)	馬数合計	家数合計
主名	構成(人)	馬	所　縁・奉公先	家 長さ	家 横	旦那寺			
衛門	4(男2・女2)、外他所3(男1＝年季・女2＝年季)		女房＝同村伝右衛門妹／女子＝浄法寺村太郎右衛門所に3年季／女子＝同村琴辻市太夫所に2年季／男子＝同村日向五右衛門(五左衛門)所に3年季	3間	2間	金剛寺門中行満院	7(男4・女3)外他所4(男2＝年季・女2＝年季)	2	2
衛門	3(男2・女1)、外他所2(男1・女1＝年季)		女子＝同村琴辻市太夫所に2年季奉公／男子＝同村日向庄兵衛(地親)所に3年季奉公	3間半	2間	金剛寺門中堯満院	10(男5・女5)、外他所2(男1・女1＝年季)	4	2
							4(男2・女2)	1	1
次	5(男2・女3)		女房＝同村所左衛門娘	3間	9尺	金剛寺門中行満院	9(男3・女6)	2	2
							4(男2・女2)、外他所1(女＝縁付)	1	1
							10(男4・女6)、外他所1(女＝縁付)	2	1
							5(男3・女2)、外他所1(男＝年季)	2	1
							7(男4・女3)	2	1
							5(男3・女2)、外他所2(男1＝請取・男1＝養子)	1	1
									1
	32(男17・女15)、外他所10(男6＝年季・女4＝年季)						99(男50・女49)、外他所17(男8＝年季・男1＝請取・男1＝養子・女4＝年季・女3＝縁付)	27	21(うち寺1)
							9(男6・女3)	1	1
衛門 太郎 家抱と 別か)	2(男1・女1)		女＝「源太郎抱母」			金剛寺	10(男4・女6)、外他所3(男1＝年季・女2＝縁付)	2	1
							4(男3・女1)	1	1
							5(男3・女2)、外他所1(女＝縁付)	2	1
							5(男3・女2)、外他所1(女＝縁付)	2	1
							3(男2・女1)、外他所2(男1・女1＝縁付)		1
							3(男1・女2)		1
							3(男2・女1)、外他所1(男＝年季)	1	1
							4(男2・女2)	1	1
							4(男2・女2)	1	1

No.	丁数(表・裏)	小村名	高持百姓家族とその高内家族および寺院 当主・寺名	構成(人)	馬	所縁・奉公先	石高 石	斗	升	合	貫高 貫	文	家 長さ	横	旦那寺	下男・下 構成(人)	所縁・年季数
59	88裏	日向	喜太夫	3(男2・女1)、外他所1(男＝年季)		母＝同村角右衛門妹／兄＝上州内浄法寺村四郎左衛門所に2年季							3間	9尺	金剛寺		
60	89裏	日向	庄兵衛	6(男2・女4)		女房＝同村数左衛門妹		6	5				4間	2間半	金剛寺	1(男)	同村日向仁左衛門(家抱)子、3年季
61	91表	日向	杢左右衛門	4(男2・女2)	1	女房＝同所角右衛門娘		8	6				4間	2間	金剛寺		
62	92表	日向	与兵衛	4(男1・女3)		女房＝上日野村庄左衛門姉		5	2	5			5間	3間	金剛寺		
63	92裏	日向	茂兵衛	4(男2・女2)、外他所1(女＝縁付)	1	女房＝同村五郎左衛門娘／妹＝上日野村庄右衛門女房		3	2	5			4間	3間	金剛寺		
64	93表	日向	久右衛門	10(男4・女6)、外他所1(女＝縁付)	2	女房＝同所与右衛門妹／嫁＝同所与右衛門娘／嫁＝武州阿久原村平右衛門娘／女子＝武州稲沢村彦兵衛女房		7	5	5			5間	3間	真光院		
65	94表	日向	四郎右衛門	5(男3・女2)、外他所1(男＝年季)	2	男子①＝譲原村七左衛門所に2年季		3					3間	2間	真光院		
66	94裏	日向	三郎右衛門	7(男4・女3)	2			2	9				3間?	2間	行満院		
67	95表	日向	九兵衛	5(男3・女2)、外他所2(男1＝請取・男1＝養子)	1	女房＝上日野村常学娘／弟＝上州藤岡町藤左衛門所に請取／弟＝同村犬塚与右衛門所に養子		3	6				3間	2間	堯満院		
68	95裏	日向	行満院			弟子、門前無し							3間	9尺			
		日向	13人(うち出家1人)	63(男30・女33)、外他所7(男2＝年季・男1＝請取・男1＝養子・女3＝縁付)	9		7	4	3	0	1	546				4(男3・女1)	
69	97表	月吉	市郎右衛門	9(男6・女3)	1	女房＝法久村太郎右衛門姉／嫁＝同村月吉助左衛門妹		9	8	5		197	6間	3間	金剛寺		
70	98表	月吉	源太郎	8(男3・女5)、外他所3(男1＝年季・女2＝縁付)	2	女房＝譲原村次郎助姉／弟＝同村琴辻市太夫所に2年季／弟嫁＝坂原村七左衛門娘／妹＝譲原村次郎右衛門嫁／妹＝同村七郎右衛門嫁	1	2	8			256	7間半	4間	金剛寺		
71	99表	月吉	三郎右衛門	4(男3・女1)	1			8	3			166	4間	2間半	金剛寺		
72	99裏	月吉	佐右衛門	5(男3・女2)、外他所1(女＝縁付)	2	女房＝武州麻生村新右衛門娘／嫁＝武州甘楽郡山中下山村市右衛門娘／娘＝同村大沢五左衛門嫁	1	6	3			326	5間	2間半	金剛寺		
73	100表	月吉	七郎左衛門	4(男2・女2)、外他所1(女＝縁付)	2	女房＝甘楽郡山中中嶋村六左衛門姉／嫁＝児玉郡阿久原村五郎兵衛娘／娘＝児玉郡矢納村七兵衛嫁	1	7	5			350	6間	3間	金剛寺	1(男)	甘楽郡山中中嶋村より1年奉公
74	101表	月吉	孫左衛門	3(男2・女1)、外他所2(女1・男1＝年季)		嫁＝甘楽郡保美野山村六兵衛妹／孫女子＝鬼石村八郎右衛門所に2年季／孫男子＝保美濃山村重左衛門所に3年季		8	3	5		167	4間	2間半	金剛寺		
75	101裏	月吉	徳左衛門	3(男1・女2)		女房＝甘楽郡保美濃山村五郎右衛門娘		3	2			64	5間	2間半	金剛寺		
76	102表	月吉	甚四郎	3(男2・女1)、外他所1(男＝年季)	1	男子＝鬼石町茂左衛門所に1年季		5	8			116	5間	2間半	金剛寺		
77	102裏	月吉	権三郎	4(男2・女2)	1	女房＝武州渡瀬村加右衛門娘		8	1	5		163	5間	2間半	金剛寺		
78	103表	月吉	甚兵衛	4(男2・女2)	1	女房＝同村竹谷戸部左衛門妹／母＝同国中嶋村仁左衛門妹		7	8	5		157	5間	3間	金剛寺		

家抱・寺門前									
主名	構成(人)	馬	所　縁・奉公先	家 長さ	家 横	旦那寺	総構成員(人)	馬数合計	家数合計
							8(男3・女5)、外他所2(女＝縁付)	1	1
							4(男2・女2)		1
							5(男2・女3)	1	1
衛門 左衛門 、家抱と 別か)	1(男)					金剛寺門中安養院	9(男4・女5)、外他所2(女＝縁付)	1	1
							1(出家)		1
	1(男)						77(男39・女37・出家1)、外他所12(男2＝年季・男1＝縁付、女9＝縁付)	14	14、外寺1
							6(男3・女3)、外他所1(女＝縁付)	1	1
							4(男2・女2)	1	1
							4(男2・女2)、外他所1(女＝縁付)	1	1
							7(男4・女3)、外他所1(女＝縁付)	1	1
							2(男1・女1)	1	1
							6(男4・女2)	1	1
							5(男3・女2)、外他所1(女＝縁付)	1	1
							5(男1・女4)	1	1
							3(男2・女1)	1	1
							1(道心)		
							42(男22・女20)、外他所4(女＝縁付)、道心1	9	9、外寺1
							14(男8・女6)、外他所2(男1＝寺弟子・女1＝縁付)	2	1
市左衛門 ②長兵衛	①4(男3・女1)／②2(男1・女1)	①2／②1	①女房＝武州上阿久原村源左衛門妹／②女房＝武州阿久原村金蔵娘	①6間／②4間	①3間半／②5間	来迎寺門中西禅院	6(男4・女2)	3	2
							10(男4・女6)	3	1

No.	丁数(表・裏)	小村名	高持百姓家族とその高内家族および寺院 当主・寺名	構成(人)	馬	所縁・奉公先	石高 石	斗	升	合	貫高 貫	文	家 長さ	横	旦那寺	下男・下 構成(人)	所縁・年季数
79	103裏	月吉	五郎右衛門	8(男3・女5)、外他所2(女＝縁付)	1	女房＝甘楽郡法久村十右衛門姉／女子①＝児玉郡柚木村惣左衛門嫁／女子②＝坂原村庄兵衛嫁／弟嫁＝児玉郡矢納村伊兵衛妹	1	1	5	5		231	6間	3間半	金剛寺		
80	104裏	月吉	長助	4(男2・女2)		女房＝同村弥左衛門娘		5	7	5		115	5間	3間	金剛寺		
81	105表	月吉	清右衛門	5(男2・女3)	1	女房＝同村与左衛門姉		5	2	5		105	6間	2間半	金剛寺		
82	105裏	月吉	助左衛門	7(男3・女4)、外他所2(女＝縁付)	1	女房＝同村弥左衛門娘／妹＝甘楽郡保簑山与左衛門女房／妹＝同村月吉市郎右衛門嫁	1	3	5			270	7間	3間半	金剛寺	1(女)	譜代
83	106裏	月吉	安養院	1(出家)									5間	2間半	金剛寺門中		
		月吉	15人(うち出家1)	71(男37・女33・出家1)、外他所12(男3＝年季・女8＝縁付・女1＝年季)	14						2	682				2(男1・女1)	
84	108表	塩沢	市左衛門	5(男2・女3)、外他所1(女＝縁付)	1	女房＝武州上阿久原村所左衛門娘／妹＝同村久々沢小右衛門嫁		6					8間	4間	金剛寺	1(男)	上州坂原村与右衛門子、1年切抱
85	108裏	塩沢	平右衛門	4(男2・女2)	1	女房＝同村弥右衛門娘	1			5			7間	3間	金剛寺		
86	109表	塩沢	久弥	2(男1・女1)、外他所1(女＝縁付)	1	母＝児玉郡宮内村佐次三郎妹／姉＝同村久々沢才三郎女房	3	1	2	5		202	7間	4間	金剛寺	2(男1・女1)	男＝同村徳左衛門弟、1年切抱／女＝同村善太郎妹、1年切抱、「下男」と記載
87	110表	塩沢	喜右衛門	7(男4・女3)、外他所1(女＝縁付)	1	女房＝武州稲沢村半兵衛／女子＝同村作左衛門嫁	1	4	3	5			7間	4間	金剛寺		
	110裏		権兵衛(「右喜右衛門高之内」)	2(男1・女1)	1	女房＝上州保美野山村角右衛門娘							5間	3間	金剛寺		
88	111表	塩沢	忠兵衛	6(男4・女2)	1	女房＝譲原村五郎右衛門娘／母＝同村月吉(？)佐右衛門姉		8	8				6間	3間	金剛寺		
89	111裏	塩沢	孫三郎	5(男3・女2)、外他所1(女＝縁付)	1	女房＝同村清左衛門妹／嫁＝譲原村喜左衛門娘／女子＝保美野山孫右衛門嫁		4	5				6間	4間	金剛寺		
90	112表	塩沢	与四郎	5(男1・女4)	1	女房＝同村八右衛門娘		5	6	5		113	7間	4間	金剛寺		
91	112裏	塩沢	六左衛門	3(男2・女1)	1	女房＝上州発久村(法久村)惣三郎妹		2	9	5			6間	3間半	金剛寺		
92	113表	塩沢	円西道心	1(道心)		観音堂守									武州寄居村浄土宗善道寺弟子		
		塩沢	10人(うち道心1人)	40(男20・女19・道心1)	9		8	3	5	5						3(男2・女1)	
93	114表	金丸	安左衛門	4(男3・女1)、外他所2(男1＝寺弟子・女1＝縁付)	2	女房＝児玉郡本庄町市郎左衛門娘／男子②＝同村金剛寺弟子／妹＝児玉郡渡瀬村みたけ坊へ縁付	4	4	8				9間半	5間	金剛寺	10人(男5・女5)	男①～④＝譜代／男⑤＝武州渡瀬村助右衛門子、1年切抱／女①～③＝譜代／女④＝同村吉右衛門娘、2年季抱／女⑤＝同村下三波川又左衛門妹、2年季抱
94	115裏	金丸	瀬兵衛			瀬兵衛＝浄法寺村百姓	4	5	8								
95	116裏	金丸	儀兵衛	6(男2・女4)	3	女房＝藤岡町庄兵衛妹	3	4	8				8間半	5間	金剛寺	4(男2・女2)	男①＝譜代／男②＝同村清左衛門弟、1年切抱／女①＝同村次郎右衛門妹、1年切抱／女②＝同村大沢安右衛門娘、2年季抱

主名	構成(人)	馬	所　縁・奉公先	家 長さ	家 横	旦那寺	総構成員(人)	馬数合計	家数合計
左衛門 伝兵衛	①4(男3・女1)／②7(男5・女2)	②1	①女房＝同村七右衛門娘／②母＝同村七郎兵衛妹	①記載無し／②5間	①記載無し／②2間半	来迎寺門中円満寺	22(男12・女10)、外他所3(男1＝奉公・女2＝縁付)	2	3
							6(男2・女4)、外他所1(女＝縁付)	1	1
							他所2(男1・女1＝年季)		
							11(男6・女5)	2	1
							2(男1・女1)、外他所3(男1＝年季・女1＝縁付・女1＝年季)		1
							2(女2)、外他所1(男＝奉公)	1	1
							6(男2・女4)、外他所1(女＝縁付)	1	1
							5(男1・女4)	1	1
							3(男2・女1)		1
							2(坊主1・下男1)	1	1
							3(坊主2・下男2)	1	1
	17(男12・女5)	4					87(男42・女45)、外他所13(男1＝寺弟子・男2＝年季・男2＝奉公、女6＝縁付・女2＝年季)、外坊主3・寺下男3	18	16(うち寺2)
	3(男1・女2)		女房＝児玉郡小平村六兵衛姉				20(男12・女8)、外他所3(女＝縁付)	7	2
							7(男3・女4)外他所2(女＝縁付)	2	1

No.	丁数(表・裏)	小村名	高持百姓家族とその高内家族および寺院				石高				貫高		家			下 男・下	
			当主・寺名	構成(人)	馬	所縁・奉公先	石	斗	升	合	貫	文	長さ	横	旦那寺	構成(人)	所縁・年季数
96	117裏	金丸	金兵衛	7(男2・女5)、外他所3(男1＝奉公・女2＝縁付)	1	女房＝児玉郡金屋村喜左衛門妹／弟＝久世三郎右衛門様に奉公／妹＝児玉郡渡瀬村安右衛門所へ縁付／妹＝児玉郡山口村伝左衛門所へ縁付	8	1	9				8間半	4間	金剛寺	4(男2・女2)	男①＝譜代／男②＝同村金丸(？)徳右衛門人主、2年季抱／女①・②＝譜代
97	119裏	金丸	喜左衛門	6(男2・女4)外他所1(女＝縁付)	1	女房＝同村長右衛門娘／妹＝児玉郡渡瀬村金右衛門に縁付		6	1	5			7間	4間	金剛寺		
98	120表	金丸	作兵衛	他所2(男1・女1＝年季)		作兵衛＝同村琴辻市太夫所に3年季／女房＝児玉郡渡瀬村九郎右衛門娘、同村琴辻市大夫所に1年切		6	2						金剛寺		
99	120裏	金丸	安兵衛	6(男3・女3)	2	女房＝同村市右衛門娘	1	4	6	5			9間半	4間	金剛寺門中正覚寺	5(男3・女2)	男①＝譜代／男②＝同村大沢茂兵衛弟、2年季抱／男③＝同村吉右衛門子、2年季抱／女①＝譜代／女②＝鬼石町市左衛門娘、1年季切抱
100	121裏	金丸	茂兵衛(六右衛門を消した上に記す＝改名か)	2(男1・女1)、外他所3(男1＝年季・女1＝縁付・女1＝年季)		男子＝鬼石村平左衛門所に3年季／女子＝同村金丸清三郎女房／女子＝同村市太夫所に2年季	1						4間	2間半	金剛寺門中正覚寺		
101	122表	金丸	清三郎	2(女2)、外他所1(男＝奉公)	1	清三郎＝同村仁兵衛所に2年季／女房＝同村金丸六右衛門(＝茂兵衛)娘		6	2				4間	2間半	来迎寺門中円満寺		
102	122裏	金丸	徳右衛門	6(男2・女4)、外他所1(女＝縁付)	1	女房＝板原村(坂原カ)金三郎妹／妹＝同村与四右衛門所に縁付		5					5間	2間半	金剛寺		
103	123表	金丸	八之丞	5(男1・女4)	1		1	7	8				7間半	4間	金剛寺門中正覚寺		
104	123裏	金丸	吉右衛門カ	3(男2・女1)		女房＝武州阿久原村庄兵衛姉							4間	2間半	金剛寺門中正覚寺		
105	125表	金丸	真光院	1(坊主)	1											1(男)	同村五左衛門人主、1年切抱
106	125表	金丸	円満寺	2(隠居1・弟子1)	1											1(男)	同村与兵衛弟、1年切抱
		金丸	14人(うち1人他村の者、2人他所、2人出家)	50(男18・女29・坊主1・隠居1・弟子1)	14		27	3	3	0						25(男14・女11)	
107	126表	久々沢	八左衛門	8(男5・女3)、外他所3(女＝縁付)		女房＝同村久々沢八右衛門姉／嫁＝同村佐次兵衛妹／婿＝同村久々沢善太郎弟／娘＝同村甚兵衛女房／妹＝同村久々沢久右衛門女房／妹＝同村久々沢六郎右衛門女房	3	6	1				7間	5間	来迎寺	9人(男6・女3)	男①＝同村大沢五左衛門子、3年季／男②＝同村三郎右衛門弟、2年季／男④＝上州墨田村市右衛門甥、2年季／男⑤＝墨田村市右衛門甥、3年季／男⑥＝小平村喜助弟、3年季／女①＝同村大沢七郎兵衛女子養子に置く／女②＝同村茂右衛門女房、1年季／女③＝譲原村権三郎子、3年季
108	127裏	久々沢	小右衛門	7(男3・女4)、外他所2(女＝縁付)	2	女房＝譲原村吉左衛門妹／嫁＝日野村与兵衛娘／嫁＝同村塩沢市左衛門妹／女子＝浄法寺村喜兵衛女房／女子＝緑埜郡白口(塩カ)村三拾郎女房	2	3		5			4間	2間	来迎寺		

家抱・寺門前									
当主名	構成(人)	馬	所　縁・奉公先	家 長さ	家 横	旦那寺	総構成員(人)	馬数合計	家数合計
							6(男4・女2)、外他所1(男＝縁付)	2	1
							5(男2・女3)、外他所2(男1＝名跡・女1＝縁付)	1	1
							4(男2・女2)	1	1
							5(男3・女2)、外他所2(女＝縁付)	1	1
							4(男3・女1)	1	1
							6(男2・女4)	1	1
							5(男3・女2)、外他所2(女＝縁付)	1	1
							3(男1・女2)、外他所1(男＝年季)	1	1
							3(男1・女2)	1	1
							1(道心)		
	3(男1・女2)						69(男36・女32・道心1)、外他所13(男1＝縁付・男1＝名跡・男1＝奉公、女10＝縁付)	19	12
							7(男4・女3)、外他所2(女＝縁付)	2	1
郎兵衛	3(男2・女1)	1	女房＝出生戸波村			西禅院	8(男5・女3)外他所1(女＝縁付)	2	2
							7(男3・女4)	2	1
右衛門	3(男2・女1)、外他所1(女＝年季)	1	女房＝同村助右衛門所に2年季質物			西禅院	9(男5・女4)、外他所2(女1＝縁付・女1＝年季)	2	2
							1(男)		1
							5(男2・女3)、外他所1(女＝縁付)	1	1
							6(男3・女3)	1	1
右衛門	6(男3・女3)、外他所1(女＝縁付)	1	女房＝同村次郎右衛門姉／女子＝同村日向文四郎(門四郎)女房／嫁＝同村文右衛門下女子			西禅院	15(男8・女7)、外他所3(女＝縁付)	3	2

No.	丁数(表・裏)	小村名	高持百姓家族とその高内家族および寺院												下　男・下	
			当主・寺名	構成(人)	馬	所　縁・奉公先	石高				貫高		家		旦那寺	構成(人)	所　縁・年季数
							石	斗	升	合	貫	文	長さ	横			
	128表		善太郎(「小右衛門高之内」)	6(男4・女2)、外他所1(男＝縁付)	2	女房＝譲原村市郎右衛門娘／母＝同村久々沢作左衛門妹／弟＝同村久々沢八左衛門所婿							6間	4間	来迎寺		
109	129表	久々沢	作左衛門	5(男2・女3)、外他所2(男1＝名跡・女1＝縁付)	1	女房＝同村大沢拾左衛門妹／嫁＝同村太兵衛娘／女子＝同村久々沢庄左衛門女房／男子＝同村久々沢久右衛門名跡	1	1	7	5			5間	2間	円満寺		
	129裏		六郎右衛門(「作左衛門高之内」)	4(男2・女2)	1	女房＝同村久々沢八左衛門妹							5間	2間	円満寺		
110	130表	久々沢	久右衛門	4(男2・女2)、外他所2(女＝縁付)	1	女房＝同村久々沢八左衛門妹／名跡＝同村久々沢作左衛門子／女子＝八口(塩カ)村与兵衛女房／妹＝同村久々沢八右衛門女房		5	9				6間	3間	円満寺	1(男)	同村作右衛門弟、1年季
	130裏		庄左衛門(「久右衛門高之内」)	4(男3・女1)	1	女房＝同村久々沢作左衛門娘							4間	2間	円満寺		
111	131表	久々沢	八郎右衛門	6(男2・女4)	1	女房＝児玉郡矢納村三左衛門姉／名跡＝児玉郡小平村六兵衛兄		5	8				5間	3間	円満寺		
	131裏		八右衛門(「八郎右衛門高之内」)	4(男2・女2)、外他所2(女＝縁付)	1	女房＝同村久々沢久右衛門妹／女子＝同村大沢五左衛門嫁／姉＝同村久々沢八左衛門女房							4間	2間	円満寺	1(男)	
112	132表	久々沢	与四兵衛	3(男1・女2)、外他所1(男＝年季)	1	女房＝同村新兵衛娘／弟＝同村円満寺に1年季奉公			2				4間	2間	円満寺		
113	132裏	久々沢	才三郎	3(男1・女2)	1	女房＝同村塩沢久弥姉		1	9	5			4間	2間	円満寺		
114	132裏	久々沢	宗閑道心	1(道心)		観音堂守											
		久々沢	12人(うち4人「高之内」、道心1人)	55(男27・女27・道心1)、他所13(男2＝縁付・男1＝年季・女10＝縁付)	12		8	4	7	5						11(男8・女3)	
115	134表	雲尾	小兵衛	7(男4・女3)、外他所2(女＝縁付)	2	嫁＝同村助右衛門娘／女子＝同村日向与五兵衛女房／女子＝高山村彦介女房		5	9	5			7間	4間	金剛寺		
116	134裏	雲尾	忠兵衛	5(男3・女2)、外他所1(女＝縁付)	1	女房＝武州秩父領太田歩村四兵衛娘／女子＝浄法寺村長左衛門嫁		5	5	5			8間	4間半	金剛寺		
117	135裏	雲尾	重兵衛	4(男1・女3)	2	女房＝同村大沢六兵衛娘	1	7	1	5			8間	4間半	金剛寺	3人(男2・女1)	男＝譜代／女＝同村大沢(？)六兵衛人主、3年季質物
118	136裏	雲尾	作地兵衛	5(男2・女3)、外他所1(女＝縁付)	1	女房＝同村雲尾所左衛門娘／妹＝同村助右衛門嫁	1	7					6間	3間	金剛寺	1(男)	男＝同村雲尾重兵衛証人、4年季
119	138表	雲尾	孫兵衛	1(男)				4	7	5			2間	9尺	金剛寺		
120	138表	雲尾	所左衛門	4(男2・女2)、外他所1(女＝縁付)	1	女房＝同村七兵衛姉／女子＝同村雲尾左地兵衛(作地兵衛)女房		5					7間	4間	来迎寺	1(女)	譜代
121	138裏	雲尾	徳兵衛	6(男3・女3)	1	女房＝同村忠兵衛妹	1		9	5			6間	3間	来迎寺		
122	139裏	雲尾	七兵衛	6(男3・女3)、外他所2(女＝縁付)	2	女房＝同村大沢六兵衛娘／姉＝浄法寺村伊兵衛女房／妹＝上州根岸村半兵衛女房	1	5	9	5			7間	4間	来迎寺	3(男2・女1)	男①＝譜代／男②＝同村雲尾孫右衛門弟、2年季質物／女＝譜代

家抱・寺門前									
当主名	構成(人)	馬	所　縁・奉公先	家 長さ	家 横	旦那寺	総構成員(人)	馬数合計	家数合計
左衛門	4(男1・女3)	1	女房＝出生相模野村？			西禅院	12(男5・女7)	3	2
							4(男2・女2)	1	1
							1(出家)		1
、	16(男8・女8)、外他所2(女1＝年季・女1＝縁付)						74(男38・女36)、外他所9(女8＝縁付・女1＝年季)、出家1	17	14、外寺1
七郎兵衛／②三郎右門	①2(男1・女1)、外他所3(男1＝年季・女1＝年季・女1＝養子)／②6(男2・女4)		①女房＝白塀(白塩？)村角右衛門妹、同村下三波川仁兵衛所に1年季／①女子＝同村久々沢八左衛門所へ養子／①男子＝同村下三波川金剛寺5年季／②女房＝同村大沢茂兵衛姉	①4間／②2間	①2間／②3間	①西善院／②光徳寺	14(男4・女10)、外他所5(男2＝年季、女1＝縁付1・女1＝養子・女1＝年季)	2	3
							4(男2・女2)、外他所1(女＝年季)		1
							4(男1・女3)、外他所3(女＝縁付)	1	1
							7(男3・女4)	2	1
							3(男1・女2)、外他所1(男＝年季)	1	1
							2(女)、外他所1(男＝奉公)		1
							5(男3・女2)、外他所2(女＝縁付)	1	1
							9(男4・女5)、外他所3(女＝縁付)	2	1
							3(男)	1	1
							2(男1・女1)、外他所4(男3＝年季・女1＝縁付)		1
							2(男1・女1)、外他所1(女＝縁付)		1
							6(男3・女3)、外他所3(男1＝年季・女2＝縁付)	2	1

No.	丁数(表・裏)	小村名	高持百姓家族とその高内家族および寺院														下　男・下	
			当主・寺名	構成(人)	馬	所　縁・奉公先	石高				貫高		家		旦那寺	構成(人)	所　縁・年季数
							石	斗	升	合	貫	文	長さ	横			
123	141表	雲尾	門右衛門	4(男2・女2)	2	女房＝同村日向五右衛門(五左衛門)娘	1	5	5	5			7間	4間	記載無し	4人(男2・女2)	男①＝譜代／男(＝保美村伊右衛門人主、2年季質物／女②＝譜代
124	142裏	雲尾	孫右衛門	4(男2・女2)	1			3					5間	3間	西善院		
125	143表	雲尾	真福院	1(出家)									4間	2間	金剛寺門中		
		雲尾	11人(うち出家1人)	47(男23・女23・出家1)、外他所7(女＝縁付)	13		10	0	8	5						12(男7・女5)	
126	144表	大沢	拾左衛門	6(男1・女5)、外他所2(男1＝年季・女1＝縁付)		女房＝同村／男子＝同村下三波川金剛寺2年季／嫁＝同村大沢八郎兵衛妹／妹＝同村久々沢作左衛門女房	2	6	4	5			4間	2間半	来迎寺		
127	145裏	大沢	安右衛門	4(男2・女2)、外他所1(女＝年季)		女房＝同村大沢八郎兵衛姉／女子＝同村金丸儀兵衛所に3年季	1	1	2	5			6間	3間	来迎寺		
128	145裏	大沢	八郎兵衛	4(男1・女3)、外他所3(女＝縁付)	1	女房＝児玉郡下阿久原村作左衛門娘／姉＝同村大沢安右衛門女房／姉＝同村大沢半右衛門嫁／妹＝同村大沢拾左衛門嫁	2	1	3	5			7間半	4間	来迎寺		
129	146裏	大沢	弥左衛門	7(男3・女4)	2	女房＝同村大沢半右衛門娘／母＝浄法寺村峯本妹	2	2	8	5			7間	4間	来迎寺		
130	147表	大沢	伝九郎	3(男1・女2)、外他所2(男＝年季)	1	女房＝児玉郡上阿久原村吉兵衛妹／弟＝譲原村市郎右衛門所に1年季／弟＝譲原村七左衛門所に2年季		8	9	5			4間	2間	来迎寺		
131	147裏	大沢	甚助	2(女)、外他所1(男＝奉公)		甚助＝譲原村太郎左衛門所に2年季／母＝同村杢左衛門姉		6					3間	2間	来迎寺		
132	147裏	大沢	六兵衛	4(男3・女1)、外他所2(女＝縁付)	1	嫁＝鬼石町藤兵衛妹／娘＝同村雲尾拾兵衛(重兵衛)女房／娘＝同村雲尾七兵衛女房	1		2				7間半	4間	来迎寺	1(女)	
133	148裏	大沢	半右衛門	8(男4・女4)、外他所3(女＝縁付)	2	女房＝児玉郡矢納村利兵衛娘／嫁＝児玉郡矢納村惣右衛門娘／嫁＝同村大沢八郎兵衛姉／女子＝鬼石町拾三郎女房／女子＝同村大沢三之助女房／女子＝同村大沢弥左衛門女房		9	5				5間	3間	金剛寺	1(男)	譜代
134	149表	大沢	伝四郎	3(男)	1			6	8				6間半	4間	金剛寺		
135	149裏	大沢	茂兵衛	2(男1・女1)、外他所4(男3＝年季・女1＝縁付)		茂兵衛＝同村八左衛門所に2年季／女房＝児玉郡矢納村九兵衛娘／姉＝同村大沢三郎右衛門女房／弟＝同村金丸安兵衛所に2年季／弟＝同村雲尾七兵衛所に2年季		6	5				4間半	2間	西善院		
136	150表	大沢	杢右衛門	2(男1・女1)、外他所1(女＝縁付)		妹＝児玉郡上阿久原村茂右衛門女房		7	5				4間	2間	光徳寺		
137	150裏	大沢	五左衛門	6(男3・女3)、外他所3(男1＝年季・女2＝縁付)	2	嫁＝同村月吉佐右衛門娘／嫁＝同村久々沢八右衛門娘／女子＝鬼石町源助女房／女子＝児玉郡上阿久原村市左衛門女房／男子＝同村久々沢八左衛門所に3年季		6	4	5			7間	3間半	西善寺		

家抱・寺門前							総構成員(人)	馬数合計	家数合計
主名	構成(人)	馬	所　縁・奉公先	家 長さ	家 横	旦那寺			
							5(男2・女3)	1	1
							3(出家1・男1・女1)		1
							3(出家1・男2)		1
	8人(男3・女5)、外他所3(男1＝年季・女1＝年季・女1＝養子)						72(男31・女39・出家2)、外他所25(男8＝年季・男1＝奉公、女11＝縁付・女2＝年季・女1＝養子)	13	17(うち寺2)
							7(男4・女3)、外他所4(女2＝縁付・男2＝奉公)	1	1
							2(男)、外他所3(女2＝縁付・男1＝姉の元へ)	1	1
							5(男3・女2)、外他所3(女＝縁付)	1	1
							4(男2・女2)		1
							6(男3・女3)、外他所1(女＝縁付)	1	1
							7(男2・女5)、外他所2(女＝縁付)	1	1
							8(男5・女3)、外他所2(女＝縁付)	1	1
							8(男3・女5)、外他所2(女＝縁付)	1	1
							5(男3・女2)	1	1
							8(男4・女4)、外他所3(男1＝年季・女2＝縁付)	1	1
							4(男3・女1)、外他所1(女＝縁付)	1	1

No.	丁数（表・裏）	小村名	高持百姓家族とその高内家族および寺院													下男・下	
			当主・寺名	構成（人）	馬	所　縁・奉公先	石高				貫高		家		旦那寺	構成（人）	所　縁・年季数
							石	斗	升	合	貫	文	長さ	横			
138	151表	大沢	三之助	5（男2・女3）	1	女房＝同村大沢半右衛門娘		7	6				5間	2間	円満寺		
139	151裏	大沢	光徳寺	3（出家1・男1・女1）									5間	3間	光徳寺		
140	152表	大沢	西善院	3（出家1・男2）											西善院		
		大沢	15人（うち出家2人）	62（男28・女32・出家2）、他所22（男8＝奉公・女13＝縁付・女1＝奉公）	11		15	1	3	0						2（男1・女1）	
141	153表	下三波川	権兵衛	5（男2・女3）、外他所4（男2＝年季・女2＝縁付）	1	女房＝児玉郡太駄村仁左衛門娘／母＝児玉郡渡瀬村七郎左衛門姉／姉＝児玉郡宮内村五郎左衛門嫁／姉＝児玉郡太駄村市兵衛嫁／甥＝譲原村三左衛門所に2年季奉公／甥＝譲原村松之助所に1年季奉公	1	9	3	5			7間半	3間半	来迎寺	2（男）	男①＝児玉郡山より1年季請取／男②＝保美山村兵衛子、1年季
142	154表	下三波川	与兵衛	2（男2）、外他所3（女2＝縁付・男1＝姉の元へ）	1	妹＝江戸本庄米屋久左衛門所に店借りし、角右衛門女房になる／弟＝江戸本郷に姉と一所にあり／妹＝児玉郡太駄村庄右衛門嫁	1	7	4	5			5間	2間半	金剛寺		
143	154裏	下三波川	五郎右衛門	5（男3・女2）、外他所3（女＝縁付）	1	女房＝児玉郡高牛村助右衛門娘／嫁＝児玉郡金沢村市郎右衛門娘／娘＝当村下三波川伝三郎女房／娘＝阿久原村庄兵衛女房／娘＝児玉郡太駄村八右衛門嫁	1	9	7	5			8間	3間半	来迎寺		
144	155裏	下三波川	八郎兵衛	4（男2・女2）		母＝児玉郡柚木村		7	2	5			4間	2間半	来迎寺		
145	155裏	下三波川	清左衛門	6（男3・女3）、外他所1（女＝縁付）	1	女房＝譲原村伊左衛門姉／嫁＝保美山村孫右衛門娘／娘＝当国三保木村市郎兵衛嫁	1	5	6				4間	2間半	来迎寺		
146	156裏	下三波川	千之助	3（男1・女2）、外他所2（女＝縁付）	1	母＝保美山村金左衛門妹／姉＝譲原村孫左衛門嫁／姉＝当村小平市郎兵衛嫁	5	7	3				8間半	4間半	来迎寺	4（男1・女3）	男①＝譜代／女①＝当村小平（？）より2年季、善右衛門譜代の者／女②＝椚山村より1年季、市兵衛姉／女③＝譜代
147	157裏	下三波川	次郎右衛門	8（男5・女3）、外他所2（女＝縁付）	1	女房＝当村小平了観（作兵衛父）妹／嫁＝児玉郡上阿久原村権左衛門娘／嫁＝児玉郡渡瀬村忠兵衛娘／娘＝児玉郡上阿久原村助右衛門嫁／娘＝当村庄兵衛嫁	1	8	6				7間半	3間半	来迎寺		
148	158裏	下三波川	五郎兵衛	6（男2・女4）、外他所2（女＝縁付）	1	女房＝児玉郡阿久原村権之助娘／母＝当谷妹ケ谷小左衛門姉／姉＝武州岩田村小兵衛嫁／姉＝児玉郡阿久原村太郎左衛門嫁	1	1	3	5			8間半	3間半	来迎寺	2（男1・女1）	男＝当村より2年季／女＝当村より2年季、加左衛門女房
149	159裏	下三波川	伝三郎	5（男3・2）	1	女房＝当村下三波川五郎右衛門娘	1	1	9	5			7間半	3間半	来迎寺		
150	160表	下三波川	重右衛門	6（男3・女3）、外他所3（男1＝年季・女2＝縁付）	1	女房＝保美山村助右衛門娘／母＝児玉郡鳥羽村／女子＝当村南郷作次右衛門嫁／姪＝児玉郡渡瀬村忠兵衛嫁／甥＝当村下三波川正覚寺へ8年季奉公	7	2	2	5			8間半	4間半	正覚寺	2（男1・女1）	男＝坂原村市右衛門子、1年季／女＝当村雲尾村より1年季、佐左衛門女房
151	161表	下三波川	嘉右衛門	4（男3・女1）、外他所1（女＝縁付）	1	女房＝児玉郡血木村市右衛門娘／娘＝鬼石町三郎兵衛嫁							8間	4間半	来迎寺		

家抱・寺門前							総構成員（人）	馬数合計	家数合計
主名	構成（人）	馬	所　縁・奉公先	家 長さ	家 横	旦那寺			
①伝吉前②仁／門前右衛門前④佐衛	門前①2（男1・女1）、外同抱内1（女＝縁付）／②3（男1・女2）／③6（男4・女2）、外他所2（女＝縁付1・年季1）／④3（男1・女2）		門前①母＝法久村／門前①妹＝同村下三波川佐次兵衛（門前④）女房／②女房＝児玉郡矢納村九郎右衛門娘／③女房＝児玉郡下阿久原村彦右衛門妹／③女子＝児玉郡渡瀬村太兵衛所へ5年季／④妹＝児玉郡みたけ村金左衛門嫁／④女房＝同村下三波川伝吉（門前①）妹	門前①3間／②3間半／③6間／④3間半	門前①2間／②2間／③3間／④2間半	来迎寺	19（坊主4・男8・女7）、外他所2（女＝縁付1・奉公1）	4	5（うち寺1）
	14（男7・女7）、外他所2（女1＝縁付・女1＝年季）						83（男42・女37・出家4）、外他所23（男2＝年季・男1＝奉公・男1＝姉の所、女18＝縁付・女1＝奉公）	14	16（うち寺1）
①喜左／門前左衛門道心	門前①3（男1・女2）／門前②3（男1・女2）、外他所1（女＝年季）／抱道心1（男）		門前①女房＝譲原村／門前②又左衛門＝保美山村茂右衛門子、入婿／門前②女房妹＝当村金丸安左衛門所に2年季／抱道心＝日野村	①4間／②4間	①2間／②2間	正覚寺	12（坊主2・道心1・男5・女4）、外他所1（女＝年季）	4	3（うち寺1）
左衛門茂兵衛	①6（男3・女3）、外他所1（女＝年季）／②5（男3・女2）、外他所1（男＝年季）		①女房＝当村下三波川（？）茂兵衛（家抱②？）妹／①女子＝児玉郡野上村伊兵衛所に1年季／②女房＝当村犬塚孫右衛門娘／②男子＝武州阿久原村六兵衛所に5年季	①4間／②3間	①2間／②2間	正覚寺	24（男13・女11）、外他所3（男1＝年季、女1＝縁付・女1＝年季）	4	3
左衛門佐左衛	①4（男2・女2）、外他所1（男＝年季）／②5（男3・女2）、外他所1（女＝縁付）		①女房＝保美山村／①男子＝当村下三波川正覚寺へ10年季／②女房＝当村作右衛門姉／②女子＝当村下三波川吉右衛門嫁	①3間／②4間	①2間／②3間	正覚寺	18（男10・女8）、外他所2（男1＝年季・女1＝縁付）	3	3
	27（男13・女13・抱道心1）、外他所5（男2＝年季・女2＝年季・女1＝縁付）						54（男28・女23・坊主2・道心1）、外他所6（男2＝年季・女2＝年季・女2＝縁付）	11	9（うち寺1）
①長右／門前右衛門前③甚門／門市兵衛前⑤角門	門前①5（男3・女2）／門前②5（男3・女2）、外他所2（女2＝縁付）／門前③4（男3・女1）、外他所2（男1＝寺弟子・女1＝請取）／門前④5（男2・女3）、外他所1（男＝年季）／門前⑤4（男1・女3）	②2／③1／④1／⑤1	門前①女房＝山中塩沢村／門前①入婿＝児玉郡石間村九右衛門弟／門前②女房＝譲原村／門前②嫁＝当村下三波川佐左衛門娘／門前②女子＝同所妹ケ谷権兵衛女房／門前②女子＝坂原村権之介女房／門前③母＝児玉郡宇口宝村／門前③弟＝野上村多法寺弟子／門前③妹＝児玉郡渡瀬村弥左衛門所に請取／門前④女房＝武州阿久原村忠右衛門娘／門前④男子＝当村五兵衛に5年季／門前⑤角右衛門＝同村より入婿	①3間／②5間／③3間半／④5間／⑤4間	①2間／②3間／③2間半／④2間／⑤3間	金剛寺	68（出家6・男34・女28）、外他所9（男1＝寺弟子・男3＝年季・男1＝縁付・女2＝縁付・女1＝請取・女1＝年季）	13	13（うち寺1）
⑥徳兵門前⑦右衛門前⑧吉／門前兵衛／⑩六郎門／門四郎左／門前左衛門	門前⑥5（男3・女2）、外他所1（男＝年季）／門前⑦4（男2・女2）／門前⑧3（男1・女2）／門前⑨10（男4・女5、下男1）／門前⑩6（男3・女3）、外他所1（男＝縁付）／門前⑪4（男2・女2）、外他所2（男1＝年季・女1＝年季）／門前⑫3（男2・女1）	⑥1／⑦1／⑨2／⑩1	門前⑥女房＝児玉郡鳥羽村忠右衛門娘／門前⑥母＝甘楽郡譲原村喜兵衛妹／門前⑥弟＝同村下三波川金剛寺2年季／門前⑦女房＝児玉郡向山村源右衛門娘／門前⑧女房＝上野山中塩沢村四郎左衛門娘／門前⑨女房＝保美濃（山？）村次郎右衛門娘／門前⑨母＝上州新町？／門前⑨下男＝山中塩沢村庄右衛門子、請取／門前⑩女房＝保美濃（山？）村久右衛門姉／門前⑩入婿＝上野下久保村五左衛門子／門前⑪女房＝白塩村より参る／門前⑪男子＝同村琴辻市太夫所に6年季／門前⑪女子＝同村琴辻市太夫母所に8年季／門前⑫女房＝児玉郡沢戸村より参る	⑥4間／⑦6間／⑧6間／⑨8間半／⑩6間／⑪3間／⑫3間	⑥2間半／⑦2間半／⑧2間半／⑨7間（4間）／⑩3間／⑪2間／⑫2間				
人	58（男29・女28・下男1）、外他所9（男1＝寺弟子・男3＝年季・男1＝縁付・女2＝縁付・女1＝請取・女1＝年季）	10					68（出家6・男34・女28）、外他所9（男1＝寺弟子・男3＝年季・男1＝縁付・女2＝縁付・女1＝請取・女1＝年季）	13	13（うち寺1）

No.	丁数(表・裏)	小村名	高持百姓家族とその高内家族および寺院 当主・寺名	構成(人)	馬	所縁・奉公先	石高 石	斗	升	合	貫高 貫	文	家 長さ	横	旦那寺	下男・下 構成(人)	所縁・年季数
152	162表	下三波川	来迎寺	4(坊主1、うち弟子3)		弟子①＝下日野村忠左衛門実子／弟子②＝当村市郎左衛門実子／弟子③＝当村六右衛門実子	5	3	7	5			9間半	6間半	来迎寺	1(男)	保美山村四郎右衛門子、8年季
		下三波川小計1	12人(うち1人出家)	58(男29・女25・出家4)	10		30	4	6	0						11(男6・女5)	
153	165表	下三波川	正覚寺	2(坊主2、うち弟子1)		弟子＝当村佐次右衛門弟	1	8					客殿7間半／堂2間／庫裡7間半	客殿4間半／堂2間／庫裡4間	金剛寺末寺	3(男)	男①＝当村小平次郎兵衛譜代、4年季／男②＝当村下三波川重右衛門甥、8年季／男③＝当村下三波川六左衛門子、10年季
154	167表	下三波川	伊右衛門	7(男5・女2)、外他所1(女＝縁付)		女房＝保美山村七郎兵衛姪／女子＝児玉郡野上村伊兵衛嫁	4	5	7	5			8間	4間	金剛寺	6(男2・女4)	男①金剛寺門前、1年季、親無し／男②＝保美山村佐左衛門弟、2年季／女①＝保美山村杢右衛門姪／女②～④＝譜代
155	169裏	下三波川	仁兵衛	7(男4・女3)		女房＝児玉郡阿久原村勘兵衛妹	3	5	9				7間	4間	正覚寺	2(男1・女1)	男＝当村金丸六右衛門子(清三郎)、2年季／女＝当村大沢七郎兵衛女房、1年季
		下三波川小計2	3人(うち1人出家)	16(男9・女5・出家2)、外他所1(女＝縁付)			9	9	6	5						11(男6・女5)	
156	172表	下三波川	金剛寺	6(坊主4＝うち弟子3・堂守1・同宿1)	3	弟子①＝保美濃村七兵衛子／弟子②＝児玉郡大駄村四郎兵衛子／弟子③＝同村利右衛門子／堂守＝当寺門前次郎右衛門子／同宿＝緑埜郡緑野村九兵衛子					1	524	11間半	6間半	金剛寺	4(男)	①＝同所大沢重左衛門子、2年季／②＝同村下三波川千之介(千之助)下男弥右衛門甥、2年季／③＝門前徳兵衛弟、2年季／④＝大沢村七兵衛子、5年季
		下三波川小計3	1人(出家)	6(出家4・堂守1・同宿1)	3						1	542				4(男)	

	家抱・寺門前								
主名	構成(人)	馬	所　縁・奉公先	家		旦那寺	総構成員(人)	馬数合計	家数合計
				長さ	横				
丶	99(男49・女48・抱道心1・下男1)、外他所16(男5＝年季・男1＝縁付・男1＝寺弟子・女4＝縁付・女4＝年季・女1＝請取)	10					205(男104・女88・出家13)、外他所38(男7＝年季・男1＝奉公・男1＝寺弟子・男1＝縁付・男1＝姉の所、女22＝縁付・女3＝年季・女1＝奉公・女1＝請取)	38	38(うち寺3)
門	5(男3・女2)、外他所2(男＝奉公)		女房＝児玉郡矢納村弥兵衛娘／弟＝児玉郡阿久原村忠兵衛所に給取／弟＝児玉郡渡瀬村龍宝寺に給取	4間	2間半	金剛寺	17(男10・女7)、外他所2(男＝奉公)	3	3
							5(男2・女3)	1	1
							7(男4・女3)、外他所1(女＝縁付カ)	1	1
							3(男2・女1)、外他所2(男1＝年季・女1＝縁付)		1
衛門	3(男2・女1)、外他所1(女＝奉公)		女房＝同村小平甚兵衛下男徳左衛門姉／女子＝同村小平甚兵衛に奉公			金剛寺	14(男9・女5)、外他所2(女1＝縁付・女1＝奉公)	2	2
							6(男2・女4)、外他所1(男＝奉公カ)	1	1
							1(道心)		
	8(男5・女3)、外他所3(男2＝奉公・女1＝奉公)						53(男29・女23・道心1)、外他所8(男4＝奉公・女3カ＝縁付・女1＝奉公)	8	9
左衛門 平右衛 ／③安兵 ／④孫右 ／⑤与 衛門／⑥ 衛門	①5(男2・女3)、外他所1(女＝奉公)／②4(男3・女1)／③2(男1・女1)／④6(男3・女3)、外他所1(女＝縁付)／⑤5(男2・女3)／⑥5(男2・女3)、外他所2(女＝縁付)		①女房＝保美野山村源右衛門姉／①女子＝白石村安右衛門所に質物8年季／②女房＝上日野村五郎左衛門娘／④嫁＝大沢村五郎右衛門娘／④女子＝平村市右衛門嫁／⑤女房＝同村(竹谷戸？)市郎左衛門妹／⑥女房＝上日野村弥左衛門娘／⑥嫁＝上日野村徳左衛門娘／⑥女子＝同村犬塚助十郎女房／⑥女子＝保美山村源左衛門女房	①5間半／②4間／③4間／④6間／⑤6間／⑥4間	①2間半／②2間半／③2間半／④2間半／⑤2間半／⑥3間	真福院	54(男26・女28)、外他所7(男1＝田地請取百姓・男1＝名跡・女4＝縁付・女1＝奉公)	11	7

No.	丁数(表・裏)	小村名	高持百姓家族とその高内家族および寺院 当主・寺名	構成(人)	馬	所縁・奉公先	石高 石	斗	升	合	貫高 貫	文	家 長さ	横	旦那寺	下男・下 構成(人)	所縁・年季数
		下三波川小計1＋2＋3	16人(うち出家4人)	80(男38・女30・出家10・堂守1・同宿1)、外他所1(女＝縁付)	13		40	4	2	5	＋1	542				26(男16・女10)	
157	177表	小平	甚兵衛	4(男2・女2)		女房＝児玉郡加増村重左衛門娘	13	3	2				7間	4間	金剛寺	2(男1・女1)	男＝同村小平(？)与右衛門弟、2年季／女＝同村小平与右衛門娘、10年季
	178表	小平	次兵衛(「甚兵衛高之内」)	5(男3・女2)		女房＝下日野村忠左衛門娘／母＝他所より参る							6間	3間	金剛寺	1(男)	譜代
158	178裏	小平	善右衛門	5(男2・女3)	1	女房＝児玉郡阿久原村庄兵衛妹	3	4	8				6間半	3間半	金剛寺		
159	179表	小平	作兵衛	7(男4・女3)、外他所1(女＝縁付力)	1	女房＝児玉郡下阿久原村利右衛門妹／母＝同村彦右衛門姉／妹＝下阿久原村長左衛門に遣わす	2		3				6間	3間	金剛寺		
160	179裏	小平	次郎兵衛	3(男2・女1)、外他所1(女＝縁付)	2	母＝児玉郡下阿久原村太郎右衛門妹／姉＝下阿久原村利右衛門女房	1	7	5				5間	2間半	金剛寺	他所1(男＝年季)	譜代、同村下三波川正覚寺に2年季
161	180表	小平	市郎兵衛	7(男4・女3)、外他所1(女＝縁付)		女房＝児玉郡阿久原村勘左衛門娘／嫁＝当村下三波川千之介(千之助)姉／女子＝上野あい河村八郎兵衛女房	5	8	1				8間	4間	金剛寺	4(男3・女1)	男①＝同村下三波川千之介(千之助)下男、弥右衛門子、2年季／男②＝同村小平与右衛門(家抱？)弟、2年季／男③・女＝譜代
162	181表	小平	市兵衛	6(男2・女4)、外他所1(男＝奉公力)	1	女房＝浄法寺村茂右衛門娘／弟＝鬼石町次左衛門棚(店)に罷有	2	6					記載なし	記載なし	金剛寺		
163	181裏	小平	堂口道心	1(道心)		薬師堂守									二日市村光源寺弟子		
		小平	7人(うち「高之内1人」)	37(男19・女18)、外他所4(男1＝奉公力・女3＝縁付)	5		28	9	9							7(男5・女2)、外他所1(男＝年季)	
164	182表	琴辻	市太夫	5(男2・女3)、外他所3(男1＝田地請取百姓・男1＝名跡・女1＝縁付)		女房＝上日野村与左衛門姉／兄＝児玉郡小茂田村に田地請取百姓仕／弟＝同村妹谷五郎左衛門名跡／妹＝児玉郡萩平村九郎左衛門女房	6	1	4						金剛寺	22＝下男11・下女10・姥1(「抱え」)	男①＝同村茂右衛門弟、質物3年季／男②＝同村五左衛門弟、質物3年季／男③＝同村吉右衛門弟、質物3年季／男④＝同村、人主権之助、1年季／男⑤＝同村、質物1年季／男⑥＝同村下三波川四郎左衛門子、質物6年季／男⑦＝同村平右衛門弟、質物2年季／男⑧・⑨＝譜代／男⑩＝同村喜左衛門弟、質物3年季／男⑪＝同村月吉源太郎弟、2年季質物 女①・②＝譜代／女③＝同村吉右衛門娘、質物2年季／女④＝同村日向茂兵衛娘、質物2年季／女⑤＝仁右衛門娘、質物3年季／女⑥＝同村日向茂右衛門娘、質物2年季／女⑦＝下日野村清左衛門妹／女⑧・⑨＝譜代／女⑩＝下男⑩女房

家抱・寺門前							総構成員（人）	馬数合計	家数合計
主名	構成（人）	馬	所　縁・奉公先	家 長さ	家 横	旦那寺			
							1（出家）		1
							3（男2・女1）	1	1
							4（男2・女2）、外他所1（男＝年季）	1	1
							4（男2・女2）	1	1
							5（男2・女3）	1	1
							6（男3・女3）、外他所1（女＝縁付）	2	1
	27（男13・女14）、外他所4（女3＝縁付・女1＝奉公）						77（男37・女39・出家1）、外他所9（男1＝田地請取・男1＝名跡・男1＝年季・女5＝縁付・女1＝奉公）	17	13（うち寺1）
5人	514人								

No.	丁数（表・裏）	小村名	高持百姓家族とその高内家族および寺院													下男・下	
			当主・寺名	構成（人）	馬	所縁・奉公先	石高				貫高		家		旦那寺	構成（人）	所縁・年季数
							石	斗	升	合	貫	文	長さ	横			
165	185裏	琴辻	真福院	1（出家）		市太夫寺庵							4間半	2間半	天台宗浄土院門中		
166	186表	琴辻	喜左衛門	3（男2・女1）	1	女房＝坂原村五郎右衛門娘		7	3	5			6間半	2間半	真福院		
167	186表	琴辻	忠右衛門	4（男2・女2）、外他所1（男＝年季）	1	女房＝下日野村七兵衛妹／男子＝上日野村甚左衛門所に質物2年季		7	7	5			5間	2間半	真福院		
	186裏	琴辻	小十郎（「忠右衛門高之内」）	4（男2・女2）	1	女房＝上日野村甚右衛門娘							4間	2間半	真福院		
168	187表	琴辻	市右衛門	5（男2・女3）	1	女房＝同村与四右衛門姉		7	2	5			5間	2間半	真福院		
169	187裏	琴辻	彦七郎	6（男3・女3）、外他所1（女＝縁付）	2	女房＝上日野村又左衛門娘／母＝上日野村権右衛門姉／妹＝下日野村市兵衛嫁		6		5			6間	2間半	真福院		
		琴辻	8人（うち出家1人・「高之内」1人）	28（男13・女14・出家1）、外他所5（男1＝田地請取・男1＝名跡・男1＝年季・女2＝縁付）	6		8	9	8	0						22＝下男11・下女10・姥1（「抱え」）	
	188表	全村	185人（うち「高之内」18人・出家13人・道心2人・他所2人・他村の者1人）														

村との縁付き件数が５件以上）

＊		△		＊						△		＊		＊		＊				合計				
月吉		塩沢		金丸		久々沢		雲尾		大沢		下三波川		小平		琴辻		不明		e	f	g	h	i
出	入	出	入	出	入	出	入	出	入	出	入	出	入	出	入	出	入	出	入	出	入	小村内	小村	村
													1							3		4	7	
	1																		4	8			8	
																				3		4	7	
																				1		2	3	
																				3			3	
																				4		1	5	
																			1	4		5	9	
									1											2		2	4	
1			1								1								1	3		1	4	
							2												1	3			3	
				1																		1	1	
						8					1								1	2		8	10	
								1											1	2		1	3	
							1		2	6										3		6	9	
												2			1				1	5		2	7	
							1						1							2			2	
																				2			2	
	3		3		2		3		3		2		4		1		1			37			37	
1	4		4	1	2	8	7	1	6	6	4	2	6		2		1		10	87		37	124	
	8		7		3		17		9		13		13		4		3		47					211
																				1	2		3	16
1	2	1	1										4							4	12		16	
										2	1	1								5	2			7
	1		2				2					1	1							5	8			13
						1														1			1	8
						1		2			1				1					3	4		7	
	2		1																	1	5		6	12
1	1				1												1			1	5		6	
																				1				1
						1														2			2	3
								1												1			1	
																	4			2	8		10	
													1		1	1	1			3	3		6	20
							1													3	1		4	
					1																1			1
								1												1				1
												1								1				1
														1						1				1
																					1			1
	2																				3		3	4
	1																				1		1	
																					1			1
	1																				1			1
																				1				1
			1							2	1	2								4	2		6	
											1			2	2					2	3		5	20
	1				1							1	2		2					2	7		9	
													1								1		1	
													1								2		2	9
1	1						1				3									1	5		6	
	1			3	1							1	2							4	4			8
																1				1				1
			1									1								1	1			2
					1																1			1
			1																	1	1			2
																				1			1	5
												3	1							3	1		4	
												1								1				1
												1								1				1
															1						1		1	
													1								1		1	3
													1								1		1	
																					1			1
					1																1			1
									1												1			1
1													1							1	2			3
				1																1				1
																					1			1
																					1			1
																					1			1
												1								1				1
4	13	1	7	4	6	3	4	4	1	4	7	14	16	30	7	2	6			62	97			
	17		8		10		7		5		11		30		10		8							159

【表２　三波川村高持百姓家の婚姻・養子関係の動向】

（＊＝他村との婚姻が多い。△＝他村・村内ほぼ同数。○＝他村の内、三波川

左の小村へ出る、左の小村から入る→		小村名	妹ケ谷		竹谷戸		犬塚		＊大内平		△平滑		南郷		大奈良		日向	
		出／入	出	入	出	入	出	入	出	入	出	入	出	入	出	入	出	入
群馬県	三波川村	妹ケ谷	4			1		1										
		竹谷戸		3														
		犬塚					4					1		1		1		
		大内平							2							1		
		平滑								1						2		
		南郷		1								2	1			1		
		大奈良										1		2	5			
		日向						1									2	
		月吉																
		塩沢																
		金丸																
		久々沢																
		雲尾																1
		大沢																
		下三波川		1										2				
		小平																
		琴辻		1		1												
		不明		3		2		2						2		1		5
	村内合計	a 小村内／入合計	4	9		4	4	4	2	1		4	1	7	5	6	2	6
		b 出入合計（除小村内）		16		12		11		4		7		12		15		10
群馬県	○ 保美濃山村（藤岡市）	諸松村									1			2				
		不明	1	1					1	1		1				2		
	○ 鬼石村（藤岡市）		1						1							1		
	○ 譲原村（藤岡市）		1						1	1			1	1	1			
	○ 浄法寺村（藤岡市）	八塩村																
		不明						1										1
	○ 坂原村（藤岡市）	法久村			1	1										1		
		不明								1				1				
	矢場村（藤岡市）								1									
	高山村（藤岡市）	白塩村									1							
	○ 日野村（藤岡市）	上日野村			1					1		1					1	2
		下日野村					1		1									
		不明											2		1			
	藤岡町（藤岡市）																	
	根岸村（藤岡市）																	
	三保木村（藤岡市）																	
	あい川村（鮎川村？＝藤岡市）																	
	白六村？（白石村？＝藤岡市）			1														
	麻生村（神流町）	中嶋村				1												
		不明																
	塩沢村（神流町）					1												
	下山（神流町）																	
	青倉村（下仁田町）	桑本村	1															
埼玉県	○ 阿久原村（神川町）	上阿久原村																
		下阿久原村																
		不明	1															1
	○ 矢納村（神川町）	高牛村																
		鳥羽村										1						
		不明																
	○ 渡瀬村（神川町）																	
	萩平村（神川町）																	
	宮内村（本庄市）																	
	金屋村（本庄市）																	
	稲沢村（本庄市）																1	
	○ 太駄村（本庄市）	小塚村													1			
		不明																
	岩田村（長瀞町）																	
	野上村（長瀞町？）																	
	金沢村（皆野町）	加増村																
		皿木＝更木村？																
		不明																
	小森村（両神村）											1						
	本庄町（本庄市）																	
	太田部村（秩父市）																	
	児玉郡梩木村？													1				
	児玉郡山口村？																	
	向山村？															1		
不明	材木村？			1														
	村上村？							1										
	江戸																	
	他村合計	c 出・入別	5	3	2	3	1	2	5	4	2	4	3	5	3	5	2	4
		d 出・入合計		8		5		3		9		6		8		8		6

付き件数が5件以上)

月吉		塩沢		△金丸		△久々沢		△雲尾		大沢		＊下三波川		△小平		△琴辻		不明		合計				
1／1		0／0		4／17		1／3		4／16		2／8		22／99		2／8		6／27				115／514				
出	入	出	入	出	入	出	入	出	入	出	入	出	入	出	入	出	入	出	入	出	入	小村内	小村	村
																				5		2	7	
																	1			2			2	
													1						1	6		5	11	
																				2		4	6	
																				1		3	4	
																				1			1	
																				1			1	
							1			1							1			2		1	3	
												3								1		3	4	
														1								1	1	
																				1			1	
					2				2				2				1			26			26	
					2		1		2	1		3	3	1			3		1	48		19	67	
					2		1		3		3		7		1		4		27					115
																					1		1	
																				1			1	10
													2			1	1			1	7		8	
																				1	1			2
													3								4			4
													1								1		1	4
												1								1	2		3	
													1								1			1
																					1			1
											1		1								2			2
													2								2			2
																	3			3	7		10	
																					4		4	15
																					1		1	
																					1			1
																					1			1
													2								3			3
													1								1			1
																					1			1
					1																1		1	
													1								2		2	5
					1								1								2		2	
													1								1		1	5
													1		1						4		4	
							1														1			1
												1								1				1
																					1			1
																					2			2
													1								1			1
													1								1			1
													1								1			1
												1								1				1
													1								1			1
									1												1			1
									1												1			1
					2		1		2		1	3	21		1	1	4			9	61			
					2		1		2		1		24		1		5							70

【表３　三波川村家抱・門前の婚姻・養子関係の動向】

（＊＝村外との婚姻の方が多い。△＝村内・村外ほぼ同数。○＝他村の内、三波川村との縁

									△						△			
		小村名	妹ケ谷		竹谷戸		犬塚		大内平		平滑		南郷		大奈良		日向	
		家抱の家数／人数	10／44		3／17		19／86		10／48		8／46		1／1		14／61		8／32	
		出／入	出	入	出	入	出	入	出	入	出	入	出	入	出	入	出	入
群馬県	三波川村	妹ケ谷	2			2		1				2						
		竹谷戸		1														
		犬塚		1		1	5			2								
		大内平																
		平滑						1			4							1
		南郷																
		大奈良						1							3			
		日向										1						
		月吉																
		塩沢																
		金丸																
		久々沢																
		雲尾																1
		大沢																
		下三波川		1														
		小平																
		琴辻						1										
		不明		3				8		1						3		4
	村内合計	小村内／入合計	2	6		3	5	12		3	4	3			3	3		6
		出入合計（除小村内）		13		5		23		3		9				7		7
群馬県	○ 保美濃山村（藤岡市）	諸松村										1						
		犬目村									1							
		不明						1								3		
	鬼石村（藤岡市）		1							1								
	譲原村（藤岡市）									1								
	坂原村（藤岡市）	法久村																
		不明		2														
	下久保？（藤岡市）																	
	金井村（藤岡市）							1										
	高山村（藤岡市）	白塩村																
	保美村（藤岡市）																	
	○ 日野村（藤岡市）	上日野村		1			2	1	1			1						1
		下日野村						4										
		不明														1		
	西平井村（藤岡市）									1								
	柏木村（神流町）															1		
	塩沢村（神流町）			1														
	新町																	
	山中							1										
埼玉県	○ 阿久原村（神川町）	上阿久原村																
		下阿久原村										1						
		不明																
	○ 矢納村（神川町）	鳥羽村																
		不明						1								1		
	小平村（本庄市）																	
	野上村（長瀞町？）																	
	藤倉村（小鹿野町）															1		
	太田部村（秩父市）									1						1		
	石間村（秩父市）																	
	児玉郡宇〇宝村？																	
	児玉郡沢戸村？																	
	児玉郡みたけ																	
	向山村？																	
不明	戸波？																	
	相模野？																	
他村合計		出・入別	1	4			2	9	1	4	1	3				8		1
		出・入合計		5				11		5		4				8		1

ぼ同数。○＝他村の内、三波川村との縁付き件数が５件以上）

* 月吉		△ 塩沢		* 金丸		久々沢		雲尾		△ 大沢		* 下三波川		* 小平		* 琴辻		不明		合計				
出	入	出	入	出	入	出	入	出	入	出	入	出	入	出	入	出	入	出	入	出	入	小村内	小村	村
													1							7		6	13	
	1																1		4	10			10	
													1						1	9		9	18	
																				1		2	3	
																				5		4	9	
																				4		1	5	
																			1	5		8	13	
									1											3		2	5	
1			1								1								1	3		1	4	
							2												1	3			3	
				1															1	1		1	2	
						8					1								1	2		8	10	
								1											1	3		1	4	
							2		2	⑥							1			5		6	11	
												5			1				1	5		5	10	
							1						1	1						2		1	3	
																				3			3	
	3		3		4		3		5		2		6		1		2			63			63	
1	4		4	1	4	8	8	1	8	6	4	5	9	1	2		4		12	134		55	189	
	8		7		6		18		12		15		19		5		7		75					322
																				1	3		4	
																				1			1	29
1	2	1	1										6			1	1			5	19		24	
										2	1	1								6	3			9
	1		2				2					1	4							5	12			17
						1														1			1	8
						1		2			1				1					3	4		7	
	2		1										1							1	6		7	16
1	1				1							1					1			2	7		9	
													1								1			1
																					1			1
																				1				1
								1												1			1	5
						1					1		1							2	2		4	
													2								2			2
																	7			4	15		19	
													1		1	1	1			3	7		10	35
							1													4	2		6	
					1																1			1
								1												1				1
												1								1				1
																					1			1
														1						1				1
																					1			1
	2																				3		3	4
	1																				1		1	
																					1			1
													2								4			4
	1																				1			1
																				1				1
													1								1			1
			1		1					2	1	2								4	3		7	
											1		1	2	2					2	5		7	25
	1				2							1	3		2					2	9		11	
													1								1		1	
													2								3		3	14
1	1						1				3		1		1					1	9		10	
	1			3	1							1	2							4	4			8
																1				1				1
			1									1								1	1			2
							1														1			1
					1																1			1
			1																	1	1			2

【表４　三波川村の婚姻・養子関係】(＊＝他村との婚姻が多い。△＝他村・村内ほ

			小村名	妹ケ谷		竹谷戸		犬塚		＊ 大内平		平滑		南郷		＊ 大奈良		日向	
			出／入	出	入	出	入	出	入	出	入	出	入	出	入	出	入	出	入
群馬県		三波川村	妹ケ谷	6			3		①				2						
			竹谷戸		4														
			犬塚		1		1	9			2		1		1		1		
			大内平							2							1		
			平滑						1		1	4					2		1
			南郷		1								2	1			1		
			大奈良						1				1		2	8			
			日向						1				1					2	
			月吉																
			塩沢																
			金丸																
			久々沢																
			雲尾																2
			大沢																
			下三波川		①										2				
			小平																
			琴辻		1		1		1										
			不明		6		2		10		1				2		4		9
		村内合計	入合計	6	14		7	9	15	2	4	4	7	1	7	8	9	2	12
			出入合計(除小村内)		27		16		33		7		16		12		22		17
群馬県	○	保美濃山村(藤岡市)	諸松村									1	1		2				
			犬目村									1							
			不明	1	1				1	1	1		1				5		
	○	鬼石村(藤岡市)		2						1	1						1		
	○	譲原村(藤岡市)		1						1	2			1	1	1			
	○	浄法寺村(藤岡市)	八塩村																
			不明						1										1
	○	坂原村(藤岡市)	法久村			1	1										1		
			不明		2						1				1				
		下久保？(藤岡市)																	
		金井村(藤岡市)							1										
		矢場村(藤岡市)								1									
		高山村(藤岡市)	白塩村									1							
		保美村(藤岡市)																	
	○	日野村(藤岡市)	上日野村		1			2	1	1	1		2					1	3
			下日野村					1	4	1									
			不明			1								2		1	1		
		藤岡町(藤岡市)																	
		根岸村(藤岡市)																	
		三保木村(藤岡市)																	
		西平井村(藤岡市)									1								
		あい川村(鮎川村？＝藤岡市)																	
		白六村？(白石村？＝藤岡市)			1														
		麻生村(神流町)	中嶋村				1												
			不明																
		柏木村(神流町)															1		
		塩沢村(神流町)			1		1												
		下山(神流町)																	
		青倉村(下仁田町)	桑本村	1															
		新町？																	
埼玉県	○	阿久原村(神泉村)	上阿久原村																
			下阿久原村										1						
			不明	1															1
	○	矢納村(神川町)	高牛村																
			鳥羽村										1						
			不明						1								1		
	○	渡瀬村(神川町)																	
		萩平村(神川町)																	
		宮内村(本庄市)																	
		小平村(本庄市)																	
		金屋村(本庄市)																	
		稲沢村(本庄市)																1	

＊ 月吉		△ 塩沢		＊ 金丸		久々沢		雲尾		△ 大沢		＊ 下三波川		＊ 小平		＊ 琴辻		不明		合計				
出	入	出	入	出	入	出	入	出	入	出	入	出	入	出	入	出	入	出	入	出	入	小村内	小村	村
																				1			1	5
												3	1							3	1		4	
												1								1				1
												2								2				2
															1						1		1	3
													1								1		1	
													1								1		1	
																					1			1
					1																1			1
									1												3			3
													1								1			1
																					1			1
1													1							1	2			3
				1																1				1
													1								1			1
													1								1			1
												1								1				1
													1								2			2
									1												1			1
									1												1			1
																					1			1
																					1			1
																					1			1
												1								1				1
4	13	1	7	4	8	3	5	4	3	4	8	17	37	4	8	3	10			71	158			
	17		8		12		8		7		12		54		11		13							229

				妹ケ谷		竹谷戸		犬塚		＊ 大内平		平滑		南郷		＊ 大奈良		日向	
			小村名																
			出／入	出	入	出	入	出	入	出	入	出	入	出	入	出	入	出	入
埼玉県	○	太駄村（本庄市）	小塚村													1			
			不明																
		岩田村（長瀞町）																	
		野上村（長瀞町？）																	
		金沢村（皆野町）	加増村																
			皿木＝更木村？																
			不明																
		小森村（小鹿野町）											1						
		本庄町（本庄市）																	
		太田部村（秩父市）									1						1		
		石間村（秩父市）																	
		藤倉村（小鹿野町）															1		
		児玉郡椚木村？													1				
		児玉郡山口村？																	
		児玉郡宇口宝村？																	
		児玉郡沢戸村？																	
		児玉郡みたけ																	
		武州向山村															1		
不明		戸波？																	
		相模野？																	
		材木村？			1														
		村上村？							1										
		山中？							1										
		江戸																	
他村合計			出・入別	6	7	2	3	3	11	6	8	3	7	3	5	3	13	2	5
			出・入合計		13		5		14		14		10		8		16		7

他村の内、三波川村との契約件数が５件以上、丸数字＝表２と重複する事例）

*		△										△								合計				
月吉		塩沢		金丸		久々沢		雲尾		大沢		下三波川		小平		琴辻		不明						
出	入	出	入	出	入	出	入	出	入	出	入	出	入	出	入	出	入	出	入	出	入	小村内	小村	村
																			1	2		6	8	
																				1			1	
																				2		1	3	
																			1	3		2	5	
																						2	2	
																	1			1			1	
																	1			1		5	6	
					1												5			6		2	8	
																	1			1			1	
													1				3			4			4	
								①					1						1	2		1	3	
					3		③		①				3							10			10	
					1							⑥			①		2			4		6	10	
													①	③						1		3	4	
			2		7		3		1				3		1		8			41			41	
			2		12		6	1	2			6	9	3	2		21		3	79		28	107	
	1		2		16		6		5		10		19		6		21		44					186
①													④							1	13			14
2				1	1															4	1			5
							①			3		②								9	1			10
																				2				2
																					2		2	
																					1		1	7
			①										①								4		4	
																				1				1
													①								1		1	2
																					1		1	
									1												1			1
																				1			1	
																	①			1	1		2	4
																					1		1	
																				1				1
																1				1				1
	①																				1			1
																					1			1
													1								1			1
												①		①						2				2
					①							①		1						2	1			3
							①														1			1
												①								1				1
																					1			1
																					1			1
							1														1			1
3	1		1	1	2		3		1	3		5	7	2		1	1			26	35			
	4		1		3		3		1		3		12		2		2							61

【表5　奉公・質物契約関係】（＊＝他村への契約が多い。△＝他村・村内ほぼ同数。○＝

						＊				△				△		△			
			小村名	妹ケ谷		竹谷戸		犬塚		大内平		平滑		南郷		大奈良		日向	
			出／入	出	入	出	入	出	入	出	入	出	入	出	入	出	入	出	入
群馬県		三波川村	妹ケ谷	⑥									①						
			竹谷戸						1										
			犬塚		①			①					①						
			大内平							②			1				①		
			平滑									②							
			南郷																
			大奈良													⑤			
			日向															2	
			月吉																
			塩沢																
			金丸																
			久々沢																
			雲尾																
			大沢																
			下三波川																
			小平																
			琴辻																
			不明		3				2		2		3				4		2
		村内合計	入合計	6	4			1	3	2	2	2	6			5	5	2	2
			出入合計(小村内)		12		1		6		7		8		1		11		10
群馬県	○	保美濃山村(藤岡市)			①						①				②		⑤		
	○	鬼石村(藤岡市)										1							
	○	譲原村(藤岡市)				1				②								1	
		浄法寺村(藤岡市)																2	
	○	坂原村(藤岡市)	法久村				②												
			高瀬村										1						
			不明						1								①		
		矢場村(藤岡市)								①									
		高山村(藤岡市)	椚山村																
			白塩村														1		
		保美村(藤岡市?)																	
		日野村(藤岡市)	上日野村															①	
			下日野村															①	
			不明								①								
		藤岡町(藤岡市)																1	
		白石村(藤岡市)																	
		麻生村(神流町)	中嶋村																
		柏木村(神流町)															①		
		山中																	
埼玉県		阿久原村(神川町)																	
		渡瀬村(神川町)																	
		小平村(児玉町)																	
		野上村(長瀞町？)																	
		秩父(秩父市)															1		
		久那村(秩父市・荒川村)															1		
不明		墨田村？																	
		他村合計	出・入別		1	1	2		1	3	2	1	1		2		10	6	
			出入合計		1		3		1		5		2		2		10		6

関係	出(奉公先の村・家)	入(出身村・家)	備考
下男		保美野山村忠兵衛子	
甥	譲原村松之助所		
下男		坂原村孫左衛門子	給取の記載あり
下男		坂原村市右衛門子	
弟	上日野村庄右衛門所		
下男		武州児玉郡山中より	給取の記載あり
下男		上州法久村源左衛門子	
男子	鬼石町茂左衛門所		
下男		上州坂原村与右衛門子	
下男		武州渡瀬村助右衛門？子	
婿	日野村喜左衛門弟、長左衛門方へ奉公		
弟	譲原村市郎右衛門所		
下男		保美山村仁右衛門弟	
下男		保美山村弥左衛門弟	給取の記載あり
		白塩村太郎右衛門弟	
下男		保美山村寿三郎兄	
下男		山中中嶋村より	
下男		坂原村十左衛門兄	
下男		三波川村内妹ケ谷村助左衛門子	
男子	三波川村内妹ケ谷村七右衛門所		
下男		三波川村与四兵衛弟	
弟	三波川村内金丸村円満寺		
本人	三波川村内琴辻市太夫所		
下男		三波川村内南郷の者	
下男		同村与次右衛門甥	同村＝三波川村？譲原村？
弟	三波川村内妹ケ谷村忠右衛門所		
下男		三波川村内妹ケ谷村又左衛門弟	
下男		同村作右衛門弟	同村＝三波川村？八塩村？
甥			同家に下男として置く
下男		三波川村内妹ケ谷村与左衛門弟	
弟	三波川村内妹ケ谷村忠右衛門所		
弟	三波川村内大奈良村又兵衛所		
下男		三波川村内大奈良村惣右衛門弟	給取の記載あり
下男		三波川村内下三波川村金剛寺門前之内	
下男		三波川村与右衛門子	
下男		三波川村内大奈良村加右衛門婿	
下男		同村清左衛門弟	同村＝三波川村？鬼石町？
下男		三波川村の人主権之助	
下男		同村清左衛門弟	同村＝三波川村？児玉郡宮内村？
下男		三波川村藤左衛門甥	
下男		三波川村内大奈良村又右衛門甥	
		三波川村三郎右衛門甥	
下男		三波川村五左衛門人主	
本人	譲原村太郎左衛門所		
男子	譲原村七左衛門所		
男子	上日野村甚左衛門所		
下男		墨田村市右衛門甥	
		保美村伊右衛門人主	
下男		保美山村作左衛門弟	
弟	譲原村七左衛門所		
甥	譲原村三左衛門所		

【表6　三波川村にみる男子の奉公・質物契約関係一覧(年季数別)】

契約先	No.	高持百姓家	持高	小村名	丁・表裏	高持百姓家族・高内家族(高持百姓名)／家抱・門前(地親名)	筆頭人名	人名	年	年季
他村	1			下三波川	153裏		権兵衛	まん	15	1
	2			下三波川	153裏	高持百姓親類	権兵衛	喜三郎	20	1
	3			犬塚	35裏		太郎兵衛	吉兵衛	25	1
	4			下三波川	160裏		重右衛門	吉右衛門	26	1
	5			日向	85表	家抱(久右衛門)	八右衛門	甚四郎	28	1
	6			下三波川	153裏		権兵衛	伝兵衛	30	1
	7			竹谷戸	23裏		部兵衛	惣右衛門	30	1
	8	○	5斗8升	月吉	102表	高持百姓家族	甚四郎	忠三郎	31	1
	9			塩沢	108裏		市左衛門	吉左衛門	32	1
	10			金丸	114裏		安左衛門	門左衛門	33	1
	11			大奈良	80表	家抱(権之助)	助右衛門	半右衛門	34	
	12			大沢	147表	高持百姓兄弟	伝九郎	権助	35	1
	13			大奈良	79表	高之内(親八左衛門)	権之助	伝三郎	37	1
	14			南郷	64表		門四郎	権四郎	39	1
	15			大奈良	82表		源太郎	伝三郎	43	1
	16			大奈良	75裏	高之内(長左衛門)	平兵衛	与左衛門	45	1
	17			月吉	100裏		七郎左衛門	彦兵衛	47	1
	18			大奈良	70裏	家抱(加兵衛)	喜右衛門	与五右衛門	60	1
村内	19			妹ケ谷	2表		七右衛門	部(カ)助	19	1
					7裏	家抱(忠右衛門)	助左衛門			
	20			金丸	125裏	茂左衛門抱の寺	円満寺	庄三郎	19	1
				久々沢	132表	高持百姓兄弟	与四兵衛	喜之助		
	21	○	2斗7升5合	南郷	67表	高持百姓	金太郎	金太郎	20	1
				琴辻	182裏		市太夫			
	22			大奈良	68裏		加兵衛	吉右衛門	24	1
	23			妹ケ谷	3裏	家抱(七兵衛)	又左衛門	久八郎	25	1
					6表		忠右衛門			
	24			久々沢	130表		久右衛門	門右衛門	26	1
	25			妹ケ谷	10裏	高持百姓親類	小左衛門	六兵衛	29	1
	26			妹ケ谷	6表		忠右衛門	弥三郎	31	1
					17表	家抱(庄兵衛)	与左衛門			
	27			大奈良	73表	家抱(清兵衛)	惣右衛門	久右衛門	32	1
					76表	高之内(長左衛門)	又兵衛			－
	28			下三波川	167裏		伊右衛門	加左衛門	32	1
	29			平滑	49裏		武右衛門	金三郎	33	1
	30			大奈良	74裏		長左衛門	半右衛門	34	1
	31			金丸	117表		儀兵衛	清兵衛	34	1
	32			琴辻	182裏		市太夫	甚右衛門	34	1
	33			塩沢	109裏		久弥	市兵衛	37	1
	34			大奈良	74裏		長左衛門	長四郎	38	1
	35			大奈良	72表		清兵衛	市助	39	1
	36			大奈良	82表		伝吉	三蔵	51	1
	37			金丸	125表	茂左衛門抱の寺	真光院	源右衛門	64	1
他村	38	○	6斗	大沢	147裏	高持百姓	甚助	甚助	20	2
	39	○	3斗	日向	94表	高持百姓家族	四郎右衛門	三四郎	22	2
	40	○	7斗7升5合	琴辻	186裏	高持百姓家族	忠右衛門	平太郎	22	2
	41			久々沢	127表		八左衛門	甚左衛門	25	2
	42			雲尾	141裏		門右衛門	弥右衛門	25	2
	43			下三波川	167裏		伊右衛門	七兵衛	30	2
	44			大沢	147表	高持百姓兄弟	伝九郎	伊左衛門	31	2
	45			下三波川	153裏	高持百姓親類	権兵衛	藤助	32	2

関係	出（奉公先の村・家）	入（出身村・家）	備考
兄		上州内浄法寺村四郎左衛門所	
下男		三波川村より	年季数異なる
男子	三波川村内下三波川村五郎兵衛所		年季数異なる
下男		三波川村内下三波川村千之介下男弥右衛門甥	
下男		三波川村内日向村久右衛門甥	
弟	三波川村内下三波川村金剛寺		
下男		三波川村内下三波川金剛寺門前徳兵衛弟	
下男		家抱惣左衛門の子	
男子	地親久兵衛所		
男孫	三波川村安兵衛所		七右衛門の男子に吉右衛門あり
下男		同村吉右衛門子	
下男		三波川村平衛門弟	
下男		三波川内下三波川村千之助下男弥右衛門子	
下男		三波川村内雲尾村孫右衛門弟	
弟	三波川村内雲尾村七兵衛所		
下男		三波川村清右衛門人主、親兄弟なし	清右衛門＝大奈良村カ
男子	三波川村内下三波川村金剛寺		
下男		三波川村内大沢村重左衛門子	
下男		三波川村内大沢村茂兵衛弟	文兵衛＝門兵衛
弟	三波川村内金丸村安兵衛所		
弟	三波川村内琴辻村市太夫所		
下男		三波川村源太郎弟	
譜代	三波川村内下三波川村正覚寺		
下男		三波川村内小平村次郎兵衛譜代	
下男		三波川村内大沢村三郎右衛門弟	
本人	三波川村内久々沢村八左衛門所		
下男		三波川村六右衛門子	清三郎＝金丸カ、No.64と相関関係か
下男		三波川村与右衛門子	
本人	三波川村仁兵衛所		仁兵衛＝下三波川村カ、No.62と相関関係か
下男		三波川村内小平村与右衛門弟	
下男		三波川村小平村与右衛門弟	
孫男子	保美野山村重左衛門所		
下男		墨田村市右衛門甥	
男子	上州鬼石町平左衛門所		
下男		三波川村内日向所茂右衛門男	
男子	三波川村内日向村五右衛門所		
下男		三波川村内小平村喜助弟	
下男		三波川村妹ケ谷村仁左衛門男子	
男子	三波川村内妹ケ谷村忠右衛門所		
下男		三波川村内大沢村五左衛門子	
男子	三波川村内久々沢村八左衛門所		
下男		三波川村内日向村仁右衛門子	
男子	三波川村内日向村庄兵衛所奉公		
男子	三波川村内琴辻村市太夫所		
下男		三波川村内日向村吉右衛門	
下男		三波川村茂右衛門弟	
下男		三波川村市右衛門子	
本人	三波川村内琴辻市太夫所		
下男		三波川村喜左衛門弟	
下男		三波川村甚左衛門弟	
下男		三波川村犬塚村惣左衛門弟	

契約先	No.	高持百姓家	持高	小村名	丁・表裏	高持百姓家族・高内家族(高持百姓名)／家抱・門前(地親名)	筆頭人名	人名	年	年季
	46			日向	89表	高持百姓兄弟	喜太夫	権兵衛	34	2
村内	47				159表		五郎兵衛			2
				下三波川	174表	門前(金剛寺)	市兵衛	甚太郎	16	5
	48			下三波川	172裏		金剛寺	仁蔵	19	2
	49			日向	84裏		久太夫	久八郎	21	2
	50				174裏	門前(金剛寺)	徳兵衛			
				下三波川	172裏		金剛寺	七蔵	23	2
	51			妹ケ谷	4裏		久兵衛	甚四郎	24	2
					5表	家抱(久兵衛)	惣左衛門			
	52			日向	86裏	家抱(久太夫)	七右衛門	甚三郎(勘三郎)	24	2
				金丸	121表		安兵衛			
	53			琴辻	182裏		市太夫	与四蔵	24	2
	54			小平	180裏		市郎兵衛	長左衛門	29	2
	55			雲尾	140表		七兵衛	太郎兵衛	30	2
				大沢	150表	高持百姓兄弟	茂兵衛			
	56			金丸	118裏		金兵衛	市兵衛	32	2
	57	○	2石6斗4升5合	大沢	144表	高持百姓家族	拾左衛門	長三郎	32	2
				下三波川	172裏		金剛寺			
	58			金丸	121表		安兵衛	文兵衛(門兵衛)	33	2
				大沢	150表	高持百姓兄弟	茂兵衛			
	59			月吉	98表	高持百姓兄弟	源太郎	次郎助	33	2
				琴辻	183裏		市太夫		34	
	60			小平	180表		次郎兵衛	市衛門(市右衛門)	34	2
				下三波川	165表		正覚寺			4
	61			久々沢	126裏		八左衛門	茂兵衛	39	2
		○	6斗5升	大沢	149裏	高持百姓	茂兵衛			
	62			下三波川	170表		仁兵衛	清三郎	39	2
	63			平滑	57表		伊兵衛	茂兵衛	43	2
	64	○	6斗2升	金丸	122表	高持百姓	清三郎	清三郎	47	2
	65			小平	180裏		市郎兵衛	七兵衛	47	2
	66			小平	177表		甚兵衛	徳左衛門	48	2
他村	67	○	8斗3升5合	月吉	101表	高持百姓家族	孫左衛門	うし	20	3
	68			久々沢	127表		八左衛門	権太郎	22	3
	69	○	1石	金丸	121裏	高持百姓家族	茂兵衛	久右衛門	38	3
	70			日向	87裏		五右衛門	はち	16	3
					89裏	家抱(喜太夫)	茂右衛門			
	71			久々沢	127表		八左衛門	千太郎	19	3
村内	72			妹ケ谷	6裏		忠右衛門	久助	20	3
					7表	家抱(忠右衛門)	仁左衛門			
	73			久々沢	126裏		八左衛門	権兵衛	20	3
		○	6斗4升5合	大沢	151表	高持百姓家族	五左衛門			
	74			日向	90表		庄兵衛	長九郎	21	3
					90裏	家抱(庄兵衛)	仁右衛門			
	75			日向	86裏	家抱(久太夫)	七右衛門	市右衛門	34	3
				琴辻	182裏		市太夫			
	76			琴辻	182裏		市太夫	吉兵衛?	34	3
	77			平滑	57表		伊兵衛	市蔵	36	3
	78	○	6斗2升	金丸	120表	高持百姓	作兵衛	作兵衛	—	3
				琴辻	183裏		市太夫		36	3
	79			琴辻	182裏		市太夫	甚兵衛	39	3
	80			犬塚	32裏		伝右衛門	拾右衛門?	52	3

関係	出（奉公先の村・家）	入（出身村・家）	備考
下男		三波川村内犬塚村市郎右衛門子	
男子	三波川村内犬塚村伝右衛門所		
下男		同村新左衛門男子	名前、年季数異なる
男子	三波川村庄兵衛所		名前、年季数異なる
下男		三波川村内雲尾村重兵衛証人	
下男		保美山村次右衛門子	
男子	武州阿久原村六兵衛所		
男子	三波川村内下三波川村金剛寺		
下男		三波川村内大沢村七兵衛子	
男子	三波川村内琴辻村市太夫所		
下男		三波川村四郎左衛門子	
下男		保美野山村四郎右衛門子	
甥	三波川村内下三波川村正覚寺へ		
下男		三波川村内下三波川村重右衛門甥	
下男		三波川村内下三波川村六左衛門子	
男子	三波川村内下三波川村正覚寺		
男子	三波川村大内平村金右衛門所		
下男		三波川村内大内平村市左衛門子	
下男		武州秩父又右衛門子	
弟	武州児玉郡渡瀬村龍宝寺		
弟	武州児玉郡阿久村（阿久原村？）忠左衛門？所		
下男		上野山中塩沢村庄右衛門子	
弟	給取、藤岡町藤左衛門所		
下男		武州久野村長四郎弟	
男子	下日野村市之丞所		
下男		保美野山村仁左衛門弟	
下男		保美野山村内高瀬村清左右衛門弟	
下男		三波川村犬塚村惣左衛門男	
下男			
本人	三波川村内琴辻市太夫所		奉公ではないか？
下男			

契約先	No.	高持百姓家	持高	小村名	丁・表裏	高持百姓家族・高内家族（高持百姓名）／家抱・門前（地親名）	筆頭人名	人名	年	年季
村内	81			犬塚	32裏		伝右衛門	甚太郎	15	4
					34表	家抱（伝右衛門）	市郎右衛門			
	82			妹ケ谷	15裏		庄兵衛	平之介	20	4
				犬塚	38裏	家抱（三左衛門）	新左衛門	牛		10
	83			雲尾	137表		作次兵衛	清兵衛	30	4
他村	84			大奈良	75裏	高之内（長左衛門）	平兵衛	万太郎	15	5
	85			下三波川	169表	家抱（伊右衛門）	茂兵衛	三太郎	16	5
村内	86			大沢	144裏	家抱（拾左衛門）	七郎兵衛	長助	15	5
				下三波川	172裏		金剛寺			
村内	87			下三波川	176表	門前（金剛寺）	四郎左衛門	喜之介（喜之助）	15	6
				琴辻	182裏		市太夫		16	
他村	88			下三波川	162表		来迎寺	伊之助	20	8
村内	89			下三波川	160裏	高持百姓親類	重右衛門	喜六	19	8
					165表		正覚寺			
村内	90			下三波川	165裏		正覚寺	千太郎	12	10
					170裏	家抱（仁兵衛）	六左衛門			
	91			大内平	42表	家抱（太左衛門）	市郎左衛門	長太郎	19	10
					45裏		金右衛門			
他村	92			大奈良	76表	高之内（長左衛門）	又兵衛	五助	21	
	93			小平	178表	家抱（甚兵衛）	平衛門	小兵衛	21	
	94			小平	177裏	家抱（甚兵衛）	平衛門	三左衛門	28	
	95			下三波川	175裏	門前（金剛寺）	六兵衛	庄吉	29	
	96			日向	95表	高持百姓兄弟	九兵衛	口兵衛	32	
	97			大奈良	69裏	家抱（加兵衛）	久八郎	長五郎	36	
	98			日向	86裏	家抱（久太夫）	七右衛門	長九郎	37	
	99			妹ケ谷	15裏		庄兵衛	久右衛門	39	
	100			平滑	58裏		伝助	市左衛門	46	
村内	101			犬塚	37表		三左衛門	牛太郎	20	
	102			久々沢	131裏	高之内（八郎右衛門）	八右衛門	三太郎	22	
	103	○	6斗5升5合	大奈良	81表	高持百姓	喜兵衛	喜兵衛	34	
	104			久々沢	127表		八左衛門	助右衛門	40	

関係	出（奉公先の村・家）	入（出身村・家）	備考
下女		鬼石町市郎左衛門娘	
女子	武州児玉郡野上村伊兵衛所		
下女		椚山村市兵衛姉	
下女		同村次右衛門妹	同村＝三波川村？鬼石町？
妹	三波川村久弥所		「下男」とある。年齢、兄の名前異なる。別人か？
下女		同村善太郎妹	
女房	三波川村内琴辻村市太夫所		
下女		三波川村内琴辻村市太夫下男作兵衛女房	
下女		三波川村内妹ケ谷村九郎左衛門娘	
下女		同村伊之助母	同村＝三波川村？下日野村？
女房	三波川村内下三波川村仁兵衛所		
下女		三波川村七郎兵衛女房	
下女		三波川村内雲尾村茂右衛門女房	年季数、契約先、異なる
女房	三波川村助左衛門所		年季数、契約先、異なる
下女		三波川村内犬塚村惣左衛門妹	
下女		三波川村内雲尾村作左衛門女房	
下女		三波川村弥右衛門妹？つま？	「つま」＝妻？名前か
女子	鬼石町九兵衛へ奉公		
下女		保美山村孫右衛門娘	
孫女	鬼石村八郎右衛門所		
下女		三波川村大沢村安右衛門娘	年季数異なる
女子	三波川村内金丸村儀兵衛所		年季数異なる
下女		同村吉右衛門？娘	同村＝三波川村？武州渡瀬村？
女子	三波川村内琴辻村市太夫所		
下女		三波川村内日向村茂右衛門娘	
下女		同村又左衛門妹	同村＝三波川村？武州渡瀬村？
女房妹	三波川村安左衛門所		安左衛門＝金丸村カ
女子	三波川村内琴辻村市太夫所		
下女		三波川村茂兵衛娘	
下女		三波川村吉右衛門娘	かる＝かな？
女孫	三波川村内琴辻村市太夫所		かな＝かる？
下女		三波川村善右衛門譜代之者	
下女		三波川村内下三波川村加左衛門女房	
女子	三波川村内琴辻村市太夫所		□＝千？年季数、年齢異なる
下女		三波川村仁右衛門娘	年季数、年齢異なる
下女		三波川村源右衛門の娘	
下女		譲原村三郎子	
女子	上州浄法寺村太郎右衛門所		

【表７　三波川村にみる女子の奉公・質物契約関係一覧（年季数別）】

契約先	No.	高持百姓家	持高	小村名	丁・表裏	高持百姓家族・高内家族（高持百姓名）／家抱・門前（地親名）	筆頭人名	人名	年	年季
他村	1			金丸	121表		安兵衛	たま	20	
	2			下三波川	168裏	家抱（伊右衛門）	庄左衛門	せん	25	
	3			下三波川	157表		千之助	せん	31	
村内	4			金丸	117表		儀兵衛	はつ	27	
	5			妹ケ谷	13裏	家抱（吉兵衛）	作右衛門	むす	29	
				塩沢	109裏		久弥		32	
	6	○	6斗2升	金丸	120表	高持百姓家族	作兵衛	—	30	
				琴辻	183裏		市太夫	ちやう		
	7			平滑	49裏		武右衛門	虎	39	
	8			大内平	44表		金太夫	よめ	41	
	9			大沢	144裏	家抱（拾左衛門）	七郎兵衛	まつ	45	
				下三波川	170表		仁兵衛			
	10			久々沢	126裏		八左衛門	むす	45	
				雲尾	137裏	家抱（左次兵衛）	茂右衛門			
	11			平滑	59表		伝助	夏	47	
	12			下三波川	161表		重右衛門	とら	55	
	13			平滑	54表	高之内（武右衛門）	八兵衛	つる（つま？）	58	
他村	14			平滑	54裏	家抱（八兵衛）	助左衛門	さん	19	
	15			大奈良	75裏	高之内（長左衛門）	平兵衛	たつ	26	
	16	○	8斗3升5合	月吉	101表	高持百姓家族	孫左衛門	かる	28	2
村内	17			金丸	117表		儀兵衛	かな	14	
		○	1石1斗2升5合	大沢	145裏	高持百姓家族	安右衛門			
	18			金丸	115表		安左衛門	なつ	18	
	19			日向	89裏	家抱（喜太夫）	茂右衛門	まつ	21	
				琴辻	183表		市太夫			
	20			金丸	115表		安左衛門	すき	22	
				下三波川	166表	門前（正覚寺）	又左衛門	ひめ		
	21	○	1石	金丸	122表	高持百姓家族	茂兵衛	まつ	22	
				琴辻	183表		市太夫	おま		
	22			琴辻	183表		市太夫	かる	29	
				日向	86裏	家抱（久太夫）	七右衛門	かな		
	23			下三波川	157表		千之助	まつ	30	
	24			下三波川	159表		五郎兵衛	かめ	30	
	25			日向	90裏	家抱（庄兵衛）	仁右衛門	千（せん）	33	
				琴辻	183表		市太夫		34	
	26			妹ケ谷	4裏		久兵衛	まん	39	
他村	27			久々沢	127表		八左衛門	すて	16	
	28			日向	89表	家抱（喜太夫）	茂右衛門	たま	24	

関係	出（奉公先の村・家）	入（出身村・家）	備考
下女		三波川村六兵衛人主	
下女		三波川村源右衛門娘	
妹	同村長左衛門所		同村＝三波川村？譲原村？
下女		三波川村長四郎妹	大内平は13才と書き上げた、と記す
子	武州児玉郡渡瀬村太兵衛所		
妹	譲原村茂兵衛所		
下女		保美野山村仁右衛門娘	
下女		同村五郎左衛門妹	同村＝三波川村？譲原村？
子	白石村安右衛門所		
子	矢場村平兵衛所		
子	三波川村内琴辻村市太夫母所		
下女		上州法久村庄左衛門娘	
子	譲原村平兵衛所		
下女		保美山村次郎右衛門子	
子	譲原村作右衛門所		
下女		給取、三波川村大内平村市郎左衛門娘	
下女		＊木村新左衛門姪	＊＝木偏に白？
子	三波川村内犬塚村伝右衛門所		
下女		三波川村内犬塚村仁兵衛娘	
下女		同村喜之助妹	同村＝三波川村？下日野村？
下女		三波川村内小平村与右衛門娘	
子	三波川村内小平村甚兵衛所		
妹	同村加兵衛所		契約先、年齢異なる
下女		三波川村内大内平村長四郎妹	契約先、年齢異なる
下女		下日野村長兵衛娘	
妹	渡瀬村弥左衛門所		
下女		下日野村清左衛門妹	
下女		保美山村助右衛門娘	
下女		保美山村次郎右衛門召使女	
下女		保美野山村長三郎姉	
下女		保美山村杢右衛門姪	
下女		三波川村内大奈良村清右衛門娘	
子	同所加兵衛所		
下女		給取、三波川村？久右衛門姪	
下女		三波川村内平滑与右衛門子同内市蔵女房	「つた」とある→改名？
下女		三波川村内琴辻村市太夫下男作兵衛女房	
下女		三波川村惣右衛門姉	惣左衛門女房、「下男」とあるが女
老			くりに罷有
老			
下女			
下女		給取	

契約先	No.	高持百姓家	持高	小村名	丁・表裏	高持百姓家族・高内家族（高持百姓名）／家抱・門前（地親名）	筆頭人名	人名	年	年季
村内	29			雲尾	136裏		重兵衛	なつ	29	
	30			妹ケ谷	6裏		忠右衛門	たけ	30	
村内	31			大内平	41裏	家抱（太左衛門）	長四郎	まり	13	
				大奈良	74裏		長左衛門		14	
他村	32			下三波川	163裏	門前（来迎寺）	源右衛門	はつ	16	
	33			大内平	41裏	家抱（太左衛門）	長四郎	□つた	19	
	34			大内平	43表		藤左衛門	とら	19	
村内	35			大奈良	68裏		加兵衛	けさ	49	
他村	36			琴辻	183裏	家抱（市太夫）	甚左衛門	たん	13	
	37			大内平	47裏	家抱（金右衛門）	庄左衛門	とら	19	
村内	38			下三波川	176表	門前（金剛寺）	四郎左衛門	かる	11	
他村	39			竹谷戸	23裏		部兵衛	とめ	16	
	40			竹谷戸	24裏	高内（部兵衛）	仁兵衛	とめ	15	
他村	41			南郷	66裏		四郎兵衛	なつ	13	1
	42			大内平	42表	家抱（太左衛門）	市郎左衛門	まん	15	1
					44表		金太夫			
	43			大奈良	74裏		長左衛門	みの	21	1
村内	44			竹谷戸	24裏	高内（部兵衛）	仁兵衛	ひつ	21	1
				犬塚	32裏		伝右衛門	つる		
	45			大内平	45表		長十郎	むす？	21	1
	46			小平	177表		甚兵衛	はる	21	1
					181表	家抱（市郎兵衛）	与右衛門			
	47			大内平	41裏	家抱（太左衛門）	長四郎	おた	24	1
				平滑	57裏		伊兵衛		23	
他村	48			大内平	44表		金太夫	せん	17	
	49			下三波川	173裏	門前（金剛寺）	甚右衛門	ちやご	17	
	50			琴辻	183表		市太夫	つま	21	
	51			大奈良	74裏		長左衛門	かめ	25	
	52			大奈良	68裏		加兵衛	つる	34	
	53			大内平	41表		太左衛門	とり	36	
	54			下三波川	167裏		伊右衛門	とり	37	
村内	55			大奈良	68裏		加兵衛	小つる	15	
		○	9斗2升		80裏	高持百姓家族	清右衛門	おつる		
	56			日向	87裏		五左衛門	さわ	25	
	57			平滑	57表		伊兵衛	つる（つた？）	29	
	58			琴辻	183裏		市太夫	ちやう	30	
	59			犬塚	39裏		東養寺	まん	43	
	60			犬塚	39裏		東養寺	なつ	54	
	61			琴辻	183表		市太夫	まん	63	
	62			雲尾	141裏		門右衛門	うし	68	
	63			大内平	45裏		金右衛門	たけ	32	

No.	小村名	丁・表裏	高内家族（公事負担者名）／家抱（地親名）	筆頭人名	人名	年	関係	備考
51	金丸	117表		儀兵衛	弥三郎	25	下男	
52		118表		金兵衛	門三郎	6	下男	村役人（年寄／組頭）
53					けさ	22	下女	
54					つた	40	下女	
55		114裏		安左衛門	市平	3	下男	村役人（組頭）
56					長太郎	6	下男	
57		115表			まん	9	下女	
58		114裏			久蔵	22	下男	
59		115表			つま	40	下女	
60		114裏			作五兵衛	48	下男	
61		115表			たん	72	下女	
62		121表		安兵衛	文右衛門	29	下男	
63					たけ	49	下女	
64	久々沢	126裏		八左衛門	かめ	19	下女	三波川村内大沢村七郎兵衛女子養子に置く、とある
65	雲尾	140表		七兵衛	市助	10	下男	村役人（年寄）
66					かめ	13	下女	
67		136表		重兵衛	甚三郎	20	下男	
68					与作	55	下男	
69		138裏		所左衛門	みの	28	下女	
70		141裏		門右衛門	久四郎	18	下男	
71					とら	43	下女	
72	大沢	149表		半右衛門	弥蔵	14	下男	
73	下三波川	168表		伊右衛門	みつ	4	下女	
74					つた	8	下女	
75		167裏			なつ	30	下女	
76		157表		千之助	たま	2	下女	
77					弥右衛門	60	下男	
78	小平	180裏		市郎兵衛	三太郎	3	下男	村役人（組頭／年寄）
79					なつ	32	下女	
80		178表	高之内（甚兵衛）	次兵衛	助左衛門	38	下男	
81	琴辻	182裏		市太夫	三助	1	下男	
82		183表			あま	2	下女	
83		182裏			新八郎	6	下男	
84		183表			つた	20	下女	
85					とら	55	下女	
86					ねね	57	下女	

【表８　三波川村内の譜代下男・下女一覧】

No.	小村名	丁・表裏	高内家族（高持百姓名）／家抱（地親名）	筆頭人名	人名	年	関係	備考
1	妹ケ谷	10裏		小左衛門	甚左衛門	41	下男	
2	犬塚	35裏		太郎兵衛	なつ	54	下女	
3		32裏		伝右衛門	仁兵衛	32	下男	
4					かる	40	下女	
5		39裏		東養寺	小兵衛	32	下男	
6					惣左衛門	54	下男	
7					半右衛門	67	下男	
8		28表		平右衛門	ふり	5	下女	
9					ゆり	18	下女	
10		27裏			次郎兵衛	29	下男	
11		28表			たけ	30	下女	
12					かる	48	下女	
13					角左衛門	50	下男	
14					仁右衛門	62	下男	
15		27裏			市右衛門	63	下男	
16					むつ	63	下女	
17	大内平	46表		金右衛門	つる	9	下女	
18		45裏			つま	14	下女	村役人（年寄）
19		46表			かめ	15	下女	
20		44表		金太夫	三太郎	29	下男	
21		43裏			角兵衛	43	下男	村役人（組頭）
22					久左衛門	67	下男	
23		42裏		平十郎	ふく	42	下女	
24	平滑	57裏		伊兵衛	喜之？	4	下男	
25					新九郎	5	下男	
26					かめ	6	下男	
27					とら	27	下女	
28		59表		伝助	太郎	10	下男	
29		54表	高之内（武右衛門）	八兵衛	甚太郎	12	下男	
30					おま	13	下女	
31					たん	16	下女	
32		53裏			長十郎	19	下男	
33					太兵衛	28	下男	
34		49裏		武右衛門	万太郎	3	下男	村役人（組頭）
35					捨坊	7	下男	
36					久八郎	23	下男	
37					つた	34	下女	
38	大奈良	68裏		加兵衛	六右衛門	42	下男	村役人（組頭）
39		72裏		清兵衛	かる	14	下女	村役人（年寄）
40					たま	15	下女	
41					みの	16	下男	
42					まん	39	下女	
43					作十郎	53	下男	
44		78表	高之内（親八左衛門）	権右衛門	仁左衛門	30	下男	村役人（年寄）
45		79表	高之内（親八左衛門）	権之助	たつ	25	下女	
46		74裏		長左衛門	まん	4	下男	村役人（年寄）
47		75裏	高之内（長左衛門）	平兵衛	みの	4	下女	
48					ね子	34	下女	
49		76表	高之内（長左衛門）	又兵衛	しめ	37	下女	
50					むす	67	下女	

3年季							4年季							5年季							6年季						
男			女			合計	男			女			合計	男			女			合計	男			女			合計
外	内	計	外	内	計		外	内	計	外	内	計		外	内	計	外	内	計		外	内	計	外	内	計	
0	0	0	0	0	0	0	0	0	0	0	1	1	1	0	0	0	0	0	0	0	0	0	0	0	0	0	0
0	2	2	1	0	1	3	0	1	1	0	0	0	1	2	1	3	3	0	3	6	0	1	1	0	0	0	1
2	3	5	1	0	1	6	0	1	1	0	0	0	1	0	0	0	0	0	0	0	0	0	0	0	0	0	0
0	0	0	0	1	1	1	0	0	0	0	0	0	0	0	0	0	0	0	0	0	0	0	0	0	0	0	0
0	2	2	0	1	1	3	0	1	1	0	0	0	1	0	0	0	0	0	0	0	0	0	0	0	0	0	0
1	3	4	0	0	0	4	0	0	0	0	0	0	0	0	0	0	0	0	0	0	0	0	0	0	0	0	0
0	0	0	0	0	0	0	0	0	0	0	0	0	0	0	0	0	0	0	0	0	0	0	0	0	0	0	0
0	0	0	0	0	0	0	0	0	0	0	0	0	0	0	0	0	0	1	1	1	0	0	0	0	0	0	0
0	1	1	0	0	0	1	0	0	0	0	0	0	0	0	0	0	0	0	0	0	0	0	0	0	0	0	0
0	0	0	0	0	0	0	0	0	0	0	0	0	0	0	0	0	0	0	0	0	0	0	0	0	0	0	0
0	0	0	0	0	0	0	0	0	0	0	0	0	0	0	0	0	0	0	0	0	0	0	0	0	0	0	0
0	0	0	0	0	0	0	0	0	0	0	0	0	0	0	0	0	0	0	0	0	0	0	0	0	0	0	0
3	11	14	2	2	4	18	0	3	3	0	1	1	4	2	1	3	3	1	4	7	0	1	1	0	0	0	1

9年季							10年季							不明							男合計	女合計	全合計
男			女			合計	男			女			合計	男			女			合計			
外	内	計	外	内	計		外	内	計	外	内	計		外	内	計	外	内	計				
0	0	0	0	0	0	0	0	1	1	1	0	1	2	0	0	0	0	0	0	0	1	5	6
0	0	0	1	1	2	2	0	1	1	1	0	1	2	0	0	0	2	2	4	4	14	14	28
0	0	0	0	0	0	0	0	0	0	1	4	5	5	2	2	4	1	0	1	5	22	11	33
0	0	0	0	0	0	0	0	0	0	0	0	0	0	2	0	2	1	2	3	5	11	10	21
0	0	0	0	0	0	0	0	0	0	0	0	0	0	1	1	2	1	1	2	4	28	7	35
0	0	0	0	0	0	0	0	0	0	0	0	0	0	3	0	3	2	0	2	5	15	4	19
0	0	0	0	0	0	0	0	0	0	0	0	0	0	0	1	1	0	1	1	2	3	2	5
0	0	0	0	0	0	0	0	0	0	0	0	0	0	1	0	1	0	0	0	1	6	4	10
0	0	0	0	0	0	0	0	0	0	0	0	0	0	0	0	0	0	1	1	1	2	1	3
0	0	0	0	0	0	0	0	0	0	0	0	0	0	0	0	0	0	0	0	0	0	2	2
0	0	0	0	0	0	0	0	0	0	0	0	0	0	0	0	0	0	1	1	1	2	1	3
0	0	0	0	0	0	0	0	0	0	0	0	0	0	0	0	0	0	1	1	1	0	1	1
0	0	0	1	1	2	2	0	2	2	3	4	7	9	9	4	13	7	9	16	29	104	62	166

【表９　年季奉公人の年季別・男女別・年齢別比較表】

年代	1年季							2年季						
	男			女			合計	男			女			合計
	外	内	計	外	内	計		外	内	計	外	内	計	
10～14歳	0	0	0	0	0	0	0	0	0	0	0	1	1	1
15～19歳	1	2	3	0	0	0	3	0	2	2	1	1	2	4
20～24歳	1	2	3	1	0	1	4	3	5	8	0	3	3	11
25～29歳	3	3	6	1	2	3	9	2	1	3	2	1	3	6
30～34歳	6	7	13	1	0	1	14	4	6	10	0	3	3	13
35～39歳	3	3	6	0	1	1	7	0	2	2	0	1	1	3
40～44歳	1	0	1	0	1	1	2	0	1	1	0	0	0	1
45～49歳	2	0	2	0	3	3	5	0	3	3	0	0	0	3
50～54歳	0	1	1	0	0	0	1	0	0	0	0	0	0	0
55～59歳	0	0	0	0	2	2	2	0	0	0	0	0	0	0
60～64歳	1	1	2	0	0	0	2	0	0	0	0	0	0	0
65～69歳	0	0	0	0	0	0	0	0	0	0	0	0	0	0
合計	18	19	37	3	9	12	49	9	20	29	3	10	13	42

年代	7年季							8年季						
	男			女			合計	男			女			合計
	外	内	計	外	内	計		外	内	計	外	内	計	
10～14歳	0	0	0	0	0	0	0	0	0	0	1	1	2	2
15～19歳	0	0	0	0	0	0	0	0	1	1	1	0	1	2
20～24歳	0	0	0	0	0	0	0	1	0	1	0	0	0	1
25～29歳	0	0	0	0	0	0	0	0	0	0	0	0	0	0
30～34歳	0	0	0	0	0	0	0	0	0	0	0	0	0	0
35～39歳	0	0	0	0	0	0	0	0	0	0	0	0	0	0
40～44歳	0	0	0	0	0	0	0	0	0	0	0	0	0	0
45～49歳	0	0	0	0	0	0	0	0	0	0	0	0	0	0
50～54歳	0	0	0	0	0	0	0	0	0	0	0	0	0	0
55～59歳	0	0	0	0	0	0	0	0	0	0	0	0	0	0
60～64歳	0	0	0	0	0	0	0	0	0	0	0	0	0	0
65～69歳	0	0	0	0	0	0	0	0	0	0	0	0	0	0
合計	0	0	0	0	0	0	0	1	1	2	2	1	3	5

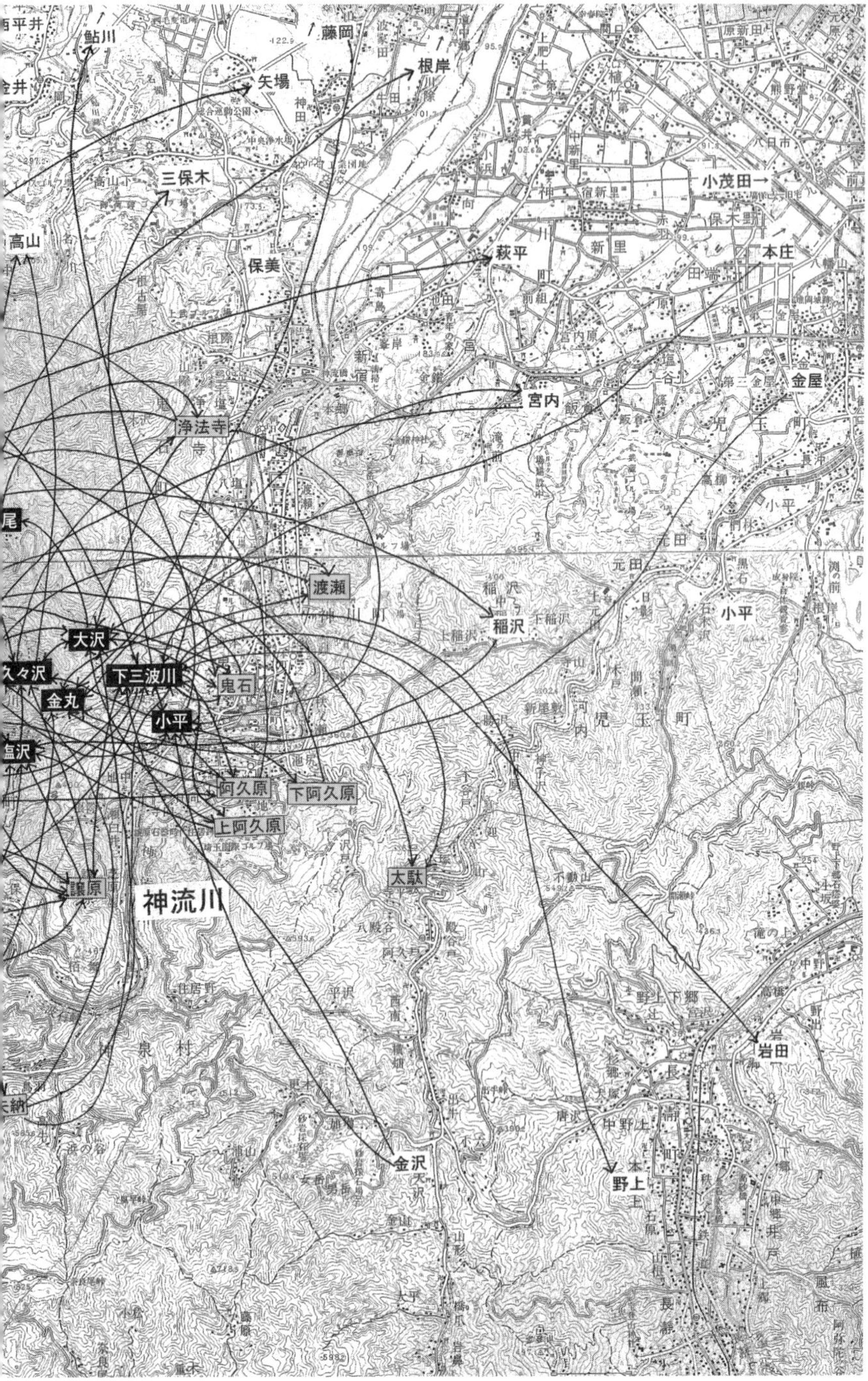

鮎川
藤岡
矢場
根岸
三保木
小茂田→
高山
萩平
本庄
保美
宮内
金屋
浄法寺
尾
渡瀬
稲沢
小平
大沢
久々沢
下三波川
鬼石
金丸
小平
阿久原
下阿久原
上阿久原
太駄
譲原
神流川
岩田
天納
金沢
野上

【地図１　三波川村公事負担者家族の縁組み動向（表２と対応）】

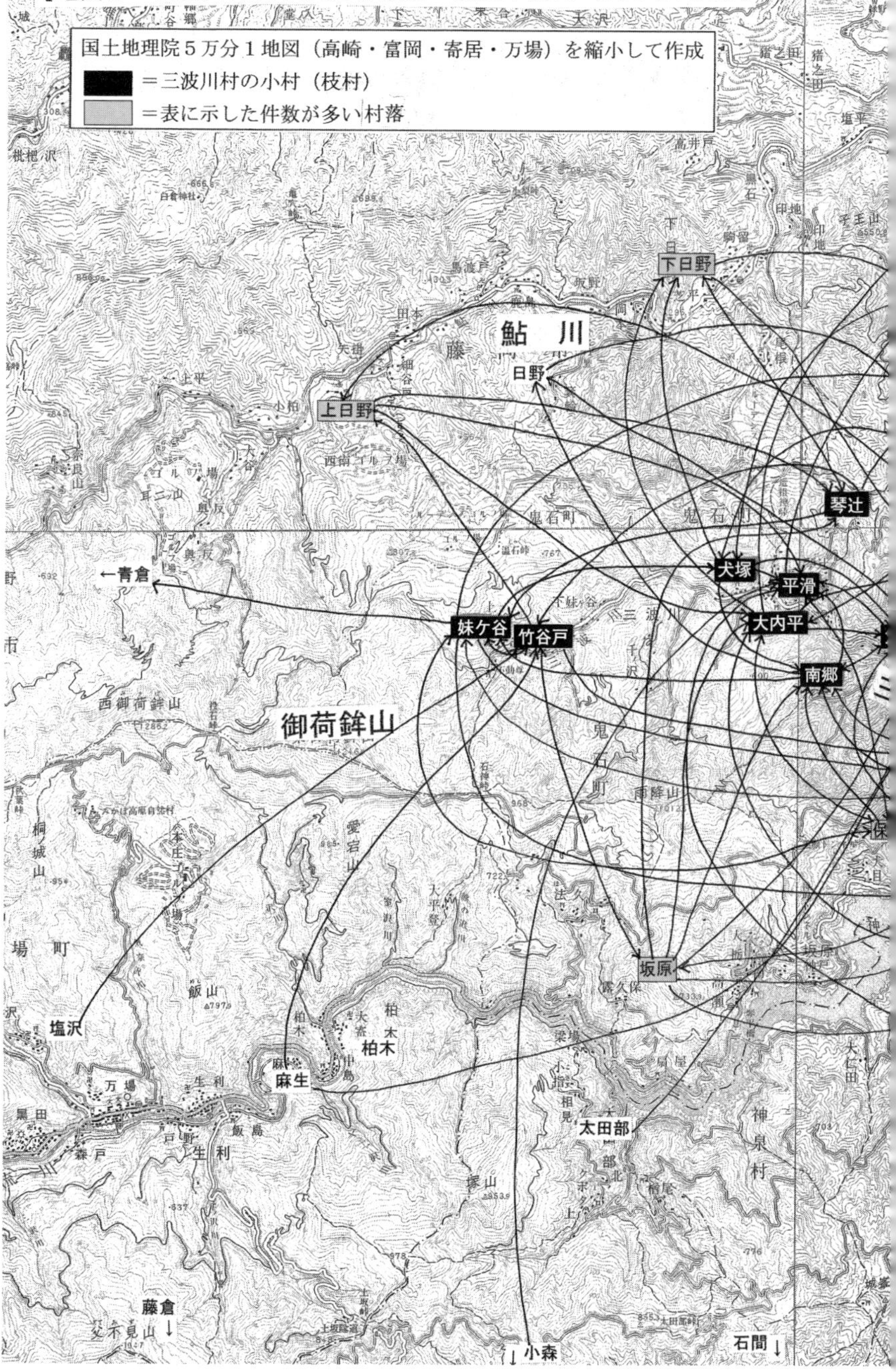

鮎川
矢場
藤岡
根岸
三保木
小茂田→
高山
保美
萩平
本庄
宮内
金屋
浄法寺
渡瀬
小平
稲沢
大沢
下三波川
鬼石
金丸
小平
阿久原
下阿久原
上阿久原
太駄
譲原
神流川
岩田
金沢
野上

【地図２　三波川村家抱・門前の縁組み動向（表３と対応）】

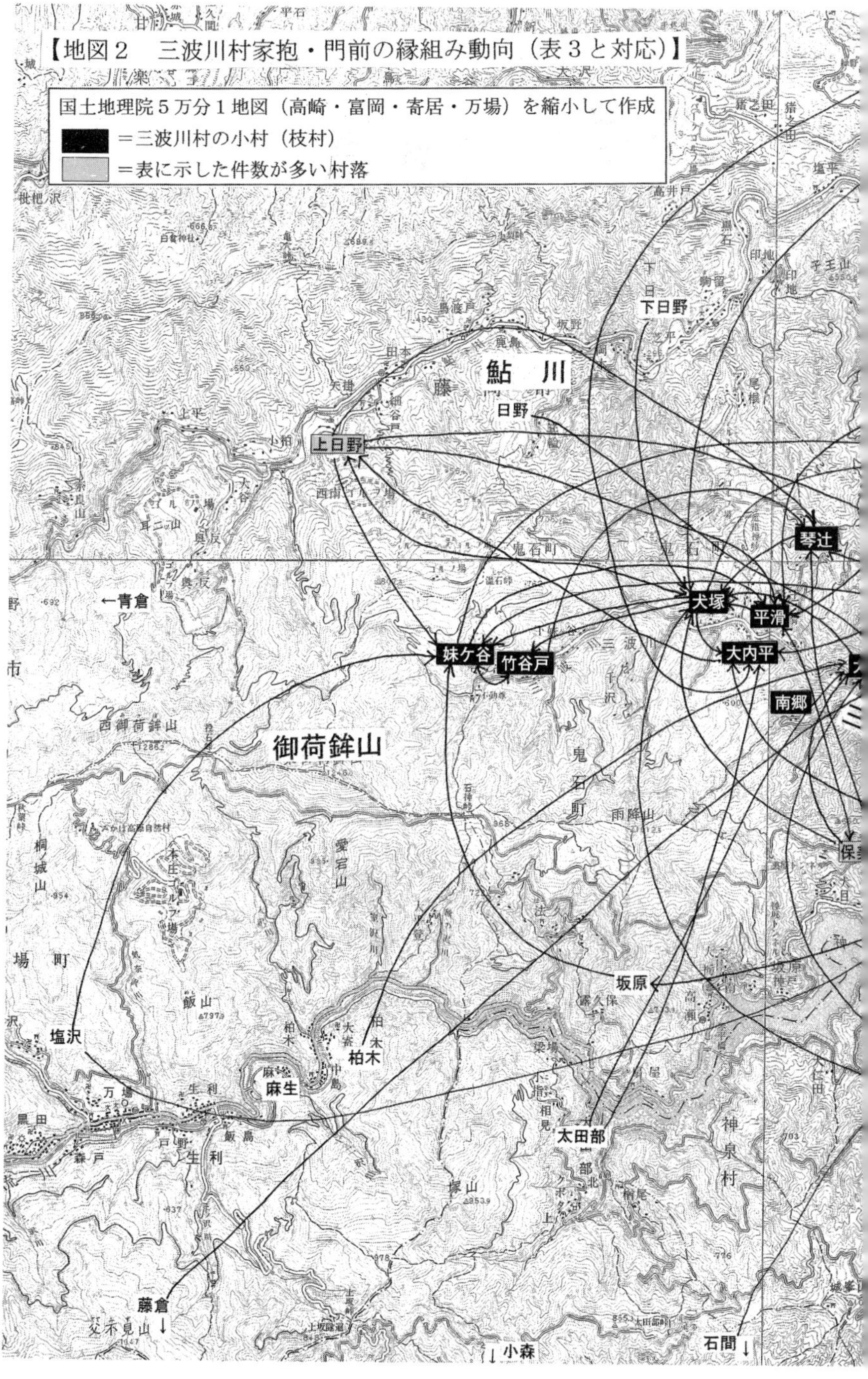

鮎川
矢場
藤岡
根岸
三保木
保美
小茂田→
萩平
本庄
宮内
金屋
浄法寺
渡瀬
稲沢
小平
大沢
下三波川
鬼石
金丸
小平
阿久原
下阿久原
上阿久原
譲原
神流川
太駄
岩田
金沢
野上

【地図３　三波川村の奉公・質物契約関係の動向（表５と対応）】

第六章　村と小村
―宗門帳の考察―

はじめに

ここでは、前章で検討した三波川村名主飯塚家に伝来する宗門帳（元禄五年〈一六九二〉の作成）に基づき、各小村の詳細について分析を加えてみたい。以下で引用する表1～9、地図1～3は前章に掲げたものを示し、史料の略称も前章に準じる。

第一節　各小村の考察

1　妹ケ谷（いもがや）

概要

三波川村の西に位置し、近世には大内平組に所属した。一説に、三波川村の北にある、日野村小柏の小柏八郎左衛門の妹が開拓し、妹ケ谷と名付けたといわれる。(1) 同地名は下妹ケ谷（芋萱）として承応元年（一六五二）の五人組帳に初見され、翌二年には小村として史料上に見える。(2) 上妹ケ谷の地名はさらに翌年の承応三年以降に確認できるが、寛文郷帳（寛文八年〈一六六八〉）・元禄国絵図（元禄十五年〈一七〇二〉）には下妹ケ谷のみが所見される。宗門帳においてもそうであるように、上妹ケ谷と下妹ケ谷は、「妹ケ谷」として一小村と見なされることも多かった。なお、車などを利用して三波川沿いの道路（三波川道）を行くと、上妹ケ谷と下妹ケ谷の間には竹谷戸が所在する。だが、集落から道路まで降りずに、山筋に沿って一旦北東へ向かう道を行き、さらに南東へ向かうと、竹谷戸を経ずに下妹ケ谷へ出ることができる。山の中の道で両集落は結ばれているのである。

元禄十五年（一七〇二）の村差出帳（「飯」八二二四―一七三二）の最後に連署する村役人の内、元禄五年の宗門帳から妹ケ谷の居住者だと比定できる者には、表1No.3久兵衛（年寄）、No.5太郎左衛門（年寄）がいる。元禄五年当時、久兵衛は二十二歳、太郎左衛門は四十七歳であり、両人と同一の可能性が高いと思われる。

妹ケ谷の家数は、宗門帳によれば二二軒、他に金剛寺門中真言宗宝仙寺が一軒あった（表1No.10）。総人数は一一三人（男六三・女五〇）、これ以外に他所に住む者一七人（男六・女一一）がいた。旦那の内訳は、真言宗金剛寺が三一人（男一七・女一四）、金剛寺門中宝仙寺七〇人（男四〇・女三〇）、天台宗東養寺八人（男四・女四）、金剛寺門中西光寺四人（男二・女二）である。東養寺は犬塚に、西光寺は竹谷戸に所在した。また小村内の金剛寺檀家は、全て高持百姓とその家族であり、かつそれらの家々は家抱を抱える地親でもあった。金剛寺を旦那寺とする家だけが地親となっている点が特色である。

ただ、そのうち表1No.6小左衛門家の小左衛門以外の家族、および「小左衛門高之内」である善兵衛家は、宗派の異なる東養寺檀家である。なおこの時、小左衛門は七十歳であり、同居する男子に四十歳の者がいるので、「高之内」とある四十六歳の善兵衛は小左衛門の息子の可能性が考えられる。また、先に元禄十五年段階の年寄かと想定した太郎左衛門（表1No.5）は宝仙寺檀家である。同家同様、家抱を抱えない表1No.8弥左衛門家および下男・下女全員、

№9庄兵衛の家抱与左衛門家以外の家抱は、全て小村内の寺院宝仙寺の檀家であった。

　そして、総人数一一三人、総家数二二軒(うち寺一軒)に対して、馬数が三三頭と多いことが妹ケ谷のもう一つの特徴といえる。村内で西端にあり、平場のほとんどない同小村の現在の耕地は、傾斜地に狭小な畑地が散在するのみである。馬は耕作のためというより、運送に多く利用されたのではないかと思われる。

　次に、高持百姓と下男・下女、家抱など、小村内の構成を整理してみたい。同小村内における高持百姓の家は九軒で、他にその高持百姓と並んで記される「高之内」とされる家が二軒あり、総人数は五七人(男三一・女二六)、他に他所にいる者八人(男一・女七)とある。下男・下女は全部で一一人(男八・女三)、家抱は一〇軒・四四人(男二三・女二一)であった。妹ケ谷の場合、高持百姓およびその高内の家・人数と、家抱の家数・人数には大きな差異はなく、ほぼ同数であることがわかる。だが、下男・下女を置いている家は五家に限定され、特に表1№4忠右衛門家はそのほぼ半数に相当する五人を置き、次いで元禄十五年(一七〇二)段階の年寄と思われる№3久兵衛が二人(男一・女一)、№9庄兵衛が二人(男二)と続いている。

　なお、№6小左衛門家では甥を一年季で置いており、下男同様の記載で扱われている。他家に居住する親類を、年季を限って預かったのであろう。そして家抱を抱える地親七家の中では、特に下男・下女を多く抱える表1№4忠右衛門が、最も多い三家・一〇人の家抱を抱えている。同家の持高は、妹ケ谷では三番目の二石九斗と多くはない。だが同家とその家抱、合わせて四家が飼う馬は九頭と、小村内で最も多いことが知られる。

　また家屋についていえば屋根は全て萱葺きであり、高持百姓の家屋の広さは、表1№8弥左衛門家が四間×二間半と最も小さく、№3久兵衛家の七間半×四間半、№9庄兵衛家の八間×四間が最も大きい。この久兵衛家と庄兵衛家は、先にみた下男・下女をそれぞれ二人ずつ置く家であり、ここでは家屋の広さと下男・下女数が対応している。一方家抱では、No.1七右衛門の家抱長三郎家のように六間×三間という、高持百姓の家よりも広いものも見える。だが、全体的には高持百姓の家屋に比べて小さい家が多い。

最後に持高についてだが、最も高額なのは表1No.6小左衛門(三石七斗九升五合)である。だが、同人の持高は、分家と思われる善兵衛家分と合わせた額になる。その点を踏まえると、一家分として最も多いのは、No.1七右衛門(三石六斗九升五合)だといえる。この七右衛門は、三波川村の名主市太夫の弟が、妹ケ谷五郎左衛門の名跡を継いだものである。前述のように、妹ケ谷は日野村からの開拓が伝えられる一方、そもそも三波川村は飯塚氏三兄弟が開き、琴辻を長男が、平滑を次男が、妹ケ谷を三男が開発にあたったとも伝えられている。(3) 少なくとも、琴辻の飯塚家とは関わりの深い小村であることは知られよう。

婚姻・養子関係の動向

表2～4、地図1～2を主な素材として、妹ケ谷の婚姻・養子関係の動向について考察したい。まず、高持百姓家族の婚姻・養子の縁組みについてである。縁組み先は村内の事例が一六件(「入」九件・「出」三件・小村内四件)、他村が八件(「入」三件・「出」五件)と村内居住者との縁組みが多い。そして村内では妹ケ谷内が四件と最も多く、次いで隣の竹谷戸「入」三件・「出」一件、犬塚「出」一件、南郷「入」一件、下三波川「入」一件・「出」一件、琴辻「入」一件、と近隣の小村が大半である。なお、琴辻からの一件は、前述の名主市太夫弟が五郎左衛門の名跡を継いだものである(表1No.1)。

隣接する小村が多い一方、村内の最も西にありながらも、最も東に位置する下三波川との縁組みも所見された。そしてこれは、表1No.156下三波川金剛寺門前②吉右衛門の女子が、No.5太郎左衛門の弟(分家)権兵衛の女房だというものである。つまり、門前から高持百姓の分家への移動事例でもあった。なお、同家の旦那寺は、小村内の下男・下女および大半の家抱と同じく小村内の寺院金剛寺門中宝仙寺であった。また、持高は二軒分で一石六斗七升五合と小村内では少ない。そして表1No.7吉兵衛家では、女房・嫁の二代続けて竹谷戸の出身であり、No.9庄兵衛家では、女房・嫁の二代続けて同じ家、市郎左衛門家の出身者であることが知られる。縁組み関係が数世代に渡って継承されていくことも珍しくなかったことがわかる。なお、宗門帳では、竹谷戸の龍兵衛（表1No.14）の家抱に「市郎左衛門」が所見されるが、同一人物であるかは定かでない。

このような動向は家抱家族についても指摘できる。すなわち、村内の縁組みが一三件（「入」六件・「出」五件・小村内二件）に対して、他村のそれが五件（「入」四件・「出」一件）と村内の縁組みが多く、また村内の八件中二件が妹ケ谷内で、竹谷戸「入」一件・「出」二件、犬塚「入」一件・「出」一件、平滑「出」二件といった近隣の小村に加えて、下三波川「入」一件が所見された。

また他村との縁組みは、高持百姓家族で保美濃山村（現群馬県藤岡市）「出」一件・「入」一件、鬼石村（同前）「出」一件、譲原村（同前）「出」一件、青倉村の枝村桑本（現群馬県下仁田町）「出」一件、阿久原村（現埼玉県神川町）「出」一件などが見られた。そして家抱家族では、鬼石村「出」一件、坂原村（現藤岡市）「入」二件、上日野村（現群馬県藤岡市）「入」一件、塩沢村（現群馬県神流町）「入」一件であった。比較的他の小村とも縁組み関係を多く持つ村（〇印のある村）との縁組みが目立つ。

だが、青倉村内の桑本は三波川村内で当小村が唯一の事例であり、塩沢村（現群馬県神流町）も他には竹谷戸・下三波川のみで所見される。青倉・塩沢両村は、現代のわれわれの感覚では、妹ケ谷からはやや遠い村だという印象がある。というのも、車などの利用できる道路を使おうとすると、いったん鬼石へ出てから移動しなければならないからだ。だが、上妹ケ谷から山を尾根伝いに進むと両村は意外に近いのである。西へ投石峠と秋葉峠を越えれば塩沢村に辿り着くことができ、さらにそこから古峠・塩沢峠を越え、さらに西へ行けば下仁田町の入り口、青倉村に着くことができる。一見、塩沢村は現在の万場町の中では離れており、柏木村の方が最寄りの村に見える。だが、妹ケ谷から柏木村へ行くには、集落から三波川のある標高五〇〇mほどの所へ降り、一度九〇〇mほどの石神峠を登り、それから沢を降っていかなければならない（三波川道）。しかし、塩沢村へは距離はあるが、集落からほぼ同じ標高の道を行くことで辿り着く。加えて、先の下仁田へ向かう道の途中に位置する村でもあった。

このように、妹ケ谷の縁組みの動向からは、最奥の小村という印象とは異なる姿が見出せる。同小村の縁組みのあり方からは、尾根伝いに峠を越えて行く日常的な往来があり、妹ケ谷からは下仁田の町へと広がる生活圏が展開していたことも窺うことができた。

奉公・質物契約の動向

ここでは、先に説明を加えた表1・5と表5に対応する地図3、および表6・7を使って検討を加えたい。妹ケ谷の事例は、村内、特に小村内でのものが六件と最も多い。三波川村内の契約は不明なものが多いが、犬塚から男子一名（二十歳）が奉公に入ってきている（表1No.9・21、表6No.82）。ただ同人は、妹ケ谷の情報では四年季、出身の犬塚では十年季とあり、また名前も異なる（父の名前、年齢などは一致）ので別人の可能性もあり、犬塚からは二人が奉公に入ってきているのかもしれない。逆に妹ケ谷からは平滑へ一年季で女子一人（三十九歳）が奉公に出ている（表1No.31、表7No.7）。他村との契約では、保美濃山村（現群馬県藤岡市）から男子一人（三十九歳）が奉公に入ってきているが（表1No.9、表6No.99）、年季数は明記されていない。譜代は、表1No.6小左衛門家の下男（四十一歳）が一人所見される（表8No.1）。

まず指摘できるのが、妹ケ谷における奉公先は、第一に小村内に求められることが多かったこと、そして、奉公先や奉公人の出身地が、先にみた妹ケ谷の婚姻・養子の縁組み関係を有する小村、村々と共通するという点である。また、小村内における事例の大半は、家抱の家族が小村内の高持百姓の家へ奉公に入る事例だという点であり、さらにそのうちの二件は、自らを抱えている地親への奉公契約であった(表1No.3・4、表6のNo.51・72)。ここから、地親―家抱関係が、奉公契約を成立させる一つの契機になり得たことが窺えよう。

2　竹谷戸(たけがやと)

概要

妹ケ谷の東隣に位置し、近世には大内平組に属した。竹谷戸の地名は承応元年(一六五二)から見えるが、小村としての存在は同三年から確認できる。だが、広義には妹ケ谷の一部と解されることもあったのか、寛文郷帳(一六六八年)・元禄国絵図(一七〇二年)に小村名は見えない。宗門帳の集計は、全家数九軒、寺一軒(金剛寺門中真言宗西光寺)、総人数四九人(男二五・女二四)、他所に住む者一四人(男二・女一二)である。

このうち、高持百姓の家は五軒、その一家の「高之内」とある家一軒、それらの家族人数の合計二九人(男一六・女一三)、他所にいる者一二人(男二・女一〇)。下男一人・下女一人、家抱の家数三軒、それらの家族人数の合計一七人(男七・女一〇)、他所に二人(女)と見える。家抱の家数は、高持百姓の家数の半数である。そして、小村内の西光寺を旦那寺とする家は家抱の三軒、および表1No.14「龍兵衛高之内」である仁兵衛家のみになる。屋敷も、家抱三軒と仁兵衛家が四～五間×三間であるのに対し、他の高持百姓の家屋は七～八間×三間半～四間と広い。同小村では高持百姓か否かと、家の広さと、旦那寺とが対応している。

また持高は、最も高い龍左衛門でも仁兵衛家分と合わせて一石七斗五升と、全体的に低いことが特徴的である。なお、「龍兵衛高之内」とある仁兵衛（六十一歳）と龍兵衛（二十九歳）の関係は、龍兵衛父七郎右衛門の年齢六十八歳を考えると、叔父・甥の親戚関係である可能性もあるが詳細は不明である。これらのうち、比較的持高の多い三家が地親家となっており、さらにこの三家は家抱分と合わせて、三頭から四頭の馬を飼っていたことも知られる。そしてこのうちの表1No.12吉右衛門は、元禄十五年（一七〇二）の村差出帳（「飯」八六一四－一七二二）に所見された年寄に相当すると思われる。ただ、元禄五年当時の吉右衛門は六十一歳であり、十年後は七十一歳と高齢であり、検討の余地は残る。

婚姻・養子関係の動向

まず高持百姓家族の縁組みだが、三波川村内が一二件（「出」八件・「入」四件）に対し、他村とは五件（「出」二件・「入」三件）と村内の事例が多い。村内での事例は、妹ケ谷「入」一人・「出」三人、琴辻「入」一人、月吉「出」一人、小村名不明「入」二人・「出」四人である。また他村とは、坂原村内法久村「出」一件・「入」一件、上日野村（現群馬県藤岡市）「出」一件、麻生村内中嶋村（現群馬県神流町）「入」二件、塩沢村（現群馬県万場町）「入」一件であった。特に雨降山を越えた南側に広がる十石街道沿いの山村に多いのが特徴的である。竹谷戸からは、三波川を渡った所にある墓地（西光寺跡か）の裏から登り、十石街道へ出る三波川道が近い。道を南下していくと街道沿いの坂原村内の枝村、法久村へと至るのである。竹谷戸が坂原村内の法久村との縁組みが二件見られ、十石街道沿いの村との縁組みが所見されるのはこのためだと思われる。

また、家抱家族の縁組みは他村との事例は所見されず、全て三波川村内であった。村内では、妹ケ谷「入」二人・「出」一人、犬塚「入」一人、琴辻「出」一人が見られた。犬塚を除き、先に見た高持百姓家族の縁組みでも所見された小村と共通する。そして、家抱―高持百姓間の移動は認められず、みな家抱同士の縁組みであった。

奉公・質物契約の動向

同小村の事例は全部で四件である。一件は村内で犬塚へ十年季契約で奉公に出た女子（二十一歳）が一人（表1No.14、表7No.44）。村外は譲原村へ九年季契約で奉公に出た女子（十五歳）が一人（表1No.14、表7No.40）、逆に坂原村内法久村から九年季契約で奉公に入ってきた女子（十六歳）は一人（表1No.14、表7No.39）、同じく坂原村内法久村から一年季で奉公に入ってきた男子（三十歳）一人（表1No.14、表6No.7）が所見される。いずれも表1No.14龍兵衛家とその「高之内」仁兵衛家の事例であり、女子二人を奉公に出している仁兵衛家のみが、前述のように西光寺檀家である。また、九年・十年の長期にわたる年季契約が三件と多いこと、それらの人々の年齢が二十一歳（十年季）・十五歳（九年季）・十六歳（九年季）と比較的若いこと（特に九年季の二人）も特徴的である。犬塚・譲原村・坂原村は、何れも縁組みが所見された地域であり、ここでも婚姻・養子縁組みが見られた地域との奉公・質物契約が確認できる地域とは重なることを指摘できる。

3　犬塚（いぬづか）

概要

三波川村のほぼ中央部に位置し、地理的には大内平などと近いが、近世には大奈良組に編成された。宗門帳では同小村は二つに区分され、家数・人数などの集計が二段階で記されている（表1では点線で区切って示した）。まず表1No.17平右衛門家とその下男・下女と家抱、No.18長右衛門家の集計が、家数五軒、総人数四二人（男二五・女一七）、他所に住む者九人（女）である。その他の集計が、全家数二二軒、そのうち寺一軒（天台宗東養寺）、総人数一〇九人（出家二・道心一・男五五・女五一）、他所に住む者一一人（男四・女七）となる。両集計を合算すると、犬塚全体では家数二七軒、うち寺一軒、総人数一五一人(出家二・道心一・男八〇・女六八)、他所にいる者二〇人(男四・女一六)であった。なお、表1の「犬塚の小計1＋小計2」の欄は、宗門帳には記載されておらず、計算した結果を示したものである。

高持百姓の家は七軒、その「高之内」とある者の家一軒、寺院一軒、それらの構成員は全部で四三人(男二四・女一六・出家二・道心一)、下男一二人・下女九人・姥一人、家抱および寺門前の家は一九軒・八六人(男四四・女四二)、他所にいる者一二人(男三・女九)となる。つまり犬塚の場合、高持百姓の家の軒数・人数よりも、家抱・門前の方が家数・人数ともにほぼ倍であることが特徴といえる。また持高は、表1No.20太郎兵衛(三石七斗八升五合)、No.17平右衛門(三石七斗八升)、No.19伝右衛門(三石六斗六升五合)、No.21三左衛門(三石三斗四升)の順であり、以下は一石代と持高には格差がある。そして寺家を除けば、家抱を抱える家は持高の多いこれら四家に集中し、下男・下女の人数もまた同様である。なかでも、伝右衛門家の抱える家抱は八軒で三四人であり、名主市太夫家を超えて三波川村内最多であり、同家以外の三家も、抱える家抱の家数・人数ともに比較的多い。

これらの状況とは、屋敷の大きさとも対応しており、みな七〜一〇間半×四間半〜五間と広く、特に伝右衛門家は一〇間半×五間という、三波川村内でも最大(名主市太夫家は不明)であった。これらのうち、元禄十五年(一七〇二)の村差出帳に所見される村役人に、表1No.19伝右衛門(年寄)、No.21三左衛門(組頭)がいる。元禄五年当時の彼らの年齢は、伝右衛門四十七歳、三左衛門四十六歳であり、同一人である可能性が高い。そして家抱の家屋だが、三〜六間半×一間半〜四間半とばらつきがあるが大きくはない。

また旦那寺は、下男・下女数、家抱数が最多の伝右衛門家のみが金剛寺であり、表1No.17平右衛門の家抱およびNo.18長右衛門家のみが竹谷戸にある西光寺、その他はみな犬塚内にある東養寺である。そして馬数は、小村によっては、各家抱の馬数についても明記されていることがあり、犬塚の場合も家抱の所有する馬数が記されている。家抱もほぼ一家に一頭と、多くの家が馬を飼っていたことが知られ、中にはNo.21三左衛門の家抱①又左衛門のように、二頭もの馬を飼っている事例も見られた。

婚姻・養子関係の動向

まず高持百姓家族の縁組みは、三波川村内が一一件(「出」三件・「入」四件・小村内四件)、他村とは三件(「出」一件・「入」二件)と村内が大半である。村内では、犬塚内が四件と最も多く、妹ケ谷「入」一人、日向「入」一人、平滑「出」一人、南郷「出」一人、大奈良「出」一人と、いずれも近隣の小村であった。なお、犬塚から日向へは、大内平の北へ行く、中付沢を登って向かう道もある。家抱の縁組みも他村とは一一件(「出」二件・「入」九件)であるのに対し、村内が二三件(「出」六件・「入」一二件・小村内五件)と村内の方が圧倒的に多い。そして村内の事例は、高持百姓家族同様、近隣の小村が大半であった。犬塚内が五件で最多であり、妹ケ谷「出」一人・「入」一人、竹谷戸「出」一人、大内平「出」二人、平滑「入」一人、大奈良「入」一人が見える。だが下三波川「出」一人、琴辻「入」一人も所見され、全く一致するわけではない。

一方他村では、高持百姓家族は浄法寺村(現群馬県藤岡市)「入」一件、日野村「出」一件、村上村(詳細不明)「入」一件であり、家抱家族は保美濃山村「入」一件、金井村(現群馬県藤岡市)「入」一件、日野村「出」二件・「入」五件、矢納村「入」一件、「山中」(山中領か、詳細不明)「入」一件であった。特に、家抱家族において日野村との事例が多い点が特徴的であり、同小村の八件は琴辻の対日野村の事例九件に次ぐものである。

犬塚から日野村へは、先にふれた日向へ向かう際に登る中付沢を、東ではなく、ほぼ真北に進めば至ることができ、この往来の重要性が縁組み関係に反映されたものと思われる。さらに、三波川村内では下三波川村と犬塚のみに所見される金井村(現群馬県藤岡市)との縁組みも、金井村が下日野村から鮎川沿いに北東へ下った所に位置することによるものと考えられる。そして、この金井村は近世に市が立っていたことが知られ、犬塚から金井の市への出入りがあったことを物語るのであろう。つまり犬塚は、保美濃山村など三波川の南側、十石街道沿いの村との事例も知られるが、特に北にある鮎川沿いに展開する村々と日常的な関わりの深かったことが窺えよう。

奉公・質物契約の動向

三波川村内における事例は六件(「入」三件・「出」二件・小村内一件)であり、平滑「出」一件、妹ケ谷「出」一件、竹谷戸「入」一件、小村名不明「入」二件であった。先にみたようにいずれも犬塚との縁組みが知られる小村である。また、他村との事例は、坂原村(現群馬県藤岡市)から男子一人(二十五歳)一年季の一件が見られる(表1№20、表6№3)。坂原村との縁組みは所見されないので、ここでは婚姻・養子関係との相互関係は認められない。

犬塚内にいる下男・下女は譜代が半数以上を占め、一人を除きみな成人していることが特徴的である(表8)。また表1№17平右衛門が九人と他を圧倒する人数の譜代下男・下女を持つ(表8№8～16)。同家の下女には五歳の子供一人がいるが、その親かと思われる二十九歳の下男・三十歳の下女も見え、家族で同家の譜代になっていたと考えられる。また、同家には六十代の下男・下女もおり、三世代に渡って家族として譜代になっていることも想定できる。これに対し表1№19伝右衛門は、自らが抱える家抱の男子一人、その他にも村内の男子一人・女子一人を、下男・下女としている。

4　大内平(おおうちだいら・おちだいら)

概要

三波川村のほぼ中央部にある小村で、近世は大内平組に所属した。元禄十五年(一七〇二)の村差出帳(「飯」八二一四-一七三二)にみえる村役人には、表1No.27金太夫が所見される。同人は、元禄五年当時三十七歳であった。また、表1No.29金右衛門(元禄五年当時六十一歳)の息は与兵衛(同二十九歳)といい、やはり元禄十五年段階における年寄の可能性が考えられる。ただ、下三波川にも元禄五年段階では「与兵衛」(三十六歳・表1No.142)がおり、検討の余地は残る。そして大内平の地名は、承応元年(一六五二)の五人組帳から見られる。宗門帳によれば、家数一八軒、寺一軒、総人数九五人(男四五〈うち山伏一・出家一〉・女五〇)、他所に住む者一五人(男四・女一一)とある。大内平内における高持百姓の家は七軒・三七人(男一八・女一九)、他所にいる者八人(男三・女五)、下男四人・下女一一人、家抱は一〇軒・四八人(男二三・女二一)、他所に住む者七人(男一・女六)となる。高持百姓の家の軒数・人数と家抱のそれはほぼ同数である。

また持高は、年寄かと思われる表1No.29金右衛門(五石七升五合)、組頭のNo.27金太夫(四石三斗七升五合)、No.24太左衛門(三石五斗四升)の順で多く、他は一石代以下である。家抱を抱える地親は、これらの三家だけであり、No.29金右衛門の家抱が六家・二六人と突出して多く、No.24太左衛門が三家・一四人、No.27金太夫が一家・四人と見える。そしてこれら三家は、みな金剛寺を旦那寺とする家である。No.25平十郎家(家族一人・譜代下女一人＝計二人の構成)が金剛寺旦那であるという例外を除けば、それ以外の下男・下女、家抱を含めた人々は金剛寺門中宗膳寺を旦那寺としている。さらに家屋もこの三家は八間半〜九間半×五間と広い。ここでも旦那寺と地親であること、および家屋の大きさが対応している。なお、宗膳寺の詳細は定かではないが、大内平にあったという寺院に相当するものと思われる。また、下男・下女も、三家のうちの二家、金太夫家(六人)、金右衛門家(五人)が大半を置いている。

そして大内平の場合も、犬塚同様に家抱が飼う馬数が明記されている。家抱は、二人(表1No.24太左衛門家抱③長七郎・No.29金右衛門家抱②茂右衛門)を除く八人が、馬を所有している。中にはNo.29金右衛門家抱④与右衛門・⑤久太郎両家のように、二頭の馬を持つ者もあった。

婚姻・養子関係の動向

大内平は、下三波川・琴辻と並んで、高持百姓家族と家抱・門前家族ともに他村との縁組みの方が多い小村である。村内での縁組みは、高持百姓家族が小村内二件、平滑「入」一件、大奈良「出」一件であり、家抱が犬塚「入」二件と、いずれも隣接する小村に限られている。他村とのそれは、高持百姓家族が保美濃山村「出」一件・「入」一件、鬼石村「出」一件、譲原村「出」一件・「入」一件、坂原村「入」一件、矢場村（現群馬県藤岡市）「出」一件、下日野村「出」一件、上日野村「入」一件。家抱家族が、鬼石村「入」一件、譲原村「入」一件、上日野村「出」一件、西平井村（現群馬県藤岡市）「入」一件、太田部村（現埼玉県秩父市）「入」一件であった。なお、譲原村への事例である高持百姓家族一件・家抱一件は、表1№29金右衛門女子とその家抱女房の事例になる。

つまり、地親家族の縁組みとその家抱家族の縁組みの動向が、合致する事例といえる。そして全体的には、南に広がる山村と東の町場も含めて、十石街道沿いの村々が多い。大内平から十石街道へは、南郷のように千ノ沢を伝って坂原村へ出るか、月吉から諸松を経て保美濃山へ出ることができた。また尾柿沢から南郷を経て、そこから保美濃山へ向かうこともできたようであり、比較的十石街道へのルートはいくつか確保されていたものと思われる。そして鮎川沿いの日野へは、犬塚と同様、中付沢を登れば近い。

また、大内平に特徴的なのが村内で唯一矢場村と西平井村、さらに村内で大奈良と併せて二件のみに太田部村との縁組みが見られることである。まず矢場村と西平井村だが、これらは先に犬塚の縁組み関係でみた金井村よりも北東に位置する。犬塚と同じように、鮎川沿いの日野村との縁組みが少なくない大内平だが、犬塚よりもさらに遠方との関係を確認できる。また、太田部村は、十石街道から分かれて峠を越え、石間村を経た南にある、現在の埼玉県吉田町や小鹿野町へ向かう際の分岐点にあたる村である。太田部村との縁組みからは、それらの町場への日常的な往来があった様子も窺えよう。

そしてこれらを踏まえると、大内平の集落が、三波川を跨いで南北に展開されている意味も理解できる。つまり、中付沢の北にある鮎川沿いの村々(特に北東の村)、また尾柿沢や千ノ沢を南へ行った、十石街道沿いの村々と、そこから分岐する武蔵国との交流が見える。三波川沿いの東西だけではなく、南北に展開する小村だと考えられよう。

奉公・質物契約の動向

大内平の事例は、他村五件(「出」三件・「入」二件)よりも三波川村内七件(「出」三件・「入」二件・小村内二件)の方が多い。まず村内では大内平内が二件と最も多く、平滑「出」一件、大奈良「出」一件が確認できる。また他村とは、保美濃山村「入」一件、譲原村「出」二件、矢場村「出」一件、日野村「入」一件であった。村内・他村、ともに先にみた婚姻・養子縁組みが結ばれていたことを確認できる地域であり、ここでもその相関関係が窺える。なかでも、表1No.26藤左衛門男子(三十九歳)は保美濃山村の善右衛門家の名跡を継いでいるが、藤左衛門家に五年季の契約で置かれている下女(十九歳)は、保美濃山村の出身であった。また、No.27金太夫女房(三十二歳)は上日野村出身だが、その下女(十七歳)には同じ日野のうち下日野村出身である。No.29金右衛門女子(二十五歳)は矢場村へ嫁いでいたが、同家の抱える家抱⑥庄左衛門の女子(十九歳)は、八年季の契約で矢場村へ奉公に出ている。これらの事例からは、縁組みを頼っての奉公契約が結ばれたことも考えられよう。

そして、持高の多い表1No.29金右衛門・同No.27金太夫は特に多くの下男・下女を置いている。それぞれ譜代を三人ずつ置き(表8)、さらに小村内の者に加えて他村出身者が所見される。金右衛門の譜代は、全て九〜十五歳と若いが(表8No.17〜19)、同家には二十九歳の下男(一〇年季)、三十二歳の下女がおり、彼らの子供が譜代になったことも考えられる。

ここで注目しておきたいのは、譲原村へ奉公に出た者二人のうち、一人が実際には大内平にいたことが知られることである。それが表1No.24太左衛門家抱②市左衛門女子、「まん」（十五歳）である（表7No.42）。「まん」は、市左衛門女子として宗門帳に載り、「譲原村作右衛門所ニ拾年季」と記される一方、同小村の表1No.27金太夫の下女としても記載され、「給取、同村市左衛門娘」とも記されているのである。「まん」という名前、十五歳という年齢、同村市左衛門という父親の名前、全てが一致することから、この両記事の「まん」は同一人物だと思われる。詳細は不明だが、まず市左衛門が譲原村作右衛門と拾年季で女子を奉公に出す契約を結び、その上で作右衛門から大内平の金太夫が「まん」を下女として置く契約が結ばれたものであろうか。

実は、宗門帳には他にも「給取」と明記される者が散見される。表6No.3犬塚の太郎兵衛下男吉兵衛、同No.6下三波川の権兵衛下男伝兵衛、同No.14南郷の門四郎下男権四郎、同No.27大奈良の又兵衛下男久右衛門、表7No.56日向の五左衛門下女「さわ」、同No.63大内平の金右衛門下女「たけ」がそれである。「まん」と同様、下男・下女の出身家とではなく、第三者との契約が行われているものであろうか。もし、そのような形態による奉公契約を示すならば、契約を結ぶ両者間に直接的な関係が無かったとしても、それぞれが第三者と奉公契約を結べるような間柄であれば、さらに、奉公先となり得る相手が拡大されていくことを意味しよう。今後の検討課題としておきたい。

5　平滑（ひらなめ）

概要

三波川村のほぼ中央部に位置し、近世には大内平組に所属した。同地名が史料上に現れるのは、三波川村内では最も遅く、明暦二年（一六五六）の五人組帳以降である。村の名称としては寛文元年（一六六一）になって確認することができるが、寛文郷帳（一六六八年）・元禄国絵図（一七〇二年）には所見されない。また同小村は、大内平を開いた飯塚家先祖大膳の次男である太左衛門の次男・三男が開いた土地で、寛文頃に小村になったと伝えられている。

宗門帳によれば、家数一六軒（うち一軒寺院か）[4]、総人数一〇四人（男五七・女四七）、他所に住む者一一人（男一・女一〇）と見える。このうち、高持百姓の家は六軒・三〇人であり、他に「武右衛門高之内」とある八兵衛家一軒があり、全部で三五人（男一九・女一六）、他所に住む者四人（女）である。下男は一四人・下女九人、家抱は八軒・四六人（男二四・女二二）、他所に住む者七人（男一・女六）になる。

持高は、八兵衛家を「高之内」とする表1No.31武右衛門家が八石六斗四升と、それが二家分の持高としても、一家あたりの額も一番高い。次いでNo.32伊兵衛の二石三斗四升、他は一石以下である。家抱を抱える地親は、武右衛門家とその武右衛門高内の八兵衛家のみである。また下男・下女はNo.32伊兵衛が八人と最も多く、武右衛門六人、八兵衛六人、No.34伝助三人とみえる。武右衛門・八兵衛が家抱、奉公・質物人を多く置いているため、武右衛門家は下男・下女・家抱を含めた人数が四一人、八兵衛家は同じく二七人という大所帯になっている。なお、詳細は不明だが、武右衛門は三十四歳、八兵衛は二十九歳という年齢差から、両人は兄弟の可能性もある。この武右衛門だが、元禄十五年（一七〇二）の村差出帳（「飯」八二一四－一七三二）に組頭と所見される人物に相当すると思われる。

平滑でも、表1No.33六右衛門家の例外はあるが、持高の高い家の旦那寺は金剛寺であることが知られる。これらの家々も八～九間半×五間という比較的大きな家屋であった。持高が少ない他の高持百姓の家、およびその下男・下女は金剛寺門中寿命院の檀家であり、それ以外の下男・下女、家抱は、大内平にあったと思われる金剛寺門中宗膳寺の檀家が多い。ただNo.31武右衛門の家抱①重左衛門家のみが真福院檀家であった。なお、寿命院は所在が明らかではないが、平滑と大奈良に檀家がおり、特に大奈良に多いので、大奈良にあった寺院かと思われる。

　馬数は、全小村で二二頭と家数より若干多い。このうち家抱、下男・下女の多かった武右衛門家では一〇頭、八兵衛家は五頭と両家の馬数は比較的多い。

婚姻・養子関係の動向

　高持百姓の家族についてだが、縁組先は三波川村内と他村ではほぼ同数である。村内では、小村内は皆無で、犬塚「入」一人、南郷「入」二人、大奈良「入」一人・「出」二人、大内平「出」一人の七件である。全て隣接する小村であり、特に大奈良との縁組みが多い。一方の家抱家族は、村内が九件であるのに対し、他村とは四件と、村内の方が約倍である。ただ、村内のそれは、平滑内四件、妹ケ谷「入」二件、日向「入」一件・「出」一件、犬塚「出」一件と、犬塚との縁組み以外は高持百姓家族の縁組みとは重ならない。この点が平滑の特徴の一つといえよう。だが他村とは、高持百姓家族では保美濃山村「出」一件・「入」一件、高山村「出」一件、日野村「入」一件、矢納村「入」一件、小森村（現埼玉県両神村）「入」一件、と三波川村全体でも縁組みの多い村（〇印の村）が比較的見られる。家抱家族においても、保美濃山村「出」一件・「入」一件、日野村「入」一件、阿久原村（現埼玉県神泉村）「入」一件と、大きな違いはない。

　平滑に特徴的なことの二つ目は、保美濃山村については具体的な小村名、諸松村・犬目村の名が見えることである。ここからは、同小村から保美濃山村へ向かう際は、月吉から諸松―犬目を経て南下するルートがとられたことが窺える。また上日野村へは、北の琴辻へ向かう道を登り、道祖神峠を越えて向かったものと思われる。琴辻から西の道祖神峠ではなく、東へ行くと高山村（現群馬県藤岡市）に出ることができるが、高山村から平滑への縁組み一件は、これを反映したものかと思われる。

もう一つ注目したい点に、平滑のみに確認できる縁組み先として小森村（現埼玉県小鹿野町）が見えることである。小森村とは、平滑から直線距離にして約八・七㎞南へ向かったところに所在する村である。先に大内平の考察において、太田部村（現埼玉県吉田町）との縁組みを踏まえ、十石街道を太田部村から分岐して南へと向かう道への日常的な往来を想定した。実は、小森村はまさにその道沿いにあり、ここからもそのことが窺えよう。

奉公・質物契約の動向

平滑の事例は、三波川村内が八件であるのに対し、他村とは二件と少ない。村内では、不明分三件（「入」）を除けば小村内の二件が最も多く、妹ケ谷「入」一件、犬塚「入」一件、大内平「入」一件と、奉公人を受け入れる側の小村としてのみ所見される。いずれも、縁組みの結ばれたことを確認できる小村からのものであった。なお、大内平との一件だが、これは表1№32伊兵衛の下女「おた」（二十三歳）が、大内平の№24太左衛門家抱①長四郎妹だとするものである（表7№47）。だが、表7にも示したように、長四郎妹の「おた」（二十四歳）は、十年季で同村加兵衛の所へ奉公に出る契約をしたと見える。この加兵衛に相当するかと思われる人物には、五人の下男・下女と五軒の家抱を抱える大奈良の加兵衛（表1№47）がいるが、同人の下女に「おた」に相当する人物は見あたらない。そのため、大内平で検討した「まん」のように、大内平の長四郎が妹「おた」を大奈良の加兵衛に奉公させる契約を結び、さらにその後、「おた」が平滑の伊兵衛下女になるという段階を踏んだことも考えられる。別人の可能性もあるが、同一人物である可能性を指摘しておきたい。

一方他村は、鬼石村「出」一件と坂原村内高瀬村「入」一件の事例が知られる。この二村は、この時に平滑出身者と婚姻・養子関係が結ばれていたことを確認できない村々である。縁組みとの相関関係を必ずしも指摘できるわけではないとわかる。ただ、鬼石村も高瀬村も、十石街道沿いの村であり、同小村の身近な生活圏の範囲内ではあった。

また、譜代の下男・下女は半数を超え、成人に達していない男女も多い（表8）。譜代を置くのは、表1No.31「武右衛門高之内」とある八兵衛が五人（表8No.29〜33＝うち二人は十五歳以下）、表1No.32伊兵衛が四人（表8No.24〜27＝うち三人は七歳以下）、表1No.31武右衛門四人（表8No.34〜37＝うち二人は七歳以下）などである。だが、伊兵衛・武右衛門両家にいる子供の下男・下女については、その親かと思われる世代の下男・下女も見られ、家族で両家の譜代になっている可能性を指摘できる。

6　南郷（なんごう）

概要

やはり三波川村の中央に位置するが、三波川を渡った南側に所在する。大奈良の近くで南西に折れる道を行くと見える集落で、平場がほとんどない。近世には大内平組に編成されていた。宗門帳によれば家数一一軒、総人数五三人（男二五・女二八）、他所に住む者は七人（男二・女五）であった。同小村は承応元年（一六五二）の五人組帳から村として確認できるが、寛文郷帳（一六六八年）・元禄国絵図（一七〇二年）には村名が見えない。(5) もともとは大内平の家抱であった家々からなる小村であり、(6) 広義においては大内平に属すると認識されていたのかもしれない。また、大内平の元家抱からなる小村であるため、家抱を抱える家はない。南郷分として六〇貫の持高がある門三郎は、大奈良の表1No.47加兵衛の家抱③喜右衛門男子であり、この時は他所にいたと見える。だが同人は、南郷分として年貢を負担していることが知られ、これが唯一家抱で持高のあることが明らかな事例となる。

南郷では、一一家のうち高持百姓の家は八家で、その持高は全て貫高表示で記されている。同小村の持高の合計は一貫四〇文で、その内訳は一六四文＝一家（表1No.40）、一六三文＝三家（No.37・39・44）、その約半分である八二文＝

二家(No.38・41)、一六三文の約三分一である五四文＝二家(No.42・43)、そのほか五五文・六〇文となっている。かなり機械的に振り分けた額が記されていることがわかる。また、最も持高の高い二家が、それぞれ下男一人・下女一人を置いており、持高と下男・下女を置くことの相関関係が知られる。なお、No.38の「左次右衛門高之内」である三之丞は、左次右衛門の弟であり、ここでは「〇〇〇高之内」とされる家が分家であることが明らかである。

また同小村居住者は、全て金剛寺檀家であるのも特徴的である。これは、小村内に旦那寺となるような寺院がないことを物語る。だが、家抱の多くが小村内の寺院を旦那寺とする事例が多かったことを踏まえると、大内平に地親を持つ家抱であった段階では、大内平の寺院を旦那寺にしていたことも考えられ、金剛寺旦那になった時期は比較的新しい可能性もあり、検討の余地は残る。そして各家では平均一頭(一家のみ二頭)の馬が飼われ、家屋の大きさも四～五間×二間半～三間とみな同様に小さい。家屋は他の小村における家抱の家屋の広さに近い。このことから、馬数や屋敷の広さが、もと家抱であったことを知る一つの手がかりとなる可能性を指摘できよう。

なお、南郷には、元禄十五年の村差出帳(「飯」八二一四-一七三二)に所見される村役人に相当すると思われる人物は確認できなかった。

婚姻・養子関係の動向

南郷は家抱が一人しかいないので、全て高持百姓家族のデータになる。そしてその縁組みは、三波川村内の方が他村とのものよりも多い。具体的には、村内では南郷内が一件、それ以外は犬塚「入」一件、大奈良「入」二件・「出」一件、下三波川「入」二件、妹ケ谷「出」一件、平滑「出」二件の計一〇件と小村名不明二件(「入」)である。また他村では、保美濃山村「入」二件、譲原村「入」一件・「出」一件、坂原村「入」一件、日野村「出」二件、「□木村」(椚木村カ)「入」一件の計八件であった。坂原・保美濃山・譲原といった十石街道沿いの村々が多いのは、南郷から尾根伝いに南下すると坂原・保美濃山両村それぞれへ続く道があり、両村との往来が日常的に行われていたためであろう。おそらく日野村も、生活圏内にあったことを示すものと思われる。なお、月吉・下三波川とともに全部で三件所見された「□木村」は、武蔵国児玉郡に所在すること以上には、詳細がわからなかった。

奉公・質物契約の動向

南郷から奉公に出ているのは一人で、琴辻の名主市太夫家に一年季の契約として所見される。またこれは、五五文を請け負う高持百姓自身が奉公に出たもので、この時、同人(二十歳)に家族はいない(表1No.45、表6No.21)。そして、それ以外は他村から受け入れたものであり、いずれも保美濃山村からの事例であった。一人は表1No.40門四郎下男で、一年季の「給取」とあるので、これも第三者を介して同家の下男になっているのかもしれない(表6No.14)(7)。またもう一人は、表1No.44四郎兵衛が、保美濃山村次郎右衛門の女子(十三歳)を十年季の契約で下女に置いているというものである(表7No.41)。なお、この保美濃山村の次郎右衛門家は、大奈良の加兵衛(表1No.47)のところへ「召使女」(三十四歳)を下女として置いていることが知られる(表7No.52)(8)。保美濃山村は、南郷との縁組みが知られる村であり、ここにも相関関係が窺える。

7　大奈良(おおなら)

概要

三波川村のほぼ中央部に位置し、近世には大奈良組に編成された。元禄十五年(一七〇二)の村差出帳(「飯」八二一四-一七三二)には、組頭に表1No.47加兵衛、年寄にNo.48清兵衛、No.49長左衛門、No.50権右衛門が所見される。各人の元禄五年当時の年齢は、それぞれ六十二歳、四十七歳、四十五歳、三十五歳であった。そのため加兵衛については、十年後は七十二歳と高齢であり、同一人物であるかは検討の余地が残る。また同小村名は、承応元年（一六五二）の五人組帳から検出できる。だが、寛文郷帳（一六六八年）には確認できるものの元禄国絵図（一七〇二年）には見えない。

宗門帳によれば家数は二七軒・総人数一四二人（男七一・女七一）、他所に住む者一九人（男六・女一三）である。このうち一軒は三波川村唯一の板葺き屋根を持つ屋敷である（表1No.49平兵衛家）。そして高持百姓の家は九軒で、その分家と思われる「〇〇〇高之内」とされる家を含めると全部で一三軒・五〇人（男二五・女二五）、他所に住む者は一〇人（男一・女九）である。下男一六人・下女一五人、家抱一四軒・六一人（男二八・女三三）、家抱家族で他所に住む者は九人（男六・女三）となる。高持百姓の家と家抱の家数はほぼ同じ、人数は家抱の方が多い。

持高は総額三二石七斗六升五合と、下三波川に次いで多い。そしてその内訳は、表1No.49平兵衛・又兵衛を「高之内」とする年寄の長左衛門が八石五斗七升、組頭のNo.47加兵衛が七石四斗五合、年寄のNo.48清兵衛が六石七斗六升五合、No.50故八左衛門の子七郎兵衛・権右衛門（元禄十五年に年寄か）・権之助の三兄弟が六石二斗五升、他は一石以下である。下男・下女を置く家は比較的多く、複数の下男・下女を置く家は持高の多い家に集中している。家抱も同様で、加兵衛が五家・二八人、清兵衛が三家・一四人、権之助が二家・九人、長左衛門・又兵衛・七郎兵衛・権右衛門がそれぞれ一家を抱えている。

下男・下女を置いている、もしくは家抱を抱えている家の屋敷は、六〜九間×三〜五間と比較的広い。馬数は、全小村で家数二七軒に対して三三頭と平均一軒につき一頭、特に多くの家抱を抱えるNo.47加兵衛家は、家抱分も合わせて全体で一一頭もの馬を所持している。

しかし大奈良の家抱のなかには、No.50権之助の家抱①助右衛門家のように、屋敷が七間×三間と比較的大きく、甥（三十三歳）一人を置いている者もいた。さらに、No.47加兵衛の家抱②久八郎・同③喜右衛門は下男一人をそれぞれ置く事例も所見される。逆に、高持百姓である№52喜兵衛家は、喜兵衛自身が名主市太夫の所にあると記されており、奉公に出ていたらしい。

同小村の旦那寺は、表1№47加兵衛～№52喜兵衛までが金剛寺であり、それ以外は金剛寺門中寿命院である。定かではないが、三波川全村での同院檀家数一二三人のうち、大部分の一〇七人が大奈良にいることから、寿命院は大奈良にあった寺院かと思われる。つまり、ここでも下男・下女および家抱を抱える家に金剛寺檀家が多く、下男・下女や家抱に小村内寺院の檀家が多いという傾向を指摘できる。

婚姻・養子関係の動向

まず高持百姓家族の縁組みについてだが、三波川村内が一五件であるのに対して、他村とは八件と村内の約二分一であった。家抱家族の場合は、村内が七件、他村が八件とほぼ同数である。そして高持百姓家族の縁組み先の村内一五件は、大奈良内が五件と最も多く、犬塚「入」一件、大内平「入」一件、平滑「入」二件・「出」一件、南郷「入」一件・「出」二件、小村名不明は二件(「入」一件・「出」一件)であった。家抱の対村内での縁組みは、大奈良内が三件、犬塚「出」一件が知られ、小村名不明が三件(「入」)である。ここから、大奈良における村内の縁組みは、琴辻を除く三波川村の中央部にある小村に集中していることを指摘できる。

また、他村とは十石街道沿いの保美濃山村との縁組みが最も多く、高持百姓家族で「入」二件、家抱で「入」三件、合計五件であった。その他の十石街道沿いの村としては、鬼石村(高持百姓家族「入」一件)・譲原村(高持百姓家族「出」一件)・坂原村(高持百姓家族「入」一件)・柏木村(家抱家族「入」一件)が見える。また、同街道から武蔵国の吉田・小鹿野町方面へ向かう際の分岐点にあたる太田部村(家抱家族「入」一件)、現在は下久保ダムによって造られた神流湖で道が断たれてしまったらしい矢納村(家抱家族「入」一件)も所見される。同小村が十石街道との関わりが深かったことが窺えよう。他に日野村（高持百姓家族「出」一件・家抱家族「入」一件）との縁組みが知られることも、三波川村中央部にある他の小村と共通している。

そして、同小村のみに所見される縁組先として、藤倉村（現埼玉県小鹿野町、家抱家族「入」一件）が見える。藤倉村は、十石街道の青梨村（群馬県神流町）と吉田町（現埼玉県吉田町）や小鹿野町（現埼玉県小鹿野町）を結ぶ往還沿いに位置する山村である。同村との関わりについての詳細は不明だが、先にふれた太田部村から南へ太田部峠に向かい、そこから西へ尾根伝いに行けば、藤倉村に辿り着くことができる。また、高持百姓家族に太駄村内の小塚（現埼玉県児玉町）の事例が見られる（「入」一件）。太駄村との縁組みは少なくないが、大奈良の事例以外は全て下三波川のものである。この太駄村は、鬼石の町から下阿久原村へ、そこから長瀞町や皆野町へ向かう際、通過する村になる。この事例は、そのような往来が反映されたものであろうか。

奉公・質物契約の動向

大奈良の事例は、三波川村内が一一に対し、他村とは一〇件とほぼ同数である。村内においては小村内の五件が最も多く、この点は婚姻・養子の縁組み状況と対応している。またそれ以外には大内平の「入」一件、琴辻「出」一件が見られ、他の「入」四件は小村名不明である。他村とは、保美濃山村「入」五件が最多で、坂原村「入」一件、柏木村「入」一件などの十石街道沿いから奉公に入ってくる事例が多い。これらは、縁組み先としても所見される村々であった。他には高山村内の白塩村「入」一件や、秩父地方からも二件「入」が知られる。なかでも、表1No.49長左衛門「高之内」である平兵衛女房は保美濃山村出身であり、同家の下男・下女もやはり保美濃山村出身者であった。同じく長左衛門「高之内」である又兵衛の下男②は秩父の出身であり、同家の家抱弥兵衛女房も秩父藤倉村の出身者と見える。さらに、No.50権之助女房、その下男、同家の家抱②加右衛門女房も、みな保美濃山村出身者であった。婚姻関係が奉公先を選ぶ際、または逆に奉公契約をしていることが縁組み先を選ぶ際に、きっかけの一つになり得たことが窺えよう。

また大奈良の場合、史料的な性格によるのかもしれないが（たとえば、小村内にいない者については叙述しない、など）、琴辻に一人奉公に出ている者が所見される以外は、全て奉公人を受け入れた事例になる。他地域の出身者である下男・下女の合計人数二〇人は、下三波川村の二七人に次いで多い。

同小村は譜代の下男・下人が約三分一を占めている点も特徴的である。譜代の多くを置いているのは、表1No.48清兵衛およびNo.49「長左衛門高之内」に含まれる平兵衛と又兵衛であり、それ以外は長左衛門の六人、No.47加兵衛の五人が多い（表8）。清兵衛の譜代である十四～十六歳の若い下男・下女は、三十九歳になる下女の子供かもしれない（表8No.39～43）。また、長左衛門の下男四歳も（表8No.46）、同家には二十代の下女二人、三十代の下男二人も見られるので、彼らの子供である可能性も考えられよう。平兵衛の譜代下女、四歳と三十四歳も親子であろうか。ここにも、譜代下男・下女が、親子、または家族で抱えられていた可能性を指摘できよう。そして、奉公・質物契約の年数は、特に記されていない者もあるが、長左衛門が十年季の下女（二十一歳）を置いている事例（表7No.43）以外は短期間であり、一年季の者が多いことも特徴であろう。

8　日向（ひなた）

概要

三波川村の中央に位置するが、三波川沿いの道路からは離れた北側の山間部に所在する。同小村は、琴辻と雲尾を結ぶ尾根沿いの道に面しており、大奈良や久々沢からも沢伝いに行くことができる。近世には大奈良組に所属した。

五人組帳には承応元年（一六五二）当初から見える。元禄十五年（一七〇二）の村差出帳（「飯」八二一四－一七三二）における村役人に比定できると思われる人物には、表1№56久太夫（年寄）・№57五左衛門がいる。前者は元禄五年当時三十七歳、後者は六十一歳であった。また、村差出帳には年寄に「九兵衛」が見えるが、日向にも九兵衛（表1№67）がおり、同一人物であるかもしれない。

宗門帳によれば家数二〇軒、寺一軒（金剛寺門中行（堯）満院）、総人数は九九人（男五〇・女四九）、他所にいる者一七人（男一〇・女七人）である。高持百姓の家は一一軒だが、他に「〇〇〇高之内」とは記されず、また持高の記載もない家が一軒と寺院一軒があり、日向の家抱以外の家は全部で一三軒、人数は全部で六三人（男三〇・女三三）、他所にいる者七人（男四・女三）になる。下男・下女はそれぞれ三人・一人と少なく、家抱は八軒・三二人（男一七・女一五）、家抱家族で他所にいる者は一〇人（男六・女四）であり、家抱の家数は高持百姓の家数の約三分の一である。

持高は、後に村の年寄になったと思われる表1№56久太夫家の一石五斗六升五合を除き、他は一石以下と少ない。家屋の広さも、久太夫家が七間×四間である以外は、三～五間×九尺～三間と狭い。ただ、それは三波川村内でも特に平場の少ない小村であることも影響していよう。そして下男・下女は、持高九斗四升の№57五左衛門家に二人、久太夫家・№60庄兵衛家（六斗五升）にそれぞれ一人いる。家抱は、久太夫家が四家・一八人と圧倒的に多く、他に五左衛門家・№59喜太夫家（持高記載無し）・庄兵衛家・№62与兵衛家（同五斗二升五合）がそれぞれ一家を抱えている。持高の少ない家にも下男・下女がおり、家抱を抱えている事例が知られる一方、久太夫家のように、やはり持高の多い家が家抱を多く抱えていることもわかる。久太夫家は、家抱も合わせた総人数が二五人に達し、飼っている馬も七頭と多い。

また同小村の旦那寺は、表1№56久太夫家～№63茂兵衛家までは金剛寺、№64久右衛門・№65四郎右衛門および下男・下女の一部（同じ家の出身者）が来迎寺門中真光院（金丸に所在）、それ以外が日向に所在した金剛寺門中堯満院（行満院）であった。日向においても、久太夫家のように下男・下女を置き、地親となっている家が金剛寺檀家となり、下男・下女や家抱などが小村内寺院の檀家になる傾向が見られる。

婚姻・養子関係の動向

高持百姓家族の縁組みは、三波川村村内が一〇件、村外が六件で村内の方が多い。一方、家抱家族も、村内が七件、村外が一件と大半が村内である。まず村内についてだが、高持百姓家族の場合、小村内の事例は二件で、雲尾「入」一件・「出」一件、犬塚「出」一件との縁組みが知られる以外は、小村名不明（「入」五件）である。このうち小村内の二件は、表1No.56久太夫の叔母がNo.59喜太夫家へ嫁し、久太夫の姉が同No.61杢左右衛門女房になったという同じ家の事例でなる。家抱は小村内の事例がなく、平滑「入」一件・「出」一件、雲尾「入」一件、小村名不明四件（「入」）であった。高持百姓家族・家抱家族ともに隣接する雲尾との縁組みが多く、村内の中央部に位置する近隣の小村に集中していたことが窺える。

そして他村とは、上日野村が四件と最多であり（高持百姓家族「入」二件・「出」一件、家抱家族「入」一件）、他は一件ずつで浄法寺村（高持百姓家族「入」）・阿久原村（同「入」）・稲沢村（現埼玉県本庄市、同「出」）となる。村内では雲尾とともに最北の山中に位置する日向は、北方の上日野村との行き来も盛んだったのであろう。また稲沢村との縁組みは、三波川村では他に塩沢と合わせた二件のみである。同村は、鬼石町から神流川を越え、下阿久原村を経て現埼玉県の児玉町へ向かう途中に所在する。ここから、三波川村から児玉方面へ向かう際は、阿久原―稲沢ルートがとられていたことが考えられよう。

奉公・質物契約の動向

日向では、三波川村内が一〇件、村外が六件と村内の方が多い。また日向内で二件所見されるほか、村内(小村名不明)からの奉公二人を除き、全て日向から奉公に出ていった事例である。そして村内では、金丸へ一件、琴辻へ五件と多く、しかもその五件は全て名主市太夫家への奉公であった。日向が琴辻に隣接していることもその理由の一つであろうか。彼らの年季数はみな、三年以下の短期である。なお、小村内の事例の内一件は、家抱家族がその地親家の下男になったものであり、地親が家抱家族の奉公先としての役割を果たした事例といえよう。

また、他村では浄法寺村へ二件、日野村へ二件(上日野村一件・下日野村一件)が多く、これらは縁組み先としても所見された村々である。他は一件ずつで譲原村・藤岡町(現群馬県藤岡市)が見える。十石街道を北上した所にある藤岡町の事例は、同小村のものが村内唯一であった。なお、前述のように藤岡には市が立っていたことが知られる。また、日向では高持百姓家族が奉公へ出ている事例が二件あり、いずれも浄法寺村・譲原村といった十石街道沿いの他村であった(表1No.59・表6No.46、表1No.65・表6No.39)。そして日向では、譜代の下男・下女は確認できなかった。

9　月吉(つきよし)

概要

大奈良村の東隣にあり、近世には大奈良組に所属した。同小村も承応元年(一六五二)の五人組帳から初見される。家数一四軒、寺一軒(金剛寺門中安養院)、総人数七七人(男三九・女三七・出家一)、他所にいる者一二人(男三・女九)の小村である。高持百姓の家は全部で一四軒・七〇人(男三七・女三三)、その家族・親類で他所にいる者一二人(男三・女九)、出家一人、下男・下女はそれぞれ一人ずつと少なく、また家抱は表1No.70源太郎が抱える二人、No.82助左衛門家の一人だけである。彼らはともに「抱」と明記されているが、屋敷に関する記載がないので、地親と別に家を構えているわけではないのかもしれない。これまでにみてきた家抱とは様相が少し異なる。だが下男・下女とも記されていないので、表1では家抱欄に記した。特に、源太郎の抱える作右衛門親子は、月吉内の高持百姓家族と同様、金剛寺の檀家らしい。なお、他の抱えと下男・下女は、月吉に所在した金剛寺門中安養寺の檀家であった。

また持高は、南郷と同様貫高表示だけである。持高は、下男を置く表1No.73七郎左衛門家が三五〇文と最も高く、No.75徳左衛門家が六四文と最も低い。この徳左衛門家を含めた三家が馬を所持していないが、それ以外は一〜二頭の馬を飼っている。元禄十五年（一七〇二）の村差出帳（「飯」八二一四-一七三二）で村の年寄として所見される者には、抱えを置く表1No.70源太郎（元禄五年当時四十二歳）・No.82助左衛門（同四十六歳）、持高の最も高いNo.73七郎左衛門（同五十三歳）がいる。

婚姻・養子関係の動向

月吉は家抱がいないので、これも全て高持百姓家族の動向である。同小村の縁組みは、三波川村内が八件に対し、村外は一七件と、村外が倍以上の件数である。まず村内だが、小村内が一件、竹谷戸「入」一件、塩沢「出」一件、大沢「出」一件、小村名不明「入」三件・「出」一件が所見された。竹谷戸以外は近隣の小村だといえる。一方他村では、保美濃山村「出」一件・「入」二件、譲原村「入」一件、坂原村「出」一件・「入」三件、麻生村「入」三件、阿久原村「入」一件、矢納村「入」一件・「出」一件、渡瀬村（現埼玉県神川町）「入」一件などである。他に、山中下山村・児玉郡梩木村もそれぞれ一件ずつ所見されたが、現在の所在地を比定できなかった。だが、保美濃山村・坂原村・麻生村といった三波川村の南に所在する十石街道沿いの山村との縁組みは村内で最も多い。これは、同小村が当時保美濃山村内であった諸松に近く、同所を経て容易に十石街道へ向かうことができるといった地理的条件が反映しているのであろう。そのことが、他村との縁組みの多さを支えていたものと思われる。

奉公・質物契約の動向

これも家抱がいないため、件数は少ない。奉公へ出ていった事例が四件、逆に受け入れる側としての事例が一件である。前者四件のうち、一件は村内で表1No.70源太郎弟（三十三歳、もしくは三十四歳）が、琴辻の名主市太夫の所へ二年季で奉公に出たものである（表6No.59）。他村への奉公のうち、二件は鬼石町へのものであった。一つは表1No.74孫左衛門孫女子（二十八歳）が二年季（表7No.16）で、もう一つは表1No.76甚四郎男子（三十一歳）が一年季で奉公に出た（表6No.8）事例である。残りの一件は保美濃山村への表1No.74孫左衛門孫男子（二十歳）の事例である（表6No.67）。弥左衛門家は二人の孫が奉公に出ていたことになる。いずれも年季数が明らかなものは三年以下の短期である。

孫左衛門の嫁は保美濃山村の出身であり、保美濃山村への孫の奉公は、このような縁に基づくものであったことが考えられよう。一方、奉公人の受け入れは、表1No.73七郎左衛門が麻生村内の中嶋村出身者（四十七歳）を一年季で置いたものがある（表6No.17）。これも、七郎左衛門女房が中嶋村の出身であり、それに基づく受け入れである可能性が高いと思われる。なお、同小村には譜代の下男・下女は確認できなかった。

10　塩沢（しおざわ）

概要

月吉の東側、三波川を渡った南側に位置する。五人組帳には承応元年（一六五二）から見えるが、寛文郷帳（一六六八年）・元禄国絵図（一七〇二年）には所見されない。近世には金丸組に所属した。宗門帳には家数は九軒、寺一軒（観音堂）、総人数四二人（男二二・女二〇）、道心一人、他所にいる者四人（女）とある。塩沢には家抱はおらず、表1No.87喜右衛門高之内の権兵衛以外が高持百姓である。だがこの総人数には、下男二人・下女一人が含まれている。三人の下男・下女のうち二人を置く№86久弥家は、持高が三石一斗二升五合と最も高いが、下男一人を置く№84市左衛門家の持高は六斗であり、同小村では五番目と少ない。ただ、市左衛門家の屋敷は、八間×四間と塩沢内で最も大きい。この市左衛門(四十歳)は、元禄十五年(一七〇二)の村差出帳で(「飯」八二一四-一七三二)、年寄りとして所見される。

塩沢では各家ともに一頭の馬を飼っている。旦那寺は下男・下女を含めてみな金剛寺であった。なお、観音堂守の道心は、武蔵国寄居村の浄土宗善導寺弟子だという。

婚姻・養子関係の動向

塩沢も家抱がいないので、全て高持百姓家族のデータである。村内の縁組み七件、他村とは八件と、件数はほぼ同じである。村内では小村内の事例はなく、月吉「入」一件、久々沢「出」二件といった極めて近い小村との間で確認できたが、四件(「入」三件・「出」一件)が小村名不明である。一方、村外では、保美濃山村「出」一件・「入」一件、譲原村「入」二件、坂原村「入」一件、上阿久原村「入」一件、宮内村「入」一件、稲沢村「入」一件が見える。保美濃山村内諸松を経て、十石街道に出やすい場所にあるためか、同街道沿いの村との縁組みがやはり多い。

また、同小村に特徴的なのが稲沢村(現埼玉県本庄市)と宮内村(現埼玉県本庄市)との縁組みである。稲沢村は他に日向と、宮内村は下三波川との事例が一件ずつ知られるだけである。前者は、譲原村で神流川を渡って上阿久原村へ行き、下阿久原村を経て児玉町(現埼玉県本庄市)方面へ向かう際に、後者は渡瀬村を経て児玉町へ向かう際に通過する村になる。おそらく、神流川の状態などの自然的条件をはじめ、何らかの問題に対応するためにも、児玉方面へ向かう道にはいくつかの選択肢があったものと思われ、それが縁組みのあり方に反映されたのかもしれない。

奉公・質物契約の動向

やはり家抱がいないために事例は少なく、所見される三件は全て奉公人を受け入れる側としてのデータである。まず表1No.86久弥家で、三波川村出身の下男（三十七歳）・下女（三十二歳）の二人を一年季で置いている（表6No.33・表7No.5）。このうちの下女むすは、宗門帳では「下男」とあるが、「同村善太郎妹」とも記されているので、「下女」の誤りであろう。また、同人に相当するかと思われる人物として村内の久弥の所にいる、表1No.7妹ケ谷の吉兵衛家抱作右衛門の妹むす（二十九歳）がいる（表7No.10）。だが、年齢・兄の名前が異なるなど別人の可能性もあり、検討の余地がある。

そして他村の事例は、表1No.84市左衛門が坂原村から男子（三十二歳）を一年季で抱えているものである（表6No.9）。ここからも十石街道との関わりの深さが窺える。また市左衛門家ではないが、同小村では坂原村内の法久村との縁組みが知られ、小村内の縁組みと対応する事例といえる。

11　金丸（かなまる）

概要

下三波川の西隣に位置し、近世には金丸組に属した。元禄十五年（一七〇二）の村差出帳（「飯」八二一四―一七三二）には、組頭に表1No.93安左衛門（五十歳）、No.96金兵衛（五十五歳）、年寄にNo.95儀兵衛（四十六歳）が見える。五人組帳には承応元年（一六五二）から見え、寛文郷帳（一六六八年）・元禄国絵図（一七〇二年）にも所見される。宗門帳によれば家数一四軒、寺二軒（来迎寺門中真光院・同門中円満寺）、総人数八七人（男四二・女四五）、他に坊主三人・寺下男三人、他所に住む者一三人（男五・女八）とある。(9) 寺院はともに「同村茂左衛門抱」とあるが、茂左衛門については詳細が不明である。

このうち高持百姓の家は一一軒、特に持高は明記されていないが家抱ではない家に表1No.104吉右衛門(カ)家の一軒がある。同家三人(男二・女一)を含めた人数は総計四七人(男一八・女二九)だが、このうち同No.98作兵衛家は、自身が名主市太夫の所に三年季、女房が児玉郡渡瀬村に一年季で奉公に出ており、この時、同村には居住していない。真光寺・円満寺は持高がなく、計三人が住む。下男・下女はそれぞれ一四人・一一人と比較的多く、家抱は四軒・一七人(男一二・女五)と高持百姓の家の半数以下である。

持高は、元禄十五年に組頭の表1No.96金兵衛家の八石一斗九升が他を超越し、その約半分であるNo.94瀬兵衛家の四石五斗八升、同じく組頭No.93安左衛門家の四石四斗八升、同じく年寄りのNo.95儀兵衛家の三石四斗八升が続く。他は一石代が三人、一石以下が四人である。特徴的なのは、持高が二番目に高い瀬兵衛が浄法寺村の百姓であり、同村の者ではないにも拘わらず、家抱二家・六人(男四・女二)を抱える地親であるという点である。ここから、地親—家抱関係は村を越えて展開していたことを知ることができる。また、地親は瀬兵衛の他には、持高の最も多い表1No.96金兵衛家のみであった。下男・下女は、先にみた持高の高い三家とNo.99安兵衛家(年貢請負額一石四斗六升五合)に集中し、特にNo.93安左衛門家は一〇人と最も多い。

そして馬数は、金丸は家抱についても記述があり、瀬兵衛の家抱①市左衛門家では二頭を所持していた。この市左衛門家の屋敷は、六間×三間半で、小村内の高持百姓よりも広い家屋であった。

また、同小村は旦那寺のあり方も特徴的である。持高が大きく、下男・下女や家抱を抱える家に金剛寺檀家が多いことは他の小村と変わらない。だが、まず小村内の寺院真光院・円満寺の檀家が極めて少なく、真光院檀家は表1No.96金兵衛家の下男一人のみ、円満寺は同家の家抱一一人とNo.101清三郎家の二人だけである。茂左衛門抱えの寺、という性格によるのかもしれない。そしてこれは塩沢などでもみられた点だが、下男（下女はいない）に金剛寺檀家が比較的多く、彼らはみな譜代下男であった。さらに、他の小村内寺院を旦那寺とする者も多く、下三波川にある金剛寺門中正覚寺（二〇人）、来迎寺（一人）、大沢の来迎寺門中西善院（西禅院・八人）、日向の行満院（尭満院・一人）などさまざまであった。

婚姻・養子関係の動向

まず高持百姓家族についてだが、三波川村内の縁組みが三件であるのに対し、他村とのそれは一〇件と他村の方が倍以上の件数である。村内では、金丸内一件が確認できた以外は、小村名不明「入」二件であった。また家抱家族の場合、村内二件・他村二件と同数だが、村内の事例は小村名を確定できなかった。

一方、他村では、高持百姓家族の場合、渡瀬村が四件（「出」三件・「入」一件）と最多であり、坂原村「入」一件、阿久原村「入」一件など、他の小村同様十石街道沿いの村と、そこから神流川を渡った村との縁が深い。家抱の事例二件も、阿久原村とのものである（「入」二件）。だが、高持百姓家族の事例では、他の小村にみられない村も三村あり、それが藤岡町（現群馬県藤岡市）「入」一件、金屋村（現埼玉県本庄市）「入」一件、本庄町（現埼玉県本庄市）「入」一件である。藤岡町は十石街道沿いの市が立つ町場であり、金屋村は浄法寺村から神流川を渡って東へ行った児玉町の手前の村で、そこから北東へ進む街道を行くと本庄町に着く。いずれも近隣の町場であり、そのような町と縁組みの多い点が金丸の特色といえよう。

奉公・質物契約の動向

金丸の事例は、村内が一六件であるのに対し、村外が三件と少ない。村内一六件のうち、一二件は他の小村から金丸へ入ってきた事例である。具体的には、日向「入」一件、大沢「入」三件、下三波川「入」一件・「出」一件、琴辻「出」三件で、七件(「入」)が不明である。琴辻のそれは、表1No.98作兵衛本人(表6No.78)とその女房(表7No.6)、表1No.100茂兵衛の女子(表7No.21)といった、高持百姓およびその家族が、三年以下の短期の年季で名主市太夫家の下男・下女になったものである。金丸は村内での縁組みが少ないので、これらの小村との縁組みも所見されない。縁組み関係はないが奉公を受け入れる、そして村内への奉公は名主市太夫家へ、そのような傾向が金丸の特色といえよう。

一方他村とは、鬼石町「出」一件・「入」一件、渡瀬村「入」一件が所見される。なお、鬼石町への奉公の事例は、高持百姓家族の表1No.100茂兵衛男子(三十八歳)であった(表6No.69)。ここでも高持百姓家族の奉公先には他村が所見される。また、渡瀬村出身の下男(三十三歳・表6No.10)を一年季で置く表1No.93安左衛門は、妹が渡瀬村へ嫁いでいることが知られる。安左衛門の下男・下女合わせて一〇人のうち、この下男のみが他村出身者であり、妹の婚姻関係を頼って下男として置くことになった可能性が考えられよう。

金丸は譜代の下男・下女数が多いことも特徴的である(表8)。特に組頭である表1No.93安左衛門には七人の譜代がおり、そのうち三人は三～九歳の子供である(表8No.55～61)。同家の譜代には四十八歳の下男、四十歳の下女がおり、三人の子供の親であるかもしれない。また、金兵衛家の譜代にも六歳の下男がおり、四十歳の譜代下女は、その親であろうか(表8No.52～54)。ここでも、親子または家族で、譜代下男・下女になっているとも考えられる事例が見られた。

12　久々沢(くぐさわ)

概要

金丸の北西に位置し、近世には金丸組に編成された。同地名は承応元年(一六五二)の五人組帳から小村として所見されるが、寛文郷帳（一六六八年）・元禄国絵図（一七〇二年）には見えない。宗門帳によれば、家数一二軒（うち寺一軒か）、総人数六九人（男三六・女三二、道心二）、他に他所に住む者一三人（男三・女一〇、帳面には他所に一一人と所見される）である。

久々沢の高持百姓の家は七軒・三六人（男一六・女二〇）だが、その分家と思われる「〇〇〇高之内」とある家が四軒・一八人（男一一・女七）と多い。下男・下女は、持高の少ない家でも置いている事例も所見されるが、持高が小村内で群を抜いて高い表1No.107八左衛門家は、九人と多くの下男・下女を抱えている。また同家は七間×五間と比較的大きい家屋を持ち、同家のみが家抱（一家・三人）の地親でもある。この家抱についても、先の月吉同様、家屋についての記載がなく、別に家を構えていなかったのかもしれない。そのため八左衛門家は総勢二〇人となり、久々沢の馬一九頭のうち七頭を所持していた。

ところで、同小村居住者の旦那寺には金剛寺は所見されず、八左衛門家を含む三家（このうち一家は分家）が来迎寺、八左衛門の下男・下女四人が大沢の来迎寺門中西善院（西禅院）、それ以外は金丸の金剛寺門中円満寺檀家であった。

なお、久々沢には元禄十五年（一七〇二）に村役人を勤めていたと思われる人物は確認できなかった。

婚姻・養子関係の動向

まず、表2の高持百姓家族の動向をみていきたい。久々沢の縁組みは、村内が一七件、村外七件と村内におけるものが大半である。そして、村内では久々沢内の縁組みが八件と最も多く、他に塩沢「入」二件、大沢「入」一件・「出」一件、小平「入」一件が知られ、残りは具体的小村名がわからなかった（「入」三件・「出」一件）。確認できた小村は、何れも三波川村の東側、久々沢の近隣村である。だが、最も地理的には近い金丸との縁組みは皆無であった。前述のように、久々沢の高持百姓家族は金丸に所在する円満寺檀家が多かった。他の小村において、下男・下女や家抱が小村内にある寺院の檀家である事例が見られること、高持百姓家族と家抱家族の婚姻・養子縁組みが極めて少ないこと、家抱家族は小村内の婚姻が多いことなどを勘案すると、金丸居住者と久々沢居住者との間で、かつては地親―家抱関係が結ばれていた可能性も考えられるが、今後の検討課題としておきたい。

また、家抱家族の事例としては、大沢との事例が一件(「入」)知られる。これは大沢の拾左衛門(表1No.126)の家抱①七郎兵衛が、女子(十九歳)を久々沢八左衛門の所へ養子に入れたというものなのだが、注目すべき事例だといえる。なぜなら、一方の八左衛門家(表1No.107)では、「下女」として記載され、「同村七郎兵衛女子、養子ニ置申候」とされているからである。これが誤記でないならば、下男・下女になることと、養子になることが同義だと考えられていたのであろうか。「養子」と認識されるような「下女」の存在は、改めて下男・下女になることの意義を問い直す必要性を示すものと思われる。だがこれについても、今後の課題としておきたい。(10)

一方、他村との縁組みは、高持百姓家族の場合、譲原村「入」二件、浄法寺村「出」二件、高山村「出」一件、日野村「入」一件、矢納村「入」一件が、家抱では小平村(現埼玉県児玉町)「入」一件が所見された。譲原村や浄法寺村といった十石街道沿いの村との縁組みが見られたわけだが、譲原村以西の山村は事例が見られない点が特徴的である。また久々沢からは、日向を経て高山村や日野村といった北側の山村との行き来がしやすく、それが婚姻・養子関係の形成を促したものと思われる。

なお、家抱家族に見られた児玉郡小平村は、下阿久原村から稲沢村を経て、児玉町や本庄町へ向かう際に通る道沿いに位置する。同小村からも、児玉町・本庄町方面へと向かう道との関係の深さが窺える。

奉公・質物契約の動向

久々沢の事例は三波川村内が六件、他村が三件所見され、村内が多い。このうち同村から奉公人を出している事例は、高持百姓である表1No.112与四兵衛が弟（十九歳）を金丸の円満寺（旦那寺）へ一年季の奉公に出したものである（表6No.20）。それ以外は久々沢で奉公人を受け入れた事例であり、また一件を除き、他は全て表1No.107八左衛門家への奉公であった。同家の下男・下女の出身地は、村内では大沢三人・不明二人、他村では譲原村一人・上州墨田村（詳細不明）二人・小平村（現埼玉県本庄市）一人であった。八左衛門の家族の縁組み先は全て久々沢内だが、久々沢内全体としては、譲原村と小平村、つまり墨田村を除く村については縁組み関係を確認することができる。特に小平村は、八左衛門の家抱吉蔵女房の出身村であった。

また、大沢からの奉公に来た三人とは、表1No.135茂兵衛（高持百姓）・No.137五左衛門男子（高持百姓家族）・No.126拾左衛門家抱①七郎兵衛女子（前述の「養子」）であった。そしていずれも、大沢に所在する寺院、西善院を旦那寺としていた。さらにNo.135茂兵衛の姉は、No.126拾左衛門家抱②三郎右衛門の女房であり、数少ない年貢高持百姓家族と家抱家族の婚姻事例の一つでもある。

13　雲尾（くもお）

概要

同小村は三波川から最も離れた北部の山間に位置し、川沿いの道からは大沢、もしくは久々沢から入ることができる。五人組帳には承応元年（一六五二）当初から小村として確認でき、寛文郷帳（一六六八年）・元禄国絵図（一七〇二年）にも所見される。宗門帳には家数一四軒、寺一軒（金剛寺門中真福院、真福寺とも記述される）、総人数七四人（男三八・女三六）、他所にある者九人（女）と見える。

このうち高持百姓の家は一〇軒・四六人（男二三・女二三）・出家者一人、その家族・親類で他所にいる者が七人

（女）、下男七人・下女五人、家抱四軒・一六人（男八・女八）である。家抱は高持百姓の家数・人数の半数以下である。下男・下女を置く家は、持高の多い四家（表1No.117重兵衛家・No.118作地兵衛家・No.122七兵衛家・No.123門右衛門家）に集中するが、持高の少ないNo.120所左衛門家も譜代の下女一人を抱えている。家抱も、持高が高く、下男・下女を置く家のうち三家が一家ずつ抱えている。持高の低いNo.116忠兵衛家も家抱一家の地親である。これらのうち、元禄十五年（一七〇二）の村差出帳（「飯」八二一四－一七三二）に年寄として見える名前と同一の者に、表1No.116忠兵衛（五十歳）・No.122七兵衛（三十七歳）がいる。

雲尾の場合も家抱の飼う馬数が記されており、各家が一頭ずつ馬を所持していたことが知られる。雲尾全体では一七頭と、ほぼ一軒につき一頭の割合である。

旦那寺は、持高の最も高い表1No.117重兵衛家を含む五軒が金剛寺だが、下男・下女、家抱を含めた総人数が一五人と最も多いNo.122七兵衛家などは、来迎寺を旦那寺にしている。そして小村内の寺院真福院の檀家は下男・下女一人ずつと少なく、それ以外は地理的に近い大沢の来迎寺門中西善院（西禅院）檀家である。

婚姻・養子関係の動向

まず、高持百姓家族の縁組みについてだが、三波川村内が九件であるのに対し、他村とは五件と約半数である。村内では、雲尾内が一件、日向「入」一件・「出」一件、大沢「入」二件で、それ以外の四件は詳細不明である（「入」三件・「出」一件）。日向・大沢は何れも隣接する小村であり、村内の縁組みが地理的に極めて狭い範囲であったことが知られる。家抱家族の場合も、三件中、小村名が確認できる一件は日向（「出」一件）であり、その傾向は同じである。

高持百姓家族の他村との縁組みは、太田部村（現埼玉県秩父市）からの一件を除き、全て雲尾から出ていった事例になる。なお、この太田部村との縁組みは、三波川村全体では三件見られるが、雲尾以外の事例（大内平・大奈良）は、家抱家族のものであった。そして、縁組みのために雲尾から向かった先の村とは、浄法寺村（二件）・高山村（一件）・根岸村（現群馬県藤岡市、一件）である。山中にある雲尾からは、尾根伝いに北へ行けば高山村に至る。また、雲尾のみに所見される根岸村とは、藤岡町に極めて近い神流川の沿岸に位置する村である。村内で最も北にある雲尾は、北東に位置する村々との交流が多かったことを窺うことができた。

奉公・質物契約の動向

三波川村内における事例が五件、他村が一件である。また下男・下女の約半数は譜代であり（表8No.65〜71）、表1No.122七兵衛家の譜代は十歳の下男、十三歳の下女がいる（表8No.65・66）。同家には他に、村内から二年季で置いている下男（三十歳）が見られるが（表6No.55）、宗門帳ではまず幼い下男・下女二人、そして二年季の下男が記載される順となっている。他の事例で、親子と思われる下男・下女は、まず親、子の順で記載されており、七兵衛家の譜代は親子ではないと考えるべきかもしれない。また、年季が限られた場合は、みな四年以下とやはり短期の契約である。

まず村内では、雲尾内が一件、大沢「入」一件、下三波川「出」一件、小村名不明二件（「入」一件・「出」一件）であった。ただし、大沢から雲尾へ奉公に入った事例は、表1No.122七兵衛の下男太郎兵衛（三十歳）に関するものであり、若干説明を要する（表6No.55）。この太郎兵衛は表1No.122七兵衛家の説明によれば、表1No.124雲尾の孫右衛門（高持百姓）の弟だと記されている。だが、この弟は孫右衛門とともに雲尾に住んでいたわけではなかった。表1No.135大沢の茂兵衛（高持百姓）の弟には太郎兵衛（三十歳）がいることが見え、七郎兵衛の所に二年季で奉公に出ているとの記事が別にある。つまり、太郎兵衛は大沢に居住していたことがわかる。そしてここから、大沢の茂兵衛（三十九歳）と雲尾の孫右衛門（四十五歳）が兄弟であったことも知られる（両家はともに大沢西善院の檀家）。また、七兵衛家では、太郎兵衛は同じ雲尾の孫右衛門弟だ、と認識されており、同じ小村内に住む孫右衛門から七兵衛への働きかけで太郎兵衛の奉公も可能になったことが考えられよう。二つの小村に別れて兄弟が住んでいることが、奉公先となり得る選択肢の幅を広げる、そのような事態を想定できる事例である。なお、雲尾内の一件と数えた事例だが、これは表1№118作地兵衛の下男が、№117重兵衛が証人である、と記載されたものである。検討の余地は残るが、ここでは雲尾内の移動と解釈しておく。

また、他村の一件は「同国保美村」から奉公に入ってきた事例である（表1№123、表6№42）。前述のように、他の小村で「保美村」と記載されながらも、保美濃山村を指すと思われる事例もあった。だが、雲尾の場合、ただ「同国保美村」とだけあり、また縁組み先に所見された浄法寺村・高山村・根岸村が現在の藤岡市内に位置する保美村とも近いため、保美濃山村ではなく保美村の可能性があると指摘しておきたい。

14　大沢（おおさわ）

概要

下三波川の北西に位置する。近世には久々沢組に所属した。五人組帳には承応元年（一六五二）から見え、寛文郷帳（一六六八年）・元禄国絵図（一七〇二年）にも小村名が所見される。宗門帳には家数一五軒、寺二軒（真言宗来迎寺門中の光徳寺・西善院）、総人数七二人（男三一・女三九・出家二）、他所に二五人（男九・女一六）である。このうち高持百姓の家は一三軒・五六人（男二五・女三一）、寺二軒・六人（出家二・男三・女一）、他所にいる者二二人（男八・女一四）、下男・下女は各一人と少なく、家抱も二軒・八人（男三・女五）、家抱家族で他所にいる者が三人（男一・女二）と少ない。

馬は、一〜二頭を飼う家が大半だが、まったく所有しない家も四家と他の小村に比べて多い。下男・下女は、表1

No.133半右衛門家(持高九斗五升)が譜代下男を一人置き、No.132六兵衛家(同一石二升)に詳細は不明な下女一人がいる。この六兵衛家は大沢では最も家屋の広い家でもある(七間半×四間)。そして二軒の家抱は、いずれも最も持高の高い二石六斗四升五合と最も高いNo.126拾左衛門家が抱えている。

同小村居住者の旦那寺は、拾左衛門家をはじめ来迎寺が多く、金剛寺檀家はNo.133半右衛門家とその譜代下男、およびNo.134伝四郎家のみである。他は、No.138三之助家が金丸の円満寺檀家である他は、家抱を含め小村内にある光徳寺と西善院の檀家である。

なお、同年の史料には(「飯」五五〇六)、表1No.126拾左衛門・No.127安右衛門・No.137五左衛門が「年寄」として所見される。ただ、元禄十五年(一七〇二)の村差出帳(「飯」八二二四―一七三二)には、No.127安右衛門のみが「年寄」として確認することができる。

婚姻・養子関係の動向

まず高持百姓家族についてだが、村内における縁組が一三件、村外が一一件とほぼ同じ件数である。村内のそれは、大沢内が六件と最も多く、月吉「入」一件、久々沢「入」一件・「出」一件、雲尾「出」二件、小村名不明が二件(「入」)であった。表1No.126拾左衛門家のみが抱える家抱家族の縁組みは村内三件、村外が一件であり、この村内の事例は大沢内一件、久々沢「出」一件、琴辻「出」一件が所見された。いずれも村内東側に位置する近隣の小村である。最も地理的には近い金丸との縁組みが確認できなかったことにも注目しておきたい。

一方他村は、高持百姓家族では鬼石村「出」二件・「入」一件、浄法寺村「入」一件、阿久原村「出」二件・「入」二件、矢納村「入」三件が見え、家抱家族では高山村「入」一件が所見された。つまり三波川村の東に位置する十石街道沿いの町場と、そこから神流川を渡った対岸の村々との縁組みが多いことがわかる。特に矢納村との縁組み三件は、下三波川の四件に次ぐものである。おそらく、大沢や下三波川からは小平を経て十石街道へ出て、そこから南下して神流川を渡り、矢納村へ至ったものと思われる。その矢納村は、神流川を渡って西の長瀞町（現埼玉県）へ向かう際に、入り口となる村の一つであった。

奉公・質物契約の動向

大沢には、表1No.132六兵衛家とNo.133半右衛門家に下女・下男が一人ずついる。少なくとも後者は譜代であり（表8No.72）、年齢は十四歳（男）だが、特に親などは確認できない。これら以外は、全て大沢から他村へ奉公に出た事例である。そしてその奉公先は、三波川村内が一〇件、他村三件である。他村のそれは、全て譲原村への奉公であり、かつ高持百姓およびその家族が一年または二年の短期で奉公に出た事例である（表1No.130・131、表6No.12・38・44）。特に表1No.130伝九郎家は、弟二人がともに譲原村へ年季奉公に出ている。これら以外にも、五件が高持百姓とその家族の事例であり、その件数は三波川村内で最も多い。また、これらの中では表1No.137五左衛門男子の三年季が最長であり（表6No.73）、それ以外は二年以下の短期契約であることもその特徴である。

具体的な村内の奉公先は、金丸三件・久々沢三件・雲尾一件・下三波川三件である。なお、前述のように雲尾への一件は、雲尾に住む兄弟を頼っての奉公であったと思われる。また、下三波川へのものは、三件中二件が寺院への奉公であった。さらにその二件は、表1No.126拾左衛門男子が二年季で金剛寺へ（表6No.57）、また同家の家抱①七郎兵衛家の男子が五年季で金剛寺へ奉公に出ている（表6No.86）ものである。つまり、地親家族とその家抱家族の奉公先が同じであり、奉公先の決定に際して、地親家族もしくは家抱家族が奉公していることが、決め手の一つになることがあったとも考えられよう。

また、久々沢の一件は、表1No.137五左衛門男子（二十歳）が、No.107八左衛門下男になった事例だが、五左衛門の嫁

（三十三歳）は久々沢の出身であり、婚姻関係に基づき、その出身村への奉公が成立した可能性も指摘できよう。

15　下三波川（しもさんばがわ）

概要

三波川村の最も東側、十石街道沿いの町場鬼石への入り口に位置する。近世には下三波川組に編成された。寛文郷帳（一六六八年）・元禄国絵図（一七〇二年）には所見されるが、五人組帳に地名は見られるものの小村としては現れていない。

宗門帳における同小村の記載は、(イ)来迎寺とその旦那（一家のみ金剛寺旦那・一家のみ正覚寺旦那）＝表1No.141〜152、(ロ)金剛寺末寺正覚寺とその旦那（一家のみ金剛寺旦那）＝同No.153〜155、(ハ)金剛寺とその下男・門前＝同No.156と三つに区分され、それぞれの家数・人数の総数が記されている。表1では、三つの区分を点線で区切って示した。元禄十五年（一七〇二）の村差出帳（「飯」八二一四‐一七三二）にも、村役人も(イ)と(ロ)の各区分からそれぞれ所見された。(イ)では、表1No.141権兵衛（三十五歳）、(ロ)ではNo.155仁兵衛（三十九歳）がそれであり、ともに組頭であった。なお、「与兵衛」も組頭として見えるが、下三波川の表1No.142与兵衛ではなく、大内平の与兵衛（No.29金右衛門息）であるかと思われる。下三波川全体の家数は三五軒、寺三軒（来迎寺・金剛寺末寺正覚寺・金剛寺）、総人数二〇五人（男一〇四・女八八・出家一三）、他所に住む者三八人（男一一・女二七）と、三波川村で最も人口が多い。

高持百姓と持高のある寺院は全部で一一軒と四寺院、家・寺院の構成員は合計七六人（男三五・女二九・出家一〇・堂守一・同宿一）、他所に一人（女）である。高持百姓と並んで、特に持高の記載されない表1No.151嘉右衛門家（男三・女一・他所に女一）も所見される。下男は一六八人・下女一〇人、家抱は表1No.154・155の四軒・二〇人（男一一・女九）と多くはないが、寺の門前が一八軒・七七人(男三八・女三九)、門前の下男一人(表1No.156)、正覚寺抱えの道心一人、門前の家族が他所に一六人(男七・女九)になる。つまり下三波川は、家抱・門前の家数、人数の方が、高持百姓の家数・人数よりも多いことがわかる。特に金剛寺は、一二家・五八人もの門前を抱えている。

また、この最も大所帯である金剛寺の持高は一貫五二四文と高く、下三波川では同寺のみが貫高表示である[11]。他に持高が高い家としては、表1No.150重右衛門家の七石二斗二升五合がある。なお、同家の持高は「高六石壱斗四升五合、役地外壱石壱斗八升」と脇に記されているものを、家としての持高を知るために合算したものである。「役地外壱石壱斗八升」の詳細は不明だが、先にみた表1No.94金丸の浄法寺村百姓瀬兵衛が、村を超えて家抱を抱え、金丸分として年貢を負担している事例も踏まえ、他村での負担の可能性も考えるべきかもしれない。下三波川では、No.144八郎兵衛家のように持高が一石以下と少ない家もあるが、一石以上の家が多い。

高持百姓の家屋の広さも、八郎兵衛家の四間×二間半のように小さいものもあるが、七〜八間半×三間半〜四間半の家が大半である。また家抱の中にも、金剛寺の門前⑨六兵衛家のように八間半×七間と広く[12]、下男一人を含めた一〇人が住み、二頭の馬を飼う家も所見された。

下三波川では、金剛寺とその門前については、門前の家で飼育する馬数も明記されている。それによれば、一二軒中四軒の家では馬を持たないが、全体で一〇頭を飼っている。また家抱を抱える家や寺院は、高持百姓単位で集計された馬数が多いので、家抱や門前も馬を飼っていたものと思われる。下三波川全体では三八軒(うち寺三)中三八頭と、平均一頭の馬がいたことがわかる。そして来迎寺とその旦那については、馬数を集計した脇に、「外馬壱疋〇〇文」と記されていた。具体的には、表1No.143五郎右衛門家およびNo.149伝三郎家は一二文、No.145清左衛門家は一四文、No.146千之助家は一六文、No.147次郎右衛門・No.148五郎兵衛・No.150重右衛門の三家は一八文、No.151嘉右衛門家は一〇文とある。

馬の所持に対して賦課されたものらしく、またその賦課額は馬の状態や家の経済状況などによったのか、さまざまであった。

婚姻・養子関係の動向

下三波川の縁組先は、高持百姓家族、家抱・門前家族ともに、村内よりも他村が圧倒的に多い。高持百姓家族は村内が一三件に対して村外が三〇件、家抱・門前家族は村内七件に対して村外二四件であった。

まず、村内についてみると、高持百姓家族では小村内が二件、妹ケ谷「入」一件・「出」一件、南郷「出」二件、小平「入」一件・「出」一件、不明五件(「出」一件・「入」四件)である。家抱・門前家族では小村内が三件、妹ケ谷「出」一件、犬塚「入」一件、不明二件(「入」)であった。三波川の対岸に位置する小平以外は、やや離れた三波川村中央部以西の村との縁組みであった。

一方他村についてだが、高持百姓家族では保美濃山村「入」四件、鬼石村「出」一件、譲原村「入」一件・「出」一件、下日野村「入」一件、三保木村「出」一件、阿久原村「出」三件・「入」二件、矢納村「入」二件、渡瀬村「出」一件・「入」二件、宮内村(現埼玉県本庄市)「出」一件、太駄村「出」三件・「入」二件、岩田村(現埼玉県長瀞町)「出」一件、野上村(同長瀞町)「出」一件、金沢村(同皆野町)「入」二件、児玉郡柚木村(詳細不明)「入」一件、江戸「出」一件であった。また家抱・門前家族では、保美濃山村「入」二件、譲原村「入」三件、坂原村「出」一件・「入」一件、下久保村(現群馬県藤岡市)「入」一件、高山村「入」一件、保美村「入」二件、塩沢村「入」二件、上州新町(詳細不明)「入」一件、阿久原村「入」二件、矢納村「入」二件、野上村「出」一件、石間村(現埼玉県秩父市)「入」一件、児玉郡内の詳細不明の三村「入」二件・「出」一件、武州向山村(詳細不明)「入」一件である。下三波川全体にいえることだが、特に家抱家族では、当小村のみに確認できる縁組み先の村が多く、他の小村よりも縁組み先の範囲は広い。

全体的に十石街道沿いの村との縁組みが多いが、家抱・門前家族が三波川村の南側に広がる山村に多いのに対し、高持百姓家族では三波川村の東側に展開する町場が多い傾向がある。さらに家抱家族では村内で唯一、坂原村の向かい、太田部村から南下して吉田町へ至る途中の村、石間村との縁組みも知られる。そして、他の小村同様、下日野村や高山村など三波川村の北側の村々との関係も知られるが、それらの村から鮎川沿いに北上して鏑川や、神流川へ出る途中に所在する村とも縁組みがあり、その中には村内で当小村のみに事例が知られる村もある。さらに、渡瀬村から児玉・本庄へ向かう途中にある宮内村も、他には塩沢との縁組みが知られるのみである。だが、特に注目されるのは、三波川を渡った阿久原村から長瀞町（現埼玉県長瀞町）へ、または矢納村から長瀞町へ向かう道沿いの村や、長瀞町周辺の村々との縁組みの多さである。この点は、これまでみてきた小村には見られなかった特色である。

下三波川でも、家によって縁組み先がかなり限定されている事例も知られる。たとえば、表1№141権兵衛家では女房が太駄村出身だが、逆に権兵衛の姉の一人は太駄村へ嫁している。№147次郎右衛門家も、嫁の一人が上阿久原村の出身であり、娘の一人は逆に上阿久原村へ嫁している。さらに、№148五郎兵衛家も、女房が阿久原村出身であるのに対し、姉の一人は阿久原村へと嫁いでいる。縁組みが重ねられていく背景には、両者がそれを必要とする関係にあったことが考えられ、注目すべき事例といえよう。

奉公・質物契約の動向

村内での事例が一九件、他村とが一二件である。村内では小村内が六件と最も多く、金丸「入」一件・「出」一件、雲尾「入」一件、大沢「入」三件、小平「入」一件・「出」一件、琴辻「出」二件が所見され、琴辻以外は近隣の小村であった。特に雲尾・大沢といった沢を北へ登ったところにある山がちな小村にとっては、下三波川は奉公人の受け入れ先として見られていたらしい。

一方他村では、保美濃山村「入」四件、譲原村「出」二件、坂原村「入」一件、高山村「入」一件、阿久原村「出」一件、渡瀬村「出」一件、野上村「出」一件が確認できた。ここでも、保美濃山村・坂原村・高山村といった山村にとって、下三波川が奉公人の受け入れ先としてあったことがわかる。逆に下三波川からは、町場への奉公が見られることが特徴的であり、これは高持百姓家族の縁組みと重なるものである。

年季を限った契約の場合、大半は短期の契約だが、他の小村と比べて四年季以上の長期契約での受け入れを多く見ることができるのも特徴的である。そこで長期契約者の受け入れ事例を取り上げると、表1No.150重右衛門（正覚寺旦那）の甥喜六（十九歳）が表1No.153下三波川正覚寺へ八年季（表6No.89）、表1No.155仁兵衛（正覚寺旦那）の家抱①六左衛門（正覚寺旦那）の男子千太郎（十二歳）が表1No.153下三波川正覚寺へ十年季（表6No.90）、保美濃山村四郎右衛門の男子伊之助（二十歳）が表1No.152下三波川来迎寺へ八年季（表6No.88）、以上の三件になる。全て正覚寺・来迎寺という寺院へ奉公に入った事例であった。保美濃山村四郎右衛門家については不明だが、その他は自らの旦那寺への奉公である。

つまり同小村の事例からは、寺院が長期に渡る年季奉公・質物契約の受け入れ先として存在し、その際は旦那寺―檀家関係に基づく契約が成立したことが窺えよう。なお、三波川村内では、男子における五年以上の年季契約は八件所見されるが（表6No.84～91）、そのうちの半数、四件が下三波川の寺院が受け入れたものであった。女子については、犬塚の東養寺に下女と姥の二人が置かれている事例を見られるが、それぞれ四十三歳・五十四歳といった年齢であり、他には見られない。寺院には、基本的に下男が置かれるものだったようだ。寺院が男子の長期年季契約者の受け入れ先になっていたことを指摘できよう。

また下三波川から長期の奉公に出ていった事例も三件見られた。表1No.154伊右衛門の家抱②茂兵衛男子（十六歳）が阿久原村へ五年季（表6No.85）、表1No.152来迎寺門前③源右衛門女子（十六歳）が渡瀬村へ五年季（表7No.32）、表1No.156金剛寺門前⑪四郎左衛門女子（十一歳）が名主市太夫の所へ八年季（表7No.38）、がそれである。長期の奉公へ出る先も他村が多いが、市太夫家への八年季が最も長い。そして、下三波川でも高持百姓の家から奉公・質物人を出している事例が所見される。それが、表1No.150重右衛門が甥喜六を正覚寺へ、No.141権兵衛が甥藤助（三十二歳）と甥喜三郎（二十歳）を譲原村へと奉公に出したものである。いずれも奉公に出ているのが甥であることが共通し、奉公先は村内寺院と他村であった。

さらに注目される事例に、表1No.154伊右衛門家のものがある。伊右衛門女房は、保美濃山村出身であり、かつ同家の下男・下女のうち他村出身者二人は、同じく保美濃山村の出身である。縁組を頼り、下男・下女の受け入れが行われた可能性が考えられる。さらに、伊右衛門の女子は児玉郡野上村伊兵衛の嫁であったが、伊右衛門家の家抱①庄左衛門の女子は野上村伊兵衛家に一年季の奉公に出ていた。地親家の嫁ぎ先の家へ家抱家族が奉公に出る、つまり地親の縁組先の展開が、家抱家族が奉公できる相手先の選択肢を広げていく、ここからはそのような関係も想定できた。

16　小平（こだいら）

概要

下三波川から三波川を渡った、ちょうど南の向かい側の集落にあたり、近世は下三波川組に所属した。五人組帳には承応三年（一六五四）から所見されるが、寛文郷帳（一六六八年）・元禄国絵図（一七〇二年）には小村としてみることはできない。宗門帳における家数は九軒、総人数は五三人（男二九・女二三・道心一）、他所に八人（男四・女四）、馬数八頭とある。家数よりも馬数が少ない村である。

このうち高持百姓の家は六軒・三二人（男一六・女一六）、その分家と思われる家一軒・五人（男三・女二）、道心一人、高持百姓家族で他所にいる者が四人（男一・女三）、下男五人・下女二人、家抱は二家・八人（男五・女三）、家抱家族で他所にいる者が三人（男二・女一）であった。下男・下女、家抱は少ない。

持高は、表1No.157甚兵衛家（同高の内の次兵衛家がある）が一三石三斗二升と他を超越し、次いでNo.161市郎兵衛家の五石八斗一升が続く。この二家のみが、家抱を抱える地親であり、下男・下女も「甚兵衛家高之内」である次兵衛家を含めれば、その大半はこれらの家に置かれている。馬も両家のみがそれぞれ三頭・二頭を飼っている。またNo.160次郎兵衛家にも譜代下男がいるが、この時は二年季で下三波川の金剛寺末寺正覚寺に奉公へ出ていた。奉公に出ていた同人を含め、同小村内居住者の旦那寺はみな金剛寺であった。なお、同所には薬師堂があり、その堂守である道心は二日市村（詳細不明）光源寺の弟子である。

元禄十五年（一七〇二）の村差出帳（「飯」八二一四-一七三二）には、組頭として市郎兵衛の名が見え、下男・下女四人と家抱を抱える表1No.161市郎兵衛（五十四歳）に相当するかと思われる。

婚姻・養子関係の動向

まず高持百姓家族について、村内の事例が四件、他村が一〇件と、他村との縁組みの方が多い。家抱家族は、家抱が二家のみのため情報があまりなく比較が難しいが、村内では小平内が一件、他村では矢納村「入」一件と同じ件数であった。

高持百姓家族の村内の事例は、下三波川「入」一件・「出」一件、久々沢「出」一件、小村名不明「入」一件である。みな三波川村の中央部より東側に位置する小村であった。他村は、浄法寺村「入」一件、下日野村「入」一件、上州「あい川村」（後述）「出」一件、阿久原村「出」二件・「入」四件、金沢村（現埼玉県皆野町）「入」一件である。

他の小村で見られた、三波川村の南に展開される十石街道沿いの山村とは縁組みを確認できず、三波川村よりも東側の村々との事例であることが同小村の特徴といえる。

また、神流川を渡った対岸の村、阿久原村との縁組みが最も多く、地理的には近い鬼石村や、川を渡ることなく往来できる譲原村との事例は見られなかった。これは、川を越えた阿久原村との関係が深く、阿久原村から三波川村へと入る際の入り口の小村として小平があったことが窺える。そして阿久原村から、または矢納村から長瀞町へ行く道の途中に位置する、金沢村内の加増村との縁組みが見られることから、小平─長瀞町間の往来は少なくなかったことが窺える。特に、この加増村との縁組みは、小平で他を超えて持高の多い表1№157甚兵衛女房の事例であり、重要な意味を持っていたとも考えられよう。

さらに、下日野村・緑埜村との縁組みからは、阿久原村から神流川を渡り、大沢・雲尾を経て北の下日野村へ向かい、さらにそこから鮎川沿いを北上するといった、南北の道の存在も見えてくる。このことを踏まえると、詳細不明の上州「あい川村」とは、緑埜村から鮎川を渡った対岸の村、鮎川村である可能性が考えられよう。鮎川とは、「あひ川」とも記され、一説に神流川と鏑川の中間にある「間川」にちなんだものという(13)。

また、小平でも家の縁組み先が限定されている事例が知られる。表1№159作兵衛女房の出身村下阿久原村へ妹が嫁し、また№160次郎兵衛母の出身村下阿久原村へ姉が嫁いでいる。

奉公・質物契約の動向

他村との縁組みが多い小平だが、奉公関係は村内が六件、他村が二件、と村内の方が多い。だが村内の事例も、小平内が三件と最も多く、下三波川「出」一件・「入」一件、小村名不明「入」一件であり、下三波川は縁組み先としても見えた小村である。他村では、阿久原村「出」一件と渡瀬村「出」一件が所見され(14)、このうち阿久原村は他村のうち縁組みが最も多かった村である。また、渡瀬村への一件は寺院へのものであった。

表1No.161市郎兵衛家にいる二年季の下男は、家抱与右衛門の弟だと思われ、ここでも地親—家抱関係に基づく下男の受け入れが行われていたことが窺える。さらに与右衛門は、小村内で最も持高の高い甚兵衛家へも弟を奉公に出しているものと思われる。

17　琴辻(ことつじ)

概要

名主市太夫家が所在する小村である。三波川道からは、平滑もしくはその手前の大奈良から北に沢沿いに登っていくと辿り着く。宗門帳における家数は一二軒、市太夫家の寺庵が一軒(天台宗浄土院門中真福院)、総人数七七人(男三八・女三九、うち出家一)、他所に九人(男三・女六)である。

具体的には、高持百姓の家が五軒で二三人(男一一・女一二)、他所に五人(男三・女二)、持高が記されない表1No.167忠右衛門「高之内」が一軒・四人(男二・女二)となる。下男一一人・下女一〇人・姥一人の計二二人は、全て市太夫家の下男・下女である。家抱の六軒・二七人(男一三・女一四)、家抱家族で他所にいる四人(女)もまた、市太夫家の抱えであった。なお、家抱の①甚左衛門家・②平右衛門家・③安兵衛家と四郎右衛門(詳細不明)は、前述のように元禄十二年(一六九九)段階では「下琴辻村」の者として所見され(「飯」)、後に彼らが下琴辻村という小村を形成していくことが知られる。そして同家の家抱数は犬塚の伝右衛門家の六家よりも少ないが、下男・下女数は三波川村内最多であり、下男・下女、家抱を合わせた総人数は五四人と、金剛寺に次いで多い。馬数の一一頭も、表1No.47大奈良の加兵衛と並んで村内最多であった。琴辻全体の馬数では、家一三軒に対して一七頭であり、一軒につき一～二頭を飼っていることがわかる。

持高は市太夫家が六石一斗四升と最も高く、他は一石以下と少ない。家屋も、平場が少ないこともあってか、四～六間×二～二間半と小さい。旦那寺は市太夫家とその下男・下女の一部だけが金剛寺で、他は市太夫家の寺庵真福院である。ここでも、家抱や持高が少なかったり、家屋の狭い家が小村内寺院の檀家である傾向があった。

婚姻・養子関係の動向

高持百姓家族、家抱家族（全て名主市太夫家の抱え）ともに、村内よりも他村との縁組みの方が多い。まず村内の事例についてだが、高持百姓家族では三件で、妹ケ谷「出」一件、竹谷戸「出」一件、小村名不明「入」一件と琴辻から出ていった事例が多い。家抱家族は四件で、犬塚「出」一件、竹谷戸「入」一件、大沢「入」一件、小村名不明「入」一件と、逆に他の小村から入ってきた人数の方が多い。比較的、三波川村の西側に位置する小村との縁組が多く見られた。なお、琴辻から大沢へは、尾根伝いに点在する日向・雲尾を通過して沢を降りて向かうことができる。

次に他村との事例についてだが、高持百姓家族では坂原村「入」一件、日野村「出」一件・「入」五件、萩平村（現埼玉県神川町）「出」一件であり、家抱家族では保美濃山村「出」一件・「入」一件、上日野村「入」三件であった。特に、日野村との縁組みは村内でも最も多く、日野村内でも上日野村との事例が大半である。名主市太夫（表1No.164）の女房も上日野村出身であり、かつ同人の弟与左衛門は、他の史料から上日野村の有力者で、名主であった可能性も考えられる人物である（「飯」六九八八）。

ここから、まず名主家は名主家のような有力家同士で縁組みを結んだことを知ることができる。そしてこの縁組みが、琴辻内における他家の縁組み、特に市太夫家の家抱家族のそれに強い影響を与えていたことも指摘できよう。だが、日野村との縁組みは三波川村全体でも多く、それへも少なからぬ影響を与えていたものと思われる。また逆に、琴辻内、三波川村全体のその動向が、名主家の縁組み先を規定することになった可能性も考えられよう。なお、琴辻からは、道祖神峠を越えて尾根伝いに行くことで、日野村に至ることができる。

また、萩平村の事例は琴辻のみに見え、またこの一件は名主市太夫妹の縁組みであった。嫁ぎ先の九郎左衛門家が萩平村の名主家かどうかなど、この家の詳細については今回調べることはできなかった。だが、十石街道沿いの浄法寺村から神流川を渡り、本庄方面へ向かう道筋にある萩平村は、戦国時代に名主飯塚家の先祖六左衛門尉が長井政実から宛行われた知行として「四貫文　はき平真仁田分」が所見される（「飯」『群7』三〇三四）。萩平村と三波川村、または萩平村と飯塚家の関係を検討すべきかと思うが、今後の課題としておきたい。またそれ以外は、三波川村の南側に位置する十石街道沿いの村々の事例であった。

奉公・質物契約の動向

村内の事例が二一件であるのに対し、村外は二件と、圧倒的に村内の事例が多い。またこれらのうち、琴辻から奉公に出た事例は、他村二件中の一件、白石村（現群馬県藤岡市）への事例のみである。なお、この白石村への事例は表1No.164市太夫家抱①甚左衛門の女子（十三歳）が八年季という長期で奉公に出たものである（表7No.36）。十三歳という年齢から、結婚に至るまでの期間、奉公に出るとの意味かと思われる。

そして、奉公のために入ってくる者の出身小村は、南郷一件・大奈良一件・日向五件・月吉一件・金丸三件・下三波川二件、不明八件であった。隣接する日向出身者が最も多い。縁組みとの相関関係はほとんどなく、村中央部に位置する村からのものが多い。他村からの一件は、縁組みが多く所見された日野村（下日野村）の事例であった。前述のように名主市太夫の女房は日野村の内上日野の出身である。さらに、そのような上日野村には、表1No.167忠右衛門の男子が二年季の質物として出向いていたが、忠右衛門自身もその女房を日野村内の下日野村から迎えていた。つまり、ここからも婚姻関係と奉公・質物契約の相互関係を窺える。

また、下男・下女は全て名主市太夫家に置かれているわけだが、二二人中、六人が譜代でそのうち三人が六歳以下の子供（表8No.81〜83）、三人が高持百姓本人（表6No.21・78・103）、三人がその家族（表6No.59、表7No.6・21）の事例であった。そして六件中、三件が金丸の出身者であったことも特徴的である。三波川村内の者が、高持百姓本人を下男としている事例は五件あり、高持百姓の家族（親類を除く）を下男・下女としている事例は全部で一〇件確認できた。つまり、高持百姓とその家族（特に高持百姓本人）が村内で奉公先を選択する際、その最も有力な候補として市太夫家があったことがわかる。また、同家の下男・下女には、夫婦（下男三十六歳・三年季、下女三十歳・一年季）で年季奉公をしている事例も知られる（表1No.98作兵衛夫婦、表6No.78、表7No.6）。世代的には、先にふれた子供の譜代三人の親に相当するかとも思われるが、その関係については確定できなかった。

第二節　宗門帳からみた三波川村

以上、各小村の考察を試みた。縁組み・養子・奉公契約関係の特色については前章で考察を加えた。そのため、それ以外の問題について、ここでは整理してみたい。

1　檀家関係

この時の三波川村の総人数は一五七四人（出家二六人・道心五人・男七九三人・女七五〇人）である。このうち檀家の内訳を整理すると以下の通りである。

金剛寺（下三波川・真言宗）	五五二人（男二八六人・女二六六人）
来迎寺（下三波川・真言宗・武蔵国児玉郡栗崎村宥勝寺末寺）	一四三人（男　六七人・女七六人）
正覚寺（下三波川・真言宗・金剛寺末寺）	六六人（男　三三人・女三三人）
円満寺（金丸・真言宗・茂左衛門抱・来迎寺末寺）	六三人（男　三四人・女二九人）
真光院（金丸・真言宗・茂左衛門抱・来迎寺末寺）	一九人（男　一〇人・女　九人）
西善（禅）院（大沢・真言宗・来迎寺末寺）	五三人（男　三〇人・女二三人）
光徳寺（大沢・真言宗・来迎寺末寺）	一〇人（男　四人・女　六人）
真福寺（雲尾・真言宗・金剛寺末寺）	二人（男　一人・女　一人）
堯（行）満院（日向・真言宗・久太夫と杢左衛門の抱・金剛寺末寺）	四七人（男　二七人・女二〇人）
安養院（月吉・真言宗・金剛寺末寺）	三人（男　二人・女　一人）
宗膳寺（大内平・真言宗・金剛寺末寺）	一四六人（男　七三人・女七三人）
西光寺（竹谷戸・真言宗・金剛寺末寺）	五七人（男　二八人・女二九人）
宝仙寺（妹ケ谷・真言宗・金剛寺末寺）	七〇人（男　四〇人・女三〇人）
寿命院（大奈良カ・真言宗・金剛寺末寺）	一二三人（男　六二人・女六一人）
東養寺（犬塚・天台宗・上野国緑埜郡浄法寺村浄土院末寺）	一一七人（男　六一人・女五六人）

真福院（琴辻・天台宗・市太夫寺庵　七二人（男　三五人・女三七人）
上野国緑埜郡浄法寺村浄土院末寺）

檀家を持つ寺院は、下三波川・金丸・大沢・雲尾・日向・月吉・大内平・竹谷戸・妹ケ谷・大奈良・犬塚・琴辻などほぼ各小村に所在した。だが、それ以外の平滑・南郷・塩沢・久々沢・小平にはなかったことがわかる。これら五つの小村のうち、塩沢・久々沢・小平には道心が住む堂を確認できた。現地の踏査および聞き取り調査から、平滑・南郷にも堂があったと思われるので、無住の堂などはあったのであろう。また、小村内にある寺院の中には、特定の家（高持百姓）との関係（抱え・寺庵など）が明記されているものも見られた。これらのうち、日向の久太夫や琴辻の市太夫は持高が多く、家抱を数家抱える小村内における有力な家だったことが知られる。日向の杢左衛門は持高も少なく、下男・下女、家抱を抱えないが、その妻は久太夫姉にあたり、両人は義兄弟、両家は親戚同士にあたる。金丸の茂左衛門については、今回は詳細を確認できなかった。

これまで見てきたように、金剛寺は久々沢以外の全ての小村に檀家がおり、高持百姓家族が多いこと、特に持高が多く、下男・下女、家抱を抱える地親であり、また家屋が大きい、といった特色を持つことが多い傾向があった。だが、大沢では高持百姓家族の大半が来迎寺檀家であるなど、異なる事例も見られる。また、これと対応して、持高の少ない高持百姓家族、下男・下女、家抱は小村内の寺院を旦那寺とする傾向が見受けられた。先にあげた、檀家を持つような寺院がない小村では、平滑は寿命院（大奈良ヵ）・宗膳寺（大内平）・真福院（琴辻）、久々沢は円満寺（金丸）・西禅院（大沢）、といった隣接する小村内寺院の檀家が所見される。ここから、どの寺の檀家であるかが、何らかの意味を持っていたと考えられ、三波川村内、また各小村内における身分を示す指標の一つとなっていた可能性を指摘できよう。

だが一方、元家抱からなる南郷では高持百姓家族全員（下男・下女二人も含むか）、塩沢では高持百姓家族と下男・下女の全員、小平では高持百姓家族、下男・下女、家抱を含めた全員が、金剛寺檀家である事例も見られた。他の小村でも、下男・下女であっても金剛寺檀家である事例も所見される（表1No.86＝家抱家族／No.93＝譜代／No.95＝譜代／No.96＝譜代／No.133＝譜代／No.154＝金剛寺門前・他村出身者・譜代／No.156＝金剛寺／No.164＝高持百姓家族／小平の事例）。ただ、そこには金剛寺檀家である高持百姓（持高が多く、下男・下女、家抱を抱え、家屋も大きい家が多い）の譜代下男・下女である事例が多いなどの特色があった。彼らを下男・下女として置く家の身分が譜代の身分まで規定したのだろうか。詳細は不明だが、今後の検討課題としておきたい。

2　村内における年貢負担のあり方

当時幕府領であった三波川村は、村として年貢を請けて幕府代官へ納めていた。ここでは宗門帳に基づき、村として年貢を請ける際の負担のあり方について整理してみたい。まず、前述のように宗門帳では基本的には石高表示で各高持百姓の持高が明記されているが、南郷・月吉については貫高表示であることが知られ、統一はされていない。日向については、石高表示とそれを貫高に換算した額も記されおり、ここから貫高×五＝石高の換算方法を確認できる。そして、大内平・大奈良・日向については、小村ごとの人数等の小計が出される際、小村内の持高の合計も記されている。また、表1No.47大奈良加兵衛の家抱門三郎は、南郷分として六〇文を負担していることから、村内では小村ごとに年貢負担を請け負っていたものと考えられる。

さらに、南郷では持高が、(A)一六三文（八斗一升五合）が三件、一六四文（八斗二升）一件、(B)八二文（四斗一升）二件、(C)五四文（二斗七升）二件、五五文（二斗七升五合）一件、六〇文（三斗）一件、と持高はほぼ三タイプに分けられる。またこれは、(B)＝(A)の約二分一、(C)＝(A)の約三分一に相当する。小村として請け負った負担額を、何らかの理由で三タイプに分け、互いに振り分け合っているように見える。持高の少ない家々からなる小村南郷には、小村の請け負う年貢を分配して賄おうとする政治的性格が窺える。三波川村内で起きていた小村化の動向には、南郷に顕著な集団としての年貢請け負い体制の成立があったのではないだろうか。

また、小村内において何軒かを単位として年貢負担を請け負っているかと思われる事例も見られた。たとえば、犬塚は、表1№17・18の二家で一区切り、№19～23の四家と一寺院でもう一つの区切りを設けて宗門帳は記載されていたが、後者については人数・家数などが集計される際に、持高も集計されていた。下三波川でも、人数・家数の集計を三つに区切って行っており(イ)＝表1№141～152・(ロ)＝№153～155・(ハ)＝№156)、金剛寺分については貫高で表示されるなど、小村内での石高・貫高表示の統一もなかった。また(ハ)として区分した金剛寺だが、その持高はその門前数一二(軒)で割り切れる額になっている(一軒あたり六斗三升五合)。これらを勘案すると、人数・家数などを集計する小村内の区分、小村内集団も年貢負担を請け負う単位であったと考える余地があろう。ここでも何らかの意味を持って集まる小村内集団(何家かのまとまり)が、小村への年貢負担を取りまとめる、政治的な関係、集団としてあった可能性も指摘できると思う。

しかし小村の政治性と対村への年貢負担の責務が窺える一方、元禄十二年(一六九九)に小村高について幕府から尋ねられた際、三波川村としては次のように返答している。

【史料1】(「飯」四九〇三)

指上ケ申口上書之覚

一、三波川村之儀、高弐百九拾壱石四斗壱升五合之高辻、慶長三戊之年伊奈備前守様御検地已来、御水帳幷御割付

茂壱本ニ而御年貢諸役等上納仕来り申候、尤前々(之カ)御国絵図ニ小村之儀銘々書上ケ申、小村高之儀印シ申候得共、何れ之小村も入相畑作り申候得者、小村高之儀分明ニ知レ不申候、三波川村之儀古来ゟ永高五拾八貫弐百八拾三文之高辻ニ而一村之御公用相勤、小村高之儀何ニ而茂用申儀無御座候、三波川村一村ニ御極メ可被下候、以上、

元禄十二年(一六九九)卯之八月

上野国緑埜郡三波川村

名主　市太夫

年寄　治郎左衛門(印)

御代官様

これは、三波川村を各小村としてではなく、一村として扱ってほしいと訴える中で、小村高について答えたものである。傍線部によれば、以前の絵図には小村高を記していたが、いずれの小村も入会で畑を作っているので明確な小村高はわからない、だから一村として扱ってほしい、とある。つまり、各小村居住者の耕地の所在は、彼らが住む小村内に限定されないとし、それを理由にあくまでも三波川村としての請負高であることが強調されているのである。先の事例からも、小村ごとの請負高がまったくわからない事態は想定しにくく、むしろ三波川村として請け負うことの必要性があったことを示しているものと思われる。一見、地理的にも小村ごとにバラバラにあるかのような三波川村だが、一つの村であることに意義があったことをここからも窺える。

そして、「○○○高之内」と見える家についてだが、高持百姓「○○○」の分家、兄弟や親戚と思われる事例が多く、高持百姓「○○○」を通して年貢を負担しているものと思われる。高持百姓「○○○」が負担する額が高い事例が多いのも、二軒分の負担であるからと考えられよう。

3　地親―家抱関係

研究史によれば、家抱とは寺の門前とともに主従関係を有する地親や寺に対し、賦役提供を義務とする借地隷属農民であるという[15]。三波川村の場合、慶安五年(一六五二)の五人組帳に初見され、同年の高持百姓数は不明だが、家抱一六五人、門前九人を数え、翌承応二年(一六五三)の五人組帳によれば高持百姓五八人、家抱一六六人、門前一〇人(家抱・門前計一七六人)であり、家抱・門前は高持百姓の約三倍に及んだという。元禄五年(一六九二)の段階では、高持百姓一五一人であった[16]。つまりその約四十年間で、高持百姓が九三人増え、家抱が七〇人減少し、門前が九人増えたことになる。山田武麿氏による五人組帳の分析によれば、高持百姓の数については不明なものの、家抱は寛文三年(一六六三)に一六六人であったものが、同十年には九六人と激減したといい、この間に大きな変化のあったことがわかる。

これは、寛文期に家抱側からの訴訟が相次ぎ、家抱を「はなし《離》申」したことが多く行われたためだと思われる。特に、寛文三年(一六六三)における代官の替わり目に際し、大規模な訴訟が行われている(「飯」『群9』五二一六)。この動向は、研究史によって家抱の「解放訴訟」とも呼ばれ、三波川村のような「後進地域」では、漸くこの頃になって隷属農民が解放され始め、本百姓体制へ向けて動き始めたと位置づけられている[17]。だが、そのように結論を急ぐ前に、地親―家抱関係の実態をまずおさえてみたい。

寛文六年(一六六六)の家抱側の訴訟に対し、地主らが奉行所に訴えるなかでは「拙者共代々ヨリ持来候家抱之者共、先規ヨリ拙者方へ年貢家抱役を相勤来候」(「飯」『群9』五二一六)と見え、地親―家抱関係が代々続く関係であり、家抱は地親へ「年貢家抱役」を勤めていたことがわかる。また、寛文九年に家抱を離れた際に出された証文には次のようにある。

【史料2】（「飯」『群9』五二八）

手形之事

一、我等分①坂本田地高辻覚之事
　永百七拾文　　御年貢高辻
　外
　永拾弐文　　　紙船之役
　合百八拾弐文　漆百目ニ而可納

右如此之処、②今般ゆわひとして金子弐拾両請取家抱をはなし隙を出し申所実正也、③自今以後者御年貢諸役共名主殿へ直納ニ相勤可被申候、此田地ニおいてたれ成共かまい申者御座候ハヽ、何方迄我等罷出急度申吩可仕候、為其各々証人ニ頼入如此判形為致申候、為後日加判仍如件、

寛文九年（一六六九）酉四月晦日　　　（以下欠分）

まず傍線部②から、地親から家抱が離れる際は、「ゆわひ」（祝い）金を支払うこと、傍線部③から、家抱を離れると、まず耕地が元家抱の所持するものであることが保証され、年貢諸役を名主（村）に納める責務を負うようになること、と見える。逆にいえば、地親―家抱関係にあっては、村（名主）を通じての領主に対する年貢諸役は、地親が責任を持って負担していたことがわかる。宗門帳において、地親のみに持高が記され、特に地親となる高持百姓の持高が大きかったのは、家抱分の年貢諸役を納める関係にあったからだとわかる。なお、傍線部①に見える永一七〇文の「坂本田地」とは、慶長三年（一五九八）の地詰帳には大膳分、三郎五郎作とされる（「飯」五四・二四六三）。大膳は、大内平を開発した飯塚氏の先祖だといわれ、この時家抱を離れた者は、大内平の大膳家子孫の家抱だったのであろう。

だが、地親から家抱が離れることが、まったく両者の関係解消を意味したわけではないことも、享保二年（一七一七）の事例から知られる。そこでは、「御公儀様御年貢御役等ハ拙者方ヨリ相勤可申候、勿論拙者儀代々家抱御座候間、書面之通高分ケ被下新規百姓ニ相成候共、貴殿とハ主従之所縁ニ御座候ニ付、我儘ケ間敷儀無之、何事も相互ニ睦敷いたし可申候」（「飯」）[18]とあり、それ以降も主従の関係は解消されないことを確認し合っている。つまり家抱を離れることは、主従関係は継続されるが、所有を保証される耕地を得て、年貢諸役を名主（村）に納める責務を負うようになることだとわかる。

また、家抱を離れたいという訴訟が行われる一方、家抱になりたいと願い出るケースも知られる。

【史料3】（「飯」『群9』五四二）

一札之事

一、拙者普代家来長七儀、此度家抱罷成度願候間、先規ゟ如郷法之畑屋敷林預置、一ヶ月ニ三日男手間役并女手間其外手間等如前々之為相勤、御年貢等之儀者拙者方ゟ上納仕来申候間、願之通家抱壱軒前ニ御出シ可被下候、長七儀不宜儀茂有之候ハヽ、主人久兵衛方より為申聞、我侭不行跡之儀無之様ニ為相勤可申候、為其一札、仍如件、

安永七年（一七七八）戌十一月

久兵衛（印）
五人組　長七（印）
同　忠右衛門（印）
証人　金左衛門（印）
清右衛門（印）

与市殿

これは九兵衛の「普代家来」である長七が、家抱になりたいと願い出たので、先規からの三波川村の法に則って、畑・屋敷・林を長七に預け、一カ月に三日の男手間役と女手間役を勤めること、年貢は地親が納めること、と見える。ここからは、譜代が家抱になるケースがあったこと、家抱になることで畑と屋敷・林を預かり、畑の耕作にあたったと思われること、宗門帳からもわかることだが別に家を設けて住んでいること、家抱役が一カ月に三日の男手間役・女手間役であったこと、がわかる。史料2で、家抱を離れる際に排他的な耕地を保証されていたが、それはこのように預けられていた耕地だと思われる。さらに山田武麿氏は、寛延元年(一七四八)に地親が家抱に預けた「居屋敷幷畑林」を質入れし、それが流地になったため家抱を離し、公儀の年貢諸役は元家抱が名主に払うことになった事例をあげている(19)。家抱に預けてある「居屋敷幷畑林」などは質に入れることができる土地であり、逆に史料1で家抱を離れて得た耕地は元家抱が質に入れることもできたと思われる。また地親側の経済的理由で家抱を離すことがあったことがわかる(20)。

以上のように、家抱であることは、居屋敷・畑・林を預けられ、それに対して地親に家抱役および年貢諸役を納め、そして名主(村)に対する年貢諸役納入は地親がその責任を負うことになる。宗門帳において、家抱を抱える者に持高が多かったのは、彼らが家抱の分を負担していたためであろう。また、年貢納入が地親―家抱間の問題であったため、他村(多野郡上野村)の事例ではあるが、家抱が「手間之儀毎年之通り不仕、其上年貢も去々年より未進仕」(「黒沢善雄史書蔵文書」『群9』五二九)といった事態も生じ、家抱が地親に訴えられることも起こっていた。つまりこれは、家抱であれば、地親との関係によっては数年に及ぶ年貢の未進が可能であること、また地親はそのような家抱分の年貢諸役の納入も名主(村)に対して負っており、実態としては年貢諸役を立て替えて納入する関係になっていたことが考えられよう。要するにここに、家抱が家抱役等を負担してでも、地親―家抱関係を維持していくことの意義があったと思われる。また、宗門帳の考察からは、地親―家抱関係に基づき、奉公契約が成立した事例も多く所見され、そこにも家抱にとって地親を持ち、地親―家抱関係を維持することで得られたものが小さくなかったことを指摘できよう。そこ

家抱が自ら地親から離れようと訴えた理由も、そこから理解できると思う。つまり、地親を持ち、地親―家抱関係を維持する意義が最早なくなったからではないだろうか。従来のように、本百姓体制へ向けた政策の浸透によって家抱は解放された、とは位置づけられないものと思う(21)。

また、家抱とは地親に対して年貢諸役を納め、村に対して(小村ごとに年貢諸役を請け負っていたならば小村に対しても)その責務を負わない存在であることを踏まえるならば、家抱であることが単に地親―家抱の間の問題に収斂されないことは明白であろう。先にみたように、家抱の多くは小村内寺院を旦那寺にする傾向が見られ、それは身分的な指標の一つであろうと指摘した。また、基本的には高持百姓家族は村内の高持百姓家族と、家抱家族は村内の家抱家族と縁組みを結んでおり、そこにも小村を越えた村としての身分的格差のあることが窺えた。つまりそれは、村へ(小村へも)の年貢諸役納入の義務を負わないという、このような家抱のあり方が、小村内における身分、そして村における身分を創り出したものと考えられよう。逆に、村に対して(小村に対しても)年貢諸役を負担し、特に下男・下女を養い、家抱を抱えるために持高も多いことが、彼らの小村内における身分、村における身分を生み出していたともいえる。

もちろん例外はあるが、名主を始めとして組頭や年寄などの村役人を引き受けることとなった家には、持高が多く、下男・下女を置き、家抱を抱える家が多かった。また、村内からの年貢諸役を集める名主とは、村への納入義務を負う者たちがそれを果たせなかった時、その未進分を立て替えて領主に納める機能を果たしていたことも知られる(22)。このような村における家の役割がまずあり、そのために村役人の責も求められたと考えられよう。なお、名主による村

内末進分の立て替え機能は、先にみた史料1で、小村高ではなく村高として把握してほしいとの主張を支える要因の一つであったと思われる。

おわりに

以上、前節における各小村の考察を踏まえて検討を加えた。宗門帳の分析から明らかになったことをまとめれば次のようになろう。まず、村(名主)に対する年貢を納入しない(できない)ためにその納入分を立て替え、時には奉公先ともなり得る地親を頼る家抱が存在した。代々の家来となり日々奉公することで、時には幼い子供を抱えていても家族や親子として養われた譜代の下男・下女が存在した。譜代ではないが、特に三年以下の短期の年季契約で下男・下女として置いてもらい、食べていこうとする多くの人々がいた。なかでも男子にとって、寺院は長期の奉公先としても機能していた。女子にとっては婚姻が、男子の奉公に代わる役割を持ち、食べていく術の一つとなっていたらしい。またそれだけではなく、婚姻や養子縁組みは、そこで結ばれた縁に基づいて、縁ある人々(家族・親族・家抱・小村・村の人々)のために、たとえば奉公先を創り出すという役割も担っていく。そして、そのような働きかけ、求めを受けて、奉公契約を結び、代々または年季を限って下男・下女として養う人々、村(名主)への年貢納入を立て替え、多くの年貢負担をする地親たちがいた。新たな労働力ともなる家族として、縁付いてきた人々を迎える縁組み先の家の人々―、このようなあり方、関係性が見えてきた。

つまり、地親―家抱関係や譜代・年季契約での奉公関係、時には縁組み関係も、家抱や奉公人となり、また他家に嫁ぐ(養子に行く)ことで日々の生活を維持し、生きていこうとする人々を保障するためのシステムとして生み出され、機能していた側面があると考えられる。[23] そして、①下男・下女を養い、家抱の村（名主）への年貢納入を立て替える（さらに名主は、高持百姓の未進分も立て替える）、そのような家に帰属する家族であること、②下男・下女として養われ、地親に年貢納入の義務があり、村（名主）に対してはその責務を負わない、そのような家に帰属する家族であること、③①②が、それに相応しい旦那寺を持ち、婚姻・養子関係を結ぶといった身分的格差を生み出していたものと思われること、④村における家が果たした役割の大きさは、名主を始めとする村役人となるべき立場を決める重要な要素となっていたこと、も窺えた。

また、このようなあり方は、小村同士についても指摘できよう。いまだ推測の域を出るものではないが、持高の大きさや下男・下女、家抱を抱えるなど、村内における小村の負担・役割によって村内の位置づけに違いがあったのではないだろうか。隣接していても縁組みはない小村同士があるといった、小村としての縁組みの特色、旦那寺などの格差として、それは反映されていることが考えられよう。たとえば元家抱からなり、全体的に持高も少なく、家抱のいない南郷には、元禄十五年（一七〇二）段階で村役人に相当する人物が見えない。それは、少なくともこの段階では村代表者を輩出するには不足である、またはその資格がないと見なされた結果を意味するように思われる。

このように、三波川村の内部では、おそらくここで明らかにすることができたこと以上に、重層的で多元的な、さまざまな生きるためのシステムが創り出され、維持されていたものと考えられる。それは、この時代がそれらなくしては、多くの人々が生きることができない社会であったことを示すものでもある。だが、そこでそれぞれが求められた機能が不要となれば、それを担っていたシステム自体も必要とされなくなっていく。寛文期に家抱出入といわれる訴訟が相次いだのも、家抱が地親への家抱役を負担してまでも、年貢諸役の納入を立て替えてもらう必要がなくなったという、事情があったのではないだろうか。[24] そして生きるために必要とされていたこれらのシステムのあり方が、身分・階層差、そして村役人の存在を始めとする村の内部構造を生み出し、村を支えていたといえる。

しかし、このような村の内部構造は、なぜ、如何にして生み出され、維持されてきたのかを知るためには、三波川村に住む人々が年貢等を如何にして捻出し、負担していたのか、なぜ(家抱になってでも)年貢諸役を支払おうとしたのかを検討する必要があろう。

そこで、次章では三波川村の生業について考察し、その上で年貢諸役を負担する意味を考えてみたい。またその際は、内部に小村を含むさまざまな生きるためのシステムを創出しながらも、三波川村が一つの村であろうとした理由、先の史料1でも見たように、小村高を把握しようとする領主に対し、村があくまでも三波川村として扱われ、「村高」に固執していた点にも、注目していきたい。

註

(1) 多野藤岡地方誌編集委員会編『多野藤岡地方誌　各説編』(一九七六年、三七二頁)。

(2) 干川明子「国絵図における枝郷の性格―緑埜郡三波川を事例として―」(『群馬文化』二二六、一九九一年)。以下、史料上に小村が所見される時期の確定については、特に明記しない限り同論文による。

(3) 井上哲朗「村の城について―上野国三波川地域の城館址調査から―」(『中世城郭研究』二、一九八八年)。

(4) 寺についての記載はないが、年貢請負百姓家および家抱の家数集計は一五軒であり、帳面上の集計一六軒に一軒不足する。

(5) 干川前掲註(2)論文。

(6) 鈴木一哉「元禄期前後における三波川村の「枝郷」と「郡」―元禄国絵図関係文書を手がかりに―」(『双文』九、一九九二年)。

(7) 同人の出身村だが、宗門帳には「山川金右衛門様御代官所ほみ村」とあり、「保美濃山村」とは記されておらず、別に近隣には「保美村」(現群馬県藤岡市)も存在する。だが、旗本領の保美村は山川代官所ではなく、また表1No.31の八兵衛家抱③久右衛門の弟は「保簑内犬目村」の百姓になったと所見される。犬目村は保美濃山村の枝村であることから、保美濃山村が「ほみの」とも称されたことが知られる。そして保美濃山村は山川代官所であるため、検討の余地は残るが、ここでは「ほみ村」を保美濃山村と解釈した。

(8) 保美濃山村次郎右衛門についてだが、下三波川の金剛寺門前⑨六兵衛の女房に「保美濃村次郎右衛門娘」が所見される(表1No.156)。だが、六兵衛女房は三十四歳で、四郎兵衛の下女十三歳とは年齢差が大きく、同一世代とは考え難い。次郎右衛門という名の別人と考えられよう。

(9) 金丸の場合、帳面上の人数・馬数を合算した数値と帳面に記される数値が異なっている。帳面には馬数一三、総人数は八八人(男四三・女四五)、他所に九人とある。

(10) 「下人」化の諸契機を考察したものに、関口博巨「近世前期奥能登における「下人」化の諸契機―時国家の「下人」を中心に―」(神奈川大学日本常民文化研究所奥能登調査研究会編『奥能登と時国家　研究編I』平凡社、一九八九年)、また「下人」化することの生命維持装置としての役割を中世社会に見出した研究に、藤木久志氏の研究がある(同「生命維持の習俗三題」『遙かなる中世』一四、一九九五年)。蔵持重裕氏も、十五世紀の太良荘で、八歳の男子が二貫文の担保で入質されたことを、「半ば養育依頼・口べらし」と評価し、後に「所従ではなく養子であったかどうか」などが争われたことに注目している(同「名主家族の結合と家の継承」『日本中世村落社会史の研究』校倉書房、一九九六年)。「下男」「下女」になることの機能を検討しつつ、「下男」「下女」となる諸契機を実証しながら、下男・下女を「養子」

とも認識する意味について、今後検討していきたい。

(11) これは偶然かもしれないが、一貫五二四文は、金剛寺の門前一二軒で当分に割ると一二七文ずつになり、割り切れる数値になっている。金剛寺の持高が決定される際、一二の倍数になる数値が求められた可能性も考えられる。

(12) 同家の屋敷の大きさについては、「横七間是を四間と書申候」と書かれている。帳面上は四間と書くが、実際は七間であるという意味であろうか。帳簿上と実態は異なることを示唆するものとも考えられ、検討を要する。

(13) 『日本地名辞典　群馬県』(平凡社、一九四四年)。

(14) 宗門帳には「武州児玉郡阿久村」と記されるが、郡名からも阿久原村の誤記と解釈した。

(15) 山田武麿『上州近世史の諸問題』(山川出版社、一九八〇年)。

(16) このうち二人は奉公のため移動しているが持高はある。これらのほか、「○○○高之内」とある者は一八人、出家一三人、道心二人、他所の者が一人いる。

(17) 山田前掲註(15)著書。

(18) 山田前掲註(15)著書の引用史料7。

(19) 山田前掲註(15)著書。

(20) 宗門帳では、浄法寺村の百姓が地親である家抱も所見された(表1№94)。だが、これは最初から浄法寺村百姓の家抱であったわけではなく、質に入れられて流地となり、地親が替わる(それが他村の者であった)という事態も想定できるかと思われる。

(21) 家抱が地親から離れていくという動向については、戦乱の戦国時代から平和の近世へといった社会が移り変わっていく状況から理解すべきだと思う。

(22) 稲葉継陽「村の御蔵の機能と肝煎」(同『戦国時代の荘園制と村落』校倉書房、一九九八年、初出一九九六年)。

(23) 縁組みについても、場合によってはこのような目的で話が生まれ、実際に機能することもあったと考える。

(24) 山田武麿氏の研究(前掲註(15)著書)によれば、この動向は三波川村だけではなく、山田氏の調査対象地域の各地でみられた傾向である。また、研究史的にも寛文・延宝期は隷属的農民が自立する画期とされている。このような一致は、一地域的な要因ではなく、社会的な変化を背景にするものと考えられる。たとえば、戦乱の終結・復興、平和の定着などが要因にあげられよう。

第七章　生業からみた村落

はじめに

三波川村は、上野国の南東部に位置する山村である。中山道の新町宿(現群馬県高崎市)から分岐して、信濃へ向かう十石街道沿いにある鬼石の町(現群馬県藤岡市)から、神流川の支流である三波川に沿って西へ山を登っていくと、約八㎞に亙っていくつもの集落が点在している。それが三波川村である。「小村」「枝村」と呼ばれる集落は、急な斜面に位置し、耕地はほとんどなく、日照時間も短い。当然、採れる農作物は少なく、食糧は他村へ依存せざるを得ない。一見、山に囲まれて閉鎖的にみえる村だが、別稿で考察したように、近隣村との縁組みや奉公契約を多く確認でき(1)、村の人々が生きていくためには、近隣の村町との密接な関係が不可欠であったことを物語る。現代のわれわれには住み難ささえ感じるこの村だが、実は少なくとも戦国時代から人々が住みついていた。

第五章・六章では、元禄期段階の縁組みや奉公関係を考察することで、地域社会との関わりによって存続できた村の実態に迫ろうとした。その際、縁組み・奉公契約が結ばれた背景に、生業上の繋がりがあったことは指摘できたが、充分な考察をするまでには至らなかった。食糧自給率の低い村の人々が、如何にして過酷な戦国社会を生き抜き、その後も村を存続させることができたのか。本章は、第五章・六章の成果を踏まえ、村の生業に注目することで、山村の人々がどのようにして生活を成り立たせ、年貢諸役を負担する村落として成り立つことができたのかを検討したい。それが、本章の第一の目的である(2)。

第二の目的は、前述のように約八㎞にも亙ってバラバラに点在し、谷地形ゆえに高低差も激しい小村群からなる三波川村が、なぜ一つの村として存続し続けたのか、その理由に迫ることである。前章でも触れたが、小村数は時代が下ると増え、村内には、いくつかの小村でまとまった「組」と呼ばれる行政単位も近世には確認できる。だが、三波川村は一貫して小村高ではなく、村高であることにこだわっていた。小村によっては、他村との関わりが深い場合があるにも拘わらず、なぜ三波川という村の単位に人々はこだわったのか。その点についても考えていくこととしたい。

第一節　村の生業―山での暮らし―

まず、前章で考察した宗門帳作成の十年後に当たる、元禄十五年(一七〇二)八月に記された、同村に伝来する最も古い村差出帳を主な素材として、村の生業を概観してみたい。

【史料1】上野国緑埜郡三波川村差出帳(「飯塚家文書」八二一四－一七三二号文書(3))

慶長三戊年伊奈備前守様御検地

永高五拾八貫弐百八十三文

一、高弐百九拾壱石四斗壱升五合　　畑屋敷共ニ

内　四斗九升五合　前々川欠
　　弐石八升　去ル巳年川欠

残弐百八拾八石八斗四升

右者、百五年以前慶長三戌年伊奈備前守様御検地水帳壱冊」名主所ニ所持仕候、畑屋敷事永高ニ而反別も上中下之次第も無御」座候、御割付も永高ニ而御座候か、当三拾七年以前寛文六年午年」御代官伊奈左門様御支配之節、永高を石高ニ御直シ被遊候、

（中略）

一、①永三貫四百三拾弐文　　紙舟役

　是ハ古来ゟ上納致来リ申候、

一、②永弐貫百六拾八文　　臨時

　是ハ絹・綿・紙三色之売出之由申伝候、古来ゟ上納致来リ申候、

一、③漆拾三貫五百七十五両　　古来ゟ上納

　此代永九貫五百三文、御年貢ニ而御引被下候、右之漆当年之」漆者、翌年之土用過ニ上納仕候、

一、④荏弐斗九升五合　前々ゟ上納申候、

　此代永五十八文、御年貢ニ御差引被下候、

一、⑤大豆五斗八升三合　　年々上納

　是ハ古来者納不申候得共、十五年以前貞享五年辰年ゟ納申也、」此代永百十七文、御年貢ニ御差引被下候、

一、御六尺給米　前々ゟ上納仕候、

一、百石壱分之高懸リ

　是ハ拾四年以前元禄弐年巳ノ年ゟ上納申候、

同御代官所

一、永七文⑥　鬼石村安兵衛入作
反別無御座候、
右ト同御代官所

一、永五文⑦　鬼石村源太郎入作
反別無御座候、
同御代官所

一、永三百廿文⑧　鬼石村へ当村市大夫（ママ）出作
反別無御座候、
野田三郎左衛門様御代官所

一、永弐百廿五文⑨　保美山へ当村長左衛門出作
反別無御座候、
松平仁十郎様御知行所

一、永拾文⑩　下日野村へ当村二郎左衛門出作
反別無御座候、
酒井雅楽守様御知行所

一、永壱貫弐百六拾五文⑪　常法寺村へ当村市大夫出作
此反別七反弐拾九歩、

一、御用木⑫　弐百六拾八本　四尺廻り方／壱丈弐三尺廻迄　長サ　壱間方／四間半迄

右之木　槻弐百四十壱本　三波川みかふ山ニ有、
杉廿壱本　百姓持分之内ニ有、
松六本　百姓持分之内ニ有、
是ハ御荷鉾山之内ニ慶長年中伊奈備前守様御代官所之節、」御改御帳面ニ付印候由ニ而、貞享三年寅年佐原三右衛門様御」代官所之節、右之御帳ヲ以テ御改御帳面ニ御印被遊候通リ、如此候、」三波川村之者共大切ニ相守可申候旨、被仰付、于今至テ右御用木」大切ニ相守申候、委細別帳ニ書印差上申候、

一、永七貫百弐拾五文⑬　御荷鉾山御運上鬼石村ゟ上納
是ハ慶長年中ゟ同御代官様鬼石村ゟ差上ケ、当村分之」みかふ山へ入相ニまかり之薪・馬草鬼石村へ取申候、此御運上金」之儀、古来ゟ鬼石村ゟ鬼石村之御代官所へ上納致来リ」申候故、今以鬼石村ゟ上納仕候、

（中略）

一、百姓林⑭　百姓百八拾人持分之林
是ハ古来ゟ百姓持来リ別而林銭出シ不申候、三波川村」山入ニ而右林山岸谷多ク御座候付、何ケ所共印不申候、殊ニ」町歩相知レ不申候、小村十八ケ村之屋敷之かこひニ林御座候、」当村之儀山方ニ御座候故、世なみ能御座候而も、年中半分」たべ申程穀物取申候故、右之面々持分之林ニ而市」町へ薪切出し、代替候而穀物を求メ、身命送リ仕候故、」世からあしき年ハかつニおよび申候、

一、藪　百姓居藪
是ハ御検地之時分御改無御座候へ者、藪銭も出し不申候、」十八ケ村之かこひに御座候、何ケ所共反別も印不被申候、」百姓屋敷廻りニ御座候、尤持不申候百姓も御座候、

一、⑮永壱貫八百文　山銭

内　壱貫文ハ野田三郎左衛門様御代官所保美山村ゟ上納
　　八百文ハ筒井三郎左衛門様御知行所高山村ゟ上納

右者五年以前元禄十一年寅年ゟ上納仕候、委細之」儀者前々ゟ右之両村ゟ当村地主之方へ年頭銭を取、馬」草とらせ申候所ニ、当村中間ニ而出入ニ罷成、御代官下島甚右衛門様へ」申上り、御詮議之上、御公儀様へ御取上被遊候故、五年以前寅年」ゟ、右両村ゟ当村へ請取上納仕候、

（中略）

一、⑯当村百姓家職、絹・綿・麻布・木綿布・紙しき申候、

一、村中諸事入用、年中ニ大積リ金三両程、年ニゟ過不足御座候、

是ハ名主・組頭御公用ニ而方々へ行申候遣・飛脚遣、其外諸色」入用村中高割仕候、

一、⑰当村薪之儀、自分之林ニ而も取申候、三波川奥みかぶ山」入相之山ニ而も取申候、百姓持分之芝山ニ而もくづ木者入」相ニ取申候、

（中略）

一、⑱当村中こやしニハ、馬草山ニ而草儀かり馬ニふませ、」又ハつみ置、又はいなとも仕候、それ〳〵ほしか売申候而仕者御座候、」

（中略）

一、⑲馬草之儀、当村奥御荷鉾山、又ハ百姓持分林之外、」芝山ニ而入相ニ取申候、当村之内大奈良村・月吉村之」者ハ、野田三郎左衛門様御代官所保美山村分之内ニ而」もより所ノ者取申候、

一、御餅米之儀、当村ニ而ハ田作壱本も作リ不申候故、」古来ハ出し申候儀者無御座候得共、依田五兵衛様」御

一、支配之節十一年以前元禄五年申年ゟ金納仕候、
一、[20]御年貢漆之儀、八丁岸迄六里御座候、是へ出し」船ニ積御江戸へ廻し申候、
一、荏・大豆・御餅米・御六尺給、皆金納仕候得共、右之船ちん・」駄ちん少つゝ被下候節も御座候、
一、[21]当村之儀者、みかぶ山嶽下、其外南北山高故、谷」深く細谷ニ而平地少分御座候而、皆さがしき畑共、」石地・あさ地ニ而野畑山半ふくいたゝきに御座候故、」地長ケうすく御座候所、嵐之時分者油土ハ皆押流シ」申候故、毎年作物みのり悪敷御座候ニ付、世から悪敷」時分惣百姓かつに及申候、
一、[22]畑ノ上木、楮・漆・桑御座候、
一、[23]当村百姓市用者、鬼石町・渡瀬町・藤岡町・金井町」にて売買仕候、

（中略）

右之通リ永高・小物成、其外諸事村中之品々」并ニ□々ゟ致来リ候儀、惣百姓立合吟味之上、委細」帳面ニ記差上申候、若相違之儀書上ケ候ハヽ、御詮議」之上如何様之曲事ニも可被仰付候、為其連判如此御座候、已上、

元禄十五年（一七〇二）午ノ八月日

上野国緑埜郡三波川村

名主市大夫（黒印）
組頭六左衛門（黒印）
組頭三左衛門（黒印）
（以下三〇人、省略）

御代官様

以上である。次に史料中の傍線部を取り上げながら、三波川に住む人々の生業を整理してみたい。

1　農業・産業

まず耕地についてだが、村内には田地はなく畑地のみである。それは慶長四年（一五九九）の地詰帳も同様であり（「飯」八二二四-二四六三）、それ以前からも変わらない状況だと思われる。畑作物としては荏・大豆（貞享五年〈一六八八〉から年貢納入）が知られ、ここには見えないが蕎麦も作られていたようである（「飯」四九三六＝後掲の史料6）。だが、平地が少ししかなく、険しい所にある畑は、石塊が多いために耕作が難しく、山の中腹や頂きにあるため、嵐の時には押し流されて作物の実りは悪い。不作時でなくとも、必要な食料の半分ほどしか穀物は採れなかった（傍線部⑭・㉑）。そのため、不作の時には百姓は飢えてしまう（傍線部㉑）。つまり、村内の畑地で採れたものだけでは食べていくことが難しい、そんな環境条件にあった。

しかし、三波川村では山村であるからこそ成り立つ生業もあった。山にある漆の木からは漆が採れた（傍線部③・㉒）。それに対する課役は、金納ではなく漆で納入され（傍線部⑳）、神流川から利根川へ河川流通による運搬が行われたものと思われる。また、養蚕のための桑も植えられ、紙漉の材料である楮も採れた（傍線部㉒）。三波川の人々は、絹・綿・麻布・木綿布を作り、紙漉きなどをしていたらしい（傍線部⑯）。

村内の耕地は少なかったが、若干ながら他村からの入作も所見され、二人が鬼石村から入作していた（傍線部⑥・⑦）。しかし、狭小な耕地しか持たない三波川村からは出作の方が多かった。名主市太夫家は鬼石村と浄法寺村へ、また長左衛門（大奈良の者か＝「飯」二九九四-一）が保美濃山村へ、二郎左衛門（詳細不明）が下日野村へ出作していた（傍線部⑧〜⑪）。このうち、長左衛門が保美濃山村へ出作し、同村へ永高二二五文を納めていた分は、延宝四年（一六七六）に長左衛門が質に取り、所持するようになったものであった(4)。

なかでも鬼石・浄法寺両村への出作が多かったのは、両村に比較的耕地があったからであろう。名主市太夫家には二二人の下男・下女、六家の家抱（二七人）があった（「飯」一九九四-一）(5)。大奈良の高持百姓と思われる、保美濃山村への出作者長左衛門家では、六人の下男・下女と家抱一家（二人）を抱えている。下男・下女については今回明らかにできなかったが、家抱は地親から居屋敷・畑・林を預かって耕作に当たっていた。家抱役として一カ月に三日の男手間役・女手間役があり、これは地親家の手伝いを行ったものと思われる(6)。出作地も、おそらく下男・下女を含む彼らによって耕作されていたのだろう。

また、長左衛門家の下女の一人は保美濃山村の出身であることも知られ、大奈良全体では保美濃山村との縁組みが五件、奉公関係が五件と多い(7)。出作関係が、出作地との奉公関係や縁組みを創り出したとも考えられる。また奉公・縁組み関係があったことは、出作地の耕作維持にも役立つことがあったかもしれない。

なお、下日野村へ出作する二郎左衛門については、人物比定ができなかった。しかしこれも、下日野村は三波川村との縁組み・奉公契約がともに多い村であり、生業的な関わりとの相関関係を指摘できよう。

2　山の利用―薪・秣―

同村の山林は、慶長年中以来定められた御用木と百姓林、百姓持分の芝山に分けられている。村差出帳に、慶長年中に定められたと見えるのは、同村が幕府領となった時にそれを承認されたとの意味であろう。御用木は、同村西部に広がる御荷鉾山に槻二四一本、百姓持分の山に杉二一本・松六本があり、御荷鉾山は三波川村の者が大切に守護することになっていた（傍線部⑫）。前述のように、山がちの同村では、独自で飢えをしのげるほどの穀物はとれなかった（傍線部⑭）。そのため、漆を採り、紙を漉き、絹や木綿を作るなどの産業が盛んであった。薪を採り、市町で売ることも重要であった。傍線部⑭には、薪を売って穀物に替えることで、漸く生き長らえることができたとある。燃料として日々の生活に不可欠な薪は、もちろん村の人々の日々の生活のためにも、そして命を繋ぐためにも重要な財源であった。その重要な薪は、自分が所有する百姓林のほか、妹ケ谷の東にあり、三波川の水源の山でもある御荷鉾山と呼ばれる入会の山でも村内の者ならば採ることができた（傍線部⑰）。各百姓が持っている芝山（雑木山）でも、「くづ木」なら採ることを許されている。

そして、同村の者が薪や絹などを売り、穀物を買っていた市は、傍線部㉓によれば鬼石町（現群馬県鬼石町）・渡瀬町（現埼玉県神川町）・藤岡町（現群馬県藤岡市）、金井町（同前）であった。(8)その際は、多くの馬が活躍したと思われる（「飯」一一九九四-一）。元禄五年（一六九二）八月十日付の一札（長助馬死亡届）によれば、月吉の長助が九日に藤岡の市へ行った際、牛田村（現群馬県藤岡市）で馬が死亡しており（「飯」五三八五・五三八六）、そのことが窺えよう。また第五章で考察したように、同村の馬数と家数を比較すると、村西側の小村や日向・雲尾などの山地形に所在する小村では、家数よりも馬数の方が多く、月吉よりも東に位置する三波川道沿いの村々は、馬数と家数がほぼ同じだという特色がある。これは、それらの馬数の多い小村では、薪を採って市に売りに行くことを生業とする者が多く、それに見合った馬数を必要としたこと、また町までの距離があるために馬が不可欠であったことを示すと思われる。

なお、元禄五年（一六九二）の段階では、鬼石町・渡瀬町と三波川村とは縁組みの件数は多かった。(9)具体的には、鬼石町とは最も西の妹ケ谷が二件、村中央部の大内平一件、東の町に近い大沢三件・下三波川一件の計八件であった。渡瀬町とは中央部の月吉が一件、東の町に近い金丸四件・下三波川三件の計八件が知られる。藤岡町は町場に近い金丸の一件、金井町は北の犬塚一件が所見される。奉公契約も鬼石町とは平滑一件・月吉二件・金丸二件の計五件を確認できた。日常利用する市のある町であったからこそ、これほどの縁組み関係や、町によっては奉公関係も結ばれたと思われる。

また、三波川村でこれだけ多くの馬を飼育できたのも、山のお陰であった。山は馬の飼料を供給する場でもあったからだ。秣についてては、御荷鉾山、百姓持ち分の林のほか、芝山でも当村の者は入会で利用することができた（傍線部⑲）。さらにこの秣を採る山は、狭く石塊の多い山での畑作を続け、飢えを免れるために不可欠な肥料を供給する役割も担っていたという（傍線部⑱）。

以上のように、三波川村を囲む山々は、村の人々が薪や秣を伐り採り、漆を採取し、肥料を作り、養蚕をし、紙を漉いて「かつ（飢つ）」を免れ、生活、生存を支えてくれる重要な場であったことがわかる。だが、このような山々は、史料中にも鬼石村や保美濃山村・高山村からの利用者があったことが知られる（傍線部⑬・⑮）。次節では、このように村を越えた山利用とそれにともなう問題について検討していきたい。

第二節　村を越えた山利用—百姓持ち分の山とその利用—

1　もつの木沢の利用

山に囲まれた三波川村だが、実は同村の人々が利用していた山も、村内に限定されるものではなかった。史料1傍線部⑲によれば、大奈良・月吉の者は南側の保美濃山村分においても、最寄りの所ならば、秣を採ることが許されていた。逆に、月吉の山へは保美濃山村の者が入り、山利用を行っていたことを示すのが、次の史料である。

【史料2】手形之事（「飯」八一三七）

（端裏書）「寛文元年丑九月もつ木沢論
扱証文」

手形之事

今度もつ之木沢之山地之」儀ニ付而、六ケ敷申組候処ニ、各々」御扱ニ而御なわ入申候時まて」は年貢に相定三郎右衛門卅弐文、」清左衛門百六拾四文、合而ひた弐百文」つゝ出し、中まニ而当分ニわけ」取可申候、為後日如此候、

寛文元年（一六六一）ヲノ九月八日

三郎右衛門（黒印）
清左衛門（黒印）
市郎右衛門（黒印）
四郎右衛門（黒印）
久太郎（黒印）
仁兵衛（黒印）
九左衛門（黒印）
弥左衛門（黒印）
与左衛門（黒印）
長九郎（黒印）
権三郎（黒印）
市郎左衛門（黒印）

名主　伝左衛門殿
諸松村　市左衛門殿
三は川　甚右衛門殿

これは、「もつ之木沢」という山地の利用について、三波川村と保美濃山村の枝村諸松で取り決めたものである。この「もつの木沢」とは、月吉から北の桜山へ向かう際に通る沢の名称であった。諸松からは、同沢を通って北の高

山村（現群馬県藤沢市）へ抜けることができ、日常的に利用されていたと思われる沢である。ここで「もつの木沢」の利用について異論を唱える組があり、次の縄入れ時までは、三郎右衛門と清左衛門が年貢を負担し、それを「中ま」で等分に分けて両者へ納めることになったらしい。争いの詳細は不明だが、ここでは次の点に注目しておきたい。

第一に、この「もつの木沢」は、三郎右衛門・清左衛門が年貢を負担するとあるので、ここが百姓持ちの林であることである。第二に、村への年貢納入の責務は彼らが負ったが、それは「中ま」で等分に分けたといい、「中ま」は三郎右衛門・清左衛門にそれを納める関係にあったことである。それにともない、百姓林で可能な薪の利用も許されたとも考えられる。第三に、この「もつの木沢」を利用する「中ま」が、三波川村・保美濃山村といった村を越えて作られていたと思われる点である。

この手形の宛所には三波川村名主の他に、三波川村の甚右衛門、諸松村の市左衛門が所見され、「中ま」が三波川村・保美濃山村内諸松村のそれぞれに所属する人々によって構成されていたと考えられよう。薪の採取については検討の余地が残るが、山を利用し合うような関係は、必ずしも「村」に規定され、その利用が「村」の枠組みに全く限定される性格のものではなかったことが窺える。

前章でみたように、大奈良・月吉は、特に保美濃山村との縁組み・奉公関係がともに多かった。それは、単なる地理的な近さのみによってではなく、山の相互利用といった生活面での距離の近さによって、生み出された関係性であったことが、ここから考えられよう。

2　千之沢の利用

次に、史料1傍線部⑮で、保美濃山村と高山村から「山銭」を三波川村へ支払っている問題について考察を加えたい。ここには、この山銭は元禄十一年（一六九八）から納められるようになったが、それ以前は三波川村内の地主へ年頭銭を納め、秣を採っていたとある。この問題に関するのが次の史料である。

【史料3】乍恐以書付御訴訟申上候御事（「飯」四九八一）

乍恐以書付御訴訟申上候御事

一、三波川村之内千之沢山某共先祖代々面々之」持分ニ御座候、此山へ岡田庄太夫様御」代官所保簑山郷之内犬目村之者、先規ゟ草木」取来リ申候、其筋目を以年々正月年頭を拙者」共方江犬目村ゟ致来リ申候所ニ去年中下」三波川組頭安左衛門・金兵衛犬目村之者馬草」取申候を我か儘ニ道具ヲおさへ申候故、就夫」拙者共申候ハ、先例ニ而馬草取来申候ゆへ」道具返シ候へと申候得共、何角と申返シ不申候、」先規ゟ当村例ニ而御座候処ニ、新規ニ改我か」儘仕候故、不及是非ニ御訴訟申上候御事、

一、名主市太夫持分後山と申所江　真田出雲守様」御知行所高山郷之内椚山村之者ニ草木為取」年頭を請申候、是も代々先規之例之儀ニ御」座候、其段名主市太夫ニ御尋可被下候御事、

右之条々無偽御訴訟申上候、下三波川弐組」組頭・年寄御召出シ御穿鑿之上、先例之通り」被為仰付被下候者、難有奉存候、已上、

元禄十年（一六九七）丑ノ九月日

三波川村　武右衛門（黒印）
〃　金太夫（黒印）
〃　七右衛門（黒印）
〃　三左衛門（黒印）

御代官様

〃　伝右衛門（黒印）
〃　金兵衛（黒印）
〃　伊兵衛（黒印）
〃　龍右衛門（黒印）
〃　孫右衛門（黒印）
〃　久兵衛（黒印）
〃　与兵衛（黒印）

この史料には、「千之沢」と「後山」の問題が所見される。まず「千之沢」についてだが、この沢は下妹ケ谷と犬塚の間、三波川の南側に所在する。「千之沢」は、三波川村の武右衛門以下が先祖代々持ち分とする沢山であり、保美野山村内の犬目村の者が以前から秣を採集し、そのために武右衛門以下の所へ毎年正月に年頭の挨拶にやってきていた。ここで訴えている武右衛門以下は、平滑（武右衛門・伊兵衛）、大内平（金太夫・金兵衛）、犬塚（三左衛門・伝右衛門）、妹ケ谷（龍右衛門・久兵衛）といった三波川上流域の村々の者に比定できる（孫右衛門は詳細不明）。

つまり、第一に「千之沢」は、いずれかの小村に属するわけではなく、三波川村西部の小村の人々が所持する沢山であったことがわかる。第二に、「千之沢」を持ち分とする百姓等は、年頭の挨拶を受けることで、隣接する他村の者にも秣を採ることを許しており、村を越えた山利用のあり方を確認できる。第三に、下三波川組頭の安左衛門・金兵衛が、犬目の者が秣取りに来たのを阻止し、道具を取り押さえたように、彼らも「千之沢」に入ることができたことがわかる。

先にみたように、秣ならば百姓持ち分の林でも採ることができたため（史料1傍線部⑲）、下三波川の組頭は、秣を採りに入っていたものと思われる。つまりこれは、秣をめぐる犬目村と下三波川の争いであった。なお、この「下三波川組頭」とされる安左衛門・金兵衛は金丸の者に比定できる（「飯」二九九四-一）。この傍線部に見える「下三波川弐組」が、行政組織でもある下三波川組（下三波川村・小平村）・金丸組（金丸村・久々沢村・雲尾村・塩沢村）に相当するかは不明だが、金丸・下三波川といった下流域の村々を指すものであろう。

一方の「後山」は、琴辻の北に位置し、名主市太夫家の持ち分であった。この「後山」では、高山村内の椚山の者が秣になる草木を取ることができた。そのため椚山からは、市太夫家に年頭の挨拶に出向く先例になっていた。ここでも秣に限っては、村を越えた山利用が展開していたことがわかる。また、市太夫家の先祖は、戦国時代に椚山村の「野地」開発を当時の領主長井氏に保障されており（「飯」『群7』二三一八）、戦国期から同村との関わりは深かったことが知られる。

下二組の行動を受けて、武右衛門以下が代官へ訴えることになったわけだが、それに際し、彼らの間で取り交わされた次の証文を見てみたい。

【史料4】中間証文之事（「飯」四九四四）

（端裏書）「千之沢面々持分境事覚」

中間証文之事

一、千之沢山ニ而犬目村へ馬草・薪木とらせ先祖代々ゟ」年頭を取来リ候処ニ、今度下弐組之衆入相之」馬草場江
他村入年頭を取申候事所望之由、下衆」申出六ケ敷ニ罷成御代官様へ申上リ候、此証文ニ連判仕候」もの計リニ
而御訴訟申上候へ共、其内ニ仙之沢山ニ持分無之」衆も年頭を取来リ申候、就其自今以後中間にて」相違申間敷
ためニ証文致置申候事、

一、仙之沢山東ノ方七なかりの道切ニ引下シ、横道下三ツ又ゟ」沢を引上リしやうじ岩沢をすぐニ引上、其内ハ琴辻村」市太夫分ニ御座候、

一、西ノ方ハあま木山沢切、東ノ方ハ市太夫分境迄犬塚村」三左衛門分ニ御座候、

一、あま木山南之ひらハ、上いもかや五郎左衛門分ニ御座候、

一、あま木山東ノひらハ、下いもかや龍右衛門ゟ境迄竹かいと分ニ御座候、

一、大びらハ金本間を引候、犬塚分境迄下いもかや龍右衛門分ニ」御座候、

①右者、前々ゟ犬目村其外保簑山之内へ小作ニ入来リ申地」主共ニ而有之候、②其外ひらなめ村武右衛門・伊兵衛、大内平村」与兵衛・金太夫・金兵衛・平十郎、犬塚村伝右衛門・太郎兵衛、いもかや村七兵衛・忠右衛門・久兵衛、右之衆中仙之沢此度論所之」内ニ持分無之候へ共、先祖壱ツに持候時分ゟ犬目村ゟ年頭」取来リ申候間、わけ地之故ヲ以年頭を請来リ申ニ付、此度」之出入之中間ニ罷成候、③自今以後地主方ゟ持分無之候間、」年頭とらせ間敷とハ申間敷候、地主ニ而無之年頭取候衆も、」仙之沢ニ持分有之候とハ申間敷候、④尤馬草・かや木之」儀者、当谷惣而百姓・中間入相ニ取来リ申候間、仙之沢山も」入相ニ取可申候、為其中間証文、仍如件、

元禄拾壱年（一六九八）寅ノ二月日

琴辻村　市太夫（黒印）
ひらなめ村　武右衛門（黒印）
同所　伊兵衛（黒印）
大内平村　金太夫（黒印）
同所　与兵衛（黒印）

同所　金兵衛（黒印）
同所　平十郎（黒印）
犬塚村　三左衛門（黒印）
同所　太郎兵衛（黒印）
同所　伝右衛門（黒印）
下いもかや村　龍右衛門（黒印）
竹かやと村　吉右衛門（黒印）
同所　龍左衛門（黒印）
同所　龍兵衛（黒印）
同所　吉左衛門（黒印）
同所　平兵衛（黒印）
上いもかや村　七兵衛（黒印）
同所　五郎左衛門（黒印）
同所　七右衛門（黒印）

一条目によれば、「千之沢」を利用する犬目村から年頭に礼を受け取っていたのが、現在「千之沢」を持ち分とする地主だけではなかったことがわかる。地主ではない者が年頭の礼を受け取っていた理由は、彼らの先祖が一つであった時（分家する前）には、「千之沢」を持ち分としていたことによるらしい（傍線部②）。このような年頭の礼を受け取る者たちが、今回の下三波川組頭らとの争いに際して、「中間」をつくったのだという（第一条・傍線部②）。その中間内で取り決めたのがこの証文であった。何が取り決められたのかは、二条目から六条目までに見える、具体的な地所の持ち主の確認であった。持ち主は、琴辻の市太夫、犬塚の三左衛門、上妹ケ谷の五郎左衛門、下妹ケ谷の龍右衛門であり、彼らは犬目村を始めとする保美濃山村内へ小作を入れている者たちでもあった（傍線部①）。

もう一つの取り決めは、現在「千之沢」に持ち分はないが、年頭の挨拶を受けていた平滑村武右衛門以下が、「千之沢」に持ち分があると主張しないことであった（傍線部③）。持ち分があることになれば、当然、彼らも薪を採ることが可能となる。「中間」になったことを根拠に、そのような事態へ展開することを阻止しようとしたのである。傍線部④では、「千之沢」も「当谷」つまり三波川村の入会地であり、秣・萱木については利用できるとある。「千之沢」に持ち分がない武右衛門以下も、秣・萱木ならば採取でき、また中間に加わることで、従来通り犬目村からの年頭の挨拶を受けることが保障されようとしていたのである。なお、秣取りに来た犬目村の者の道具を押さえた下三波川の二組も、秣・萱木については採取できたことがここからも明らかである。

以上を整理すれば次のようになろう。第一に、「千之沢」においても、百姓持ちの山では村を越えた秣採取が行われていた。「千之沢」の地主は、秣を採取する犬目村から年頭の挨拶を受けており、それが世代を越え、すでに地主ではない者も含めた、先祖を同じくすると認識する人々にも継承され、一つの権益となっていたと考えられる。第二に、そのため、そこに「中間」という訴訟のための関係が形成されていったといえる。第三に、「千之沢」も「当谷」つまり三波川村の入会地であり、秣・萱木については利用できた。そのため、犬目村の者と下三波川の二組は、秣・萱木をめぐって争った。第四に、ここで犬目村の者が利用する「千之沢」の地主は、三波川村から犬目村に小作を入れ、耕作している者たちでもあったと見える点も重要であろう。つまり、村を越えて耕地を利用し、耕作する者が、出作先の村に秣場を提供する、このような山の相互利用のあり方が見出せよう。

なお、前章では、犬目村から年頭の挨拶を受けている者が所属する小村は、元禄五年（一六九二）段階では竹谷戸を除き、全ての小村で保美濃山村との縁組みを確認することができた。なかでも、ここに署名する犬塚の伝右衛門の家抱市右衛門の女房、平滑の武右衛門の家抱弥左衛門の嫁は保美濃山村の出身であった（後者は保美濃山村内の諸松村）。(10)

また、武右衛門家の分家と思われる八兵衛の家抱久右衛門の弟は、保美濃山村内の犬目村で家持ちになったと見える。ここからも山利用のあり方と縁組関係の相互規定性を指摘できる。

第三節　三波川村における御荷鉾山―領主の役割と名主の役割―

前節では、百姓持ちの山について、隣接する村からは村の境を越えた秣採取が広く行われる一方、やはり秣採取を承認されている村内の者と争いが生じていた事例を考察した。村境を越えて山を利用し合う三波川村内の小村と他村の間では、出作や奉公契約が行われ、縁組みも多く見られるなど、日々の生活や生存の維持を図るためのシステムは、村内に限定されるものではなかったことも窺えた。近隣の村々と山を利用し合う関係は各所で見られたと考えられ、百姓持ちの山ならば、その山を持つ百姓と他村の間で利用に関する契約が結ばれていたと思われる。

では、百姓林ではなく、二四一本もの御用木がある御荷鉾山についてはどうであろうか（史料1傍線部⑫）。この山は、妹ケ谷の南東に位置し、村内の者ならば秣だけではなく薪も採ることができた（史料1傍線部⑰）。持ち山がない者が薪を確保するためには、百姓持ち分の芝山（雑木山）で「くづ木」を採る以外には、この御荷鉾山で採取するしかなかったと思われる。薪を売って穀物を買い、命を繋いでいた同村においては、御荷鉾山の存在は重要であった。この御荷鉾山を三波川村の者と並んで利用していたのが、西隣の鬼石村であった。高辻永五八貫二八三文の三波川村に対して、永七貫一二五文と多額の運上金を支払うことで、山を持たない鬼石村は薪・秣を利用していたのである。この利用は、慶長年中からとあるが、それは少なくとも幕府領になってからとの意味だと思われる。実際には、それ以前の段階から続く利用のあり方であろう。

このように、三波川村の人々にとって、御荷鉾山は重要な山であった。その山で、元禄六年（一六九三）九月、隣接する幕府領である坂原村内の法久村と争いが起こる。本節ではこの出来事を取り上げ、山利用のあり方と、この事件が大量の御用木を有する御荷鉾山をめぐる問題であることを踏まえ、検討を加えてみたい。

1　耕作と山利用

まず、この争いの要因を知るため、相手先である法久村側の訴訟史料を掲げる。

【史料5】乍恐以書付御訴訟申上候御事（「飯」四九三五）

乍恐以書付御訴訟申上候御事

一、①上州坂原村之枝郷法久村分之山之内ニ日影山と」申所前々ゟ高之内之古畑共数両御座候内おし」わけと申所畑三枚、こすげと申所同弐枚当作毛・」小豆・そば仕付申候所ニ、御代官所三波川村ゟ」去ル八月廿七日之夜中小豆をは盗取、□（蕎カ）麦」をは苅捨申候ニ付、翌廿八日ニ三波川村名主所江」相改申候得者、尤小豆をば引取、□（蕎カ）麦をば苅」捨候と名主返事仕候、右之畑先規ゟ法久村」分ニ御座候故、御年貢等地主上納仕年々」作り来リ申候御事、

一、②当八年以前寅ノ年佐原三右衛門様御支配之節、」御用木御改ニ西沢武右衛門殿と申仁御出、右之」日影山之内ニ而槻四本御用木ニ被遊候、其木」三波川村之御帳面ニ御載候ニ付、法久村分山之」内ノ槻ニ御座候間、法久村分と御帳面ニ御載可被」下之旨申上候得者、三波川村先年之槻御」帳面之内不足ニ候、其上一領之事ニ候間、如何」様ニも可致候構申間敷旨被仰付候事、

一、③此度作毛荒候義、御用木三波川村之御帳」面ニ御載被成候ニ付、狼藉仕候と推量致申候、日影山之儀、前々ゟ

法久村分ニ紛レ無御座候間、」年之作毛仕付来リ候義、近郷ニも隠無御座候、」三波川村名主市太夫被御召出、御詮儀之上、」被為仰付被下候者、難有奉存候、以上、

元禄六年酉九月

山川金右衛門御代官所上州坂原村内
法久村
名主　久兵衛
組頭　太郎右衛門
同　三郎兵衛
同　伊右衛門
同　久右衛門
同　佐右衛門
同　孫兵衛

依田五兵衛様

乍恐以口上書ヲ申上候御事

一、法久村と三波川村日影山境之義者、横境にて」東ノ方者くゑの坂尻ひらを引、ほうの木まがめ」ゟふんぎりおねへ引、西之方ハ山なかやせ」おねを引上、法久村分之山之内ニ御座候ニ付、御」公儀様江前々ゟ御書上ケ仕来リ申候御事、

一、④法久村ゟ日影山江前々ゟ道筋八筋御座候内、」壱筋者三波川村江之通リ道ニ御座候ニ付、是ハ」境目ほうの木まかめ沢切ニ前々ゟ法久村作リ」来リ申候、其外七筋之義ハ日影山作場道、」同薪・馬草取道ニ而、前々ゟ法久

村作来リ」申候、右之通リ少も偽り無御座候、以上、

元禄六年（一六九三）酉

山川金右衛門様御代官所坂原村内

法久村

名主　久兵衛
組頭　市兵衛
同　太郎右衛門
同　三郎兵衛
同　伊右衛門
同　久右衛門
同　佐右衛門
同　孫兵衛

法久村名主組頭口書

一、⑤おしわけと申所、こすけと申所、畑合五枚水帳ニ載り」来り候へ共、水帳ハ明暦三酉年焼失仕候、右五枚之」畑主名主久兵衛・組頭伊右衛門・久右衛門・三郎右衛門・太郎右衛門分ニ而」御座候、

一、⑥法久村ゟ御用木帳差上ケ候へとも、松杉計ニ而御座候、佐原」三右衛門様へ前方帳面差出シ申候、右申上候通り少も相違無御座候、以上、

法久村

名主　久兵衛

組頭　佐右衛門
同　市兵衛
酉ノ九月廿九日

ここで問題になっているのは、法久村が「日影山」と呼ぶ山は坂原村と、三波川村のどちらに所属するかである。まず、法久村の主張を整理してみたい。

法久村は、法久村分の日影山に以前から古畑があり、年貢を納入してきた。古畑は「おしわけ」に三枚、「こすげ」に二枚ある。だが八月二十七日の夜中、そこへ三波川村の者がやって来て、小豆を盗み取り、作物を刈り捨てるという行動に出た。翌日、名主へこの旨を尋ねると、それを認めた（傍線部①）。この古畑のある「日影山」は、八年前に幕府の御用木改めが行われた際、法久村分の「日影山」にある槻四本が御用木として三波川村の帳面に載せられていた。だがその時、法久村分の山であるので、その旨を帳面に載せて下さるよう申し上げた（傍線部②）。このたび三波川村の者に畑を荒らされたのは、おそらく御用木として三波川村の帳面に載せられたためだと思われる（傍線部③）。しかし、この「おしわけ」「こすけ」の畑五枚は水帳にも載っている。ただ、明暦三年（一六五七）にこの水帳は焼けてしまった（傍線部⑤）。また、法久村から「日影山」へは、前々から道筋が八本あり、そのうちの一本は三波川へ続く道である。だが、この道も境目である「ほうの木まかめ沢」までは以前から法久村が道を造っている。他の七本の道も「日影山」の作場道（＝田畑に行くために利用する道、農道[11]）と、薪・秣を採る道として法久村が整えてきたことに偽りはなく、ここは法久村分の山である（傍線部④）。このような内容である。これに対する三波川村の反論が、次の史料になる。

【史料6】 乍恐以返答書御訴訟申上候御事（「飯」四九三六）

乍恐以返答書御訴訟申上候御事

一、①上州三波川村みかふ山之義、西南山中下山村」法久村境何連も前々ゟ峯切ニ而三波川分ニ紛無」御座候所ニ今度法久村ゟ峯を越山之半ふくニ境」を引、法久村分ニ御座候と大キ成偽り申上候、此山之儀、」八拾弐年弐（衍カ）年以前慶長拾七子ノ年御改之槻御用」木此度之論所ニも前々ゟ立来リ申候故、三波川村ニ而」大切ニ相守来リ申候処ニ、当八年以前寅ノ年佐原三右衛門様」御代官所之節、御　公儀様ゟ御帳出、御手代西沢武右衛門殿」御改被遊御立木弐百四拾七本御座候内、此度法久村」分と申所ニも前々ゟ立来リ申候、其外かぶ木も御座候」を入札ニ而御払被遊候、右之御立木之分御帳面ニ御」印弥大切ニ可相守之旨、三波川村中江御預ケ被成証」文御取被遊候得者、三波川みかぶ山ニ紛レ無御座候所ニ」②法久村分之古畑御座候而、御水帳ニも載り御年貢年々上」納致来り候と、是又偽り申上候、慶長三戌ノ年御検」地之節、御水帳ニ載申候場所を慶長拾七年子ノ年御用」木御改ニ三波川御用木ニ付ケ可申筈ニ無御座候、殊ニ作リ付之」古畑壱枚も無御座候、先規より御年貢上」納致来り候古畑御座候ハヽ、年久敷荒シ三波」川村・鬼石村之入相之薪・馬草場ニ可仕様」無御座候、法久村之儀、先年御水帳焼失仕候而、」御帳之場所知レ不申候故、三波川村分を取可申たく」み等申上候御事、

一、③当八年以前寅ノ年御改ニ三波川村御用木不足ニ付、」法久村分之槻四本、三波川村之帳ニ御載被遊候由、是」又偽り申上候、前々ゟ三波川村御用木ニ紛無御座候、法」久村分ニ御座候ハヽ、慶長年中御改之節御書分ケ可」有御座候、同山之内ニ而、右之槻たとへ法久村分ニ御座候共、」御用木ニ御除可被遊筈ニ無御座候、殊ニ三波川御用」木不足ニ候とて、他村之木三波川之御用木足ニ可被」遊筈ニ無御座候、縦左様ニ被仰付候共、達而御訴訟」申上候而も法久村ゟ村通ニ可仕筈ニ無御座候、西沢武右衛門殿」其節御改申上候由、是又偽ニ而御座候、武右衛門殿ゟ」拙者共方江左様之御尋も無御座候御事、

一、④当八年以前之御改ニ三波川御用木ニ御載候ニ付、狼」藉仕作毛苅捨申候と法久村ゟ申上候、今度新規ニ」ふせ

き申ニ而無御座候、当拾六年以前少々切開仕候」其節御一領之儀ニ御座候故、鬼石割元衆迄相断り」おさへ申翌年ゟあらさせ其以後手入不為仕候、右之場⑤」所当村ゟ少手遠ニ而法久村ゟハ馬入レ能御座候故、薪ぬす」ミ抔ニ参候を見合次第道具を取、我儘不為仕候所へ、」壱両年以来、壱・弐間四方やぶまきニ仕大うねニ」切返し置申候を当村之者共、馬草ニ苅取申候、其」上去冬中法久村江断仕候者、如何様之儀ニ而三波川山我」儘ニ切畑致候、向後堅無用之由法久村名主方へ」相断、其上鬼石村ニ被居候法久村之割本迄右之」旨相断申候、然所ニ⑥当春中ぶなんだわ幷山なかと申候」所ニそば・小豆仕付申候間、当村ゟ作毛かり捨申候、」右之場所之儀、先年ゟ法久村何とぞぬすミ取、承」届をかけ我儘仕候得共、三波川分ニ紛無御座候ゆへ、」手入不為仕候御事、

一、右之みかぶ山之儀、峯を越法久村之御年貢所と」偽り申上候、此山之義、三波川続鬼石村ゟ永七貫百弐十」五山御年貢慶長年中ゟ上納仕、三波川村と入」合ニ入来リ申候、殊ニ御用木立来リ申候山之儀ニ御座候」得者、御公儀様御山同前ニ奉存候、然所ニ法久村」ゟ切開申候義、我儘成致方ニ御座候御事、

右之条々少も偽り無御座候、委細御穿鑿之上、」口上ニ可申上候、以上、

元禄六年（一六九三）酉ノ十月

上州三波川村
名主市太夫（黒印）
年寄彦右衛門（黒印）
同　三左衛門（黒印）
同　金太夫（黒印）
同　権右衛門（黒印）
同　安左衛門（黒印）

御代官様

同　金兵衛（黒印）
同　仁兵衛（黒印）
同　甚兵衛（黒印）
同　加兵衛（黒印）
七右衛門（黒印）
七兵衛（黒印）

（以下一四〇人の署名・黒印略）

ここに連署する一五二人は、宗門帳の高持百姓にほぼ相当する。村への年貢諸役納入の責務を負う彼らが、対法久村（保美濃山村）との争いでの訴訟主体であった。内容を見てみよう。彼らによれば、法久村が主張する「日影山」は、三波川村分であって法久村の境の引き方は間違っており、同所は「御荷鉾山」であった（傍線部①）。ここは、慶長十七年（一六一二）の御用木改めの際に定められた御用木があり、前々から三波川村が大切に守ってきた。法久村が、同地には法久村分の古畑があり、それが水帳にも載り、年貢も年々上納してきたと主張するのも偽りである。慶長三年（一五九八）の検地で、同地が法久村分の水帳に載せられていたならば、慶長十七年の御用木改めで三波川村の御用木として記すはずがない。また、現在も耕作している古畑は一枚もなく、もし以前から年貢を上納してきた古畑があるならば、長い間荒れたままになり、三波川村・鬼石村入会の薪・秣場になるようなことはない。法久村は先年水帳を焼失したので、帳面に載せられた畑の場所がわからず、三波川村分の土地を取ろうと企んでいるのだ（傍線部②）。

さらに八年前に、三波川村の御用木が不足したので、法久村分の槻四本を三波川村の帳面に載せたとするのも偽りであり、前々からこの槻四本は三波川村の御用木である（傍線部③）。八年前のことを根拠に、このたび新規に三波川村が狼藉を行って作毛を刈り捨てたと法久村は主張するが、このようなことは今回が初めてではない。十六年前に法久村が少し畑を切り開いた際は、幕府領であるために、鬼石の割元衆へ断りを入れてからそれを防ぎ、翌年からは荒れさせて作付けさせなかった（傍線部④）。だが、この場所は当村からは少し遠く、法久村からは馬をよく入れているので、薪盗みなどに来ており、出会い次第、直ちに道具を取り上げて勝手なことをさせないようにしてきた。そのような所へこの一、二年、二間四方を藪巻きにし、[12]大畝を作って畑にしてあったのを当村の者どもが秣として刈り取ったのだ。その上、三波川の山へ勝手に畑を作らないよう法久村名主方、さらに鬼石村にいる法久村の割元にまでこの旨を断っていた（傍線部⑤）。そのような折りに、当春中に「ぶなんだわ」「山なか」にそば・小豆を作付けしたので、当村の者が作毛を刈り捨てたが、そこは三波川村分に間違いない（傍線部⑥）。という内容である。なお、ここでは法久村が「おしわけ」「こすげ」と呼んでいた所は、三波川村側の名称で「ぶなんだわ」「山なか」と呼ばれている。

以上から、まず、次のような三波川村と坂原村内法久村の間に広がる山利用のあり方が窺える。第一に、傍線部⑤では、三波川村は同地が村の外れに位置し、法久村がよく馬を入れているので薪盗みなどもすると述べている。つまりここからは、三波川村としては法久村が馬を入れること、おそらくそれにともなう秣利用に関しては容認していたものの、薪の採取は禁じていたと思われる。御荷鉾山は薪・秣を採取する鬼石村との入会山であったが、先にみた史料1傍線部⑲で、三波川村内の大奈良・月吉が隣接する保美濃山村分の内でも、最寄りの所では秣については採れたように、法久村も容認されていたらしい。

また第二には、そのような村と村との間にあって、秣などが共同利用される山には、一方の村が畑などを開発する事態が起こり得たことも知られる。そして、その畑自体は小さく、とるに足らない面積であり、収穫物は決して多くはなかったとしても、耕地の有無が重要な意味を持っていた。なぜなら、それは耕地から得られる作物の問題にとどまらず、そこから派生する権利、この地域では穀物を買えるか否かを意味する、薪の採取といった生存問題に直結する権利を発生させていたからである。文化十三年(一八一六)の事例ではあるが、三波川村が御荷鉾山で畑を開発し、浄法寺村の者を小作として耕作させた際、彼ら耕作者(浄法寺村の者)が薪・秣などを稼ぎ取っていることを鬼石村から訴えられている(「飯」『群9』一七五)。これは、他村に出作に出ることが、ただ耕地からの作物を得るにとどまらず、周辺の薪・秣の確保につながったことを意味すると考えられる。史料2でみた、鬼石村から三波川村への若干の入作、三波川村から保美濃山村や下日野村への出作は、このような意義を持った可能性を指摘できよう。

2　山利用と領主の役割

だが、ここでの三波川村と法久村の争いにおいて、三波川村が「御荷鉾山」だと主張し、法久村が「日影山」だと主張する、その根拠は何だったのだろうか。その点を検討してみたい。まず、法久村側の根拠の一つは、作場道や薪・秣を採るために利用する道を法久村が造り、維持していることである(史料5傍線部④)。これは法久村が日常的にその耕作や薪・秣採取を行う土地として知行し、そのための維持をしていることを意味する。それが、法久村が自村の「日影山」だと主張する根拠とされたのである。そしてもう一つが、この「おしわけ」「こすけ」の畑は水帳に載る畑だったことである(史料5傍線部⑤)。この水帳とは、史料6傍線部②によれば、慶長三年(一五九八)に幕府が作成したものらしい。領主側の帳面に載り、年貢を納めることが、その耕地は法久村のものだとする論拠となっていたのである。

では、三波川村側はどうであろうか。対する三波川村も、やはり論拠としているのは領主側の帳簿であった。慶長十七年(一六一二)の御用木改めにおいて、御用木として帳面に記載された木が生えている土地であることが、三波川村の山である証拠となっていた（史料6傍線部①）。そして現在、三波川村が御用木を大切に守っていることも、その理由となっている（同前）。そして両村の争点も、法久村側は、八年前の御用木改めの際、日影山の槻四本が三波川村の帳面に載せられることになったが、法久村分の山だと帳面に載せるようお願いしたといい、一方の三波川村側は、法久村は先年水帳を焼失したから偽りを言うのだと主張していた。ここでは一貫して、水帳にしろ御用木改帳にしろ、領主の帳面に載ることが争点となっているのである。

領主の帳面に記載されることは、記載分の年貢を納めることを意味する。そして領主への年貢納入が、村の山である、耕地であることの正当性を付与し、彼らの命を繋ぐ「薪」の確保を保障することになったのである。要するに、ここにこそ、村が年貢諸役を領主（ここでは幕府）に納める理由があり、三波川村の百姓は村（名主）に対して、家抱は地親を頼むことで、年貢諸役を納めようとする理由があったのである。この対価として、領主は彼らの生存を保障すべき役割を求められることとなり、両村の代官らが紛争解決のために動いていたことも知られるのである（「飯」九三四九）。結局、この時は三波川村側の主張が認められたようだが（同前）、その後も代官の入れ替え時などに再び問題は生じていたらしい（「飯」四九三七）。

3　村による山の維持と名主の役割

実は、このような御荷鉾山をめぐる争いにこそ、第七章史料1で見られたように、三波川村が小村高ではなく村高に固執した理由があったと思われる。つまり、薪を売って生計を立てていた三波川村では、山の利用、特に御荷鉾山の利用を維持していくことが、人々が生きていくための必須条件であった。そのために、一見バラバラに小村が散在するかに見える三波川村ではあるが、村として一つになり、対法久村との争いに望んでいかなければならなかったのではないだろうか。

また、この訴訟では、代官所や江戸への使者の代をはじめとする、訴訟費用に関する覚え書きも残されている（「飯」一三三〇）。そこで当面の訴訟費用を立て替えた者には、名主市太夫をはじめ、元禄五年（一六九二）の宗門帳に下男・下女や家抱を抱え、持高の高い百姓が名を連ねている。ここに、彼らの村における役割と、その役割を果たせたが故に村における彼らの身分が生まれ、維持されていたことも窺える。そしてこの覚え書きには、最後に「貫之人数覚」として、三波川各小村の百姓（高持百姓）人数と家抱の人数、そして馬数が書き上げられている。おそらく、この百姓・家抱の人数および馬数から、ここで立て替えられた費用を分け合って支払ったものと思われる。山を維持していくことは、このような訴訟費用をはじめとする多額の出費を賄うためにも、一つ一つの小村ではなく三波川村として結束し、他村に対し、またそのために領主に対しても、対峙していく必要があったといえよう。

この覚え書きに記載される出費には、上日野村与左衛門への樽代などが所見される。上日野村与左衛門とは、三波川村の北に位置する上日野村の名主かとも思われる有力者であり、三波川村名主市太夫の妻の弟、つまり名主の義弟にあたる。この時、上日野村は三波川村と同じ幕府代官領であったが、そのような人物への樽代が、訴訟費用の一つとして数えられているのである。今回は詳細を明らかにすることはできなかったが、与左衛門が対法久村との争いにおいて、何らかの働きをしていたことは明白であろう。要するに、名主家の縁組関係が、三波川村の御荷鉾山利用のために何らかの役割を果たしていたと考えられるのである。いつか起こり得る村の政治的問題に備えるためにも、名主家が他村の有力な家と縁組を結ぶことが、村からも求められていたのではないだろうか。

第四節　鹿・猪狩りと村々—村を越えて守る山の生活—

最後に、山村に暮らしていく上で不可避な問題、山内の耕地や人に危害を加える害獣駆除の問題についてもふれておきたい。次の史料は、宝暦十二年（一七六二）と少し時代が下るが、往古よりの慣習を伝え、害獣駆除という地域的な課題自体は大きく変わるものではないと思われるので、考察の対象としてみたい。

【史料7】緑埜郡三波川村鉄砲拝借願（「飯」『群9』一二五二）

乍恐以書付申上候

一、上野国緑野郡三波川村、四季打鉄炮拝借最初之訳御尋ニ御座候、此段当村之儀山中細谷合之村方ニ而、細作場山谷を隔ちり〳〵ニ御座候而、百姓家居拾町弐拾町或者半道壱里余程ツヽ隔リ拾八ケ所ニ罷有候、先年ゟ猪・鹿多出候ニ付鉄炮拝借所持仕罷有、最初者如何様之訳ニ御座候哉、年久敷儀ニ而存不申候得共、①当七拾八年以前貞享二年佐原三右衛門様御代官所之節御改を請、四拾三挺之内八挺猟師ニ被仰付、相残三拾五挺御貸筒ニ御座候所、享保二年会田伊右衛門様御代官所之節御取上ニ罷成候ニ付、其内猪・鹿発向漆・桑・猪喰荒し人江も懸リ、仕付置候作物も一夜之内ニ荒シ、御年貢上納百姓身命送リニ難儀仕、右之鉄炮月切ニ拝借いたし猪・鹿防候得共、発向故防かね難儀仕段々御願申上、②享保十四年鈴木平重郎様御代官所之節、右三拾五挺村方入用を以修復致、四季打鉄炮拝借仕猪・鹿防罷在候得共、近年別而猪・鹿発向ニ付伊奈半左衛門様御代官所之節、鉄砲拾挺村方入用を以修復いたし拝借仕、当時四拾五挺年々別紙証文差上候通拝借所持仕罷有候、

一、③右之通書付差上候得者、細谷合之村方ニ而拾町弐拾町或者半道壱里相隔、耕地拾八ケ所ちり〳〵ニ有之候由、

左候ハヽ、一ケ所壱挺ツヽ、拾八挺も有之候ハヽ、可相済儀ニ候所ニ、何様之訳ニ而数挺拝借致来リ候哉、御請書差上可申旨奉畏候、此段百姓家居拾町・弐拾町或者半道壱里余と相隔拾八ケ所ニ罷有、畑作場之儀者一耕地之畑山谷尾根を隔ちり〳〵ニ御座候得者、壱枚之畑追候内ニハ外之畑を荒申候間、畑之内江小屋かけ作物出来之砌ハ、男之分不残夜ハ小屋江猪・鹿追ニ罷出不申候而者、作物取之儀不罷成、申合鉄炮数打小屋〳〵ゟ一所ニ声を立追不申候得者猪・鹿除かね申候、当村之儀、④北ハ松平民部太輔様御領分、同国多胡郡上日野村高弐百七拾石余、下日野村高三百弐拾九石余之村江山続ニ御座候而、先年ゟ枯野之節者右村申合、往古ゟ同日猪・鹿狩致来、双方ゟ山境江罷出双方ゟ追越候猪・鹿を打候故、猪・鹿数多打留候而双方之ためニ罷成候、右両日野村ニも猪・鹿多居リ候ニ付、猪狩之節者松平民部太輔様御役所ゟ御役人衆両日野村江御出猪狩被成候、右両村ニ而者鉄炮数百挺も御座候処ニ御役人衆御出被成候得者、猶以鉄炮数多罷出候ニ付、当村鉄炮数無之候得者、猪・鹿当村江計リ参居リ候而難儀至極仕候間、当村之儀村方御見分被成下、只今迄之通鉄炮拝借奉願上候、右両日野村之儀も当六拾年余迄ハ御料所ニ而、当七拾八年以前、貞享二年佐原三右衛門様御代官所之節、鉄砲御改を請所持仕候村方ニ御座候、右申上候通、村方御見分之上、只今迄之通鉄炮拝借奉願上候、以上、

宝暦十二年午（一七六二）

上野国緑野郡三波川村

百姓代　善兵衛（黒印）

（外一七名連印省略）

組頭　三重郎（黒印）

（外七名連印省略）

名主　与市（黒印）

横山伝右衛門様
　御役所

　これは、三波川村が猪・鹿を駆除するために鉄砲を拝借したいと願い出たものである。おおよその内容をおさえておきたい。傍線部①によれば、貞享二年（一六八五）に村の鉄砲改めがあり、その時、四三挺のうち八挺が猟師鉄砲として認められ、残りの三五挺は幕府から貸し付けられることになった。なお、この時に猟師鉄砲を認められた者八人のうち、太郎左衛門は妹ケ谷に（表1№5）、五左衛門は大沢に居住していたことは確認できる（表1№137）[13]。だが、享保二年（一七一七）にそれは幕府のお取り上げとなり、猪・鹿が漆や桑、楮を食い荒らし、人にも危害を加えるようになってしまった。作物も一夜のうちに荒らしてしまうので、年貢を納め、百姓が身命を送ることも難しくなっていた。そこで、享保十四年に再び三五挺の鉄砲が村方入用に改められ、四季打ち鉄砲を拝借して猪・鹿を防いでいた（傍線部②）。だが、近年は特に猪・鹿が多いので、さらに一〇挺を村方入用として拝借し、年々四五挺を拝借していた。

　ところが、今回はそれが叶わなかったらしく、細い谷にある家や畑は、谷や尾根を隔てられて一八カ所に散り散りに点在し、一カ所に一挺ずつ一八挺あればすむところを、なぜ数挺しか拝借できないのかと訴えている（傍線部③）。さらに、北隣の旗本松平領（元禄期は幕領）上日野村・下日野村が引き合いに出されてくる（傍線部④）。三波川村と両日野村とは山続きであるため、往古より同日に猪・鹿狩りを行っており、互いに山境へ出て双方から猪・鹿を追って撃ち取っていた。両日野村にも猪・鹿が多いので鉄砲は数百挺もあり、猪狩りの時には役人もお出でになるのでさらに多くの鉄砲が使われる。そのため、三波川村にばかり猪・鹿が逃げてくるので難儀している。どうかご見分の上、鉄砲をお借りしたい。このような訴えである。

　訴え自体は宝暦十二年（一七六二）のものだが、ここで問題となっている猪・鹿が漆や桑、楮や作物も荒らしてしまい、人も襲うことがあったのは元禄以前からの懸案であった。ここで注目したいのは、日野村との間で往古より伝わる、猪・鹿狩りにおけるルールである。三波川・日野の両村は、同日に、双方の村から山境へやって来て、双方から猪・鹿を追い、鉄砲で撃ち取るのだという。猪や鹿の駆除は、一つの耕地、一つの村から猪・鹿を追い払えば済む問題ではなかった。もし、一村で猪・鹿狩りを行えば、追われた猪や鹿は近くの別の耕地を荒したり（傍線部③）、近隣の村へと逃げ込んでしまう（傍線部④）。そうすれば、被害を被った耕作者、さらにはその耕作者が所属する他村との間で、新たな紛争が生じることとなる。

猪・鹿などの駆除には、村としてだけではなく、山続きの隣村同士で協同で対応しなければならなかったのである。山からの恵みを得て、耕地を維持して生きていくためには、このような村を越えた協業が不可欠であり、争いを避けるためのルールも必要だったといえる。そのような関係にある上日野村の有力者と、少なくとも元禄段階の三波川村の名主が姻戚関係にあったことは重要であろう。両家の縁組が、前述した訴訟時における役割だけではなく、害獣を駆除し、互いの山における安全な生活を確保していくためにも有効に働いたものと考えられよう。

おわりに—「三波川村」である理由—

以上、三波川村に住む人々が如何にして生きることができたのかを追究するため、村落の生業について考察してきた。山に囲まれた三波川村では、薪採取をはじめとする山利用、養蚕・紙漉きなどの産業が重要な位置を占め、薪や絹などを近隣の市場へ売って、穀物を買い、生計を立ててきたのである。また、村内には多少の入作地も見られ、逆に三波川村から周辺の村への出作も少なくなかった。入作地は鬼石村から、出作地は鬼石村・浄法寺村など平地の町場に加え、保美濃山村・下日野村といった隣接する山村でも所見された。

人々の生存に不可欠な山利用のあり方には、さまざまな決まりごとがあったことも確認できた。それは、燃料としても、穀物購入の財源としても重要な薪は、百姓林と入会山である御荷鉾山で採ることができ、「くづ木」ならば百姓持ち分の芝山(雑木山)でも採取できること、御荷鉾山は幕府へ運上金を納める鬼石村も利用でき、薪・秣を採れたこと、秣と萱木については、御荷鉾山、百姓持ち分の林、芝山で採れること、などである。

隣り合う周辺の村々との山利用のあり方は、それぞれが所属する村の境界に規定されつつも、それを境にお互いを全く排除する関係ではあり得なかった。特に山の少ない鬼石の町場等にとっては、三波川村は薪炭供給地として重要な存在だったといえる。町場が成り立つためにも、山村は不可欠であった。他にも、居住地の最寄りの所ならば、隣村の山でも秣ならば採ることを許される事例も広く見られる。百姓持ち分の山において、隣村の者に薪・秣を利用させる代わりに、山の持ち主(先祖が持ち主とされる者も含む)が年頭の挨拶を受け取る事例なども所見された。領主側へ提出された村差出帳にはもちろん、史料上には現れてはこない、一部の地域に定着していたこのような暗黙のルールは、多く存在したと思われる。近世の三波川村においても、たびたび山利用をめぐる争いが起きていた。しかし、そこには互いを許し合うことで、互いの生存・生活を成り立たせようとする中で、山利用におけるルールが生まれてきたことが垣間見られた。

また、山中における耕地の存在が、それに派生する耕作者による山利用、薪・秣の採取を承認していく様子も明らかとなった。そのため、狭小な出作地・入作地の存在は、山利用の問題と不可分であったと思われる。三波川村の薪採取にとって重要な御荷鉾山においても、これにともなう問題が生じていた。坂原村内法久村が山中に耕地を開き、法久村分の山だと主張して、秣だけではなく薪までも採取したため、村落間の争いへと転じたのである。また注目すべきは、そこでは山が村に帰属することについては、御用木改帳や水帳といった領主帳簿に登録されているか否か、そして今も御用木を守り、そのための道を維持し、また耕作をしているかが、その論拠として主張されていたことである。

つまり、領主帳簿に登録され、年貢諸役を納入することが、山の所持における正当性を村へ付与し、村落に住む人々の生存に不可欠な「薪」の確保を保障したのである。三波川村に生きる人々は、その生存に不可欠な山、特に御荷鉾山の維持のために、各小村を越えた三波川村という権力を支持し（おそらく村の成立要因もここにある）、そのために地親―家抱を始めとする階層・身分差を生んででも、村に対して（家抱は地親を通して）年貢諸役を納め、村（名主）は領主（幕府）に対して年貢諸役を納めたのである。領主は、年貢諸役が納入される以上、村の人々の生存を保障すべきものとして、その役割が求められたといえる。

だが、この争いが領主への訴訟に持ち込まれた段階において、村の訴訟経費として、隣村の上日野村の有力者であり、かつ三波川村名主市太夫の叔父（母の弟）に対する樽代などが盛り込まれていた。このことは、領主による紛争解決が求められると同時に、近隣村によって何らかの課題解決に向けた動きがあり、またそれを引き出し、動かす契機として縁組みによって結ばれた家同士の「縁」が利用されたことが考えられよう。このような地域社会との関わりがあってこそ、村は成り立つことができたといえる。

もちろん、縁組みはこのような紛争解決のためだけに結ばれたものではない。だが、第五章・第六章で明らかにした各家、各小村、そして三波川村の縁組みの広がりは、本章で見てきたそれぞれの山利用や市の利用をはじめとする、人々の生存と生活のために不可分な地域と密接な関係にあったこともまた確かである。三波川村名主と上日野村の有力な家が姻戚同士であったのも、山での暮らしを守るために不可避な害獣駆除を共同で行わなければならないといった、村と村との不可分な間柄から求められて結ばれた面もあったのではないだろうか。単なる生活圏＝婚姻・養子圏、といった静態分析だけでは、村のつきあいが展開されていた意義はわからない。日常的な山利用をめぐる棲み分けと、その上で成り立つ生存と生活の維持、そのための紛争回避・解決において、縁組み等によって人々が生み、育ててきた「縁」は、家、小村、そして村のために動き出す。家、小村、そして村の生存と生活は、さまざまな「縁」によって支えられていた。縁組みはそのような社会的機能をもったと考えられる。このような理解の下、婚姻関係を始めとした「縁」を活かすことで成り立つ家や村とは何なのか、動態的な分析によって理解を深めていく必要があるのではないだろうか。

註

（1）本書第六章。

（2）本章で使用する史料は、戦国期から江戸時代にかけて、同村の名主を務めた飯塚家に伝来する近世史料が中心である。時代にともなう生業変化も想定でき、近世史料によって、戦国社会の実態にどこまで迫れるのか問題は残る。だが、近世段階の生業は、同村に適した生業であったと理解し、戦国時代の三波川村を考える際の一つの素材にはなると考えている。

（3）「飯塚家文書」『群馬県立文書館収蔵文書目録11　多野郡鬼石町飯塚家文書（1）』（群馬県立文書館編、一九九三年）、および『群馬県立文書館収蔵文書目録12　多野郡鬼石町飯塚家文書（2）』（群馬県立文書館編、一九九四年）における文書番号を示し、以下、「飯」八二一四-一七三二のように略記する。なお、本文書には後に付けられたと思われる付箋が多数あるが、ここでは省略した。

（4）鈴木一哉「元禄期前後における三波川村の「枝郷」と「郡」―元禄国絵図関係文書を手がかりに―」（『双文』九、一九九二年）で引用される史料一四によれば、「永高弐百廿五文、是ハ岡田庄太夫様御代官所同国甘楽郡保美野山村分を、廿三年以前延宝四年辰年当村長左衛門しちニ取所持仕、御年貢保美野山村へ上納仕候」とある。

（5）本章で取り上げる宗門帳については、すでにその体裁に関する解説、および内容を整理して示したことがある（拙稿「元禄五年上野国緑埜郡三波川村の宗門帳に関する基礎的研究」池上裕子研究代表『二〇〇一～二〇〇四年度科学研究費補助金　基盤研究（B）（1）　中世近世移行期における土豪と村落に関する研究』所収）。

（6）聞き取りの調査でも、家抱は所有地の手伝い（炭焼き・畑仕事など）をしていたとのお話をうかがった（増山智宏・松沢徹「群馬県多野郡鬼石町三波川地域現地調査報告」、前掲註（5）池上研究代表報告書所収）。

（7）本書第六章。

（8）鈴木前掲註（4）論文において、鈴木氏が引用する、元文三年（一七三八）の史料によれば、男性は薪・馬草を伐り取り、それを売っては穀物を買い、女性は蚕を飼って絹を作り、それを売っては年貢を支払い、また紙漉きをする者もいたとある。それは農間稼ぎと位置づけているが、むしろそれらが村の人々の主な生業であっただろう。そこで得た収入によって、穀物を市で買い、日々の生活を営んでいたのである。

（9）以下、本書第六章所収、表4・5参照。

（10）本書第六章所収、表1において、伝右衛門は№19、武右衛門は№31にあたる。

（11）『日本大国語事典』（小学館）。

（12）雪折れを防ぐために、手ぼくや竹藪などをむしろや縄などで巻くこと（『日本国語大辞典』小学館）。

（13）「飯」一九四五。三波川村の猟師筒所持者、また生類憐み政策による獣害の増加については、武井弘一「生類憐み政策の本質―獣害に苦しんだ西上州の山村―」（『地方史研究』三三五、二〇〇八年）に詳しい。武井氏によれば、元禄五年（一六九二）当時はすでに鉄砲による害獣対策が規制され、獣害が悪化していた時期に相当し、深刻な事態にあったと考えられる。おそらく、鉄砲の使用が規制されている以上、史料7とは異なる形で害獣対策が取られていたとも考えられるが、今回は明確にすることはできなかった。なお、三波川村の鉄砲使用については、本章脱稿後に上梓された武井弘一『鉄砲を手放さなかった百姓』（朝日新聞出版、二〇一〇年）に詳しい。参照されたい。

第八章　村落とイエ

はじめに

前章では、三波川村の生業に注目し、人々がその生存・生活を維持するために産み出し、維持していたものについて考察を加えた。村内および近隣村との山利用におけるルールや、村の存続を保障する領主の存在、また村の存続のために村が機能した側面などを明らかにした。その一つに、小村や村を越えて展開する村内居住者の縁組みによって形成されるイエ（親族集団）があるわけだが、本章では、時に小村を動かし、村を動かすと思われる、イエの働きについて注目したい。その動態的考察から、村落とイエの関係を考察しつつ、イエが果たした役割について検討を加えてみたい。

第一節　生業とイエ

生業とイエの展開との関係については、前章でも地域間の相互規定性から、機能的な意義を持つ可能性を指摘した。三波川村では、より村の日常に根付いた畑作や薪採取・絹織物産業などの生業については、検討できる史料を見出せなかったが、村の銅山開発を事例に、この点を考察してみたい。三波川村では、延宝年間に下三波川にある金剛寺領の山内で銅が採掘された。この銅山開発に関する証文が次の史料である。

【史料1】相定証文之事（「飯」三〇九〇）

相定証文之事

一、①此度三波川金剛寺之寺門之山ニ銅」出候処御座候を此加判之者見立申」候上者、割目入金出可申候、人数除候ハ、」出シ候金子無構除可申候、其以後山成田」申候共、人数ニ入可申と一言申間敷候事、

一、惣シテ入目之金、中間相談次第無遅々」調可申候、若遅り候ハ、、中間を御はつし」被成候共、互ニうらミに存間敷候事、

一、此加判之人数此山ニ付何事候も互ニ致」相談、六ケ敷口論仕間敷候事、

右之趣如此相定候上者、少も違背申」間敷候、若相背六ケ敷之儀申候ハ、、相談」之上、中間御はつし可被成候、為後日、仍」判形、如件、

延宝六年（一六七八）

午二月廿三日

三波川村

伝左衛門（印）

権右衛門（印）

市太夫（印）

萩平村

九郎左衛門（印）

出平村

吉之丞（印）
（妹ケ谷）七右衛門（印）
（大奈良）長左衛門（印）
（大奈良）加兵衛（印）
（大奈良）清兵衛（印）
（大内平）金右衛門（印）
吉左衛門（印）
（大内平）太左衛門（印）
平右衛門（印）
五郎左衛門（印）
平太郎（印）
金左右衛門（印）
二郎左衛門（印）
（日向）角右衛門（印）

傍線部①から、この証文は加判した者が銅山の開発を行うため、出仕金を出し合うにあたっての取り決めであることがわかる。署名する三波川村の伝左衛門はこの時の名主で、三番目の署名者市太夫の父に当たる人物である。同人は少なくとも元禄三年（一六九〇）までは名主であったことを確認できる。権右衛門については、今回詳細を明らかにすることはできなかった。だが、ここで注目したいのはその次に名を連ねる人物、萩平村九郎左衛門の名が所見されることである。実は、この九郎左衛門は名主市太夫妹の夫にあたる人物であった（第六章表1№164）。出平村の吉之丞は詳細不明だが、以下は黒印から三波川村の者かと思われる。おそらく七右衛門は妹ケ谷の高持百姓で（表1No.1）、市太夫の弟にあたり、妹ケ谷の五郎左衛門名跡を継いだ人物である。長左衛門・加兵衛・清兵衛は大奈良の高持百姓であり（表1No.49・47・48）、長左衛門・清兵衛は元禄十五年の村差出帳（「飯」八二一四―一七三二）に村の年寄として、加兵衛は組頭として見える。また彼らは各家で五、六人の下男・下女、特に加兵衛は五家の家抱を抱えていた。それ以外の連署者も三波川村の者であると思われる。名前脇の括弧内に記した小村名は、比定できた居住小村である。大奈良・妹ケ谷・大内平・日向といった各所の小村から、特に村で組頭や年寄などの役を担う有力な家が参加した開発であった。

つまりこの銅山開発は、名主伝左衛門とその子市太夫・七右衛門、さらに婿にあたる萩平村九郎左衛門といった名主家の家族・親族と、出平村百姓や三波川村の有力百姓等が協力し、進められたものであった。ここから、小村を越え、村を越えて広がる名主のイエが、銅山開発の出資を行い、産業を協同で進めていたこと、それが三波川村の有力者が協力した村の産業開発でもあったことがわかる。村の産業への出資者に、縁組みに基づく参加が果たされたことから、村の産業を始めとする生業上の開発や維持・運営に、イエが大きな役割を果たしたことが窺えよう。

なお、この萩平村九郎左衛門家については、萩平村においてどのような存在であったかを今回明らかにすることはできなかった。だが、銅山開発の出資者となれる財力を持つ有力な家であることは確かであり、市太夫の妻が上日野村の有力者与左衛門家の出身であったことに鑑みれば、九郎左衛門家も村の有力な家であったのだろう。

第二節　他村への移住とイエ

ここでは、人々の移住の問題について考察したい。先に分析した宗門帳には、現在同村に居住しない理由が明記されることが多く、その理由は縁組みや奉公に出ているものが大半であった。だがその中には、次のような事例も所見された。すなわち、小平の市兵衛（表1№162）の弟や、大奈良の加兵衛（同№47）の家抱喜右衛門の息子のように、鬼石の町場で店借りをしている者である。このように店借りとして町場へ行く事例が散見されるわけだが、その中で注目されるのが下三波川の与兵衛家（№142）の事例である。与兵衛の妹は、江戸の本庄米屋久左衛門の所で店借りをし、江戸で角右衛門の妻になっていたが、その弟も江戸本郷で姉と一所にあったとある。三波川村の者が隣町や江戸へ移住して店借りなどをする場合、嫁ぎ先にいる家族を頼むことがあったことがわかる。縁組み先の家族を頼ることで、生業・生活が保障されていたものとして注目される。

次にこの事例を踏まえ、生活や生存のためにイエを頼んで移住するという問題を取り上げ、考察を加えてみたい。

1　親類の牢人―小平甚平家の事例―

【史料2】証文之事（「飯」三八九二）

（端裏書）「貞享元年子ノ十月

小平甚兵衛ろう人抱さたなく致尋申候へ而証文取候、」

証文之事

去年九月中ゟ牢人抱置申候へ共、于今御改不申候、」今日脇ゟ御聞被成如何様之子細ニ而抱置申候と」御穿鑿被成候、此牢人之儀ハ新宿村ゟ五郎兵衛と」申ものニ而我等ためニハ伯父ニ而御座候間、抱置申候と」申わけ仕候、為後日証文相渡し申候、仍如件、

貞享元年（一六八四）子十月三日

小平村　甚兵衛（印）

証人同村　善右衛門（印）

名主

伝左衛門殿

【史料3】証文之事（「飯」五〇九七）

「（端裏書）小平村五郎兵衛ろう人者

抱置ニ付、市郎兵衛・甚兵衛ゟ証文

貞享弐年丑ノ二月」

証文之事

一、五郎兵衛と申者、鬼石生所之者ニ而慥」成者ニ御座候間、親類方より我等共」証文取、抱置申候、此右身上ニ如何様之儀」出来候共、我等共何方迄も罷出申わけ」可仕候、貴殿御苦労ニ少もかけ申間敷候、為其如此証文、仍而如件、

貞享弐年丑ノ二月廿五日

小平村

一郎兵衛（印）

甚兵衛（印）

名主伝左衛門殿まいる

史料2は、貞享元年(一六八四)に三波川村内小平の甚兵衛(表1No.157)とその証人、同じく小平の善右衛門(同No.158)が、三波川村名主伝左衛門(市太夫父)へ提出した証文である。同史料によれば、甚兵衛は前年九月から牢人を抱え置いていた。それまで特に村側から尋ねられることはなかったが、どうして牢人を抱えているのかと追及され、この証文を提出するに至ったという。そしてこの牢人は、新宿村(現埼玉県神川町)から来た五郎兵衛という者で、甚兵衛の伯父にあたるので同家で抱え置くことになった、とある。

次の史料3は、小平の一郎兵衛(表1No.161市郎兵衛)と牢人を抱える甚兵衛が、名主伝左衛門に宛てた証文である。これによれば五郎兵衛はもともと鬼石生まれの者で、素性の怪しい者ではなく、その親類方から「我等共」が証文を取って抱え置いているので、もし何か問題が生じれば「我等共」が何処にでも出向いて対処し、名主伝左衛門には少しも苦労はかけないことを約束している。ここで五郎兵衛のことを保証している「我等共」とは、一郎兵衛・甚兵衛、先の史料2に見えた証人善右衛門が居住する小平を指すと思われる。特にこの三者がどのような関係にあったかは不明だが、小村を代表したものと思われる。小平は、五郎兵衛の親類方から証文を取った上で、このような誓約を村(名主)と結んでいたのである。

これらから、次のことを指摘できよう。まず牢人となった者、つまり村町に所属していない(所属できない)者を、親類が家に抱え置き、その者の生活・生存を保障する場合があった。それは、牢人の親類が、移住者を受け入れる家がある小村に対して、保証を行うことによって成り立っており、牢人を受け入れた家とその家がある小村は、村(の名主)に対して牢人の素性を保証した。これらの段階を経ることによって、牢人の他所への移住が可能になっていたのである。

2　身代無き親類の親子—大沢西善院の事例—

次に、これと類似する元禄五年（一六九二）の事例を見てみたい。

【史料4】　証文之事（「飯」五五〇六）

（端裏書）「大沢五郎左衛門」

証文之事

一、五郎左衛門親子之者、当村代々百姓ニ御座候得共、無身体ニ」御座候故、其元西善院と親類ニ御座候ニ付参候間、」御指置可被下候、此者悪事者ニ而無御座候、尤　御」公儀様ゟ之儀ハ不及申ニ所近所何方ゟも少もかまい」有之候者ニ者、無御座候、若何方ゟもかまい有之候か、」又悪事者ニ御座候者、何時成共御返シ可被成候、慥ニ」請取可申候、為其証文、仍而如件、

元禄五年（一六九二）申　ノ三月日

安保領長浜町

名主　勘兵衛（印）

組頭　三左衛門（印）

五郎左衛門

親類　六兵衛（印）

三波川村

来迎寺様

名主　市太夫殿

組頭　（金丸）安左衛門殿

年寄　（大沢）十左衛門殿

同　（大沢）五左衛門殿

同　（大沢）安右衛門殿

これは、安保領長浜町（現埼玉県上里町）代々の百姓であった五郎左衛門親子の身代が立ち行かなくなったため、親類である三波川村内大沢の西善院（表1No.140）を頼って移住する際に、長浜町の名主・組頭、そして五郎左衛門の親類が記した証文である。内容は、同人が公儀とも近所とも特に問題を抱える者ではないとの身元保証である。宛所は三波川村名主・組頭・年寄、そして来迎寺であった。ここに来迎寺が見えるのは、西善院が来迎寺門中の寺であることによるのだろう。年寄の十左衛門（表1No.126拾左衛門）・五左衛門（No.137）・安右衛門（No.127）は、西善院の所在する大沢の百姓である。(1)

そして先の牢人の事例とは異なり、ここでは移住者の身元保証人には、長浜町にいる移住者の親類だけではなく町の名主・組頭も名を連ねていたことがわかる。先の牢人は、村町に所属しなかったためにこの保証は得られなかったのであろう。ここで長浜町が保証人となっているのは、この者が村に対して年貢諸役を負担する百姓であったからだと考えられる。

そもそも村や町とは、村町を構成する百姓の家を保障するところに本質的な役割があったと考えられ、当然、長浜町は五郎左衛門家を保護すべき立場にあった。だが、三月という、十二月に決済すべき年貢の最終延納期限に相当するこの段階に至っても、いまだ身代の立ち行かない五郎左衛門家を長浜町では保障することができなかったらしい。同じ長浜町にいる五郎左衛門の親類も同家を助けられず、そのために五郎左衛門は他所の親類を頼り、三波川村への移住が果たされることになったものと考えられる。長浜町で保護すべき者を移住させるにあたって、町としても同人の身元を保証する必要があり、そのような場合、百姓の親族が、身体の立ち行かない者を受け入れ、その生活・生存を保障する役割を果たしたことがわかる。

またここでも、他村への移住においては移住者の親類、さらに村への年貢諸役納入の責務を負う百姓の場合は所属する村も、移住先の村と親類寺院の本寺へ保証を行い、それによって移住が成立したことが知られる。他にも、下阿久原村の吉兵衛が、借金によって進退を潰し、三波川村に「縁有」るために、引っ越したい旨を下阿久原村から三波川村名主・年寄中へ願い出ている事例を確認できる(「飯」五二六八)。

なお、この五郎左衛門親子が移住したことは、宗門帳でも確認ができ、五郎左衛門は西善院の伯父で年は五十一歳、その息子牛之介は七歳であった。また、史料4が出されたのと同じ月に、五郎左衛門を受け入れた西善院と大沢村の十左衛門他四人が、名主市太夫に宛てて出したのが次の史料である。

【史料5】証文之事(「飯」五六一二)
(端裏書)
「大沢五郎左衛門」

一、五郎左衛門倅牛之助儀、先々御吟味被成候而、西善院所之者」ねかい之通り被成被下候、此者ニ悪事不仕様ニ」為致候得由、被仰渡相心得申候、若シ見届ケ不申候」者ニ御座候ハヽ、早々在所へかいし可申候、万事不吟味」成儀等仕間敷候、為其一札、仍而如件、

元禄五年申ノ三月十四日

大沢村　西善院(印)
同　十左衛門(印)
同　安右衛門(印)
同　五左衛門(印)
同　伝兵衛(印)
同　八郎兵衛(印)

市太夫殿
まいる

これは、大沢の西善院ほか同小村内の高持百姓十左衛門(表1No.126)・安右衛門(No.127)・五左衛門(No.137)・伝兵衛・

八郎兵衛（同No.128）が名主市太夫に宛てた証文になる。安右衛門は、先の史料4で年寄として所見された人物である。史料4には五左衛門も年寄の一人に見えるが、この頃、五左衛門は日向の高持百姓にも存在するので確定はできなかった。大沢の五左衛門は、西善院の檀家である。十左衛門は小村内で唯一、二家の家抱を抱える家になる。また、十左衛門の嫁は八郎兵衛の妹であり、安右衛門女房はやはり八郎兵衛の姉にあたり、十左衛門・安右衛門・八郎兵衛家は親戚同士でもあった。伝兵衛については同年十月作成の宗門帳には所見されず、不明である。彼らの連署が、大沢を代表してのものかどうかは定かでない。だが移住者を受け入れる小村の者が、村に対して宛てたものである。

内容は、五郎左衛門の息牛之助に悪事をさせないことを保証し、もし行えば直ちに長浜町へ返すと約束したものである。ここでなぜ五郎左衛門ではなく牛之助だけが問題にされているのかはわからない。だがこの事例からも、まず移住者を出す家の親類と村が、移住者の身元を村（の名主・組頭・年寄）に対して保証し、次に移住者を受け入れる親類と小村の者が村（名主）に対して保証を行い、それによって漸く移住が可能になっていく様子を窺えよう。

3　小括

以上、村町に所属していない（できない）牢人や、経済的に立ち行かなくなり、所属村落からの扶助を受けられなかった者に対して、その者を親類が受け入れ、生活・生存を保障していたことを考察した。また、他所から移住する際には、①移住者の親類が受け入れ先の家がある集落、小村に対して、また時には受け入れ先の村に対して移住者の身元を保証すること、②特に移住者が村に対して年貢諸役納入の責務を負う百姓であったならば、移住者を出す村が受け入れ先の村に対して、移住者が領主とも近所とも問題を抱える者ではないといった身元の保証をすること、③移住者を受け入れた家のある小村が、村に対して移住者の身元を保証すること、以上の段階を経ていたことが明らかとなった。

つまり、他所に家族や親族がいることによって、家族・親族が移住先の家族や小村、村に働きかけ、移住者の身元の保証をし、移住を比較的容易にしていたとわかる。先に、縁組み先と奉公先の相互規定性を考察したが、これも他所にいる家族や親族を頼むことで、頼まれた家族・親族が奉公先に働きかけ、奉公契約が成り立つ事例の多かったことが考えられよう。要するに、他村の家族・親族の存在は、何らかの問題(ここでは牢人化・経済的困窮)が発生した際に、他村へ移住できる可能性が保持されていることを意味し、逆に他所に家族や親族がいなければ、それだけ移住が難しかったことを意味するものといえよう(2)。

このように、他所に家族・親族がいることによって、移住が比較的容易になったと思われるのは、家族・親族である者が、受け入れ先の家・小村、村へ働きかけ、移住者の身元を保証してくれたからである。そして、なぜ移住者を出す家族・親族、村が、受け入れ側の小村や村に対して、移住者の身元を保証する必要があったのかと、その理由も先ほどの史料4から窺える。

そこでは、長浜町の名主以下と親類が、大沢へ移住する五郎左衛門は、長浜町において「公儀」とも「近所」とも特に問題があるわけではなく、もし何らかの問題を起こせばいつでもお返し下さいと約束していた。移住者がかつての村において何らかの問題を起こしていれば、移住先の村にもその争いが持ち込まれることとなる。また移住先で問題を起こすようなことがあれば、村はその問題解決のために尽力しなければならない。そうなれば当然、移住者を出した村との関係も悪化し、問題は村と村との争いへと転化する可能性も孕んでいた。もし、対他村との争いに転じれば、近隣への扱いを頼んだり、領主への訴訟が行われることとなり、村はそれにともなう多くの出費を覚悟しなければならないであろう。村が移住者を受け入れるということは、そのようなリスクをともなうものであった。つまり、移住者の家族・親族、そして村が、移住者の身元を保証し、問題が生じればいつでもお返し下さいと約束したのは、このような村のリスクを減らすためであったと考えられよう。

また以上のことから、村域を越えて展開される家族・親族のあり方が、互いの生業を支え、奉公や店借り、万一における移住先の候補となり、互いの生活や生存の維持を助ける役割を果たしていた一方、そのことが村に対他村との争いを始めとする何らかのリスクを生じさせる要因にもなり得たことがわかる。また逆に、前章で明らかにしたように、そのような村のリスクを減らす役割をも、村域を越えて展開される家族・親族は果たすことができたといえよう。

おわりに―家族・親族と村、その歴史的特色―

最後に、村を越えて広がる家族・親族の果たした役割は、歴史的段階に応じた性格を追究すべきだという点にふれ、まとめに代えたいと思う。

戦国時代から近世初期にかけては、村町が生み出され、確立していくところに特色がある時代であった[3]。村町は、戦国社会に生きる人々の生活・生業と生存に不可欠な組織であり、百姓の家を構成単位としていた。家とそれを基礎として成るイエ（親族集団＝村を越えて展開）もまた、生活・生業と生存のために機能していたのである。だが時に、家は村の意向に反するイエの論理で動くため、村はそれを規制もした。しかし、本来イエが担っていた家の保護・保障を補う限り、家は村を支えていたのである。要するに、村町の確立した社会においては、村町と百姓の家とイエ（親族）といった、二つの生存に不可欠な組織が、矛盾を抱えつつも、相互に扶助するという関係にあったことが特徴の一つだったといえる。すでに研究史によって、このような点は指摘されているが[4]、ここでは、生活・生業と生存という観点から、歴史的特色を見出してみたいと思う。

本章では、近世初期における事例により、他村に家族・親族が展開している意義を検討してきた。そのため、たとえば移住に至る理由は経済問題が主であり、村が移住者を受け入れることによって生じるであろうリスクも、対扱い人や訴訟時の経費といった経済的なリスクが想定できた。もちろん、いまだ飢饉と隣り合わせの社会に生きる彼らにとって、経済的危機はその生存を脅かし、時に死を意味する深刻な問題である。だからこそ、他村の家族・親族は村のリスクをともなってでも頼んでくる者のために尽力し、村のリスクを減らすために努めたであろう。しかし、近世の平和が築かれる前、戦国の段階においては、他村に家族・親族がいることの意義はまた異なるものであった。

戦国時代の同村は、複雑な政治的経過をたどってきたことが知られる。武田・今川・北条氏といった戦国大名領国の境目地域として、村の帰属先は流動的であった。その点は、天正の頃に三波川村の近隣でも「半手」の地域が存在したことからも窺える。その頃、北条氏と敵対する武田氏に従属していた長井政実が、三波川村名主家の先祖、飯塚六左衛門尉に宛てた条書の中には、次の一条が所見される（「飯」『群7』三〇九〇）。

一、北谷片切之地へ阿久原・渡瀬其外半手者ニ候も、一切不可寄、若越候者、からめ取尤候事、

北谷＝三波川村へ阿久原・渡瀬そのほか半手の村の者であっても、いっさい入れてはならない。もしやって来たならば捕らえることを許す、このような内容である。阿久原・渡瀬、その他の半手の村についての詳細はわからないが、少なくとも両村は、元禄の段階では縁組み関係・奉公契約、ともに多い村々であり、渡瀬には薪や絹などを売りに行く市があった。阿久原村からは、借金で立ち行かなくなった者が、親類を頼って三波川村に引っ越してくる事例も所見される。おそらく、このような戦時に「阿久原・渡瀬其外半手者」が三波川村へ来ようとした、来ることができたのは、三波川村の百姓たちの親族関係など、縁を頼ってのものであったと考えられる。つまりここでも、他村への移

住（この場合は一時的な移動か）が、他村の家族・親族を始めとする縁を頼むことで達成された（達成されようとした）ことを想定すべきだと思う。

だがこれは、本章で考察した同じ「移住」（移動か）ということのために、百姓たちの親族らが尽力し、それが可能になったものであったとしても、近世初期におけるその機能とは、大きく異なるものであった。長井政実の条書が、これに続けて三波川村の軍事動員を命じていることからも、この条文は戦時下において発せられたものであり、「阿久原・渡瀬其外半手者」が三波川村へ移ろうとした動機は、村自体が存続の危機にあり、生存が脅かされるという、まさに戦国時代的な理由からであったと思われる。当然、近世段階における経済的逼迫という事態以上に、移住（移動か）の受け入れを求められる家や親族等は、より深刻で緊急を要する生存問題に対処し、そこでの役割を果たすことになる。だがここでも、他村の者、ましてや半手の者を村に入れるということによって、村は大きなリスクを背負う。その村のリスクとは、長井政実が懸念し、半手の村の者を入れることを禁じる理由にも、通じるものであっただろう。それを示すのが、天正十年（一五八二）二月、対武田氏との戦時下において、北条氏政が鉢形（現埼玉県寄居町）の城主北条氏邦に宛てた次の書状である。

【史料6】北条氏政書状（「三上亀吉所蔵文書」『戦国遺文　北条氏編』二三〇六号文書）

十三日・十四日両日一翰披見申候、彼表之様子実儀ニ未存候、実儀を不聞而、疎忽之行ハ如何候、如何様ニも実を聞届、可有注進候、此方へも欠《（馳カ）》入之者一切無之間、甲駿之備、十日以来者一切不聞候、何とそ手を廻、自此方も可聞立候、敵方之模様至于実儀者、此方之行者勿論、何分ニも可有之候、畢竟実儀を不聞届而之行者、難定候、西上州於半手之郷、何と密事候共、時々褒美以、行可聞届候者、可輙候間、其御勘弁候て、入手入精而聞届、可有注進候、恐々謹言、

（天正十年）
二月十六日　　　　　　　　氏政（花押）
（北条氏邦）
安房守殿

当時、武田方の情勢がつかめずに戦略を立てあぐねていた北条氏は、どうにかして手を廻し、敵方の様子を得ようとしていた。そして、西上州（三波川村を含む一帯）の「半手之郷」の者に時々褒美を取らせ、情報を獲得するよう指示しているのである。つまり、他村の者、特に半手の村の者を村に入れるということは、敵方へ情報が漏洩し、村が戦場と化してしまう危機、まさに生命の危機と隣り合わせの行為であった。だが、長井政実が禁じているということは、実際に半手の者を含めた移住（移動か）があり、問題が生じていたのであろう。多大なリスクを背負うと承知しながらも、親族を始めとする縁者からの懇願があれば、村人である彼らの心が揺らぎ、移住に向けて動き始めてしまうことは充分にあり得たであろう。だがそれに対して、歯止めをかけられるのもまた、村と、村に所属することなしには生きられない、百姓たちの家でもあったのではないだろうか。(5)

しかし、戦国時代の戦時下においても、村を越えて展開する百姓たちの家とイエのあり方が、ただ村に危機をもたらすばかりではなく、村のために役立ったのも事実であった。これは、「政基公旅引付」に見える和泉国での事例だが、「若前大木村之内ノ小名番頭密々告来云、（中略）昨夜此村へ可夜打由、自堺被企之処事違了、仍可為今夜由、佐野ニ親類候か告送候」との記事がそれをよく示している（文亀元年〈一五〇一〉六月二十二日条）。他村にいる親類から、敵方が村を夜討ちする企てがあるとの情報を送ってきた、というのである。つまり、村の戦争被害を軽減させ、回避させる、戦国時代的な役割を果たし得ていたこともわかるのである。

以上のように、村を越えて展開する百姓たちの家とイエの役割が、戦国時代と平和の築かれた近世の段階とでは異なる点について検討した。ここから、まず縁者の生存・生活を保障するといった根本的な役割、そして村の確立した戦国時代と近世では村に危機をもたらす一方、村のためにも機能するという村との関係性においては共通すること。だが、戦争の有無という社会の変化が、村を越えて展開する「縁」の役割にも違いをもたらし、そこに歴史性の問題も見出せるものと考える。

註

（1）この三人のうち、元禄十五年（一七〇二）の村差出帳では（「飯」八二一四―一七三二）、安右衛門のみが村の年寄として所見される。

（2）そして後者の場合、家族・親族とは異なる別の縁を頼りにすることになるわけだが、その一つに、家抱にとっての「地親―家抱」関係という縁があった。前述のように、表1No.29大内平金右衛門の家抱⑥庄左衛門の女子は、矢場村平兵衛のところに八年季の奉公に出ていたが、それは地親金右衛門女子の嫁ぎ先の家に相当する。つまり庄左衛門は、地親の家族が他村に嫁いでいるという縁を頼って、女子の奉公を可能にしていたものと考えられる。またそれは、地親金右衛門とその女子「はつ」による、矢場村平兵衛家への働きかけがあってはじめて成立したものでもあった。要するにここからは、地親とその家族によって家抱家族の奉公契約が成立したこと、さらにいえば奉公による家抱家族の生存が保障されたことを意味し、地親―家抱関係が有する社会的機能の一つを見出すことができる。

（3）藤木久志『豊臣平和令と戦国社会』（東京大学出版会、一九八五年）、同『村と領主の戦国世界』（東京大学出版会、一九九七年）、同『飢餓と戦争の戦国を行く』（朝日新聞社、二〇〇一年）など。

（4）蔵持重裕「村落と家の相互扶助機能」（同『日本中世村落氏の研究』校倉書房、一九九六年、初出一九九二年）。

（5）たとえば、天正十八年（一五九〇）十月の近江今堀惣分掟に見られる「何様にも地下我人ニためにあしき事いたし於在之者、き丶いたし次第ニ、そうふんとしてしつけ可仕事」（「日枝神社文書」『中世政治社会思想　下』掟書六八、岩波書店、一九八一年）という村による、村への裏切り者の規制は、このような事態を示すものであろう。

あとがき

かなり前のことだが、伊達政宗の母保春院（御東・義姫）が東北版関ケ原の戦いで果たした役割について、ある研究会で報告したことがある。その際、それは当たり前のことであるし、あまり意味がない行為だったのではないのか、とのご指摘をいただいた。その方によれば、実家最上家に戻っていた保春院が、義弟伊達政景に手紙を書いて伊達氏の援軍を求めることはあったであろうが、どんな手紙を書こうと政治的な決定は別のところで既に決まっており、意味がない行為だったのではないか、とのことであった。私も、保春院の手紙が全てを決定したとは思ってはおらず、手紙を受け取った政景が、それにどれだけ心を動かされたのかも本当のところはわからない。だが、全く意味がない手紙であったならば、政景がこのようにきちんと手紙を残しておくこともなかったのではないかと思うのだ。政治の中心的動きからは外れるかもしれないが、保春院のような存在の動きも含めて見ていくことは、伊達氏や最上氏といった戦国大名家とは何か、また東北版関ケ原の戦いとは何だったのかを考えていく上でも、大切なことだと思われる。

同じように本書も、ある人から見れば当たり前のことばかりを書き連ねたものに見えるのかもしれない。ただ、村落の内外に展開する、百姓の家を基盤とした日常的なつながりや縁を辿ることで、この時期の村落の実態が、少しずつではあるが見えてくるように思う。保春院のように、何かはっきりとした足跡を残してくれているわけではないが、そのつながりが、非日常において村のため、家のために活かされたことも垣間見えた。別の目的で結ばれた関係が、予期せぬところで活きてくることは現代でもよくあることだが、本書ではその歴史的な特色と意義を村社会に見ようとしたつもりである。

東北の戦国大名に興味を持ち、史料の残存状況に因るところもあるが、特に大名家同士のつながり、婚姻と外交関係についての研究を細々とだが続けてきた。その一方で、地籍図や住宅地図などを片手に村の中を歩き、聞き取りをし、史資料を見つけ出してはまた歩き……、といった村落の現地調査に参加させていただく機会にも何度か恵まれた。最初は何もわからず、「「ヤゴウ(＝屋号)」て何ですか?」というレベルであったが、藤木久志先生をはじめ諸先生・諸先輩方に学びながら、何が出て来るかわからない現地調査の楽しさに嵌まっていった。もちろん、調査の楽しみはそれだけではない。調査先の和知(京都府京丹波町)で食べた鮎の塩焼きや、貝塚(大阪府)の水ナス、沼津(静岡県)のアジの刺身、東北のカキなど、その土地で味わえる食も調査の魅力であった。いずれの調査でも炎天下の中をよく歩いた。不審者ではないかと怪しまれたり、水路を辿って歩いていたら誤って落ちる人が出たり、旧鉱山の穴に入ってコウモリに遭遇したり、知ってはいけない文書伝来の秘密を暴いてしまったりと、いろいろとあったが今となっては良い思い出である。

本書は、そのようないくつかの村落調査における成果の一部であり、調査への参加をお許しくださった藤木久志先生・池上裕子氏・池享氏・蔵持重裕先生・小林一岳氏には、心から感謝申し上げたい。また、調査に参加された研究者の皆様や当時の学生たちにも御礼申し上げる。私がこのような形でまとめることになったが、これらは全て多くの方々によって収集された史資料や情報によるものである。特に小林一岳氏と増山智宏氏には、共著で報告した論考を本書へ掲載することについて、ご快諾いただき感謝している。

初出一覧にも記したが、本書は池上裕子氏を研究代表とする科研の調査における成果が大半を占める。ちょうどその報告書をまとめていた時期に、私は母と最期の時間を過ごしていた。実家を出てしばらく経っていたこともあるが、母の友人・知人などほとんど知らなかった私は、家にも入院先の病院にも、お見舞いに来て下さる方がたいへん多かったことや、関係者の幅広さに驚かされた。母が一人の女性として実にいろいろな顔を持っていたことを知るとともに、体調がすぐれない時にも兄弟や友人・知人と会っている時は、一瞬でも元気になっている（なろうとしていた）ことも窺えた。ほんとうに多くの方々に支えられて生きてきたことがよくわかり、皆さんに対して感謝の気持ちでいっぱいになった。そのようななか、病室で眠る母を残し、病棟の談話室のテーブルを借りて報告書に載せる荒川村の地図（本書第一章に所収）を作りながら、村の人々の様々なつきあいが広がっていく様子を復元していると、母のことが重なって見えてきた気がする。そこで感じ、考えたことは本書の端々に活かされることとなった。

年月が経つのは早いもので、今年の初春には母の十三回忌を迎えた。いろいろとあって書きっ放しになっていたところ、昨年に一冊目の論文集を出させていただいた際、博士論文では近世の村の話もしていることが評価されたのだからと、蔵持先生が一書にまとめることを勧めてくださった。やや遅きに失した感もあるが、母の十三回忌を迎えた年に、ようやく一つの区切りをつけることができて少しほっとしている。

最後になるが、出版状況が年々厳しくなっていくなか、拙著の刊行をご快諾下さり、今年は伊達政宗生誕四五〇年記念の企画が目白押しで、伊達氏関係の編著を出している私にもお声がかかり大変だから、というご心配までして下さった岩田書院の岩田博氏には、心から御礼申し上げたい。また私事になるが、日々の研究生活を支えてくれる父と妹たち家族、そして夫に感謝するとともに、これからもどうかよろしくとお願いしておきたい。

二〇一七年一〇月

遠藤　ゆり子

初出一覧

序　章　本書の視角と構成（新稿）

第一部　村を歩く―多元的な生活・生存保障システム―

第一章　名主屋敷と寺地の交換伝承をたどる―武蔵国榛沢郡荒川村の考察―（原題「武蔵国榛沢郡荒川村に関する一考察―名主屋敷と寺地の交換伝説をたどる―」池上裕子研究代表、平成十三～十六年度科学研究費補助金　基盤研究（B）（1）　研究成果報告書『中世近世移行期における土豪と村落に関する研究』二〇〇五年、のち池上裕子編『中近世移行期の土豪と村落』岩田書院、二〇〇五年に再録）。

第二章　株のある村―丹波国和知荘安栖里村の考察―（原題「株のある村―和知荘安栖里村に関する一考察―」藤木久志・小林一岳編『山間荘園の地頭と村落―丹波国和知荘を歩く―』岩田書院、二〇〇七年）。

第三章　産金と肝煎家の氏神―陸奥国東磐井郡津谷川村平原の雷神社―（原題「平原の雷神社」池享研究代表、平成十八～二十一年度科学研究費補助金　基盤研究（B）　研究成果報告書『中近世移行期における鉱山開発と地域社会の変容に関する研究』二〇一〇年、のち「産金村落における肝煎家の氏神―平原の雷神社―」として、池享・遠藤ゆり子編『産金村落と奥州の地域社会―近世前期の仙台藩を中心に―』岩田書院、二〇一二年に再録）。

第四章　水利調査からみた村落と荘園―和泉国木島地域の村落―（遠藤ゆり子・増山智宏・小林一岳「水利調査を通してみる木島地域の村落」蔵持重裕研究代表、平成十二～十四年度科学研究費補助金　基盤研究（C）　研究成果報告書『開発・環境の変化による山村・里村間の情報・交流と摩擦の研究』二〇〇三年）。

第二部　宗門帳からみた村落—近世前期上野国緑埜郡三波川村を事例として—

第五章　縁組みと奉公契約—宗門帳からみた村落—（原題「近世初期上野国三波川村の縁組みと奉公契約—宗門帳からみた村落—」池上裕子編『中近世移行期の土豪と村落』岩田書院、二〇〇五年）。

第六章　村と小村—宗門帳の考察—（新稿）

第七章　生業からみた村落（原題「生業からみた村落—近世前期における上野国緑埜郡三波川村の考察—」『史苑』六九巻、二〇〇九年）。

第八章　村落とイエ（新稿）

※第二部第五～八章は、二〇〇五年に立教大学大学院に提出した博士課程論文「中近世移行期の地域社会」第三部第八～十章を改稿したものである。またこれらは第一部第一章と同様、池上裕子研究代表、平成十三～十六年度科学研究費補助金基盤研究（B）（1）『中世近世移行期における土豪と村落に関する研究』による成果の一部である。

著者紹介

遠藤　ゆり子（えんどう・ゆりこ）

1970年　山形県に生まれる
2005年　立教大学大学院文学研究科博士課程後期課程修了
現在　淑徳大学人文学部歴史学科准教授　博士(文学・立教大学)
主要編著
『産金村落と奥州の地域社会―近世前期の仙台藩を中心に―』（岩田書院、2012年、共編）
『東北の中世４　伊達氏と戦国争乱』（吉川弘文館、2016年、編著）
『戦国時代の南奥羽社会―大崎・伊達・最上氏―』（吉川弘文館、2016年、単著）

中近世の家と村落　―フィールドワークからの視座―

2017年(平成29年)12月　第１刷　300部発行　　**定価[本体8800円＋税]**

著　者　遠藤　ゆり子

発行所　有限会社岩田書院　代表：岩田　博　　http://www.iwata-shoin.co.jp

〒157-0062 東京都世田谷区南烏山4-25-6-103　電話03-3326-3757　FAX03-3326-6788

組版・印刷・製版：亜細亜印刷

ISBN978-4-86602-017-4 C3021　¥8800E

コピーOK

岩田書院 刊行案内（25）

			本体価	刊行年月
983	佐藤　博信	中世東国の政治と経済＜中世東国論６＞	7400	2016.12
984	佐藤　博信	中世東国の社会と文化＜中世東国論７＞	7400	2016.12
985	大島　幸雄	平安後期散逸日記の研究＜古代史12＞	6800	2016.12
986	渡辺　尚志	藩地域の村社会と藩政＜松代藩５＞	8400	2017.11
987	小豆畑　毅	陸奥国の中世石川氏＜地域の中世18＞	3200	2017.02
988	高久　　舞	芸能伝承論	8000	2017.02
989	斉藤　　司	横浜吉田新田と吉田勘兵衛	3200	2017.02
990	吉岡　　孝	八王子千人同心における身分越境＜近世史45＞	7200	2017.03
991	鈴木　哲雄	社会科歴史教育論	8900	2017.04
992	丹治　健蔵	近世関東の水運と商品取引 続々	3000	2017.04
993	西海　賢二	旅する民間宗教者	2600	2017.04
994	同編集委員会	近代日本製鉄・電信の起源	7400	2017.04
995	川勝　守生	近世日本石灰史料研究10	7200	2017.05
996	那須　義定	中世の下野那須氏＜地域の中世19＞	3200	2017.05
997	織豊期研究会	織豊期研究の現在	6900	2017.05
000	史料研究会	日本史のまめまめしい知識２＜ぶい＆ぶい新書＞	1000	2017.05
998	千野原靖方	出典明記 中世房総史年表	5900	2017.05
999	植木・樋口	民俗文化の伝播と変容	14800	2017.06
000	小林　清治	戦国大名伊達氏の領国支配＜著作集１＞	8800	2017.06
001	河野　昭昌	南北朝期法隆寺雑記＜史料選書５＞	3200	2017.07
002	野本　寛一	民俗誌・海山の間＜著作集５＞	19800	2017.07
003	植松　明石	沖縄新城島民俗誌	6900	2017.07
004	田中　宣一	柳田国男・伝承の「発見」	2600	2017.09
005	横山　住雄	中世美濃遠山氏とその一族＜地域の中世20＞	2800	2017.09
006	中野　達哉	鎌倉寺社の近世	2800	2017.09
007	飯澤　文夫	地方史文献年鑑2016＜郷土史総覧19＞	25800	2017.09
008	関口　　健	法印様の民俗誌	8900	2017.10
009	由谷　裕哉	郷土の記憶・モニュメント＜ブックレットH22＞	1800	2017.10
010	茨城地域史	近世近代移行期の歴史意識・思想・由緒	5600	2017.10
011	斉藤　　司	煙管亭喜荘と「神奈川砂子」＜近世史46＞	6400	2017.10
012	四国地域史	四国の近世城郭＜ブックレットH23＞	1700	2017.10
013	時代考証学会	時代劇メディアが語る歴史	3200	2017.11
014	川村由紀子	江戸・日光の建築職人集団＜近世史47＞	9900	2017.11
015	岸川　雅範	江戸天下祭の研究	8900	2017.11
017	福江　　充	立山信仰と三禅定	8800	2017.11
018	鳥越　皓之	自然の神と環境民俗学	2200	2017.11
019	戦国史研究会	戦国期政治史論集　東国編	7400	2017.12
020	戦国史研究会	戦国期政治史論集　西国編	7400	2017.12